教育部高等学校轻工与食品学科教学指导委员会推荐教材

食品国际贸易

吴林海
徐立青 等编著

中国轻工业出版社

图书在版编目（CIP）数据

食品国际贸易/吴林海，徐立青等编著．—北京：中国轻工业出版社，2019.5

教育部高等学校轻工与食品学科教学指导委员会推荐教材

ISBN 978-7-5019-7027-8

Ⅰ．食… Ⅱ．①吴…②徐… Ⅲ．食品－国际贸易－高等学校－教材 Ⅳ．F746.82

中国版本图书馆 CIP 数据核字（2009）第 099143 号

责任编辑：李亦兵 张 靓　　责任终审：张乃柬　　封面设计：锋尚设计
版式设计：王培燕　　责任校对：燕 杰　　责任监印：张 可

出版发行：中国轻工业出版社（北京东长安街 6 号，邮编：100740）
印　　刷：三河市万龙印装有限公司
经　　销：各地新华书店
版　　次：2019年5月第1版第4次印刷
开　　本：787×1092　1/16　印张：18.5
字　　数：427 千字
书　　号：ISBN 978-7-5019-7027-8　定价：38.00 元
邮购电话：010－65241695
发行电话：010－85119835　传真：85113293
网　　址：http://www.chlip.com.cn
Email：club@chlip.com.cn
如发现图书残缺请与我社邮购联系调换
190378J1C104ZBW

前　言

2007年10月，教育部高等学校轻工与食品学科教学指导委员会在武汉会议上决定，由江苏省食品安全研究基地、江南大学食品学院、江南大学商学院等单位联合编著《食品国际贸易》，作为向全国高校食品科学与工程专业和相关专业本科生、研究生推荐的专业性特色教材。

我们以食品科学与工程专业学科、课程发展与改革的成果为主要依托，基于《食品国际贸易》多学科交叉，尤其是经济学、管理学、食品科学与工程交叉的基本特点，根据“传承发展、学习借鉴、融合提升、彰显特色”的基本思路，组织专门力量进行编写，经过一年多的努力终于编写完成了。我们期待各有关方面的专家，以及广大读者的批评指正，以进一步提高本书的质量，达到凸现特色、锤炼精品的目的。

本书由江苏省食品安全研究基地首席专家，江南大学教授、博士生导师吴林海负责总体框架的设计、写作大纲的制定、编写人员的组织，以及最后的统稿与定稿。主要编写者有江南大学商学院副院长徐立青教授，江南大学食品学院副院长、博士生导师陈正行教授，江南大学商学院国际贸易系主任武戈教授，江南大学食品学院钱和教授，以及江南大学商学院邵继勇教授、章家清副教授等。参加各有关章节编写的主要人员如下：总论（吴林海、徐立青），第一章、第二章、第三章（徐立青、吴林海），第四章（吴林海、邵继勇、岳宁、孙林、武戈、陈正行），第五章（吴林海、钱和、山丽杰、胡斌），第六章、第七章（钱和、吴林海、胡斌），第八章、第九章（吴林海、武戈、陈正行、邵继勇、岳宁）、第十章（吴林海、岳宁、孙林、陈正行、王晓莉），第十一章（吴林海、章家清、武戈）。虞贞、邵玫、俞力、姜森、彭宇文、崔超、尹世久、徐玲玲、洪颖、兰梅、吴焱焱、赵夏楠、郭娟、葛树贞、朱音、阳检、侯博等江南大学的有关教师、研究生等分别参加了有关章节的部分编著、有关资料的收集、数据与图标的处理、文字的校对等工作。

感谢江南大学博士生导师夏文水教授的帮助！感谢中国轻工业出版社有关编辑的辛勤劳动！感谢江南大学食品学院和商学院有关方面的支持！

本书在编著过程中参考了大量的文献，主要的参考文献已分别在每章末尾列出，但难免有所疏忽。在此，我们对这些文献的作者表示诚挚的谢意。

吴林海

2009年2月

目　录

上篇　国际贸易理论与政策

中篇　食品国际贸易与安全

下篇　中国食品国际贸易

总　论

食品国际贸易是国际贸易学体系中新兴的分支学科。学习食品国际贸易首先应把握该学科的研究对象、基本特点，了解相关概念，明确学习的重要性，做好知识、方法等方面的准备。作为本书的开篇，本章主要阐述这些方面的内容。

第一节　食品国际贸易产生背景、研究对象与学科性质

食品是人类赖以生存和发展的最主要的物质基础。食品国际贸易是人类生产发展和社会分工的产物，具有悠久的历史，是最早的国际经济贸易活动之一。随着经济水平的不断提高及文明程度的不断提升、技术水平的不断发展，与以往任何时代相比，当代食品国际贸易的形式和内容都已发生了巨大而深刻的变化，这为丰富和发展食品国际贸易的理论与实践奠定了最为坚实的基础。

一、产 生 背 景

自奴隶制时代就产生的食品国际贸易，历经了漫长而复杂的演化发展。在20世纪80年代末到90年代初，由于世界政治经济格局的剧烈变化和全球范围内科技革命的迅猛发展，食品国际贸易发生了革命性的巨变，进入了新的历史发展阶段。

（一）国际新环境

随着经济全球化进程的加快，20世纪90年代后，当代食品国际贸易又有了新的发展。由于国际经济环境的变化，全球贸易在曲折中发展。由于结构调整等诸多方面复杂因素的影响，食品国际贸易在全球贸易中所占比重有所下降，由20世纪80年代末的10%左右下降到2005年的9%左右。然而，食品国际贸易的绝对量仍保持稳中趋升的走势，每年的贸易值保持在4000亿~5000亿美元的水平，约有4.6亿t各种不同的食物在100多个国家之间流动。国际贸易环境的变化并没有改变食品行业所具有的永恒不衰的常青产业的特点，食品贸易发展潜力依旧巨大，在世界经济贸易活动中仍具有重要地位。

进入21世纪后，全球范围内食品国际贸易发展的基本面没有发生重大变化，但面临着更为复杂的国际环境，尤其是以下的四个问题可能会对未来食品国际贸易格局产生重大影响，因而备受业内人士的关注。

（1）国际竞争不断加剧　食品贸易自由化意味着发达国家农业及相关产业的生产布局开始重新调整，未来世界食品贸易格局将发生变化。发达国家的生产者根据比较利益原则会适当减少不具备比较优势的食品生产，而多数尚处于传统农业或从传统农业向现代农业过渡的发展中国家，则可能会抢占发达国家生产者让出的部分生产与贸易领域，增加与农业和农产品相关的食品工业的投资，扩大相对利益高的食品生产与贸易。激烈的市场竞争使世界食品贸易在市场规模不断扩大的同时，其市场结构也不断发生变化，产品结构和贸易区域结构都将在动态调整中发展。区域间和区域内部并存的贸易区域结构将是未来食

品国际贸易发展的重要走势。

（2）能源资源稀缺导致食品需求趋增　虽然2008年下半年爆发的全球金融危机直接导致需求不足而使世界石油价格直线下降，但这是暂时现象。石油资源稀缺，油价保持在一个较高的水平在未来应是常态。油价的高位运行将加速生物能源的开发与生产，而生物能源的大规模开发与应用将改变粮食的需求结构，粮食正在由传统的饲用、食用用途向工业原料和能源概念拓展。面对粮食能源化趋势的出现与延伸，尽管包括中国在内的一些国家采取了严格的限制措施，但世界食品出口大国仍在积极推进生物质燃料的研发和生产，替代能源政策及由此导致的食品生产和贸易格局的调整，将对世界食品供应和价格产生显著影响。

（3）气候变化将更加深刻而广泛地影响食品生产　农业生产是食品生产与贸易的重要源头与基础，气候变化业已成为发达国家和发展中国家农产品年产量波动的主要原因，而发展中国家谷物产量减产的幅度最大。根据联合国粮农组织（FAO）的一项研究（1996年），预计到2020年非洲谷物产量将减产2%～3%，可导致1000万人受到威胁。在发达国家占据食品国际贸易主导地位的背景下，发展中国家未来食品供给越来越依赖于市场运作，如何通过国际贸易调节全球食品的供应任重而道远。

（4）食品安全备受关注　任何一个国家的食物出现问题都有可能影响到其他国家消费者的健康，甚至发展成为国际性食品安全事件，如英国的疯牛病、法国的污水饲料事件，包括中国在内的多国的禽流感爆发，马来西亚“日本脑炎”瘟疫等。如何确保食品贸易的安全考验着人类的聪明才智。

由此可见，由于食品与各国人民的生活息息相关，过去、现在与将来均无法动摇“民以食为天”这个千古不变的真理，无法改变“食”是人类社会古老而永恒的话题，食品贸易在国际贸易中将始终占据十分重要的地位。

（二）国内新变化

受国际环境影响，以及中国的特殊国情，中国未来的食品生产与贸易也面临着一系列新考验。从食品供需求、食品安全与食品生产、贸易生产转型等角度来分析，以下五个问题可能是中国未来食品贸易所必须关注的重大问题。

（1）食品需求仍将继续扩张　改革开放以来，中国人口持续刚性增加。1997—2006年间，我国的人口规模由12.3亿增长到13.1亿，增加了6.5%。虽然，随着收入能力及生产水平的提高，在不降低膳食营养水平的条件下，我国人均粮食直接消费量稳步下降，以1984年的243kg为转折点，由不断增加转向缓慢减少到2005年人均直接粮食消费只有158kg（见图0-1）。但人口持续刚性增加，导致需求扩张。据多方面预测分析，中国到2010年、2020年、2030年人口先后分别将达到14.0亿～14.3亿、14.7亿～15.4亿和15.3亿～16.3亿。按照人均每日供给热能维持在2660千卡、蛋白质72g的水平之上的需求计算，由于人口的刚性增加，2010年、2020年和2030年粮食需求将分别达到5.6亿～5.9亿t、6.0亿～6.4亿t和6.1亿～7.2亿t。

（2）播种面积持续减少威胁食品量的安全　20世纪90年代以来我国的工业化速度一直在加快，城市化率一直在提高，受生态退耕和城镇建设等占用耕地的影响，我国耕地面积总体上趋于减少，耕地密集型农产品在用地上的矛盾更加突出。第二轮全国土地利用总体规划曾确定，2000年全国耕地保有量为19.4亿亩，2010年的耕地保有量控制在19.2

亿亩。而到2000年全国耕地保有量就减少到19.2365亿亩，突破“底线”1635万亩；2010年19.2亿亩耕地保有量的目标被迫“提前”到2005年（当年全国耕地保有量为18.31亿亩）；2006年全国耕地保有量减少到18.27亿亩，直逼18亿亩这一红线。同时，耕地质量也在下降，水土流失总面积已占国土总面积的1/3以上，40%的耕地已经退化，30%左右的耕地不同程度地受到水土流失危害，约有393.53hm^2的农田、493.58万公顷的草场受到沙漠化威胁，草原以每年130多万公顷的速度退化。后备耕地资源同样量少质差，开发利用难度较大。农产品播种面积的多少是影响食品产量的重要因素，耕地面积的持续减少与耕地质量的下降导致传统依靠增加播种面积维持农产品产量增长的模式受到严重挑战，保障食品量的安全可能变得更加困难。

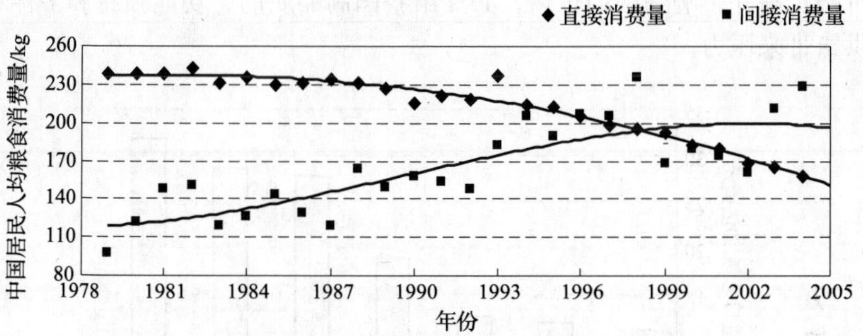

图0-1　1978—2005年间中国居民人均粮食消费量变化

资料来源：根据各年中国统计年鉴数据整理

（3）环境污染严重影响食品质的安全　农业与食品工业生产方式的落后，水资源污染等对我国食品生产的质与量的双重提高形成严重制约。在我国，由于化肥、农药、除草剂、农膜的大量使用所造成环境污染对食品的质量安全的影响日益严重。2005年，我国化肥施用量为4766.2万t，远远高于转型初期1980年的1269.4万t（见图0-2）。若按播种面积计算，平均每公顷化肥施用量达260kg，而化肥利用率仅为30%，每公顷平均残留约42kg。大量农药化肥的施用虽然在一定程度上提高了农作物的产量，但同时也产生了严重的负效应。主要表现为有益生物物种的减少或消失，生物链单一，生态环境恶化，以及农药残留过高，影响农产品与食品的品质，危害人类身心健康，并对土壤及水环境造成严重的污染，每年我国因农药和化肥残留过高而使农产品在国外遭拒签及赔偿的事件越来越多。

图0-2　经济转型期化肥施用量示意图

资料来源：中国统计年鉴（2006年）

（4）国际环境趋紧将持续传导国内需求市场　我国虽然是食品生产与贸易大国，但仍存在着食品供需的结构性矛盾。同时消费的刚性增长导致中国食品自给率进一步下降，供需矛盾趋向紧张。消费的增长与结构性矛盾形成了我国自2003年后大量进口农产品、食品的格局（图0－3）。目前中国的农产品贸易逆差主要来自于南美、北美和大洋洲地区。以大豆为例，在主要油料蛋白资源中，大豆是数量最大的食用和饲用蛋白资源。未来中国人口和人均国内生产总值（GDP）将继续增长，中国人的食物消费中肉类、家禽、鱼类、油脂和植物蛋白的比例都会增加，大豆的需求量也会随之增长。考虑到大豆蛋白在食品和饲料中的强劲国内需求与耕地面积限制间的矛盾，必然求助于进口大豆来弥补供给量的缺口，使得中国大豆过分依赖进口。但是，随着大豆国际市场的短缺，将可能促使国际农产品价格走高并影响到国内价格，必然给我国高品质的、功能独特和多样化的大豆加工制品的供给带来压力。

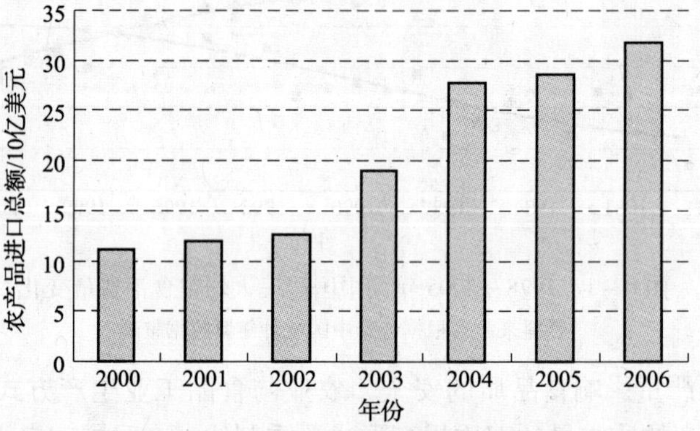

图0－3　2000—2006年间中国农产品进口总额示意图

资料来源：根据中国统计年鉴整理形成

（5）食品国际贸易与“三农”问题密切相关　“农村、农业和农民”问题始终是中国现代化进程中具有全局性、关键性、基础性的重大问题。在农产品基础上发展食品工业与食品国际贸易，对促进中国农业的发展具有重要的支撑作用。以江苏为例，2006年江苏省农产品出口总额13.82亿美元，出口总量在全国位居第6，同比增长32.6%，高于全国平均增幅18.5个百分点，增速在全国主要农产品出口省份中列第一。虽然农产品出口额在江苏全部出口总值中所占比例不大，但农产品出口的背后是千万户农民的利益，每出口1美元农产品，至少可使农民增收1元；每出口1万美元农产品，可创造20～40个劳动力就业机会。如何通过发展食品国际贸易在促进农业生产转型，推进农村现代化的同时，增加农民收入也是非常重要而迫切的任务。

（三）本书编著目的

深入研究食品国际贸易的意义不言而喻。然而，非常遗憾的是，到目前为止，国内尚未有较为系统的《食品国际贸易》的专门教材或专著问世。

目前，就国内而言，与《食品国际贸易》相似的专著与教材主要是《农产品国际贸易》等。虽然食品与农产品具有较强的相似性，但毕竟食品与农产品具有一定的差异性。同时由于环境的急剧变化，理论与实践的不断发展，需要有专门的《食品国际贸易》的教材或专著来专门研究新形势下的食品国际贸易。这就是编著本书的主要目的之一。

二、研究对象与基本特色

根据国际贸易理论的普遍规律与食品贸易自身特殊性，准确界定食品国际贸易的研究对象、学科性质、学科特色等具有重要意义。

（一）研究对象

一般而言，食品国际贸易主要以国际贸易学理论为基础，研究跨越国境的食品由生产者到消费者之间的综合性贸易活动，以探索、研究食品流通及贸易过程的一般规律和不同于一般贸易的有关食品贸易与安全、食品安全控制、监管体制等特殊规律为主要对象。它研究的主要任务是为提高食品的国际贸易水平和满足生产者、消费者（食品质与量）以及食品贸易机构的共同要求，是一门理论与实际相结合的课程。

（二）学科性质

不难发现，食品国际贸易是国际贸易学的重要组成部分，是国际贸易理论与实践在食品国际贸易中的体现、应用、延伸与发展。一般而言，食品国际贸易虽然具有其自身的特殊性，但仍然遵循国际贸易的基本理论和普遍规律。因此，从总体上分析，食品国际贸易属于经济学的理论范畴，是国际贸易学中的部门（产业）贸易学科。

（三）学科特色

食品国际贸易虽然本质上属于经济学的理论范畴，是国际贸易学理论体系中新兴的学科分支，但又不同于一般意义上的经济学，在具有经济学学科基本特性的同时，还具有自身的基本特色。这一特色主要体现在以下两个方面：一是多种学科的交叉性。食品国际贸易体系中涉及大量的食品科学与工程的理论与技术问题。比如，食品国际贸易安全问题必然要涉及食品安全保障体系，涉及国内外食品法律法规、食品质量与安全标准、良好生产规范（GMP）、卫生标准操作程序（SSOP）和卫生控制程序（SCP）、危害分析与关键控制点（HACCP）、食品质量与安全管理体系审核等一系列问题，而单纯根据国际贸易理论无法回答食品国际贸易中安全机制建设等问题。与食品科学与工程的理论、技术的有机结合，是食品国际贸易学科的基本特色。同时，管理学、政策学、系统论等学科与食品国际贸易相互渗透，丰富和发展了食品国际贸易的基本理论与研究方法，使食品国际贸易比一般意义上的国际贸易更具有多学科交叉性与综合性的基本特点。二是研究对象的复杂性。食品安全是食品国际贸易赖以进行的基本前提，而食品安全包含两层最基本的含义：量与质的安全。量与质的安全是经济问题，但由于食品的特殊性往往引发社会问题、政治问题，即使是一个单纯的经济与技术问题，也完全有可能演化为敏感的社会问题或复杂的政治问题。日本厚生劳动省公布的2006年度食品监控统计报告中显示，中国输日的食品抽验合格率超过美国、欧洲的输日食品，不合格率仅为0.58%，而美国是1.31%，欧洲是0.62%。但中国食品安全问题似乎始终是国外媒体热炒的话题，对中国食品质量安全乃至整个中国出口产品质量的质疑声不绝于耳。事实足以说明，食品量与质的安全在任何一个方面出现问题，都将有可能成为国际社会关注的热点。

因此，在本书的编写过程中，试图努力坚持“四个始终”，即始终突出食品国际贸易与安全这个主题，始终坚持国际贸易的共性与食品国际贸易的个性、理论性与实证性的有机结合，始终把握食品国际贸易多学科交叉的基本特点，始终结合食品科学与工程专业本科生、研究生的知识结构、专业特征与培养目标，尽最大的可能彰显食品国际贸易的特色。

本书是基于现有教材的空白、类似教材的不足、国际贸易理论与食品科学、食品工程专业脱节、国内教材与国外教材的差距来编著的，是定位于食品科学与工程和农林经济管理、农产品国际贸易、农业经济类专业的本科生、研究生学习需要的专著性教材。

与一般的教材相比较，本书更多地采取编著的形式，在介绍一般理论、知识的同时，更多的采用研究式的方法，尤其是实证分析、案例剖析、比较研究，利用图形、数字图表等方法展开对实际问题的探讨，力图与读者产生共鸣，共同提升提出问题和解决问题的研究能力。同时，本书力求实现逻辑一致、体系完整，并在案例分析的基础上努力保持与强化学术性。

三、体系结构

本书借鉴国内外相类似教材或专著的经验，突出食品国际贸易多学科交叉性、研究对象复杂性等学科特色，在努力凝炼特色的基础上，安排本书的体系结构，力求与现有的《农产品国际贸易》等经济贸易类教材相衔接，同时又尽可能地体现食品科学与工程中和食品贸易与安全相关的最基本的知识，反映食品国际贸易最基本规律。

除本章总论外，本书共分三个部分11章，较为完整地构成《食品国际贸易》的研究体系。全书的结构如下：

（一）上篇：国际贸易理论与政策

本书上篇共有三章，内容分别是：

第一章：国际贸易发展简史。主要描述了国际贸易产生的原因、发展的历程，重点介绍了第二次世界大战后国际贸易的发展和当代国际贸易的新特点，以及当代中国对外贸易发展与政策的概况。

第二章：国际贸易理论。主要介绍了国际贸易理论体系中有关古典国际贸易理论、新古典国际贸易理论与现代国际贸易理论等最基本的内容。

第三章：国际贸易政策与措施。主要介绍了国际贸易政策与措施的演变过程、制定方法，重点结合食品国际贸易的实践，分析了当代国际贸易政策与措施的基本特点。

上篇实际上是浓缩了的国际贸易学，在本书中具有基础性的作用，是研究食品国际贸易的理论基础与逻辑起点。

（二）中篇：食品国际贸易与安全

本书中篇共有四章，内容分别是：

第四章：食品国际贸易发展历程与贸易格局。本章主要在第一章的基础上，较为系统地介绍了食品国际贸易尤其是当代国际食品贸易发展的历程与贸易格局，既是第一章内容的延伸与深化，又是对食品国际贸易发展的宏观概述。

第五章：技术性贸易壁垒与食品国际贸易。本章在第三章的基础上，分析与阐述了技术性贸易壁垒的主要特点与表现形态、WTO中相关规定和约束与发达国家的技术性贸易壁垒、食品国际贸易中的技术性贸易壁垒，技术性贸易壁垒的形成机制与导向效应，技术性贸易壁垒盛行的主要原因与未来发展趋势等。

第六章：食品安全与食品国际贸易。基于国内外对食品安全研究的最新进展，重点介绍了食品安全的内涵，以案例的形式回顾性地描述分析了全球重大食品安全事件与成因，分析了技术性贸易壁垒与国际贸易中食品安全保障之间的关系、评判了食品安全与国际贸易争端中有代表性的案例、介绍了国际贸易中的食品安全监控等。

第七章：食品国际贸易与安全的政策法规和管理机构。侧重介绍了WTO有关食品贸易的法规、发达国家的食品安全政策法规与安全管理机构、食品国际贸易的协调机构。

中篇实际上由食品国际贸易发展历程，食品贸易与安全管理的体制、法规等内容构成，最关键的是要对当代食品国际贸易中的技术性贸易壁垒的形成机制、对发展中国家的导向效应与未来发展趋势有一个十分清晰的把握与了解。

（三）下篇：中国食品国际贸易

本书下篇共有四章，内容分别是：

第八章：当代中国食品国际贸易的发展。主要介绍了新中国成立后中国食品对外贸易的发展概况，在此基础上重点分析了当代中国食品贸易的基本特征与市场结构。了解本章的内容是深入学习中国食品国际贸易的起点，更是应用国际贸易理论思考我国食品国际贸易存在的主要问题，分析未来发展战略的基础，因而在下篇中具有承上启下的作用。

第九章：食品国际竞争力比较与未来技术创新重点领域。本章主要应用国际贸易理论中的比较优势理论对我国主要出口食品的国际竞争力进行了比较，基于技术创新的角度剖析了我国主要出口食品国际贸易竞争力变化的原因，并基于国际竞争力的提升提出了我国未来食品技术创新的重点选择领域。

第十章：技术性贸易措施对食品出口的影响与进出口食品安全性。主要是应用多学科的理论与方法，实证分析了技术性贸易措施对中国食品出口的影响，从安全性的视角出发考察了中国出口食品的安全性，并以大豆中残留物质限量标准为例分析了遭遇国外技术性贸易措施的主要成因，分析采取适当的技术措施保障中国进口食品安全性的依据与重点等。

第十一章：食品国际贸易的政策法规与管理体系。重点介绍了中国食品国际贸易的政策法规与管理体系的现状和存在的主要问题，并从法规建设、体制完善等多个角度提出了我国食品国际贸易的政策法规与管理体系改革、建设与发展的重点。

下篇的内容实际上是国际贸易理论、国际食品贸易与安全规则在我国食品国际贸易领域的具体应用，描述了中国食品国际贸易的发展历程，分析了中国食品国际贸易发展中出现的问题，大体揭示了中国食品国际贸易未来的发展方向。

包括总论在内，每章均配有本章小结、思考题与参考文献等内容。

四、读者定位

前已所述，到目前为止，国内尚未有食品国际贸易的专门教材或专著。虽然有较为接近的《农产品国际贸易》、《农业贸易经济学》、《农业贸易政策概论》、《食品贸易与管理丛书》等教材或专著，但由于编著的目的、读者对象等方面差异，上述这些教材或专著对在校的食品科学与工程专业的本科生、研究生以及国际贸易专业领域中专门从事食品国际贸易学研究的读者而言，显然有诸多的不适合。最为明显的表现在，目前类似的教材与专著很少体现食品国际贸易学科交叉的特点，而主要侧重于以国际贸易理论为基础，重点讲解与阐述农产品贸易（农业贸易）的一般特征，而且往往理论性太强。与经济管理类专业相比，作为理工类的食品科学与工程专业的本科生、研究生在学习食品国际贸易知识时，由于其经济学基础知识相对较为薄弱，在学习时经常会感到难度较大，往往难以培养兴趣。同时，此方面类似的有关教材也较少将食品科学与工程的专业知识应用到国际贸易之中，食品贸易壁垒、食品质量安全控制、食品标准体系等方面的内容显得较为单薄，所讲解的内容与食品科学与工程专业的相关性不大，食品科学与工程专业的本科生、研究生很难将自己的专业知识融入其中来学习国际贸易的理论。此外，对食品科学与工程专业的本科生、研究生而言，目前的相关教材还有一些相关问题没有解决好，主要是内容显得相对陈旧，或偏重于国际贸易理论、农产品贸易的市场结构、农产品贸易政策等，或过于专业，且有些观点值得商榷。比如，在国内《农产品国际贸易》教材与专著中，一般都认为技术性贸易壁垒是发达国家贸易保护主义的主要手段，忽视了其体现了科技与人类文明的进步，是保障食品安全的重要机制。

基于以上设想，由江苏省食品安全研究基地牵头，会同江南大学食品学院、商学院等单位，根据教育部高等学校食品科学与工程专业教学指导分委员会《关于"十一五"期间再建设一批专业特色教材的通知》要求，并在其指导与支持下，依托江南大学食品科学的优势，基于江南大学和有关兄弟院校食品科学与工程本科生、研究生教学改革的实际，组织编著了《食品国际贸易》教材，主要的读者对象定位在食品科学与工程、国际贸易学科相关专业的本科生、研究生，从事食品国际贸易教学与科研的专业人员，以及其他对食品国际贸易感兴趣的有关人员。

五、相关准备

相关准备主要是指学习方法与相关知识点准备。食品国际贸易最主要或者说比较传统的方法，首先是阅读与思考的有效结合。本书以及其他各种形式的文献只能是一些最基本的理论、原则与方法，而且所有这些均在不断发展之中，必须不断学习。同时要深入思考，尤其和当前国际社会最关心的食品贸易与安全的热点、焦点问题相结合，举一反三，这样才能更好地激发学习兴趣，增加学习心得，获得更多的知识。第二，理论与实践的结合。尽管本书提供了一些案例，但不断发展的食品国际贸易的现实生活丰富多彩，生动而鲜明。理论的学习是为了运用，要努力在实际的学习和工作中，运用这些原理和方法，并不断总结提高，这样才能真正学好食品国际贸易，增强应用食品国际贸易理论解决现实问题的实际能力。第三，要增强学习的能力，尤其是利用现代信息技术，培养在互联网上寻找、获取各种所需信息的能力。

关于学习食品国际贸易的知识准备。对食品科学与工程专业的读者而言，主要是适当掌握有关宏观经济、微观经济方面的基础知识；对国际贸易专业的读者而言，主要是掌握和了解食品科学与工程技术方面的基础知识。通过知识的互补，为学习食品国际贸易提供相关知识的支撑。

第二节　食品、农产品及其相互关系

食品、农产品是本书中最重要、最基本的概念，是食品国际贸易所研究的主要对象。

一、食品的定义与分类

简单来说，食品是人类食用的物品，但对其定义与分类并不简单，而是非常复杂。

（一）食品的定义

食品，最简单的定义是人类可食用的物品，包括天然食品和加工食品。天然食品是指在大自然中生长的、未经加工制作、可供人类直接食用的物品，如水果、蔬菜、谷物等；加工食品是指经过一定的工艺进行加工生产形成的以供人们食用或者饮用为目的的制成品，如大米、小麦粉、果汁饮料等。但食品一般不包括以治疗为目的的药品。

2009年2月28日第十一届全国人民代表大会常务委员会第七次会议通过，并于2009年6月1日起施行的《中华人民共和国食品安全法》对食品的定义是："食品，指各种供人食用或者饮用的成品和原料以及按照传统既是食品又是药品的物品，但是不包括以治疗为目的的物品。"国家标准GB/T 15091—1994《食品工业基本术语》第2.1条将"一般食品"定义为"可供人类食用或饮用的物质，包括加工食品、半成品和未加工食品，不包括烟草或只作药品用的物质。"而国际食品法典委员会（CAC）CODEXSTAN1：1985《预包装食品标签通用标准》对"一般食品"的定义是："指供人类食用的，不论是加工的、半加工的或未加工的任何物质，包括饮料、胶姆糖，以及在食品制造、调制或处理过程中使用的任何物质；但不包括化妆品、烟草或只作药物用的物质。"

其实，从广义上来理解分析，食品的概念还涉及所生产食品的原料、食品原料种植、养殖过程接触的物质和环境、食品的添加物质、所有直接或间接接触食品的包装材料、设施以及影响食品原有品质的环境。由于食品的原料主要是农副产品，以往的概念往往将食品工业看作是农业的延续或继续，甚至认为只有农产品过剩时才需要食品工业。但随着现代科学技术的发展，食品工业已经有了长足的发展，具有工业制造业的性质，成为世界各国产值最高的产业之一。欧美日等发达国家地区的食品工业产值在其制造业中居第一位。在我国同样如此，食品工业的产值已跃居国民生产总值的第一位。随着全球一体化进程的加快，食品也同其他商品一样，在世界范围内以全球食品贸易的方式，实现各国食品资源的交换。

（二）食品的分类

食品的种类繁多，以不同的分类标准或判别依据，至少可以用以下9种方法来研究食品的分类：按原料分（如米、面、豆制品等），按加工方法分（如饼干等），按保存方法分（如冷冻饮品、速冻面米食品等），按方便性能分（如方便面、方便米等），按消费对象分（如儿童食品等），按功能分（如保健食品等），按受污染程度分（如无公害食品、绿色食品、有机食品等），按包装方法分（如罐头等），按消费方式分等。因此，用任何单一的分类标准或判别依据来划分食品种类，均不能有效地反映食品的全貌，而通常需要以多种分类标准或判别依据来划分并描述食品的种类。在这里主要介绍三种食品分类方法。

1. 按照现代食品概念的分类

从食品卫生监督角度来看，现代食品是指应用现代加工技术生产供现代人食用或饮用的各类食品。按照现代食品的概念来分类，可以将食品分为以下20类：

A. 粮食及制品：指各种原粮、成品粮以及各种粮食加工制品，包括方便面等；

B. 食用油：指植物和动物性食用油料，如花生油、大豆油、动物油等；

C. 肉及其制品：指动物性生、熟食品及其制品，如生、熟畜肉和禽肉等；

D. 消毒鲜乳：指乳品厂（站）生产的经杀菌消毒的瓶装或软包装消毒奶，以及零售的牛、羊、马奶等；

E. 乳制品：指乳粉、酸奶及其他属于乳制品类的食品；

F. 水产类：指供食用的鱼类、甲壳类、贝类等鲜品及其加工制品；

G. 罐头：将加工处理后的食品装入金属罐、玻璃瓶或软质材料的容器内，经排气、密封、加热杀菌、冷却等工序达到商业无菌的食品；

H. 食糖：指各种原糖和成品糖，不包括糖果等制品；

I. 冷食：指固体冷冻的即食性食品，如冰棍、雪糕、冰淇淋等；

J. 饮料：指液体和固体饮料，如碳酸饮料、汽水、果味水、酸梅汤、散装低糖饮料、矿泉饮料、麦乳精等；

K. 蒸馏酒、配制酒：指以含糖或淀粉类原料，经糖化发酵蒸馏而制成的白酒（包括瓶装和散装白酒）和以发酵酒或蒸馏酒作酒基，经添加可食用的辅料配制而成的酒，如果酒、白兰地、香槟、汽酒等；

L. 发酵酒：指以食糖或淀粉类原料经糖化发酵后未经蒸馏而制得的酒类，如葡萄酒、啤酒；

M. 调味品：指酱油、酱、食醋、味精、食盐及其他复合调味料等；

N. 豆制品：指以各种豆类为原料，经发酵或未发酵制成的食品，如豆腐、豆粉、素鸡、腐竹等；豆制品一般分为发酵性和非发酵型两类，其制造工艺一般为五个阶段，即原料处理阶段、制浆与熟制阶段、成型阶段、半成品加工阶段和成品阶段等；

O. 糕点：指以粮食、糖、食油、蛋、奶油及各种辅料为原料，经烘烤、油炸或冷加工等方式制成的食品，包括饼干、面包、蛋糕等；

P. 糖果蜜饯：以果蔬或糖类的原料经加工制成的糖果、蜜饯、果脯、凉果和果糕等食品；

Q. 酱腌菜：指用盐、酱、糖等腌制的发酵或非发酵类蔬菜，如酱黄瓜等；

R. 保健食品：指依据《保健食品管理办法》，称之为保健食品的产品类别；

S. 新资源食品：指依据《新资源食品卫生管理办法》，称之为新资源食品的产品类别；

T. 其他食品：未列入上述范围的食品或新制订评价标准的食品类别。

2. 食物类和亚类的双级分类

可以采用“食物类和亚类”的双级分类方法给食品分类。参照通行世界的INDOODS分类原则，并结合我国营养学界以往的食物分类方法和食品行业相关的分类标准，将所有食物分为21个食物类；对于一个食物类中的食物，根据其某一属性的不同，又分为不同的亚类，并将那些难以分配到某一具体亚类的食物，一律归入到相应食物类中的名为“其他”的亚类中。具体如下：

A. 谷类及制品：包括小麦、稻米、玉米、小麦、小米、黄米等；

B. 薯类、淀粉及制品：包括薯类、淀粉类；

C. 干豆类及制品：如大豆、绿豆、赤豆、芸豆、蚕豆等；

D. 蔬菜类及制品：包括根茎类，鲜豆类，茄果、瓜菜类，葱蒜类，嫩茎、叶、花菜类，水生蔬菜类，薯芋类，野生蔬菜类等；

E. 菌藻类：包括菌类、藻类；

F. 水果类及制品：仁果类，核果类，浆果类，柑橘类，热带、亚热带水果，瓜果类；

G. 坚果、种子类：树坚果、种子等；

H. 畜肉类及制品：猪、牛、羊、驴、马等；

I. 禽肉类及制品：鸡、鸭、鹅、活鸡等；

J. 奶类及制品：液态乳、奶粉、酸奶、奶酪、奶油等；

K. 蛋类及制品：包括鸡蛋、鸭蛋、鹅蛋、鹌鹑蛋等；

L. 鱼虾蟹贝类：包括鱼、虾、蟹、贝等；

M. 婴幼儿食品：婴幼儿配方粉、婴幼儿断奶期辅助食品、婴幼儿补充食品；

N. 小吃、甜饼：包括小吃、蛋糕和甜点等；

O. 速食食品：如快餐食品、方便食品、休闲食品等；

P. 饮料类：包括碳酸饮料、果汁及果汁饮料、蔬菜汁饮料、含乳饮料、植物蛋白饮料、茶叶及茶饮料、固体饮料、棒冰、冰淇淋类等；

Q. 含酒精饮料：包括发酵酒、蒸馏酒、露酒（配制酒）等；

R. 糖、蜜饯类：包括糖、糖果、蜜饯等；

S. 油脂类：包括动物油脂、植物油；

T. 调味品类：包括酱油、醋、酱、腐乳、咸菜、香辛料、盐、味精等；

U. 药食两用食物及其他。

3. 食品分类系统中的分类

食品分类系统用于界定食品添加剂的使用范围，只适用于使用该标准查询添加剂。该标准的食品分类系统共分十六大类。每一大类下分若干亚类，亚类下分次亚类，次亚类下分小类，有的小类还可再分为次小类。如果允许某一食品添加剂应用于某一食品类别时，则允许其应用于该类别下的所有类别食品，另有规定的除外。具体而言，如果食品大类可用的食品添加剂，则其下的亚类、次亚类、小类和次小类所包含的食品均可使用；亚类可以使用的，则其下的次亚类、小类和次小类可以使用，但是，大类不可以使用，另有规定的除外。食品分类系统中对食品的分类，也可以认为是食品分类的一种方法。据此形成的十六大类食品如下：

A. 乳与乳制品；

B. 脂肪、油和乳化脂肪制品；

C. 冷冻饮品；

D. 水果、蔬菜（包括块根类）、豆类、食用菌、藻类、坚果以及籽类等；

E. 可可制品、巧克力和巧克力制品（包括类巧克力和代巧克力）以及糖果；

F. 粮食和粮食制品；

C. 焙烤食品；

H. 肉及肉制品；

I. 水产品及其制品；

J. 蛋及蛋制品；

K. 甜味料；

L. 调味品；

M. 特殊营养食品；

N. 饮料类；

O. 酒类；

P. 其他类。

二、农产品的定义与分类

农产品也是本书中非常重要的概念。然而，农产品也有诸多定义，分类也相当复杂。

（一）农产品的定义

2006年4月29日第十届全国人民代表大会常务委员会第二十一次会议通过的《中华人民共和国农产品质量安全法》所指的农产品是指“来源于农业的初级产品，即在农业活动中获得的植物、动物、微生物及其产品。”这里所指的农产品主要强调的是农业的初级产品，即在农业中获得的植物、动物、微生物及其产品。由于农产品是食品的主要来源，也是工业原料的重要来源，农产品分为食用农产品和非食用农产品。实际上，农产品亦有广义与狭义之分。广义的农产品是指农业部门所生产出的产品，包括农、林、牧、副、渔等所生产的产品；而狭义的农产品仅指粮食。商务部在《中国农产品进出口月度统计报告》中将农产品定义为，《WTO农业协议》定义口径+水海产品。这一定义与《WTO农业协议》所定义的农产品范围基本一致，主要的差异是在WTO农产品定义基础上加进了鱼类产品，这是鱼类产品在我国农产品进口中的重要地位所决定的。

需要特别指出的是，在本书的讨论过程中如果没有特别的说明，一般使用广义概念的农产品。

（二）农产品的分类

国际贸易有其自身的产品分类体系与方法。国际上为了便于对商品的统计征税时有共同的分类标准，联合国经济理事会于1950年就发布了《国际贸易标准分类》（Standard International Trade Classification，SITC）。其后，世界各主要贸易国又在比利时布鲁塞尔签订了《海关合作理事会商品分类目录》（Customs Cooperation Council Nomenclature，CCCN），又称《布鲁塞尔海关商品分类目录》（Brussels Tariff Nomenclature，BTN）。CCCN与SITC对商品分类有所不同，为了避免因采用不同目录分类而在关税和贸易、运输中产生分歧，在上述两个规则的基础上，海关合作理事会主持制定了《协调商品名称及编码制度》（Harmonized Commodity Description and Coding System，HS），并于1988年1月1日起正式实施。作为联合国推荐采用作为经济分析的贸易分类，SITC的每一个货物编号的设计是由第一位数字的类、第二位数字的段、第二位数字的组及最后两位数字的条目所组成。而HS编码体系作为多种用途的分类法，采用六位数编码，把全部国际贸易商品分为21类，97章（其中第77章为保留章）。章下再分为目和子目。商品编码的前两位数代表“章”，前四位数代表“目”。五、六位数代表“子目”。1996年版HS有5113个六位数子目。

对于农产品的定义与统计范围，世界贸易组织（WTO）、联合国贸易与发展会议（UNCTAD）及世界各国的统计机构都有不同的分类。世界贸易组织的产品分类将农产品定义为“包括活动物与动物制品、植物产品、油脂及分解产品、食品饮料。”由此可见，世界贸易组织对农产品概念的定义是比较宽泛的。《WTO农业协议》主要以HS为基础，所定义的农产品范围为：① HS税则第一章至第二十四章（鱼及鱼产品除外）；② HS编码2905.43（甘露糖醇）、HS编码2905.44（山梨醇）、HS税目33.01（精油）、HS税目35.01～35.05（蛋白类物质、改性淀粉、胶）、HS编码3809.10（整理剂）、HS编码3823.60（2905.44以外的山梨醇）、HS税目41.01～41.03（生皮）、HS税目43.01（生毛皮)、HS 税目 50.01～50.03(生丝和废丝)、HS 税目 51.01～51.03(羊毛和动物毛)、HS 税目 52.01～52.03(原棉、废棉和已梳棉)、HS 税目 53.01(生亚麻)和 HS 税目 53.02(生大麻)。《WTO 农业协议》对农产品的定义之所以将鱼及鱼产品除外，主要的原因是在 WTO 组织内另有工作机构执掌鱼类多边贸易问题。

联合国贸易与发展会议对农产品的范围也有专门的规定，定义的农产品范围包括属于标准国际贸易分类 SITC 第 00、01、02、04 类中的全部商品减去第 02 类中的第 27、28 章商品。

HS、SITC 体系中对农产品贸易的产品范围界定有一定的差异性，各具特色。HS 前 24 章的产品简便，但是对农产品的表现不充分；SITC 的农产品范围对应数据时间长，但有些类别中难以排除非农产品，统计口径相对偏大。HS、SITC 体系中农业贸易的产品范围界定与交叉编码关系分别用如表 0－1、表 0－2 和表 0－3 表示。

表 0－1　　HS、SITC 体系中农业贸易的产品范围界定与交叉编码关系(一)

HS 系统(产品名称与统计号)	SITC 系统(产品名称与统计号)
01 章　活动物	00 章　活动物
02 章　肉及食用杂碎	01 章　肉及肉制品
03 章　鱼、甲壳动物、软体动物及其他水生无脊椎动物	02 章　乳品及蛋品
04 章　乳品；蛋品；天然蜂蜜；其他食用动物产品	03 章　鱼、甲壳及软体类动物及其制品
05 章　其他动物产品	04 章　谷物及其制品
06 章　活树及其他活植物；鳞茎、根及类似品；插花及装饰用簇叶	05 章　蔬菜及水果
07 章　食用蔬菜、根及块茎	06 章　糖、糖制品及蜂蜜
08 章　食用水果及坚果；甜瓜或柑橘属水果的果皮	07 章　咖啡、茶、可可、调味料及其制品
09 章　咖啡、茶、马黛茶及调味香料	08 章　饲料(不包括未碾磨谷物)
10 章　谷物	09 章　杂项食品
	11 章　饮料

资料来源：引自曾寅初《农产品国际贸易的研究方法》，中国人民大学农业与农村发展学院讲稿。

表 0－2　　HS、SITC 体系中农业贸易的产品范围界定与交叉编码关系(二)

HS 系统(产品名称与统计号)	SITC 系统(产品名称与统计号)
11 章　制粉工业产品；麦芽；淀粉；菊粉；面筋	12 章　烟草及其制品
12 章　含油子仁及果实；杂项子仁及果实；工业用或药用植物；稻草、秸秆及饲料	22 章　油籽及含油果实
13 章　虫胶；树胶、树脂及其他植物液、汁	29 章　其他动、植物原料
14 章　编结用植物材料；其他植物产品	41 章　动物油、脂
15 章　动、植物油、脂及其分解产品；精制的食用油脂；动、植物蜡	42 章　植物油、脂
16 章　肉、鱼、甲壳动物、软体动物及其他水生无脊椎动物的制品	43 章　已加工的动植物油、脂及动植物蜡
17 章　糖及糖食	592.1　淀粉、菊粉、面筋
18 章　可可及可可制品	93201　饲养业及食品加工业加工进口的原材料及出口产品
19 章　谷物、粮食粉、淀粉及乳的制品；糕饼点心	9410　未列名活动物
20 章　蔬菜、水果、坚果或植物其他部分的制品	

资料来源：引自曾寅初《农产品国际贸易的研究方法》，中国人民大学农业与农村发展学院讲稿。

表 0-3　HS、SITC 体系中农业贸易的产品范围界定与交叉编码关系（三）

HS 系统（产品名称与统计号）	SITC 系统（产品名称与统计号）
2905.43　甘露糖醇	512192 甘露糖醇
2905.44　山梨醇	没有统计
33.01　精油	5513 精油
35.01～35.05　蛋白类物质，改性淀粉，胶	59221～59225 蛋白类物质、胶
3809.10　整理剂	没有统计
3823.60　2905.44 以外的山梨醇	没有统计
41.01～41.03　生皮	21 章　生皮及未硝毛皮
43.01　生毛皮	
50.01～50.03　生丝及废丝	261 丝
51.01～51.03　羊毛及动物毛	2681～2686 生毛皮
52.01～52.03　原棉，废棉，已梳棉	263 棉花
53.01　生亚麻；亚麻短纤及废麻	26511～26513 亚麻
53.02　生大麻；大麻短纤及废麻	2652 大麻

资料来源：曾寅初．农产品国际贸易的研究方法．中国人民大学农业与农村发展学院讲稿。

三、农产品与食品间的关系

农产品与食品间的关系似乎是非常简单的问题，实际上并非如此。前已所述，国际上对农产品和食品并没有一个统一的概念。有的国家农产品包括食品，有的国家食品则包括农产品。如乌拉圭回合《农业协议》对农产品范围的界定就包括了食品，《加拿大农产品法》中的农产品也包括了食品，而有的国家虽将农产品包含在食品之中，但同时强调了食品“加工和制作”这一过程。但不管如何定义与分类，在法律意义上，农产品与食品两者间的法律关系是清楚的，一般而言，在同一个国家内部农产品和食品不会产生法律关系上的混淆。

农业和食品工业是人类食物的生产部门。农产品和食品既有必然联系，也有一定的区别。农产品是源于农业的初级产品，包括直接食用农产品、食品原料和非食用农产品（主要包括棉、麻、丝、毛绒纤维类、花卉、烟草、饲料和工业原料等）。直接食用农产品包括种植的小麦、稻谷等，养殖的活猪、活鸡等和养殖或捕捞的鱼、蟹等。而大部分农产品需要再加工后变成食品。因此，食品是农产品这一农业初级产品的延伸与发展。这就是农产品与食品的天然联系。两者的联系还体现在质量安全上，农产品质量安全是食品质量安全的源头和基础。农产品质量安全问题主要产生于农业生产过程，在这个过程中既要保证数量，又要保证质量，还要确保安全。在一定条件下，农产品生产过程中同时实现优质、无公害和保持较高产量是很难的。比如，农药、化肥的使用是实现较高产量目标所必须的，但往往又是质量安全水平下降的重要原因。而且在农产品生产过程中，质量因素和安全因素是很难截然分开的。食品的安全水平首先取决于农产品的安全状况。与农产品相比，食品安全虽然具有一些不同的特点，但仍然具有农产品质量安全的一般特性。

农产品是直接来源于农业生产活动的产品，是通过生物有机体的新陈代谢作用，在自然再生产和经济再生产过程中形成的，属于第一产业的范畴。食品是指经过工业化的加工过程所产生的食物产品，主要属于第二产业的范畴。加工食品的原料来源于可作为工业原料的农产品。加工食品是随着工业特别是轻工业的出现和发展而逐步进入人类食物范围的。由于加工食品是以农产品为原料，通过工业化的加工过程形成的，它具有典型的工业品特征，生产周期短，批量生产，包装精致，保质期长，运输、贮藏、销售过程中损耗浪费少等。这就是农产品与食品的主要区别。

客观现实是，目前理论界、学术界在讨论一般问题时并没有将农产品、食品作出非常严格的区分，往往是相互交叉。本书中后续章节的讨论中，一般也不作非常严格的区分。

第三节　国际贸易理论中的主要概念与相关说明

食品国际贸易是国际贸易体系中的分支学科，是国际贸易中食品贸易领域的应用与发展。因此，在了解食品、农产品定义与分类及其相互关系的基础上，还必须了解与食品国际贸易密切相关的国际贸易理论与实践中最具基础性的主要概念。

一、国际贸易的概念与分类

国际贸易（International trade）是指各个国家（地区）之间的商品和劳务的交换活动。传统的国际贸易活动主要是指有形商品（Tangible or visible goods）的进出口贸易（Import and export trade）。食品是有形商品，在各个国家（地区）间的交换活动，就形成并产生食品国际贸易。随着生产力发展水平的提高，社会分工的深化以及市场经济的发展，商品的涵义也在扩大，广义的商品不仅包含有形商品，也包括无形商品（Intangible or invisible goods）。无形商品不仅包括与有形商品进出口贸易直接有关的运输、保险、金融等业务，还包括劳务、技术、信息、旅游、咨询服务、教育等。有形商品的贸易是货物贸易，无形商品的贸易大多属于服务贸易的范畴。因此，现代的国际贸易不仅包括货物贸易，也包括了服务贸易。有形贸易和无形贸易的主要区别是：有形贸易是商品进出口，它经过海关手续，表现在海关的贸易统计上，是国际收支的重要项目；无形贸易不经过海关手续，通常不显示在海关的贸易统计上，但它是国际收支的组成部分。

国际贸易亦称世界贸易（World trade），泛指国际间的商品和劳务（或货物、知识和服务）的交换。它由各国（地区）的对外贸易构成，是世界各国对外贸易的总和。对于一个国家而言，国际贸易意味着一国（地区）同其他国家（地区）之间的贸易活动，这就是对外贸易（Foreign trade），这是从一个国家（地区）的角度去看待它与其他国家或地区的国际贸易问题。对外贸易有时也被称为外部贸易（External trade）或海外贸易（Oversea trade）。

国际贸易涉及范围非常广，内容非常丰富，可以从不同角度进行分类。

（一）从商品移动方向分类

1．出口贸易（Export trade）

将本国生产（或加工）的商品（包括劳务）输往国外市场进行销售的活动，称为出口贸易或输出贸易。

净出口则是指某国（地区）某一时期同类商品的出口量大于进口量的部分。

2．进口贸易（Import trade）

购买国外生产的商品（包括劳务），输入到国内市场进行销售的活动，称为进口贸易或输入贸易。

净进口则是指某国（地区）某一时期同类商品的进口量大于出口量的部分。

3. 转口贸易（Entrepot trade）

转口贸易是指商品的出口方和进口方不直接进行贸易，而是通过第三方进行贸易的活动。例如，中国的香港特别行政区是中国大陆和许多国家（地区）进行贸易的转口口岸。香港的贸易公司可以在大陆购买产品后直接运往美国或其他国家（地区）销售，反之亦然。

4. 过境贸易（Transit trade）

商品出口方与进口方进行的交易，其商品实体运输必须经过第三国的贸易活动。例如，俄罗斯的石油产品从陆路销往越南，就必须通过中国国境。这对中国来讲，就是过境贸易。

过境贸易与转口贸易的区别在于过境贸易没有商品买卖行为，不过是货物运输上的过境，不涉及所有权的变化，而转口贸易指第三方加入买卖关系中的所有权让度过程。

5. 复出口贸易（Re－export trade）与复进口贸易（Re－import trade）

复出口贸易也称再出口贸易，是指参加贸易的一方进口商品以后未作任何加工再出口的贸易。

复进口贸易也称再进口贸易，是指参加贸易的一方出口本国商品后在国外未经加工又重新进口的贸易活动。

（二）按交易对象的性质分类

1. 有形商品贸易（Tangible goods trade）

有形商品贸易是指在进出口贸易中进行的有形商品的贸易。有形商品的进出口都要通过海关办理手续，并且在海关统计中反映出来，从而构成一个国家（地区）的对外贸易额。根据SITC的分类标准，有形商品可以分成十类，63章，233组，786个分组和1924个基本项目，几乎覆盖了国际贸易所交易的全部商品。

国际贸易标准分类的各类商品名称如下：

0类：食品及活动物；

1类：饮料及烟类；

2类：非食用原料（燃料除外）；

3类：矿物燃料、润滑油及有关原料；

4类：动植物油、脂及蜡；

5类：化学成品及有关产品；

6类：按原料分类的制成品；

7类：机械及运输设备；

8类：杂项制品；

9类：未分类的商品。

在上述分类中，0～4类为初级产品，5～8类为制成品，9类为其他。

食品国际贸易主要涉及0类和1类商品的贸易。

2. 无形商品贸易（Intangible goods trade）

无形商品贸易是指在国际贸易活动中进行的没有物质形态的商品贸易。无形贸易主要指劳务、技术、信息、旅游、运输、保险、金融等。无形贸易通常不需办海关手续，在海关的进出口统计中不出现，而在国际收支中反映出来，是一国（地区）国际收支的重要组成部分，其中主要部分属于服务贸易。

（三）按贸易关系分类

1．直接贸易（Direct trade）

商品出口方与进口方不通过第三方而直接进行买卖商品的经营行为称为直接贸易。直接贸易的双方直接谈判、签约、结算运输。

2．间接贸易（Indirect trade）

商品出口方与进口方通过第三方而进行买卖商品的行为称为间接贸易。间接贸易有些是政治上的原因，有些是由于交易双方的信息不通畅而形成的。这类贸易，出口方和进口方不直接进行洽谈、签约和结算，而是通过第三方进行。间接贸易对于第三方而言是转口贸易（Entrepot trade 或 Carrying trade）。

（四）按国境和关境划分

1．总贸易（General trade）

在对外贸易统计时，以国境为界，进入国境的商品全部列为进口；离开国境的商品一律列为出口。一定时期的进口和出口总额为总进口和总出口，其和为该国的总贸易。中国、日本、英国、加拿大、俄罗斯等采用此法统计外贸。

2．专门贸易（Special trade）

在外贸统计时，以关境为界，一定时期内运入关境的商品列为进口，称为专门进口；运出关境的商品列为出口，称为专门出口。专门进口和出口的和即为专门贸易。法国、德国、意大利等采用此法。

美国采用专门贸易和总贸易分别统计。

（五）按参与贸易国家的多少分类

1．双边贸易（Bilateral trade）

双边贸易指由买卖双方参加，以相互进出口为基础，贸易支付在双边交易基础上进行结算，自行平衡外汇收支的贸易关系。现在也泛指那些两国间的贸易关系。

2．三边贸易（Triangular trade）

三边贸易是双边贸易的扩大，指三个国家（或地区）之间相互进出口，并进行合理搭配，以实现外汇平衡的一种方式。这种方式往往是因为交易中，至少有一方出现外汇不平衡，或者支付困难，而本方进口产品的输出国不能接受本方的出口产品，需要由第三个国家（地区）加入到贸易中才能实现外汇平衡的原因。这类方式一般是通过三方共同签订相互贸易协定来保证其顺利进行。

3．多边贸易（Multilateral trade）

多边贸易是指三个以上的国家（或地区）之间相互进行若干项目的商品交换，相互进行多边清算的贸易行为。这类方式，有助于在若干个国家相互贸易时，用对某些国家（和地区）的贸易出超去支付对于另一些国家（或地区）贸易的入超，从而做到贸易平衡。当贸易项目的多边结算仍然不能使外汇平衡时，可以用非贸易项目的收支来进行多边结算。

（六）按经济发展水平划分

1. 水平贸易（Horizontal trade）

水平贸易指经济发展水平比较接近的国家之间开展的贸易活动，例如，发达国家之间展开的贸易或者发展中国家之间展开的贸易活动。

2. 垂直贸易（Vertical trade）

垂直贸易指经济发展水平不同的国家之间的贸易，发达国家与发展中国家之间进行的贸易大多属于这种类型。

（七）按不同的清偿方式分类

1. 现汇贸易（Spot exchange trade）

以现汇结算方式进行的贸易称做现汇贸易。由于现汇在运用上灵活、广泛，易于兑换成其他货币，因此现汇贸易是国际贸易中运用最普遍的方式，其特点是由银行逐笔支付货款，以结清债权、债务。

2. 记账贸易（Clearing account trade）

记账贸易是由两国政府间签订贸易协定或贸易支付协定，按照记账的方法进行结算的贸易。其特点是，在一定时间内（一般为一年），两国间贸易不用现汇逐笔计算，而是到期一次性结清。通过记账贸易获得的外汇称之为记账外汇，一般只能用于协定国之间的结算，而不能用于与第三方结算。

3. 易货贸易（Barter trade）

易货贸易是指商品交易的双方，依据相互间签订的易货协定或合同，以货物经过计价作为结算方式，互相交换货物的一种交易行为。这种方式比较适合于一些外汇不足或由于其他原因不能用自由结汇方式进行交易的国家（和地区）。

当然，还有其他不同的分类方法，比如按货物运送和交易手段不同来划分等。

二、有关国际贸易的统计指标

国际贸易、食品国际贸易所涉及的统计指标非常多，本章主要介绍最基本的统计指标。

（一）有关贸易额与贸易量的指标

1. 国际贸易额（Value of international trade）

这是计算和统计世界各国对外贸易总额的指标，即按同一种货币单位换算后，把各国和地区的出口额相加得出的数字。由于美元是国际贸易中用得最广泛的货币，所以国际贸易额一般用美元计算。注意，不能把世界各国和地区的进出口总额进行简单的加总，因为一个国家（地区）的出口必然是另一方的进口，简单加总会造成重复计算。另外，计算世界各国的进口总额会高于出口总额，因为世界大多数国家计算出口额时是按照FOB价格计算，而在计算进口额时则是按照CIF价格计算，CIF价格比FOB价格多运费和保险费，所以，按照进口额计算的国际贸易量会大于按出口额计算的国际贸易量。

2. 对外贸易额（Value of foreign trade）

国家（地区）的对外贸易额是以货币金额表示的这个国家（地区）在一定时期内进出口的总量，是衡量一国（地区）对外贸易规模和状况的重要指标。它是由该国（地区）在一定时期内从境外进口的总额加上该国（地区）在同一时期内向境外出口的总额构成。目前，有的国家用本国货币表示，有的国家用外国货币表示，中国的对外贸易是用美元表示的。在计算时，出口额要以 FOB 价格计算，进口额价格则要以 CIF 计算。

一国在一定时期内出口总额和进口总额之间的差额称作贸易差额（Balance of trade）。当出口总额超过进口总额时，差额部分称作贸易顺差或出超（Favorable balance of trade or surplus），反之则称作贸易逆差或入超（Unfavorable balance of trade or deficit）。如果两者相等则为贸易平衡（Equilibrium）。

3. 国际贸易量（Quantum of international trade）

国际贸易量是剔除了价格变动因素以后，用不变价格来表示的国际贸易规模。由于存在价格变动的因素，用货币计算的国际贸易额的变化不能代表国际贸易真实的变化程度，因此，在计算国际贸易相对增长时，需要计算国际贸易量。联合国及欧美等发达国家都用计算国际贸易量的办法来计算对外贸易变动情况的。国际贸易量的计算公式如下：

$$国际贸易量=\frac{国际贸易额}{国际贸易价格指数}$$

4. 对外贸易量（Quantum of foreign trade）

这是为了剔除价格变动的影响，并能准确反映一国对外贸易实际数量而制定的一个指标。具体的计算方法是：以报告期的进口或出口总额除以用固定年份为基期而确定的价格指数，得到的是相当于按不变价格计算的进口或出口额，这个数据称作报告期的贸易量。

（二）有关贸易商品结构的指标

1. 国际贸易商品结构（International trade by commodity）

国际贸易商品结构是指各种类别的商品在国际贸易额中所占的比重，通常用它们在世界出口总额或进口总额中的比重表示。研究国际贸易商品结构，一般是看初级产品和制成品两大类分别占国际贸易额比重。第二次世界大战以后，随着科学技术的发展，制成品在国际贸易中的比重不断上升，初级产品的比重不断下降。但随着最近几年石油价格和粮食价格的上升，国际贸易商品结构又有明显变化。1980—1996 年，国际贸易中的制成品出口比例从 71% 上升到 83%，初级产品的出口比例则从 29% 下降到 17%。但是 2006 年，国际贸易中制成品的比例又降为 70.1%，而农产品比例为 8.0%。

2. 对外贸易商品结构（Foreign trade by commodity）

对外贸易商品结构是指一个国家一定时期内各种类别的进出口商品占整个进出口贸易额中的份额。一个国家的对外贸易商品结构主要是由该国的经济发展水平、产业结构状况、自然资源状况和贸易政策决定的。表 0－4 所示为 2008 年我国主要农产品出口商品结构。

表 0－4　　2008 年中国主要农产品的出口商品结构

商品名	金额/亿美元	占中国农产品总出口比例/%
食用蔬菜、水果及其制品	121.7	30.26
水海产品及其制品	101.2	25.16
畜类产品	26.7	6.64
油料等	20.4	5.07
禽类产品	14.2	3.53
咖啡、茶等	13.1	3.26

数据来源：中华人民共和国商务部食品土畜频道。

http://cccfna.mofcom.gov.cn/tongjiziliao/tongjiziliao.html 的数据整理。

研究对外贸易商品结构可以通过对外贸易产品结构的横向比较，即在不同的国家（地区）之间进行比较，可以大致判断一个国家（地区）的经济发展水平；通过纵向比较，即比较一个国家（地区）在一段时间内对外贸易结构的变化趋势，可以判断这个国家的外贸和经济发展水平，从而得到所需要的政策结论。

（三）有关贸易方向的指标

1. 国际贸易地理方向（Geographical orientation of international trade）

国际贸易地理方向，也称国际贸易地区分布（International trade by regions），用以表明世界各洲、各国或各个区域集团在国际贸易中所占的地位。计算各国在国际贸易中的比重，既可以计算各国的进、出口额在世界进、出口总额中的比重，也可以计算各国的进出口总额在国际贸易总额（世界进出口总额）中的比重。

2. 对外贸易地理方向（Geographical orientation of foreign trade）

对外贸易地理方向，也称对外贸易地区分布（Foreign trade by regions），是指一定时期内世界上一些国家（地区）或各个国家经济集团的商品在某个国家对外贸易中所占的比重，一般以这些国家（地区）在该国进、出口总额或进出口贸易总额中所占的比重来表示。对外贸易地理方向指明一国出口商品的去向和进口商品的来源，反映一国与其他国家或区域集团之间经济贸易联系的程度。一国的对外贸易地理方向通常受经济互补性、国际分工的形式与贸易政策的影响。由于对外贸易是一国与别国之间发生的商品交换，因此，把对外贸易按商品分类和按国家分类结合起来分析研究，即把商品结构和地理方向的研究结合起来，可以查明一国出口中不同类别商品的去向和进口中不同类别商品的来源，观察和分析各个不同时期国际贸易地理方向的走向，有助于正确判断市场行情的变化趋势和加深对世界各国间的经济和贸易关系的认识和理解。表 0 - 5 所示为 2005 年、2008 年中国农产品出口的对外贸易地理方向，反映了中国农产品在 2005 年、2008 年排列前六名的出口市场。

表 0 - 5　　2005 年、2008 年中国农产品出口前六名的对外贸易地理方向

国家或地区	2005 年		2008 年	
	金额/亿美元	占比中国农产品出口总额/%	金额/亿美元	占比中国农产品出口总额/%
日本	79.3	29.18	77	19.14
欧盟 25 国	34.6	12.73	62.6	15.56
美国	28.4	10.45	51.2	12.73
东盟	24.2	8.9	45.7	11.36
中国香港	26.4	9.71	34.4	8.55
韩国	28.5	10.49	31.7	7.88

数据来源：中华人民共和国商务部食品土畜频道。

http://cccfna. mofcom. gov. cn/tongjiziliao/tongjiziliao. html 的数据整理。

从表 0 - 5 可以看到，2005 年、2008 年中国农产品对日本、欧盟 25 国的出口总额均保持农产品出口总额的第一、二名；2005 年中国农产品对韩国出口为中国农产品出口总额的第三名，但 2008 年下降到第六；2008 年中国对东盟出口总额则上升较快，由 2005 年第六到 2008 年的第四，东盟已成为中国农产品出口不可忽视的市场之一。

（四）有关外贸依存度的指标

对外贸易依存度（Ratio of dependence on foreign trade）。具体是指一国（地区）在一定时期内进出口贸易额与该国同时期国内生产总值（GDP）的对比关系。进口贸易额与国内生产总值的比例称进口依存度，反之，出口贸易额与国内生产总值的比例称出口依存度。例如，2007 年中国国内生产总值为 246619 亿元人民币，进口总额为 9558 亿美元，出口总额为 12180 亿美元。以当年美元对人民币比值平均为 7.5 计算，2007 年中国的进口依存度为 29.07%，出口依存度为 37.04%，外贸依存度为 66.11%。

一般认为，外贸依存度是衡量一国（地区）国民经济开放程度的指标。对外贸易依存度受各国经济发展水平、对外贸易政策和国内市场大小等因素的影响。一般来讲，大国的出口依存度比较小，因为大国的国民经济基本上是自成体系的，相对来讲资源比较丰富，国内相互调剂的部分比较大。小国（地区）的依存度比较大，一些转口贸易的港口国家（地区）依存度都超过了 100%。例如中国香港和新加坡，2005 年的出口依存度分别达到 197.9% 和 244.2%，进口依存度达到 185.1% 和 214.1%。从横向来看，我国外贸依存度不仅高于世界平均水平，也高于世界一些主要大国的水平。2003 年各主要国家的外贸依存度为：加拿大，60.87%；德国，56.58%；法国，44.64%；西班牙，42.55%；意大利，39.80%；英国，39.00%；而日本与美国的外贸依存度分别只有 19.9% 和 18.7%。因此，相对其他世界大国来讲，中国的对外贸易依存度是高的。但因为有汇率、加工贸易等因素的影响，不能简单地把对外贸易依存度的大小看成是对外开放程度的标志，不能说中国的对外开放程度一定比美国、日本高。外贸依存度大能够更多地享受比较利益的好处，但是也有比较容易受国际市场风云变幻影响的弊端。图 0－4 所示为我国 1995—2007 年对外贸易依存度变化趋势图。

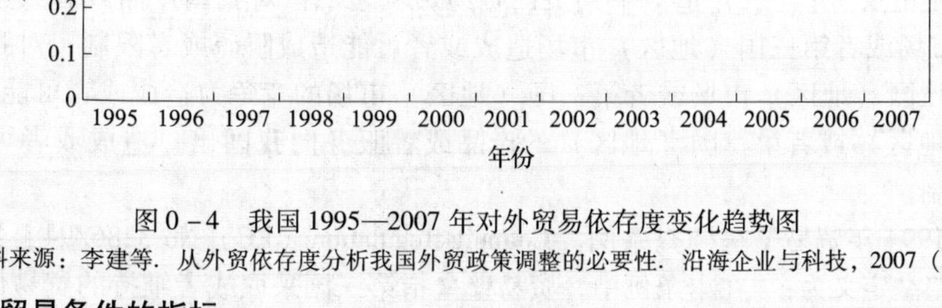

图 0－4　我国 1995—2007 年对外贸易依存度变化趋势图

资料来源：李建等．从外贸依存度分析我国外贸政策调整的必要性．沿海企业与科技，2007（2）

（五）有关贸易条件的指标

贸易条件（Terms of trade）又称作进出口比价（Ratio between import and export price），是出口产品价格与进口产品价格的比率，通常用出口商品价格指数与进口商品价格指数的对比值来表示。

$$贸易条件系数 = \frac{出口商品价格指数}{进口商品价格指数}$$

贸易条件是反映一国对外交换利益变动的一个重要指标，直接涉及各国的贸易利益，与比较利益一起被认为是国际贸易的两个基本问题。贸易条件系数大于100%，说明贸易状况改善了，小于100%则说明贸易状况恶化了。需要指出的是，一般而言，贸易条件的变动受汇率和国际价格水平的影响非常小，与国内价格水平也无明显关系，而主要是受贸易结构的变化。数据显示，1993—2003年间我国农产品的贸易条件呈现逐步恶化的趋势，2003年的指数达最低点，为89%；贸易条件指数在84%~130%变动。我国对美国和阿根廷的贸易条件指数均小于100%；对巴西则基本都大于1，最大值达142%。主要进口的农产品中，豆油的价格贸易条件指数在84%~587%波动；棕榈油的指数有增加趋势，2003年达到峰值179%；大豆的指数变动平稳，最大值为115%，最小值为82%；小麦的指数在74%~166%波动。四种进口产品的收入贸易条件指数波动幅度非常大。主要出口的农产品中，玉米、大米和葱、蒜的贸易条件都出现了恶化的趋势，其中葱、蒜最为明显。整体来看，我国农产品的价格贸易条件亟待改善。从国际贸易发展的总体趋势分析，发展中国家的贸易条件在恶化，这是广大发展中国家要求改变不合理的国际经济秩序的重要原因。

三、贸易壁垒

贸易壁垒（Trade barrier）是国际贸易尤其是食品国际贸易中最常用、最基本的概念。在贸易壁垒基础上形成与发展而产生的技术性贸易壁垒（措施）是贯穿本书始终的最为重要的一个概念，在本书的体系中具有非常重要的单位。对技术性贸易壁垒概念的深入理解，有助于对食品国际贸易中有关食品安全的认识。

在国际贸易中，影响和制约着商品自由流通的各种手段和措施，称之为贸易障碍或贸易壁垒、贸易措施。在贸易壁垒的界定上，WTO框架下关于贸易壁垒的协议——《技术性贸易壁垒协议》（Technical Barriers to Trade，TBT）并没有对贸易壁垒进行界定。我国商务部颁布的《对外贸易壁垒调查规则》（商务部令2005年第4号）第三条对贸易壁垒界定如下："外国（地区）政府采取或者支持的措施或者做法，存在下列情形之一的，视为贸易壁垒：（一）违反该国（地区）与我国共同缔结或者共同参加的经济贸易条约或者协定，或者未能履行与我国共同缔结或者共同参加的经济贸易条约或者协定规定的义务；（二）造成下列负面贸易影响之一：对我国产品或者服务进入该国（地区）市场或者第三国（地区）市场造成或者可能造成阻碍或者限制；对我国产品或者服务在该国（地区）市场或者第三国（地区）市场的竞争力造成或者可能造成损害；对该国（地区）或者第三国（地区）的产品或者服务向我国出口造成或者可能造成阻碍或者限制。"

欧盟1994年贸易壁垒调查条例［Council Regulation（EC）No 3286/94］第二条第1项把贸易壁垒定义为："在本条例中，贸易壁垒指第三国采取或者维持的贸易做法，国际贸易规则规定了对其可采取行动的权利。当国际贸易规则完全禁止这样的做法，或者给予受该贸易做法影响的另一方以寻求消除该贸易做法影响的权利时，这种可采取行动的权利便产生了。"由此可见，包括中国在内的诸多发展中国家与发达国家（经济体）在贸易壁垒的理解上是有分歧的，而且这一分歧将有可能随着国际贸易格局的变化日益深化，在本书有关食品贸易与安全的讨论中随时可以发现这个问题。

贸易壁垒一般可分为关税壁垒和非关税壁垒两种。所谓关税壁垒，是指进出口商品经过一国关境时，由政府所设置海关向进出口商征收关税所形成的一种贸易障碍。按征收关税的目的来划分，关税有两种：一是财政关税，其主要目的是为了增加国家财政收入；二是保护关税，其主要目的是为保护本国经济发展而对外国商品的进口征收高额关税。保护关税愈高，保护的作用就愈大，甚至实际上等于禁止进口。非关税壁垒，是指除关税以外的一切限制进口措施所形成的贸易障碍，又可分为直接非关税壁垒和间接非关税壁垒两类。直接非关税壁垒是指进口国采取某些措施，直接限制进口商品的数量或金额，如进口配额制、进口许可证制、外汇管制、进口最低限价等。间接非关税壁垒，主要是通常所说的技术性贸易壁垒，一般是通过对进口商品制订严格的条例、法规等间接地限制商品进口，如技术标准、卫生安全法规，检查和包装、标签规定以及其他各种强制性的技术法规。

关税是最古老的贸易政策工具，是随着商品流通和国际贸易的发展而产生和发展起来的。随着国际贸易自由化进程的不断推进，关税壁垒在贸易壁垒中的地位下降，而非关税壁垒作用上升。这可以从部分国家关税占政府收入的百分比来分析这个问题（见表0-6）。例如，1805年美国联邦政府的财政收入90%～95%是来自关税，1900年仍超过41%。当今大多数国家特别是发达国家关税占财政收入的比重已经大大下降，如美国在1995年关税收入占财政收入比重约为2%。但在少数国家仍然是财政收入的重要来源，而这些国家主要是不发达国家。

表0-6　　1995年部分国家和地区关税占政府收入的百分比

发展中国家和地区	关税占政府收入百分比/%	发达国家和地区	关税占政府收入百分比/%
所罗门群岛	56	瑞士	8（1.12，1999）
汤加	49	爱尔兰	7
几内亚	47	冰岛	5
多米尼加	44	澳大利亚	3（2.56，1998）
开曼群岛	42	加拿大	3（1.25，2000）
冈比亚	42	新西兰	2（1.85，2000）
尼泊尔	31	美国	2（1.02，2000）
卢旺达	31	瑞典	1（0.07，1999）
		丹麦	1
		芬兰	1

资料来源：IMF（1995）. Government Finance Statistics Yearbook 1995. Washington DC：International Monetary Fund. 括号中的数据来源于IMF Couernment Finance Statistics Yearbook 2001。

在非关税壁垒中，直接非关税壁垒的地位下降，而以技术性贸易壁垒为主要代表的间接非关税壁垒作用不断上升，成为当今食品国际贸易领域中最主要的贸易壁垒。

有关贸易壁垒，由于与世界各国的政策法规、技术水平、产业发展等密切相关，而且动态变化，技术性贸易壁垒的有关问题相当复杂，相关问题可参见本书各有关章节。

第四节　有关国际贸易组织

有关国际组织在食品国际贸易中具有重要作用。与国际贸易有关的国际组织主要有世界贸易组织、国际货币基金组织与世界银行等；与食品国际贸易相关的国际组织还有国际食品法典委员会（CAC）、联合国粮农组织（FAO）和世界卫生组织（WHO）、世界动物卫生组织（OIE）等。有关食品国际贸易的国际性仲裁组织将在本书第七章中作专门的介绍。

一、世界贸易组织

世界贸易组织（简称世贸组织，World Trade Organization，WTO）是一个独立于联合国的永久性国际组织。1995 年 1 月 1 日正式开始运作，负责管理世界经济和贸易秩序，总部设在瑞士日内瓦莱蒙湖畔，它的前身是 1947 年订立的关税及贸易总协定。1996 年 1 月 1 日，它正式取代关贸总协定临时机构。与关贸总协定相比，世贸组织是具有法人地位的国际组织，在调解成员争端方面具有更高的权威性。它涵盖货物贸易、服务贸易以及知识产权贸易，而关贸总协定只适用于商品货物贸易。世贸组织与世界银行、国际货币基金组织一起，并称为当今世界经济体制的“三大支柱”。

二、国际货币基金组织

国际货币基金组织（International Monetary Fund，IMF）是政府间的国际金融组织，它是根据 1944 年 7 月在美国新罕布什尔州布雷顿森林召开联合国和联盟国家的国际货币金融会议上通过的《国际货币基金协定》而建立起来，于 1945 年 12 月 27 日正式成立。IMF 主要业务活动有：向成员国提供货款，在货币问题上促进国际合作，研究国际货币制度改革的有关问题，研究扩大基金组织的作用，提供技术援助和加强同其他国际机构的联系。

三、世 界 银 行

国际复兴开发银行（International Bank for Reconstruction and Development）简称为世界银行（World Bank），它是联合国下属的一个专门机构，是负责长期贷款的国际金融机构。世界银行是根据 1944 年美国布雷顿森林会议上通过的《国际复兴开发银行协定》成立的。其宗旨是通过对生产事业的投资，资助成员国的复兴和开发工作；通过对贷款的保证或参与贷款及私人投资的方式促进私人对外投资，当成员国不能在合理的条件下获得私人资本时，则在适当条件下以银行本身资金或筹集的资金及其他资金给予成员国直接贷款，来补充私人投资的不足；通过鼓励国际投资，开发成员国的生产资源，提供技术咨询和提高生产能力，以促进成员国国际贸易的均衡增长及国际收支状况的改善。世界银行与国际开发协会（International Development Association，IDA）、国际金融公司（International Finance Corporation，IFC）、多边投资担保机构（Multilateral Investment Guarantee Agency，MIGA）、国际投资争端解决中心（International Centre for Settlement of Investment Disputes，ICSID）等五部分共同组成了世界银行集团（World Bank Group）。

四、国际食品法典委员会

国际食品法典委员会（Codex Alimentarius Commission，CAC）是负责实施联合国粮农组织（FAO）和世界卫生组织（WHO）联合食品计划的政府间国际组织，旨在通过建立国际协调一致的农产品及食品标准体系，保护消费者的健康，促进农产品及食品的公平贸易。目前，CAC 已被世界贸易组织（WTO）确认为三个农产品及食品国际标准化机构之一，食品法典标准被认可为国际农产品及食品贸易仲裁的依据。

自 1961 年第 11 届联合国粮农组织大会和 1963 年第 16 届世界卫生大会分别通过创建 CAC 的决议以来，已有 173 个成员国和 1 个成员国组织（欧盟）加入该组织，覆盖了全球 99% 的人口。CAC 下设秘书处、执行委员会、6 个地区协调委员会、21 个专业委员会（包括 10 个综合主题委员会、11 个商品委员会）和 1 个政府间特别工作组。

SPS 协定首页中关于该协定签约目的中指出："成员国希望基于由相关国际组织（包括 CAC、世界动物卫生组织（OIE）以及国际植物保护公约（IPPC）框架内的其他国际和区域组织）制订的国际标准、指南和建议，来进一步统一各成员国之间的卫生与植物卫生措施，但不要求成员国改变对人类、动物和植物健康的适当保护水平。"SPS 协定的名词定义第 3 款规定："食品安全方面的国际标准、指南和建议，是指由 CAC 制订的关于食品添加剂、兽药残留、农药残留、污染物、分析和抽样方法以及卫生操作规范方面的标准、指南以及建议。"所有国际食品法典标准都主要在其各下属委员会中讨论和制定，然后经 CAC 大会审议后通过。CAC 标准都是以科学为基础，并在获得所有成员国的一致同意的基础上制定出来的。CAC 成员国参照和遵循这些标准，既可以避免重复性工作又可以节省大量人力和财力，而且有效地减少了国际食品贸易摩擦，促进贸易的公平和公正。

五、联合国粮农组织

联合国粮食及农业组织（Food and Agriculture Organization of the United Nations，FAO）简称联合国粮农组织，是根据 1943 年 5 月召开的联合国粮食及农业会议的决议，于 1945 年 10 月 16 日在加拿大魁北克正式成立。1946 年 12 月成为联合国的一个专门机构。现总部设在意大利的罗马。联合国粮农组织的宗旨是通过加强世界各国和国际社会的行动，提高人民的营养和生活水平，改进粮农产品的生产及分配的效率，改善农村人口的生活状况，以及帮助发展世界经济、保证人类免于饥饿等。该组织的业务范围包括农、林、牧、渔生产，科技，政策及经济各方面。它搜集、整理、分析并向世界各国传播有关粮农生产和贸易的信息；向成员国提供技术援助；动员国际社会进行农业投资，并利用其技术优势执行国际开发和金融机构的农业发展项目；向成员国提供粮农政策和计划的咨询服务；讨论国际粮农领域的重大问题，制定有关国际行为准则和法规，加强成员之间的磋商与合作。粮农组织下设全体成员大会、理事会和秘书处。全体成员大会是该组织的最高权力机构，每两年举行一次会议；理事会隶属于大会，由大会选出的主席和 49 个理事国组成，它在大会休会期间执行大会赋予的权力，一般每两年至少开会三次。理事会下设计划、财政、章程法律、农业、林业、渔业、商品、粮食安全等八个职能委员会；秘书处是大会和理事会的执行机构，负责人是由大会选出的总干事。联合国粮农组织设有 5 个区域办事处、5 个分区域办事处、5 个联络处以及 78 个驻国家代表处。

截至 2007 年 11 月，该组织共有 192 个成员。中国是联合国粮农组织的创始国之一，1973 年 4 月中国恢复其在联合国粮农组织的合法席位，并在联合国粮农组织第 17 届大会上被选为理事国。同年，我国向该组织派出常驻代表，建立了中国常驻联合国粮农机构代表处。1983 年 1 月，粮农组织在北京设立代表处。1997 年 11 月 18 日，中国当选为联合国粮农组织理事会成员。

六、世界卫生组织

世界卫生组织（World Health Organization，WHO）是联合国专门机构之一，是国际上最大的政府间卫生组织，其前身可以追溯到 1907 年成立于巴黎的国际公共卫生局和 1920 年成立于日内瓦的国际联盟卫生组织。第二次世界大战后，经联合国经社理事会决定，64 个国家的代表于 1946 年 7 月在纽约举行了一次国际卫生会议，签署了《世界卫生组织组织法》。1948 年 4 月 7 日，该法得到 26 个联合国会员国批准后生效，世界卫生组织宣告成立。每年的 4 月 7 日也就成为“世界卫生日”。1948 年 6 月 24 日，世界卫生组织在日内瓦召开的第一届世界卫生大会上正式成立，总部设在瑞士日内瓦。世界卫生组织的宗旨是使全世界人民获得尽可能高水平的健康。该组织给健康下的定义为“身体、精神及社会生活中的完美状态。”世界卫生组织的主要职能包括：促进流行病和地方病的防治；改善公共卫生；推动确定生物制品的国际标准等。

所有接受世界卫生组织宪章的联合国成员国都可以成为该组织的成员。其他国家在其申请并经世界卫生大会投票表决，多数通过后就可以成为世界卫生组织的成员国。在国际关系事务中不能承担责任的地区，根据世界卫生组织成员国或其他能够对该地区的国际关系承担责任的权威，基于该地区自身利益制定的申请，该地区可以作为预备成员进入世界卫生组织。世界卫生组织成员国按照区域分布，截至 2009 年 5 月，世界卫生组织共有 193 个正式会员国和 2 个准会员国。

七、世界动物卫生组织

世界动物卫生组织（Office International Des Epizooties，OIE）是一个政府间动物卫生技术组织，又称之为国际兽疫局（International Office of Epizootics，IOE）。该组织是在 1920 年比利时牛瘟兽疫之后创建的。该病发端于印度，对其传播的担心导致了 1921 年 3 月巴黎召开的国际会议。它由 28 个国家于 1924 年签署的一项国际协议产生。世界动物卫生组织的职能主要包括以下三方面：向各国政府通告全世界范围内发生的动物疫情以及疫情的起因，并通告控制这些疾病的方法；在全球范围内，就动物疾病的监测和控制进行国际研究；协调各成员国在动物和动物产品贸易方面的法规和标准。世界动物卫生组织发布的国际标准有：陆地动物健康法典（Terrestrial Animal Health Code）；陆地动物诊断测试和疫苗手册（Manual of Diagnostic Tests and Vaccines for Terrestrial Animals）；水生动物健康法典（Aquatic Animal Health Code）；水生动物诊断测试手册（Manual of Diagnostic Tests for Aquatic Animals）。

世界动物卫生组织在由各成员国政府委派的常驻代表组成的国际委员会的授权和管理下开展工作。世界动物卫生组织的职能由 OIE 中央办公署具体实施，中央办公署的署长由国际委员会任命。中央办公署执行由选举产生的委员会草拟的决议。这些委员会包括：管理委员会、区域性委员会、专家委员会。

世界动物卫生组织第 75 届国际大会 2007 年 5 月 25 日恢复我国在该组织的合法权利。到 2009 年 4 月为止，该组织共有 174 个成员。其主要职能是，保证动物疾病状态的全世界透明性；收集、分析和传播兽医科学知识；提供专业知识并推动动物疾病控制的国际团结；通过发展动物和动物产品国际贸易的卫生规则，保证国际贸易的卫生安全。

本章小结

作为本书的导论，本章重点概括了食品国际贸易产生的背景、学科特点、读者对象等，同时介绍了食品国际贸易理论体系中最基本的概念与相关的国际贸易组织。通过本章的学习，达到了解食品国际贸易结构体系的全貌，相应做好知识、方法等准备，为深入学习奠定基础。

思考题

1. 分析食品国际贸易产生的背景。
2. 分析 HS、SITC 体系中对农产品贸易中产品范围界定的主要差异。
3. 归纳总结食品工业的基本特征。
4. 查阅文献，分析农产品加工业的定义与分类。
5. 分析联合国粮农组织的功能与职责。

参考文献

[1] 李建等. 从外贸依存度分析我国外贸政策调整的必要性. 沿海企业与科技，2007（2）

[2] 王雅娟等. 我国农产品贸易条件及变动趋势研究. 农业系统科学与综合研究，2007（2）

[3] 谷志杰. 关税概论. 北京：中国财政经济出版社，1989

[4] 罗伯特·J卡博（Robert J. Carbaugh）. 国际经济学. 大连：东北财经大学出版社，1998 年英文版

[5] 王启现. 农产品和加工食品内涵特征与质量安全特性分析. 国家社会公益研究专项（2005DIB4J039），中央级公益性科研院所基本科研业务专项《农产品质量安全预警》专题

[6] 曾寅初. 农产品国际贸易的研究方法. 中国人民大学农业与农村发展学院讲稿

[7] IMF（1995）：Government Finance Statistics Yearbook 1995. Washington DC：International Monetary Fund

[8] 何秀荣等. 中国农产品贸易最近 20 年的变化. 中国农村经济，2002（6）

[9] 史朝兴等. 加入 WTO 对中国双边贸易增长贡献的实证研究. 财贸研究，2006（3）

[10] 史朝兴等. 中国农产品进口的现状、格局和趋势. 经济问题探索，2007（9）

[11] 李向阳. 全球生物能源发展背后的利益格局. 中国经贸导刊，2008（17）

[12] 刘合光等. 中国农产品贸易格局与前景展望. 农业展望，2007（3）

[13] 农业部调研组. 农业部农产品价格形成专题调查总报告：农产品价格形成及利润分配调查. 中国农业信息网，2008 年 4 月 29 日

[14] 封志明. 中国未来人口发展的粮食安全与耕地保障. 人口研究，2007（2）

[15] 杨涛. 经济转型期农业资源环境与经济协调发展研究. 华中农业大学博士研究生毕业学位论文

[16] 张剑雄. 对我国粮食安全问题的思考. 湖北大学学报（哲学社会科学版），2007（11）

[17] 国家环境保护总局等. 2000 年中国环境状况公报，2002 年 11 月 25 日

上篇 国际贸易理论与政策

第一章　国际贸易发展简史

第二章　国际贸易理论

第三章　国际贸易政策与措施

第一章　国际贸易发展简史

国际贸易历史悠久，食品国际贸易是国际贸易中出现最早的商品贸易。在每个不同的发展阶段，由于国际环境有其不同的特点，国际贸易的发展有着不同的特征。了解、掌握国际贸易发展的历史有助于深化学习食品国际贸易。国际贸易发展简史是本教材的逻辑起点。

第一节　国际贸易的产生和早期发展

国际贸易是一个历史范畴，是在一定的历史条件下产生和发展起来的。一般认为，它的产生必须具备两个基本条件：一是社会生产力的发展产生了可供交换的剩余产品，以及由此促进商品生产和商品交换规模的扩大；二是存在着不同的国家，商品流通超越国界就产生了国际贸易。

一、国际贸易的产生

在原始社会初期，社会生产力水平极为低下，人类劳动的产品仅能维持氏族成员最基本的生存需要，没有剩余产品，也不存在交换。原始社会后期，随着社会生产力的发展逐渐产生了社会分工和交换。人类社会的第一次大分工——畜牧业和农业的分工使生产有了进一步发展，有了剩余食品，产生了交换。这时的交换是专门从事畜牧业的部落和专门从事农业的部落之间的交换，也就是两个或两个以上的实体之间进行的食品物物交换。因为此时国家尚未产生，还不能说已产生国际贸易。人类社会的第二次社会大分工是手工业从农业中分离出来，这时产生了以交换为目的的商品生产。伴随着商品生产的发展，逐渐形成了货币，产品交换就逐渐变成了以货币为媒介的商品生产和流通，出现了专门从事贸易的商人，这就是第三次社会大分工。生产力的发展和交换关系的扩大加速了私有制的产生，促使原始社会的瓦解。在原始社会瓦解过程中，逐渐形成了奴隶制国家。当商品流通跨越了国家的范围时，就出现了国际贸易。民以食为大。为了生存与发展，食品就成为最早进行交换的商品，食品贸易因而是国际贸易中最早产生和重要的组成部分。

二、奴隶社会的国际贸易

奴隶制时代的国际贸易是为奴隶主服务的，主要的贸易商品是奴隶和奢侈品两大类，为奴隶主提供生产工具和物质享受。在奢侈品贸易中，主要有宝石、装饰品、各种织物和香料等，而酒类等食品也在其中占有一定的比重。

历史上地中海地区的国际贸易比较发达。公元前两千年，执地中海国际贸易牛耳的贸易大国有腓尼基（地中海东岸的一个国家，现黎巴嫩境内）和迦太基（坐落于非洲北海岸，今突尼斯，与罗马隔海相望）。腓尼基商人往来于地中海各地，迦太基成为地中海最大的商港前后达一千年之久，腓尼基被称为“贸易民族”。公元前三四世纪，希腊是地中海主要的贸易地区，雅典是地中海国际贸易的中心。雅典控制了地中海四周的许多殖民地，亚历山大港是地中海最大的商港。公元前世纪年间，希腊的贸易地位被西罗马帝国所取代。当时西罗马帝国掌握地中海及欧洲各地的贸易，罗马一度成为欧洲的商业中心。罗马帝国征收关税，对商人发放贸易辅助金，对出口商品进行管制，并建立了强大的海上舰队，以保护贸易安全。同时罗马帝国在南欧各地建造许多完备的公路，使货物运向欧洲各地，号称“条条大路通罗马”，推动国际贸易迅速发展且贸易范围不断扩大，西起大不列颠，东至中国，贸易队伍络绎不绝。公元5世纪中叶，西罗马帝国灭亡后，西欧奴隶社会宣告结束，地中海的国际贸易逐渐衰落。中国在夏商时代已进入奴隶制社会，对外贸易主要集中在黄河流域各国。

在奴隶制社会，自然经济占统治地位，商品生产不占主导地位，进入流通领域的商品很少，同时由于生产技术落后，交通工具简陋，国际贸易的规模和范围受到很大限制。国际贸易在奴隶社会经济中的地位虽不重要，但它促进了社会生产的发展。这主要表现在两方面：一方面国际贸易促进了手工业的发展和城市的兴起；另一方面国际贸易推动了欧洲奴隶制生产的再生产，并且由商人阶级充当媒介的国际贸易，在客观上促进了各国人民的经济文化交流。

三、封建社会的国际贸易

封建社会的经济仍然是自然经济，社会生产力还很低，商品经济和交通运输还很不发达，没有形成世界市场，所以国际贸易规模还很有限，但较奴隶社会则有了新的发展。早在公元前2世纪的西汉时代，我国就开辟了从新疆经中亚通往中东和欧洲的丝绸之路，丝、茶等通过丝绸之路输往西方，明朝有郑和七次率船队下西洋。通过国际贸易，中国的火药、罗盘等手工业技术传到亚欧各国，同时各国的土产和优良种子等也输进中国。在西方，自公元5世纪起，拜占庭帝国（东罗马帝国）、阿拉伯帝国（大食）、威尼斯、热内亚等地中海沿岸国家以及北欧等国家先后成为国际贸易的中心。

随着铁器使用的普及，马车的发明和造船航海技术的提高，封建社会后期的国际贸易日趋活跃，然而进入贸易范围的商品种类毕竟有限，奢侈品仍然是国际贸易中的主要商品，但在贸易中已有很多日常生活用品和原料。西方国家以呢绒、酒换取东方国家的丝绸、香料、珠宝等，后来又逐渐增加了大量的手工业品及其使用的原料产品。封建社会的国际贸易主要是为统治阶级的寄生性消费服务的，并具有由自发的民间活动向国家政府有组织活动发展的特点。奴隶社会的国际贸易是自发产生的，贸易往来多表现为民间或个人的往来。这些特点延续到封建社会，如封建社会早期，国际贸易仍主要由商人，甚至地主兼营。到封建社会的中后期，自发的民间往来得到更充分的发展，但在国际贸易中逐渐出现了政府有组织的贸易，而且比例越来越大。哥伦布、麦哲伦和郑和就是在这种背景下出现的。

在东方，中国、埃及、印度和伊朗等国是对外贸易大国，其中中国外贸的发展比较突出。西汉时代汉武帝派张骞出使西域，开辟了著名的丝绸之路。中国与朝鲜、日本也保持着良好的贸易关系。隋唐时中国的对外贸易更为发达。南宋时中国与日本、朝鲜、印度、斯里兰卡50多个国家有通商关系。明朝永乐年间，郑和七次下西洋，前后历时29年，遍历南洋、印度、波斯、阿拉伯、非洲东岸等30多个国家，大大促进了中外贸易关系的发展与各国人民的友好往来。中国古代对外贸易具有以下特点：①中国的手工业比较发达，丝绸和陶瓷长期领先于世界，始终是占优势的出口产品。②“朝贡”和官府采办是古代对外贸易的重要形式。中国封建王朝长期以天朝自居，朝贡贸易既是维持华夷君臣秩序的政治手段，同时又具有与邻近国家发展经济往来的重要意义。但总体上看朝贡贸易主要是为统治阶级服务的，进口以奢侈品为主，对经济发展的作用有限。③ 明清王朝在进行朝贡贸易的同时，还推行过严厉的海禁政策，使当时的国际贸易具有浓厚的闭关自守色彩。

第二节　近代资本主义时期的国际贸易

国际贸易在资本主义时期经历了原始积累、自由竞争和垄断资本主义等发展阶段，并逐步发展成为世界主要的贸易形态。

一、原始积累时期的国际贸易

在16—18世纪资本主义原始积累时期，西班牙、葡萄牙、荷兰、英国等少数几个西欧国家的对外贸易迅速增加。地中海沿岸的国家衰落了，在东西方贸易上所占的优势也被西班牙、葡萄牙、荷兰、英国等国取而代之。这个时期，西欧国家的对外贸易已越出欧洲及地中海的界限，延伸到亚洲、拉丁美洲和非洲等广阔地带，贸易量也随之大大增加。当时的国际贸易具有如下特点：① 带有明显的掠夺性质。西班牙、葡萄牙、荷兰、英国等国的海外贸易以获取金银财富为主要目的，是其殖民政策的重要方面。② 这些国家的海外贸易是借助国家权力进行的，而且常常以武力征服为先导。③ 对外贸易是资本原始积累的重要手段，大量金银转化为货币资本。尽管这一时期的国际贸易，同封建社会相比有了很大的发展，但当时这些国家仍处于工场手工业时期，社会生产力的水平和规模受到限制。在当时的条件下，不可能出现全球性的国际分工，也没有形成全球性的国际贸易。

二、自由竞争时期的国际贸易

18世纪60年代以后，随着资本主义的生产方式逐步改善，社会生产力发展明显加快，加之地理大发现和殖民地贸易的扩展，世界市场开始形成，国际贸易逐渐成为资本主义经济的重要组成部分。在这一过程中，里斯本、安特卫普、阿姆斯特丹、伦敦等西欧港口逐渐替代了地中海沿岸港口先后成为国际贸易的中心。工业革命使社会生产力得到巨大的发展，机器大工业不仅需要扩大销售市场，也需要扩大原料来源，还需要运载量大，速度快、运费低廉的运输工具。运输工具的改革，轮船的行驶、铁路的通行，电报的使用等都为开拓海外市场和进行国际贸易创造了良好的条件，使国际贸易有了迅速的发展。在自由竞争资本主义时期，国际贸易量显著增加，商品结构不断变化，组织形式和贸易方式明显进步，殖民地掠夺和扩张加剧，各资本主义国家根据各自的经济发展水平分别采取了自由贸易政策和贸易保护政策。

随着资本主义的巨大变化，国际贸易在诸多方面有了显著的发展：① 国际贸易额有了空前迅速的增长。当时的国际贸易以英国等几个资本主义大国为中心，把世界各地区的国家置于自己的周围，迅猛地发展起来。国际贸易已不是小商品生产者与工场手工业产品之间的交换，而是资本主义的大工业产品之间，以及资本主义工业产品与前资本主义产品之间的交换。国际贸易额在1800—1870年间增长了6倍多。② 商品结构有了很大变化。

18 世纪末以前的大宗商品，如香料、茶叶、丝绸、咖啡等，虽然数量仍在增加，但比重已经下降，纺织品的贸易迅速增长，谷物成了大量交易的对象。由于大工业的建立，煤、金属和机器在国际贸易中的比重逐渐增加。③ 国际贸易的经营方式和组织形式不断变化。从现场看货交易到凭样品交易，从自备商船到出现了专门经营运输业务的运输公司，从运货人自己承担商品运输途中的风险到由专门的保险公司承担，出现了一系列新的变化。银行信贷业务在国际贸易中发展起来，汇票以及其他各种票据开始广泛流行。商品交易所开始在国际贸易中发挥重要作用。对外贸易特权公司已让位于在法律上负有限责任的股份公司。④ 为了调整各国彼此间的贸易关系，协调移民和其他待遇方面的问题，国家间开始签订贸易条约。这些条约最初是为了资本主义国家能公平竞争，发展相互贸易往来，但随后逐步演化为在落后国家谋求特权、推行侵略扩张的工具。

三、垄断资本主义时期的国际贸易

19 世纪 70 年代以后，资本主义逐渐向垄断过渡。正是在这个时期，一方面在第二次科技革命的推动下，资本主义生产有了很大发展；另一方面，由于资本主义内在矛盾的加剧和帝国主义国家之间矛盾的激化，先后发生世界性经济危机和世界大战，世界资本主义经济接连受挫。各国社会生产和国民经济的发展状况直接决定了国际贸易的发展。科技革命推动了资本主义国家的对外贸易，形成了统一的世界市场。在世界市场中，少数发达国家不仅垄断了本国的对外贸易，而且也垄断了殖民地、不发达国家的对外贸易。垄断统治集中地表现在垄断世界市场价格，进行不等价交换。国际垄断组织从经济上分割世界。

从商品结构来看，第二次产业革命后，由于机器制造业、铁路业和造船业的发展，使矿业原料加工业制成品的比重增加。第一次世界大战后，新兴工业迅速发展，在 1929 年的世界出口贸易中，工业制成品已占到 44%。新兴工业产品，如汽车、橡胶制品、人造丝、电气工业和化学工业制品的贸易大大增加，从而引起对有色金属、稀有金属以及天然橡胶、石油等商品需求的增加。同时，19 世纪末期以来，随着大城市的发展，运输技术的提高和成本的下降，粮食和其他食品的贸易量也显著增长。

从地理分布来看，随着美洲和其他大洲之间的贸易比重的上升，欧洲的比重下降。其中，殖民地及附属国的对外贸易增长较快。在第一次世界大战期间及战后一个时期，帝国主义国家因忙于战争而放松了对殖民地国家民族工业的控制，同时又需要这些国家为其提供战略物资产品，因此殖民地及附属国的民族工业有了一定程度的发展。如澳大利亚的钢铁业、机器业、化工业，印度的钢铁业和纺织业，阿根廷的制药业，中国的纺织和面粉加工业等在这个时期有较快发展。亚洲、非洲、拉丁美洲国家和地区在国际贸易中的比重有所上升，但贸易条件却恶化了。

资本输出是帝国主义的一个基本特征。在垄断阶段，各帝国主义国家出现了大量“过剩”资本，为了追求高额利润，极力向殖民地国家输出资本。1862 年西方大国输出资本总额 20 亿美元，到 1900 年增至 220 亿美元，1913 年又增至 440 亿美元，50 年间增加了 22 倍。输出资本中，一部分是借贷资本，一部分是生产资本。各帝国主义国家在向别国贷款时，一般规定债务国要购买它的机器设备等工业产品，并提供矿业原料和农产品。生产资本的输出也是用本国的机器设备，在殖民地国家投资建厂，并提供生产原料。资本输出不仅为帝国主义国家带来巨额利润，而且带动了出口贸易，扩大了工业原料和食品的进口。资本输出既是帝国主义国家带动商品输出的手段，也是控制殖民地和不发达国家的工具。

在垄断资本主义阶段，各国垄断资本为了垄断世界市场，通过订立某种协定，相互之间形成国际垄断同盟，操纵国际市场价格，划分势力范围。但是国际垄断协定并不能消除各帝国主义国家间垄断资本的竞争。尤其是在帝国主义经济政治发展不平衡规律的作用下，各帝国主义国家的经济实力对比必然发生重大变化。第一次和第二次世界大战使美国的经济力量大为增长，资本主义世界的金融中心从欧洲转移到美国，从而使美国在国际贸易中的比重大大增加。

第三节 战后国际贸易的发展

第二次世界大战结束以后，世界政治经济格局发生重大变化，导致国际贸易环境发生相应的变化。根据战后国际经济贸易环境的变化，国际贸易的发展大致可分为以下三个阶段。

一、第 一 阶 段

战后到 1973 年石油危机爆发，是战后国际贸易发展的第一阶段，主要有以下三个显著特点。

（一）国际经济体系逐步建立起来

国际货币基金组织、世界银行（又称国际复兴开发银行）和关税与贸易总协定三个组织的成立是国际经济体系建立的标志。国际货币基金组织和世界银行都是在 1944 年 7 月布雷顿森林会议上成立的。国际货币基金组织成立以后，对稳定各国的汇率，加强国际货币合作，协助成员国克服国际收支困难，促进成员国贸易和生产的发展，起了积极的作用。世界银行的主要目的是为成员国提供长期建设资金。它在成立之初，主要致力于西欧经济的复兴。1948 年以后，世界银行的工作重点转向发展中国家，帮助发展中国家恢复和发展经济。关贸总协定则在消除贸易壁垒，促进国际贸易的发展方面起到了非常重要的作用。

（二）区域经济一体化开始形成

1951 年 7 月建立的欧洲煤钢共同体，1958 年 1 月成立的欧洲经济共同体和欧洲原子能共同体，1967 年 7 月欧洲煤钢共同体、欧洲原子能共同体和欧洲经济共同体合并成为欧洲共同体。1960 年 5 月欧洲自由贸易联盟成立。这些经济一体化组织的建立可看成是西欧发达国家实行国家干预经济政策，进行区域性国际经济调节的标志。经济一体化是战后世界经济国际化深入发展的结果。这一时期涌现的区域经济一体化组织，既有西欧、大洋洲发达国家建立的，也有拉丁美洲、非洲的一些发展中国家建立的，从而形成了战后区域经济一体化的第一次高潮。

（三）世界经济的发展进入新的历史时期

首先，第三次科技革命的兴起，推动了社会生产力的发展和国际分工的深化，世界经济迅速增长。与此同时，美国、西欧、日本等主要工业发达国家加快了产业结构调整和转移的步伐，着重发展资本和技术密集型产业，而将某些劳动密集型产业向海外转移。其次，战后世界经济发生了深刻的变化。在资本主义国家中，一般垄断资本主义逐渐向国家垄断资本主义过渡，国家垄断资本主义不仅调节国家的经济活动，而且还作为经济实体参与国家和国际间的经济运行。发达国家对经济干预的加强，是战后20多年世界经济贸易高速增长的重要原因。由于西欧和日本经济的高速发展，战后初期美国独霸世界经济的局面在20世纪70年代初演化为美国、西欧、日本三足鼎立的态势。

苏联和东欧国家建立了经济互助委员会（简称经互会），并开始进行经济改革。从20世纪50年代到70年代初，经互会国家虽然不属于以发达国家为主体的国际经济体系，但它们的经济贸易曾经历过一段迅速发展的时期。经互会国家几乎都先后进行了经济体制改革，也都取得了不同程度的积极成果，但是改革并不彻底。发展中国家选择了不同的发展模式。战后一大批亚非拉国家在民族解放运动中相继摆脱了殖民主义统治，获得了政治独立，但这些国家几乎都在经济上面临着巨大的困难。为了实现经济上的独立，发展中国家选择了不同的发展模式和经济战略。

二、第二阶段

1973年到20世纪80年代末、90年代初，是这一时期国际贸易发展的第二阶段。其主要有以下三个特点。

（一）国际金融、贸易体系发生了新的变化

20世纪70年代初，越南战争导致美国国际收支严重不平衡，美元被迫贬值，不再实施与黄金挂钩的货币制度，布雷顿森林体系从而崩溃，这是当时世界经济形势发展的重要特点。但在浮动汇率制下，汇率波动频繁，金融危机不断，因而进一步改革国际货币制度势在必行，然而改革方案却一直悬而未决。20世纪70年代石油价格的暴涨使西方发达国家经济遭受严重打击。20世纪70年代中期以后，出现了严重的经济衰退和停滞，在国际贸易领域中出现了发达国家掀起的以非关税壁垒为主要手段的新贸易保护主义，从而使战后形成的贸易自由化趋势遭受挫折。

（二）西方发达国家调整干预经济政策

1973年第四次中东战争导致石油危机的发生，西方经济发生了战后第二次危机，凯恩斯主义正统地位的动摇和新保守主义的抬头，迫使西方发达国家调整干预经济的政策。西方国家通过国家宏观经济调控与市场调节的互相结合，使国家干预政策不断完善和发展，从1982年起西方国家相继走出了“滞胀”。同时，20世纪70年代西方发达国家加速发展技术与知识密集型产业；20世纪80年代发达国家加速发展高新技术，同时把一些劳动密集型、资本密集型甚至技术密集型产业向海外转移，发达国家的第三产业急速扩大。从20世纪80年代初开始，继美国之后，西欧和日本等发达国家的社会经济结构开始向后工业社会过渡。

（三）发展中国家的经济发展出现了不同的态势

一批国家和地区跨入了新兴工业化国家（地区）的行列。韩国、中国台湾、中国香港和新加坡被称为亚洲“四小龙”，为世人瞩目。一部分石油输出国，因为油价暴涨而迅速成为富国。然而大多数发展中国家，特别是非洲和南亚的最不发达国家由于种种原因经济发展非常缓慢，其中有些国家在20世纪80年代初还陷入了严重的债务危机。

总之，第二阶段的世界经济格局发生重大变化。美苏的国际地位相对下降，西欧和日

本的地位迅速上升，成为能与美苏对抗的两极；新兴工业化国家经济体迅速成长，拉大了与最不发达国家的经济差距；前苏联及东欧国家经济体制改革遭受挫折。同时，由于世界经济发展缓慢，贸易保护主义抬头，这一时期的国际贸易谈判步履维艰。在从战后到1967年，在关贸总协定主持下进行了六轮谈判，而在这一阶段只进行了“东京回合”一轮谈判，而这轮谈判从1973年9月开始，到1979年才结束。

三、第 三 阶 段

20世纪80年代末到90年代初，世界政治经济格局发生剧烈变化，其中最突出的是东欧剧变和苏联的解体，国际贸易的发展进入了新的阶段。到目前为止，这个阶段还没有结束，但有些特点已显而易见。

（一）进入调整发展时期

随着冷战体制的结束，经济发展成为各国关注的重点，世界经济进入大调整的深化阶段，表现为西方发达国家、新兴工业化国家及其他国家实行经济战略调整，制定跨世纪的科技发展战略；各类国家都采用市场调节与国家宏观调控相结合的经济体制；世界产业结构调整进一步深化，一场新的企业管理革命在西方掀起；国际经济协调迅速发展，国际经济一体化进入新阶段。

（二）东亚经济迅速崛起

继20世纪60、70年代日本和“四小龙”的经济奇迹之后，80年代东盟国家和中国的经济迅速增长。特别是中国在改革开放以来，30年经济贸易的高速增长显示了中国经济发展的巨大潜力。目前中国已成为世界第二大贸易国。中国与东亚其他国家经济的高速增长，使亚太地区成了世界经济增长的又一重心。

（三）国际贸易环境得到了改善

乌拉圭回合谈判的成功，世界贸易组织的成立，表明世界贸易协调机制进入新的发展阶段。1995年1月1日，国际贸易组织取代关贸总协定，与国际货币基金组织和世界银行一起成为协调国际贸易、金融、货币关系的三大支柱。关税和非关税壁垒等各种阻碍贸易的措施进一步被削减。

第四节　当代国际贸易的特点

第二次世界大战以后，世界的政治经济形势发生了深刻的变化，世界银行、国际货币基金组织和世界贸易组织（1995年以前是关税和贸易总协定）等国际组织在世界经济中发挥重大作用，区域经济一体化不断深化，西方发达国家加强了国家对于经济生活的干预，实施了不同程度的宏观调控与市场调节相结合的经济政策，一批发展中国家（地区）的经济得到了迅速的发展，跨入了新兴工业国的行列。当代的国际贸易方面有许多新的特点。

一、发 展 迅 速

世界商品出口贸易额从1950年的607亿美元增加到2007年的117600亿美元，年均增长达到9.67%，远高于世界GDP同期的增长率。2000—2006年世界货物贸易和GDP的增长如图 1－1 所示，例如，2006 年世界货物贸易增长 8%，而 GDP 增长只有 3.5%。第三次科技革命的出现，交通运输和通信工具的发展更为迅速，跨国公司迅猛发展导致资本输出的迅速发展等都是战后国际贸易迅速增长的主要原因。

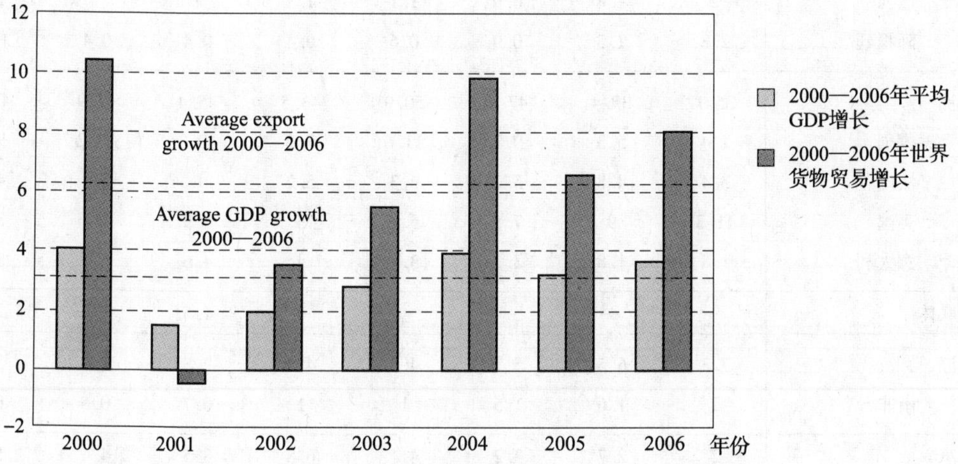

图 1－1　2000—2006 年世界货物贸易和 GDP 的增长

资料来源：WTO 报告：2006 年世界经济增长

二、贸易格局不平衡

当代国际贸易的一个重要特点是，越来越多的国家参与国际贸易，但格局分布仍不平衡，发达国家在世界贸易中仍占支配地位。这种格局是在 19 世纪形成，在 20 世纪保持下来，在当代仍未发生根本性改变。国际贸易格局分布不平衡主要表现在：主要发达国家间的对外贸易发展不平衡，日本和德国等欧洲联盟成员国的贸易实力增长，而美国在世界贸易中的地位则相对下降；发展中国家对外贸易也很不平衡，新兴工业国在世界贸易中的比重迅速上升，一些最不发达国家在国际贸易中的比重逐步下降。从国际贸易增长速度来分析，增长最快的是发达国家相互间的贸易，发达国家与发展中国家的贸易则相对缩减了，如表 1－1 和表 1－2 所示。

表 1－1　　世界部分年份的商品贸易额　　单位：10 亿美元

年份	1948	1953	1963	1973	1983	1993	2003	2006
世界商品贸易额	59	84	157	579	1838	3675	7371	11783

表 1－2　　世界和部分国家或地区的部分年份商品贸易份额　　单位:%

国家或地区	1948	1953	1963	1973	1983	1993	2003	2006
世界	100	100	100	100	100	100	100	100
北美	28.1	24.8	19.9	17.3	16.8	18	15.8	14.2
美国	21.7	18.8	14.9	12.3	11.2	12.6	9.8	8.8
加拿大	5.5	5.2	4.3	4.6	4.2	4	3.7	3.3
墨西哥	0.9	0.7	0.6	0.4	1.4	1.4	2.2	2.1

续表

国家或地区	1948	1953	1963	1973	1983	1993	2003	2006
中南美	11.3	9.7	6.4	4.3	4.4	3	3	3.6
巴西	2	1.8	0.9	1.1	1.2	1	1	1.2
阿根廷	2.8	1.3	0.9	0.6	0.4	0.4	0.4	0.4
欧洲	35.1	39.4	47.8	50.9	43.5	45.4	45.9	42.1
德国	1.4	5.3	9.3	11.6	9.2	10.3	10.2	9.4
法国	3.4	4.8	5.2	6.3	5.2	6	5.3	4.2
英国	11.3	9	7.8	5.1	5	4.9	4.1	3.8
意大利	1.8	1.8	3.2	3.8	4	4.6	4.1	3.5
独联体	—	—	—	—	—	1.5	2.6	3.6
非洲	7.3	6.5	5.7	4.8	4.5	2.5	2.4	3.1
南非	2	1.6	1.5	1	1	0.7	0.5	0.5
中东	2	2.7	3.2	4.1	6.8	3.5	4.1	5.5
亚洲	14	13.4	12.5	14.9	19.1	26.1	26.2	27.8
中国	0.9	1.2	1.3	1	1.2	2.5	5.9	8.2
日本	0.4	1.5	3.5	6.4	8	9.9	6.4	5.5
印度	2.2	1.3	1	0.5	0.5	0.6	0.8	1
澳大利亚、新西兰	3.7	3.2	2.4	2.1	1.4	1.5	1.2	1.2
六个东盟国家	3.4	3	2.4	3.4	5.8	9.7	9.6	9.6
其他								
欧盟	—	—	27.5	38.6	30.4	36.1	42.4	38.5
前苏联	2.2	3.5	4.6	3.7	5	—	—	—
GATT/WTO 成员国	60.4	68.7	72.8	81.8	76.5	89.5	94.3	93.9

资料来源：WTO 官方网站。

三、商品结构高新化

第二次世界大战以后，国际贸易商品结构发生了巨大的变化，工业制成品在世界贸易中的比重日益提高，已经成为商品贸易的主流；燃料在初级产品贸易中所占的比重也急剧上升，机械产品的比重迅速升高；食品贸易的数量继续增长，但比重不断下降。近年来，以信息技术为中心的科技革命蓬勃发展也使得国际货物贸易的产品结构发生转变，高新技术产品，包括自动数据处理设备、办公用机器、电信设备、半导体和电子元件等的出口迅速增长。高新技术产品迅速发展与科技进步和全球性经济结构调整步伐加快密切相关。信息技术的飞速发展，已成为推动当今世界经济全球化的动力。在以计算机为基础的市场经济中，信息已成为起决定作用的资源，以微电子技术为基础的信息技术革命以及国际互联网的形成，导致电子商务的产生和快速发展，在促进全球经济一体化方面发挥了重要作用。网络的发展使资本可以灵活地在世界范围流动，不仅使交易方式、企业组织形式、就业方式发生变化，而且使国际贸易的商品结构也发生了重大变化。

四、贸易集团化格局基本形成

贸易集团化是当代世界市场发展的重要趋势之一。第二次世界大战以后，随着国际形势的变化和各种矛盾的发展演化，在世界范围里出现了各种类型、大小不一、内容各异的区域性贸易集团。各主要贸易国通过优惠贸易安排、自由贸易区、关税同盟、共同市场等不同方式，组成区域性贸易集团，实现区域内贸易自由化，如欧盟（EU）、北美自由贸易区（NAFTA）和亚太经济合作组织（APEC）等。据统计，全球有区域经济组织共109个，主要的组织有欧洲联盟、亚洲及太平洋地区经济合作组织、北美自由贸易区、77国集团、加勒比共同体、海湾阿拉伯国家合作委员会、独联体经济联盟、非洲—加勒比—太平洋地区集团，这些经济组织遍布西欧、北美、亚太、中东、非洲和拉丁美洲。

五、国家贸易管理化趋势加强

各国制定贸易政策与开展对外贸易的出发点是为了能更充分、有效地配置国内外资源，并从中获得最大利益。但在追求最大利益的过程中，各国所采取的贸易政策不尽相同。这些不同的贸易政策大体可分为自由贸易与保护贸易两类。自由贸易与保护贸易之争便成为几个世纪以来贸易理论中最重要的博弈命题之一。20世纪80年代中期以来，一些西方国家先后采取一种既不同于自由贸易，也不同于保护贸易，但又兼有两者特点的新型的贸易制度，即贸易管理制度。所谓贸易管理，是指世界上各贸易主体在由国际分工引致的比较利益最大化这种偏好的过程中，为有效解决合作中的冲突以及实现相互合作的潜在利益，所提出的国际贸易理论以及将这套理论运用到实践中的政策。贸易管理具有博弈性、双重性、复杂性、权力分散性、形式多样性、“国家权力”国际化的特点。

从贸易管理的发展历程来看，美国的贸易制度是贸易管理的典型范式。美国的贸易管理具有法律化、制度化和强权性等特征。日本为缓和巨额贸易顺差而引起的贸易摩擦也将贸易政策与产业政策相结合，旨在保护国内成熟市场的管理贸易。进入20世纪90年代以来，越来越多的西方发达国家，甚至一些发展中国家也纷纷仿效，实行不同程度的贸易管理政策。

六、国际服务贸易大幅提升

国际服务贸易是指跨国界的服务交换活动，服务提供者从一成员境内向其他成员境内的服务消费者提供服务并获得外汇收入的过程。与国际贸易相比，国际服务贸易是由一种劳动活动所提供的特殊作用价值，其表现不是物质和货币的交换，而是提供的劳动活动与货币的交换。近年来，国际服务贸易的发展迅速。2008年4月17日，世界贸易组织（WTO）发表的《贸易快讯》初步估计数据显示，2007年世界货物贸易额增长15%，比上年低1个百分点，出口总额达到13.57万亿美元；世界服务贸易额增长18%，比上年高6个百分点，出口总额达到3.26万亿美元。在2000—2007年间，世界货物贸易与服务贸易出口额保持同步增长，年均增长率都为12%。

表1-3 2000—2007年世界货物贸易和服务贸易的增长情况

	贸易额/10亿美元	年增长率/%			
	2007年	2000—2007年	2005年	2006年	2007年
货物贸易	13570	12	14	16	15
服务贸易	3260	12	12	12	18

资料来源：WTO秘书处。

第五节　当代中国的对外贸易发展

新中国的对外贸易事业经历了从小到大、蓬勃发展和不断完善的过程。改革开放30年来，随着对外开放的不断深入，中国的对外贸易发展取得了令世人瞩目的巨大成就。

一、改革开放以来中国对外贸易概况

对外贸易是一国参与国际经济合作与竞争的重要方式和渠道，是对外开放的核心内容与出发点。改革开放30年来，中国对外贸易迅速发展，规模不断扩大，在世界贸易中的地位不断上升，推动了国民经济的持续和稳定增长。1978年中国进出口总额为206.4亿美元，2007年中国进出口总额已达到21738.3亿美元，对外贸易取得了辉煌的成就。

（一）货物贸易规模迅速扩大

国际货物贸易规模以现价计算增长超过100倍。2007年我国进出口贸易总额从1978年的206亿美元猛增到21737亿美元，增长了104倍。其中，出口总额从98亿美元增加到12178亿美元，增长了124倍；进口总额从109亿美元增加到9560亿美元，增长了87倍。1979—2007年进出口贸易年均增长17.4%，其中出口年均增长18.1%，进口年均增长16.7%，如图1-2所示。特别是2001年12月正式加入世贸组织后，我国积极参与经济全球化进程，抓住国际产业加快转移的历史性机遇，对外贸易发展焕发出勃勃生机，赢得了历史上最快最好的发展时期。2002—2007年，我国进出口贸易以年均28.5%的速度

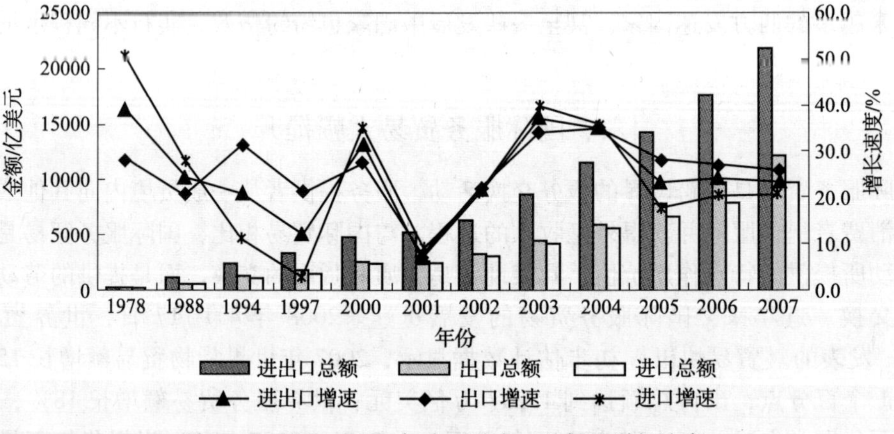

图1-2　1978—2007年我国进出口总额及增长速度

资料来源：国家统计局：从封闭半封闭到全方位开放的伟大历史转折

增长，其中出口年均增长28.9%，进口年均增长27.3%。2001年我国进出口贸易总额为5097亿美元，2004年首次突破1万亿美元大关，2007年又一举突破2万亿美元大关。进出口贸易的快速增长不断提升我国在世界贸易中的位次，改革开放初期位居第32位，2004—2007年稳居第3位。占世界贸易总额的比重由1978年的不到1%提高到2007年的近8%，成为名副其实的贸易大国。其中，2007年出口额占世界出口总额的比重提高到8.8%，世界排名跃居到第2位；进口额占世界进口总额的比重也提高到6.7%，位居世界第3位。

（二）货物贸易结构不断优化

从出口商品结构看，30年来从以初级产品为主到以工业制成品为主，以轻纺等劳动密集型产品为主到以机电和高新技术产品等资本技术密集型产品为主，我国出口商品结构不断优化升级。1978年初级产品出口占53.5%，工业制成品出口占46.5%；1985年初级产品和工业制成品所占比重已近平分秋色，分别为50.5%和49.5%；1986年，工业制成品出口比重达到63.6%，初级产品出口比重则下降到36.4%；2007年初级产品和工业制成品所占比重进一步转变为5.1%和94.9%，工业制成品占据了我国出口商品的绝对主导地位。而在工业制成品出口中，机电产品、高新技术产品占出口总额的比重持续提高，机电产品出口占出口总额的比重由1994年的26.4%上升到2007年的57.6%；高新技术产品占出口总额的比重由2000年的14.9%上升到2007年的28.6%。机电、高新技术产品在我国出口贸易中的主导地位日益明显。

从进口商品结构看，为满足国民经济快速发展和工业化、现代化进程的需要，进口商品结构中，资源、基础原材料等初级产品所占比重明显扩大，机电产品和高新技术产品快速增长。1985年初级产品在进口商品中所占比重仅为12.5%，2007年这一比重提高到25.4%。其中，矿物燃料、润滑油及有关原料和非食用原料占进口总额的比重分别由1985年的0.4%、7.6%提高到2007年的11.0%、12.4%。近几年，大豆、铁矿砂、石油等基础原材料的进口量呈持续大幅增长之势。与此同时，在工业制成品进口中，机电产品和高新技术产品快速增长。2007年，我国机电产品和高新技术产品进口额分别为4990亿美元和2870亿美元，分别是1994年的8.7倍和2000年的5.5倍；机电产品占进口额比重由1994年的49.4%提高到2007年的52.2%，高新技术产品占进口额比重则从2000年的23.3%提高到2007年的30.0%。机电产品和高新技术产品快速增长，不仅弥补了国内经济建设资源和技术的不足，而且为产业结构的调整和升级创造了条件。

（三）市场多元化格局基本形成

从贸易市场结构看，改革开放以来，我国的贸易伙伴已达220多个，贸易市场多元化格局逐步形成。特别是随着经济全球化与区域经济一体化的发展，我国与美国、欧盟、日本三大经济体的贸易合作蓬勃发展，对东盟、俄罗斯、印度等新兴市场的开拓取得较大进展，与其他贸易伙伴往来发展较快。1998—2003年，日本为我国最大贸易伙伴，美国和欧盟位居第2位和第3位；2004—2005年，欧盟成为我国第一大贸易伙伴，美国和日本位列第2位和第3位。2007年，中欧、中美和中日双边贸易额分别为3561亿美元、3021亿美元和2360亿美元，分别比1998年增长5.2倍、4.5倍和3.8倍。2007年，东盟为我国第四大贸易伙伴，双边贸易额达2025亿美元，比1998年增长7.6倍。俄罗斯、印度分别为我国第八、第十大贸易伙伴。

(四) 服务贸易长足发展

2007年中国服务贸易总额由1982年的43亿美元增加到2509亿美元，25年增长了57倍，年均增长17.6%。其中，出口额从24.8亿美元增加到1217亿美元，年均增长16.9%；进口额从18.7亿美元增加到1293亿美元，年均增长18.5%。尤其是加入世贸组织后，我国严格履行服务贸易领域对外开放的承诺，极大地促进了服务贸易的发展。入世6年，服务贸易出口额年均增长24.4%，高于同期世界平均13.8%的增速，也高于同期世界主要国家服务贸易出口增长速度。同时，服务贸易的结构也逐步优化，初步形成了通信、保险、金融、专有权利使用费和特许费、计算机和信息服务、咨询、广告等全面发展的格局。改革开放之初，以旅游、运输、建筑等传统服务贸易出口比重达80%以上，2007年这一比重已下降到60.8%。

2007年，服务贸易总额占我国全部对外贸易总额的比重从1982年的9.4%上升到10.3%，占世界服务贸易的比重从0.6%升至4%；世界排名仅次于美国、英国、德国和日本位居第5，成为世界服务贸易的重要国家，其中出口额和进口额分别位居第7和第5。

二、中国对外贸易政策的演化发展

根据经济发展阶段以及面临的国内外形势的不同，中国的对外贸易政策的演化与发展可以划分为以下四个阶段。

(一) 统制型封闭式贸易政策

统制型封闭式贸易政策主要是新中国成立后，改革开放之前国家所实行的统制型的封闭式贸易政策（1949—1978年）。1949年9月通过的政协会议共同纲领规定，中国对外贸易政策是“实行对外贸易的管制，并采用保护贸易政策”，明确指出中国对外贸易政策的保护倾向。同时，由于发达资本主义国家对中国的经济封锁和禁运政策，自力更生和自给自足成为中国发展经济的指导思想。在社会主义计划经济体制下，中国选择了在资金短缺的经济中优先发展重工业的工业化战略，使对外贸易成为调剂余缺的手段，对外贸易政策的目标就是换取进口必要机器设备所必需的外汇，基本上忽略了对外贸易的效率原则。在这个阶段，中国执行的是国家统制型的封闭式保护贸易政策。具体而言，建立了传统的“高度集中、独家经营、政企合一”的对外贸易体制，完全由政府来取代市场进行资源配置；在政府的对外贸易管理手段上，基本以行政计划为主，主要靠计划和数量限制来直接干预进出口，不参与世界性的贸易组织，很少进行双边经济贸易合作（除了早期与苏联、东欧国家之间的经济来往外）；同时对外贸易的主要目的是创汇，满足必须的进口对外汇的需求。在此阶段，政府也采取进出口管制、征收关税、海关监管和商品检验等具体的贸易措施。制订关税政策的目的是“保护国家生产”和增加财政收入，保护国家生产就是用较高的关税税率加重进口商品的成本，以保护中国已有一定基础的手工业和轻工业产品以及其他新兴工业产品的正常生产和发展，不致遭受外来商品的竞争。

(二) 统制型开放式贸易政策

统制型开放式贸易政策主要是指改革开放后有计划商品经济体制下国家所实行的统制型的开放式贸易政策（1978—1992年）。根据外贸体制改革的力度，可以把这一阶段区分为1978—1987年、1988—1992年两个时期。前一时期是改革初期，对外贸易体制改革主要体现在下放对外贸易经营权，开始工贸结合的试点，简化对外贸易计划的内容，并实行出口承包经营责任制度。后一时期的对外贸易体制改革的重点则体现在外汇管制制度的放宽、出口退税政策的实行、进出口协调服务机制的建立、开始鼓励发展加工贸易。对外贸易政策着重体现在奖出限入的政策上：① 采取出口导向战略，鼓励和扶持出口型的产业，并进口相应的技术设备，实施物资分配、税收和利率等优惠，组建出口生产体系；实行外汇留成和复汇率制度；限制外资企业商品的内销；开始实行出口退税制度；建立进出口协调服务机制等一系列措施。② 实施较严格的传统进口限制措施，通过关税、进口许可证、外汇管制、进口商品分类经营管理、国营贸易等措施实施进口限制。③ 鼓励吸收外国直接投资的政策，鼓励利用两种资源、两个市场和引进先进技术。比较优势理论逐渐成为中国开展对外贸易的理论基础。中国对外贸易国别结构和进出口的商品结构明显地体现了这一点。中国出口的主要是劳动密集型产品，进口的主要是资本和技术密集型的产品。与改革开放前相比，这一阶段的对外贸易政策更注重奖出与限入的结合，实行的是有条件的、动态的贸易保护手段。

（三）具有自由化倾向的贸易政策

具有自由化倾向的贸易政策主要是指入世前市场经济体制下国家所实行的具有贸易自由化倾向的贸易政策（1992—2001 年）。1992 年 10 月后中国进入社会主义市场经济阶段，对外贸易政策开始进行广泛的改革。中国在进口限制方面的改革包括：① 对关税政策进行调整，1992 年 1 月 1 日采用了按照《国际商品名称和编码协调制度》调整的关税税则，并降低了 225 个税目的进口税率。其后进行多次的关税下调，到 1996 年中国的关税总水平已经下降到 23%。② 减少、规范非关税措施，包括进口外汇体制的改革，实行单一的有管理的浮动汇率制度，大量取消配额许可证和进口控制措施，配额的分配也转向公开招标和规范化分配制度。③ 依据 GATT/WTO 的规则对中国的涉外法律体系进行完善，其中包括建立了大量的技术法规、反倾销条例等。在出口促进方面的改革包括：继续执行出口退税政策；成立中国进出口银行，扶持企业出口；采取有管理的浮动汇率制度；成立各类商会和协会，并积极组织和参与国际性贸易博览会和展览会等；大力发展出口援助等。这 10 年中，中国参与国际分工和国际贸易的基本指导理论实际上就是比较优势理论，而且从静态比较优势理论开始向动态比较优势理论转移。

（四）入世后中国新颖的对外贸易政策

2001 年 12 月中国正式成为世界贸易组织成员。为履行入世的承诺，以及适应新的国际经济环境，中国的对外贸易政策出现了大幅度的调整。促进对外贸易发展，构造有利于经济均衡发展的产业结构，实现产业的持续升级，推动经济在适度内外均衡基础之上的高速发展成为中国对外贸易政策的重要目标，政策取向主要取决于中国对外贸易商品结构、国别结构以及所处的国内外政治经济关系等。自 1996 年开始，机电产品的出口就已经占据中国对外贸易商品结构的第一位，但主要的出口方式是加工贸易或代工贸易，而且外商投资企业在进出口总额中所占的比重在逐年上升，再加上出口产品的附加值仍然不高，所以对外贸易政策的选择倾向于出口商品结构的优化。中国主要的贸易对象是美国、日本、欧盟、东盟、韩国和中国港澳台地区，吸引的外商直接投资也主要来自这些国家或地区，因此，中国对外贸易政策必须根据这些国家或地区的政治经济情势的变动而有所变动。例如，在美国、日本以及欧盟对中国的汇率制度提出质疑和责难之时，为了保持国民经济的稳定健康发展，可能从其他的对外贸易措施上进行协调。另外，针对国际社会中区域集团化的倾向，中国在近年也开始逐渐通过双边和多边磋商参与区域经济一体化组织，为中国经济发展和对外贸易发展创造良好的周边环境和国家环境。例如中国与东盟国家签订自由贸易区意向协定，积极开展湄公河流域经济合作等。综合来说，目前的中国对外贸易政策的趋向是依据 WTO 的基本原则以及例外条款，以国内经济发展要求为基础，在兼顾区域经济发展的利益上进行完善，采取开放型的公平与保护并存的贸易政策。

本章小结

本章主要描述了国际贸易产生的原因、发展的历程，重点介绍了战后国际贸易的发展和当代国际贸易的新特点，以及当代中国对外贸易发展与政策的概况。本章的学习要与社会发展的历史有机地结合起来，从中把握国际贸易发展的历史轨迹，这是进入第二章国际贸易理论学习的基础。同时，本章的学习要与本书食品国际贸易的发展历史有机地结合起来，以深入学习与理解国际贸易的发展演化特征。

思考题

1. 国际贸易产生有哪些条件？
2. 简述食品贸易在最初国际贸易中的地位和作用。
3. 国际贸易发展的主要动因是什么？
4. 当代国际贸易的主要特点有哪些？
5. 中国当代对外贸易的主要特征有哪些？
6. 改革开放前中国实行的对外贸易政策的主要特点有哪些？

参考文献

[1] 徐立青主编. 国际贸易实用教程. 第二版. 上海：复旦大学出版社，2008
[2] 王传丽主编. 国际贸易法. 北京：法律出版社，1998
[3] 彭福永主编. 国际贸易. 上海：上海财经大学出版社，2002
[4] 邵继勇等编. 食品安全与国际贸易. 北京：化学工业出版社，2006
[5] 刘厚俊等. 国际贸易新发展. 北京：科学出版社，2003
[6] 刘似臣. 中国对外贸易政策的演变与走向. 中国国情国力，2004（8）

第二章　国际贸易理论

国际贸易理论是国际贸易实践的理论总结和升华提炼。从本质上分析，国际贸易理论主要围绕三个主要问题来展开：一是国际贸易格局（Pattern），国际贸易发生的原因以及决定贸易流向的因素；二是国际贸易条件（Term），在国际贸易中决定交换比例或相对价格的因素；三是国际贸易收益（Gain），国际贸易对交易各方的福利以及对整体社会福利产生的影响。

国际贸易理论是经济学理论体系的重要组成部分，主要经历了从古典国际贸易理论、新古典国际贸易理论和现代国际贸易理论三个发展阶段。按照发展历程，本章分三节分别介绍国际贸易的主要理论。

第一节　古典国际贸易理论

古典国际贸易理论是从资本主义产生阶段到垄断时期以前的国际贸易理论，包括重商主义理论、绝对优势理论、比较优势理论、相互需求理论以及李斯特贸易保护理论等，其中绝对优势理论、比较优势理论、相互需求理论等是自由贸易理论，而重商主义理论和李斯特理论等则是保护贸易理论。

一、重商主义理论

特定历史时期的经济理论总是这个时期的政治经济生活客观而真实的总结，国际贸易理论也是如此。自然经济条件下是不可能产生国际贸易理论的。大规模的国际贸易始于重商主义盛行的年代。重商主义贸易理论是15世纪末到17世纪西欧资本主义生产方式准备时期代表商业资本利益的经济思想和政策体系。由于这一时期是西欧各民族国家兴起的时期，尽可能增加财富的积累以增强国家的实力是当时各国统治者追求的主要目标。重商主义理论是资本主义生产方式最早的国际贸易理论，英国是当时资本主义最发达的国家，重商主义理论的发展最为成熟。重商主义理论的主要代表人威廉·斯塔福德（William Stafford）和托马斯·孟（Thomas Mun）都是英国人。

重商主义大体上经历了两个阶段。以约翰·海尔斯（John Hales）和威廉·斯塔福德为主要代表的早期重商主义要求在每一宗贸易中都要严格地实现出超，以赚取金银。他们的主张被称为货币差额论。在他们看来，“必须想方设法使出口大于进口，因为差额部分一定会带来金币或金条的流入”。晚期重商主义最大的进步就在于他们已经看到了原料贸易与成品贸易之间巨大的利润差额，明白了“握有货物的人不缺钱花”的道理，主张在必要时应日日夜夜地寻找机会把国家的剩余货物以制成品形式推销给外国人，以换取黄金与白银。晚期重商主义信奉的是贸易差额论，其最主要的代表人物是托马斯·孟。

总体上看，重商主义贸易理论的主要观点：① 重商主义理论从商业资本的运动出发，认为作为货币材料的金银是财富的唯一形态。一个国家拥有的金银数量是判断一国的富裕程度的唯一标准。因此，一切经济活动的目的就是获取金银。② 对外贸易是货币财富的真正来源，只有对外贸易才能增加国家财富。获得金银的方法，除了开矿以外，只有通过贸易。而国内贸易的结果并不能够增加国内的金银数量，只有对外贸易才能增加国家财富。国内商品生产应该服从于对外贸易的需要，应鼓励出口贸易的发展。③ 贸易顺差对一国取得和增加财富是必要的，认为一个国家只有在贸易顺差的条件下，金银才可能流入国内，才意味着对外贸易有收益。所以，重商主义贸易理论的核心在于追求贸易顺差，所不同的是早期的重商主义者追求每笔交易都要保持顺差，而晚期的重商主义者看重总的贸易顺差状况。“货币产生贸易，贸易产生货币”是晚期重商主义者的格言。

由重商主义贸易理论所产生或主张的主要政策：① 管制对外贸易和实行国家垄断。管制外贸的一种方式是严禁金银私人出口，如西班牙曾规定，对输出金银者可以判处死刑；另一种方式是国家垄断，不允许私人从事对外贸易，也不许外国人插手。② 奖出限入。用关税和补贴的方法鼓励出口，限制进口。③ 发展本国的航运业和工业。建立商船队和海船队是国家经济力量的组成部分，禁止外国船只从事本国沿海航运和本土与殖民地之间的航运。④ 加强国防和管制经济。本国商人、制造业和航运业为获得利润而扩大业务，迟早要与其他国家发生冲突，因此必须壮大陆海军力量。而加强国防要大量财富做后盾，因此国家需要管制整个经济。

历史地分析，重商主义理论和政策在历史上曾起过进步作用，它促进了资本的原始积累，推动了资本主义生产方式的发展。现实地看，重商主义主张国家干预对外贸易、实行贸易保护、实行奖出限入、积极发展出口产业等对于广大发展中国家来说还是有一定的借鉴意义。当然，重商主义的理论存在着明显的错误，对社会经济问题包括对国际贸易问题的探讨主要局限于流通领域，将货币与其他商品对立起来理解财富的概念，认为国际贸易对单方面有利，强调与关注贸易顺差。但应该肯定的是，重商主义毕竟是“对现代生产方式的最早的理论探讨”，更重要的是重商主义所作的这些理论探讨，为后来诞生“真正的现代经济科学”——古典政治经济学——准备了进行理论清算的对象，因而成为古典政治经济学的“逻辑起点”。

二、绝对优势理论

17 世纪以后，资本主义在欧洲迅速发展，新兴的资产阶级为了从海外市场获得廉价的原材料并销售商品，迫切要求扩大对外贸易，但重商主义的一系列政策严重束缚了对外贸易，阻碍了资本主义大工业的发展。英国古典经济学的创立者亚当·斯密（Adam Smith）在《国民财富的性质和原因的研究》一书中，对重商主义贸易理论进行了批判，提出了绝对优势（Absolute Advantage）理论。

亚当·斯密理论的中心是经济自由主义，认为国家不是一种高于其公民个体，具有某种独立利益和目标的机构，没有理由认为国家整体的利益比个人的福利更重要。在经济生活中，政府的干预应该减少到最低程度，应该采用充分的自由放任政策。在自由放任的条件下，公民追求个体利益的努力最终会使社会得到最大利益。

亚当·斯密主要在以下三个方面对重商主义理论进行了批判。

（1）关于财富　实际财富是商品和劳务，货币的用途就是一般等价物，除此之外没有任何用途，因此，一个繁荣昌盛的国家应该通过贸易扩大生产，而不是限制贸易守住金银。

（2）关于增强国家力量　重商主义认为，只有管制经济才能增强国家力量。而斯密则认为只有政府减少干预，国民经济才能迅速发展，政府应该做好“守夜人”，而不应干预经济。

（3）关于持续积累金银财富　斯密认为，企图通过持续顺差为本国积累金银的想法和做法是徒劳的，因为一国长期保持顺差，金银源源不断流入本国，如果商品供应量保持不变，国内的商品和货币的比例关系将被破坏，价格上升，出口成本增加，竞争力下降，出口减少。同时，外国货币相对便宜，外国商品竞争力上升，进口增多，这样贸易顺差就会减少甚至出现逆差。

在对重商主义理论进行批判的基础上，亚当·斯密提出了绝对优势理论，其主要观点是：

（1）国际分工有助于提高劳动生产率　每个人都有擅长和不擅长的方面。人类有交换的天然倾向，交换是出于利己的目的进行的，交换会导致分工，分工能促使提高劳动生产率。斯密说：“如果一件东西在购买时花费的代价比在家生产低的话，就永远不要在家里生产，这是每一个精明的家长都知道的格言。”这样的分工原则也适用于国家之间。国际分工也能提高劳动生产率，国际分工应当建立在一个国家所拥有的自然优势或获得性优势的基础上。自然优势是源于人力之外的自然资源等相对固定的优势，获得性优势是指一个国家在某个时期发展生产的特殊技术或技巧。

（2）自由贸易能够促进生产的发展　斯密认为，按照各自所拥有的自然优势或获得性优势进行国际分工与国际贸易，结果是彼此进行国际贸易的国家增加了生产和消费。斯密的例子如表 2－1 所示：如果两国以 1000kg 铁交换 1000kg 小麦，A 国比分工前多得 1000kg 铁，而 B 国多得 1000kg 小麦。

表 2－1　　A、B 国分工前后的生产和产量比较

两国各投入300天的劳动量	分工前		分工后	
	铁	小麦	铁	小麦
A 国	100 天＝1000kg	200 天＝1000kg	300 天＝3000kg	—
B 国	200 天＝1000kg	100 天＝1000kg	—	300 天＝3000kg
两国总产量	2000kg	2000kg	3000kg	3000kg

亚当·斯密有力地抨击了重商主义，主张自由经济，为自由贸易奠定了坚实的基础。同时亚当·斯密提出了绝对优势这一概念来解释国际贸易的基础，他认为贸易之所以发生，其基础在于各国生产成本上存在绝对差异。因而这一理论在历史上有其积极进步的意义。然而，亚当·斯密的论述虽然精辟，但也存在很大的不足，最主要的是不能解释现实中所有国家之间国际贸易的基础，特别是当一个国家在所有部门的生产成本上都处于绝对劣势，是否应该参与国际贸易以及能否从中得到利益。因此，亚当·斯密的绝对优势理论有其本质的局限性。

三、比较优势理论

针对绝对优势理论的缺陷，大卫·李嘉图（David Ricardo）在1817年出版的《政治经济学和赋税原理》一书中提出了比较优势（Comparative Advantage）理论。这个理论为当时的经济学家普遍接受，成为国际贸易理论的基础。李嘉图从理论上证明了，即使在生产上没有任何绝对优势的国家，由于该国与他国在生产不同产品上的相对成本不同，仍可生产其相对成本较低的产品以换取其生产成本相对较高的产品，从而得到利益。比较优势理论认为，国际贸易的基础是生产技术的相对差别（而非绝对差别），以及由此产生的相对成本的差别。每个国家都应根据“两利相权取其重，两弊相权取其轻”的原则，集中生产并出口其具有“比较优势”的产品，进口其具有“比较劣势”的产品。比较优势贸易理论在更普遍的基础上解释了贸易产生的基础和贸易利得，大大发展了绝对优势贸易理论。

与斯密一样，李嘉图的分析也是从个人分工出发然后推广到国家的对外贸易。他举例说：“如果两个人都能制帽和鞋，其中一个人在两种工作上都比另一个人要强，不过制帽时只强1/5或20%，而制鞋时则强1/3或33%，那么这个较强的人专门制鞋，而那个较差的人专门制帽，岂不对双方都有利吗?”进而他假设葡萄牙和英国两个国家各自生产一单位的葡萄酒和呢绒所需的劳动量（人/年），如表2-2所示。

表2-2　英国和葡萄牙两国分工前　　单位：人/年

商品名称	葡萄牙	英国
葡萄酒	80	120
呢绒	90	100

从表2-2中看到，英国在生产两种产品上的绝对成本都高于葡萄牙，没有绝对优势，但是英国在生产葡萄酒方面的劣势更大，因为在生产一单位呢绒上的劳动成本为葡萄牙的1.11倍，而生产一单位葡萄酒的劳动成本则为葡萄牙的1.5倍。在没有国际贸易前，两国各投入170人/年和220人/年可以各生产和消费一单位的葡萄酒和呢绒。李嘉图认为，在这种情况下，英国应该专门生产其相对成本比较低，即有比较优势的呢绒，葡萄牙则应专门生产葡萄酒，然后进行交换，这样比两者都由自己生产更有利。假定国际交换比例为一单位呢绒交换一单位葡萄酒，英国虽然用花费100人/年劳动生产的一单位呢绒去交换葡萄牙花费80人/年劳动生产的一个单位葡萄酒，但是从总生产和总消费来看，英国还是在贸易中受益的。因为在两国投入的总劳动量不变的情况下，英国全部生产呢绒，葡萄牙全部生产酒，这样英国用220人/年的劳动生产2.2单位的呢绒，它用一单位的呢绒和葡萄牙换一单位的葡萄酒，自己还可以消费呢绒1.2单位，比不交换多了0.2单位的呢绒。同样，葡萄牙用170人/年的劳动可以生产2.125单位的葡萄酒，其中一个单位可以与英国交换呢绒，还有1.125单位的酒可用于国内消费，其总消费也可增加0.125单位的酒。

李嘉图认为，在上述条件下最好的方法是把英国的劳动力和资本都转移到生产效率高的葡萄牙去，但这是不可能的。因此，成本差异的存在，为各国之间互利的分工和贸易创造了条件。各国都专门生产自己具有相对优势的产品，并用这种产品与其他国家交换自己需要的别的产品，是最有利也是最合理的国际分工原则。这就是李嘉图的比较优势理论。

李嘉图的比较优势理论在历史上起过重大进步作用，为自由贸易政策提供了理论基础，推动了当时英国的资本积累和生产力的发展。在这个理论的影响下，英国废除了《谷物法》，这是19世纪英国自由贸易政策所取得的最大胜利。比较优势理论揭示了一个客观规律，它用实证的方法证明了，无论生产力发展水平如何，按照比较优势参加国际分工，都能得到实际利益。按照比较优势理论，发展中国家应该发展和出口初级产品，进口制成品，但为了长远利益，发展中国家也应大力发展工业。因此，这一理论仍然是许多国家尤其是发展中国家制订对外经济贸易战略的理论依据。

大卫·李嘉图对国际贸易理论的最大贡献是，首次为自由贸易提供了有力证据，并从劳动生产率差异的角度成功地解释了国际贸易发生的一个重要起因。但是这一理论也存在较大的不足。首先，比较优势理论的分析方法属于静态分析。该理论认为世界是永恒的，是一个静态均衡的世界，是一个各国间、各经济集团间利益和谐一致的世界。其次，李嘉图解释了劳动生产率差异如何引起国际贸易，但没有进一步解释造成各国劳动生产率差异的原因。最后，该理论的一条重要结论是，各国根据比较优势原则，将进行完全的专业化生产。现实中难以找到一个国家在国际贸易中进行完全的专业化生产。一般来说，各国多会生产一些与进口商品相替代的产品。同时，根据其结论进行推导，两国比较优势差距越大，则贸易的空间越大。那么，当前的国际贸易应该主要发生在发达国家与发展中国家之间。但现实的情况却是，国际贸易主要发生在发达国家之间。同时，比较优势理论揭示的只是各国之间产生贸易的原因和这种贸易的合理性，即有关贸易格局问题，但并未解决各国之间商品应该按什么比例进行交换的问题，也就是“贸易条件”问题。

四、相互需求原理

第一个试图解决“贸易条件”问题的是约翰·斯图亚特·穆勒（John Stuart Mill）。穆勒认为，比较优势理论为决定一个国家何种商品在国际上进行交换并有利可图提供了理论基础，但不能解决这些商品交易时应按什么样的比例进行交换的问题，而这个问题是国际贸易理论必须回答的问题。穆勒在《政治经济学原理》中论述了“相互需求原理”（Theory of Reciprocal Demand）。

穆勒认为，国内交换比例构成了国际交换的上下限。他以英国和德国两个国家各生产棉布和亚麻布为例，假设两国投入既定量的劳动各可生产的棉布和亚麻布的数量如表2－3所示。

表2－3　　英国和德国两国分工前后产量对比

投入相同劳动量	分工前		分工后	
	棉布	亚麻布	棉布	亚麻布
英国	10	15	20	
德国	10	20		40

从表2－3可以看出，英国生产棉布的劣势较小，而德国生产亚麻布的优势较大，其贸易格局一定是英国生产棉布，德国生产亚麻布。在不发生国际贸易时，英国国内的交换比例是10单位棉布和15单位亚麻布交换，德国国内交换比例是10单位棉布和20单位亚麻布交换。这时如果开展国际贸易，假定不算运费，英国商人必然会把棉布运到德国与亚麻布进行交换，因为10单位棉布在英国只能交换15单位亚麻布，到德国可以换20单位亚麻布。而德国商人也会把亚麻布运到英国与棉布进行交换，因为在德国要用20单位交换10单位棉布，在英国只要15单位的亚麻布。但是如果10单位棉布可以换得的亚麻布小于15单位的话，英国就不会参加交易。同样，如果要用超过20个单位的亚麻布才能换取10单位的棉布的话，德国也不会交换。因此，国内交换比例就为国际交换比例确定了上下限。如果国际交换比例高于或低于这个比例，贸易双方中的一方就会退出市场，国际贸易也就无法进行了。

按照相互需求理论，产品的国际交换会形成一个国际交换比率，即国际贸易条件，或称国际价值。这个贸易条件是指处于对贸易双方均有利的两国国内产品交换比率所规定的上下限之间的互利贸易条件。而在马歇尔看来，这个互利的国际交换比率的上下限可以用几何方法表示。

如图2－1所示，纵坐标y表示棉布，横坐标x表示亚麻布。如果英国国内交换比率为单位棉布交换单位亚麻布，德国国内交换比率为单位棉布交换单位亚麻布，那么两国国内的交换比率可以用从原点引出的射线的斜率表示。OK表示斜率为1∶1.5，代表英国国内的交换比率；OJ表示斜率为1∶2，代表德国国内交换比率。YOK区域是英国不参加贸易的区域，XOJ区域为德国不参加贸易的区域，而KOJ区域为互利贸易区域。

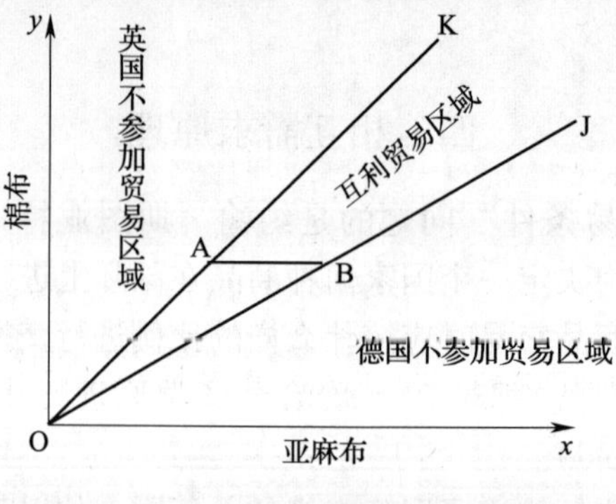

图2－1　两国互利贸易条件区域

这样，互利贸易条件可以解释为：从原点引出的、通过开区间线段AB的任意点的射线的斜率。而且，实际贸易条件越接近于A点，对英国越是不利，而对德国有利，越接近于B点对德国越是不利，而对英国有利。

这个结论其实并非穆勒首创，因为可以从李嘉图理论中推出，但这个国际交换比例应该在上下限间的哪一点上，是李嘉图理论所回答不了的。穆勒认为，要引入国际贸易的需求问题才能解决这个问题，这是穆勒的创新之处。穆勒认为："可以提出的唯一的一般法则不外是这样：一个国家以它的产品与国外相交换的交换力决定于……它对这些国家的产品的需求和它们对它的产品的需求的数量和需求增加的程度比较……外国对它的商品需求愈是超过它对外国商品的需求……贸易条件对它越是有利，这就是说，它的一定量商品将会换回更多的外国商品。”

还是以英德两国生产棉布和亚麻布两种商品的例子来说明。根据前面假设，英国国内的棉布与亚麻布的价格比为1.5:1，德国为2:1，这是两种商品国际交换的上下限。假定现在国际贸易的价格比为1.7:1。如果此时英国对亚麻布的需求与德国对棉布的需求恰好与德国供应的亚麻布和英国提供的棉布相等，例如，英国需要17000单位亚麻布，而德国需要10000单位棉布。英国正好用10000单位棉布交换德国的17000单位亚麻布。这个交换比例是稳定的。但如果此时英国对亚麻布的需求减少，只需13600单位，而德国对棉布的需求保持不变，即仍然是10000单位，两国的需求量比例与市场交换比例不相等，这时，在市场上，棉布供不应求，因为德国需要10000单位，而英国只供应与13600单位亚麻布相交换的8000单位棉布，棉布的相对价格就会上升，同样，德国为了交换10000单位棉布，需要出口17000单位亚麻布，而英国只需要13600单位亚麻布，亚麻布就出现了过剩，亚麻布的相对价格就要下降。如果新的交换比例为1.8:1，英国对亚麻布的需求增加到16200单位，德国对棉布的需求减少到9000单位，这时又达到均衡。

所以穆勒认为，在国际贸易中，具体商品交换比例是由比较成本所确定的限度内，视各国对他国产品的需求量大小决定的，这就是相互需求原理。应该指出，穆勒的理论已经初步涉及了国际贸易的第三个中心论题，即贸易收益问题。因为从上述论述中可以看到，一个国家进口品的成本就是它为支付进口所必须出口的出口品，而市场交换的比例又取决于双方进口需求的大小。由此可以得到这样的结论：凡是一个国家出口品的需求大而且缺乏弹性，而进口品的需求小而且富有弹性，其出口品对于进口品的价格比例就会比较高，它在国际贸易中得到较大的收益。反之，就只能获得较小的收益。这就在李嘉图理论证明的国际贸易的互利性基础上，又进一步涉及了利益大小的分割问题。

1878年，英国经济学家阿尔弗雷德·马歇尔（Alfred Marshall）在《对外贸易纯理论》一书中，运用数学工具对穆勒的相互需求原理进行了阐述，用几何曲线使其精密化，得到贸易均衡条件取决于贸易各方对对方商品的相对需求强度，贸易条件越接近对方国内的交换比例，本国得到的经济利益越大。

穆勒强调了相互需求因素在决定国际交换价值，即贸易条件中的重要性，在比较优势理论的基础上进一步阐述了交换比例的确定过程，是对比较优势理论的一个发展。马歇尔在理论上的推导使结论更有说服力。相互需求原理的供求均衡分析方法对后来的西方经济学家进行国际贸易研究有很大影响。但相互需求原理不能从根本上说明国际交换是否等价交换和利益分配是否合理等属于规范经济学方面的问题，这是西方国际贸易理论的根本性缺陷。

五、费里德里希·李斯特的保护贸易理论

费里德里希·李斯特（Friedrich List）是德国资产阶级经济学家。当时的德国经济发展水平比英国、法国低，英法两国的廉价商品大量涌入德国，对德国工业造成很大威胁。

正是在这样的环境下，针对古典经济学家的自由贸易理论，李斯特在1841年出版的《政治经济学的国民体系》中提出了保护贸易理论。

李斯特认为，李嘉图比较优势理论只看重财富本身的增长而忽略了财富生产能力的增长，而财富的生产能力远比财富本身重要。从短期看，购买外国的廉价制成品确实比本国生产合算，但这将影响本国制造业的发展，使之长期处于落后状态。而采取保护贸易措施，虽在一定程度上使进口品价格上升，损害消费者的利益，但一旦形成本国的生产能力，本国产品的价格会下降，甚至降到进口品价格以下。所以长期的收益应该能补偿短期损失，而且有余。

同时李斯特认为，古典经济学家主张通过自由贸易使各国按照比较优势理论形成和谐的国际分工，以增加福利的国际贸易理论是不现实的。因为这个理论忽略了各国经济社会发展的不同特点。李斯特把各国经济发展划分为五个阶段：原始未开化时期、畜牧时期、农业时期、农工业时期和农工商业时期。他认为，在不同的发展时期应该采取不同的贸易政策。在发展早期，应采取自由贸易政策以尽早摆脱原始愚昧状态；在进入农工业时期后，因为本国已经有现代工业，应采取保护主义措施，扶植本国工业的发展；到农工商时期，因为本国工业已经具有竞争力，应该再次采取自由贸易政策。他认为，当时的英国已经进入发展后期，应该实行自由贸易政策，但不能否定贸易保护政策在英国经济发展过程中的积极作用，但德国还处于农工业时期，必须在国家干预下进行贸易保护。

李斯特关于被保护的产业主要有以下主张：只有幼稚产业才需要保护。他不主张保护所有的产业，被保护的产业应该在一定保护期以后，确实有自立的能力；保护应该有期限，如果保护的结果使本国产业发展起来，并有能力与外国产品竞争时就不应该再保护，如果被保护的产业经过一定时期还是不能发展起来，也就不应该继续保护。这个一定时期不能超过30年。如果幼稚工业没有遇见强有力的竞争者，不需要保护；只要工业发达了，农业自然会发展，只有在工业化的初期需要对农业进行保护；对不同的产业部门应该采取区别对待的方法，对有关国计民生的重要工业品生产部门应该采取较高程度的保护，而对奢侈品的生产部门只需最低程度的保护，对于机器和技术的进口则应该完全免税。

李斯特理论对当时德国实行的经济政策有一定的影响，对发展德国工业起到了积极作用。同样该理论在同古典学派的争论中所得出的结论具有一定进步作用，至今仍然为发展中国家在不合理的国际经济秩序中如何发展自己提供有益的借鉴。当然，李斯特理论也存在一些缺陷，主要表现在两个方面：第一，李斯特共列出五个经济发展的阶段，而他只对后三个阶段作了阐述，前两个阶段却几乎未加说明；而且他据以划分阶段的标志也不甚严格，虽然大体上可以看出他是以经济活动部门（主要是制造业）作为划分各阶段的基本标志，但由于一国往往有诸多个经济活动部门并存，若用他的标准来判别一国经济发展程度的高低，恐怕很难解释清楚。第二，他的生产力多要素说中所罗列的构成要素过于庞杂和宽泛，对影响生产力的因素分析也有混乱之处，论证保护对象的选择缺乏客观具体的标准等。但李斯特作为系统提出贸易保护理论的第一人，在古典国际贸易理论界仍应有一席之地。

第二节　新古典国际贸易理论

古典国际贸易理论为国际贸易理论的发展奠定了基础，但它主要来自于直观的现实生活，通过举例等方法来阐明作者的理论主张，相对缺乏较为严密的逻辑推理及精确的分析工具。19世纪末20世纪初以后，新古典经济学逐渐形成，大量新的分析方法、分析工具被引入国际贸易体系，从而产生了新古典学派的国际贸易理论。本节主要介绍新古典国际贸易理论中几个具有典型意义的理论观点。

一、赫克歇尔－俄林的资源禀赋理论与要素价格均等理论

李嘉图比较优势理论认为，两国产品相对成本的不同是两国之间发生互利分工与贸易的出发点。但这一理论只是以现实经济生活中确实存在相对成本差异这一客观现象为前提，而未进一步探讨造成这种相对成本差异的原因。

瑞典经济学家赫克歇尔（Heckscher）以李嘉图比较优势理论的假设为前提，提出如果两个国家所拥有的各种生产要素的数量一样，且各生产部门中的技术水平也一样，即不论生产何种产品所需投入的各种生产要素的比例都一样，那么在没有任何运输成本时，进行国际贸易对任何一个国家来说都是既无所得，也无所失。赫克歇尔由此来解释相对成本差异的原因，即两国拥有的生产要素不同，且在不同产品生产过程中使用的要素比例不同。只有在这两个前提下，国与国之间才会发生贸易往来。

赫克歇尔的学生伯尔蒂尔·俄林（Bertil Ohlin）继承师意，于1933年出版《地区间贸易和国际贸易》一书，发展了赫克歇尔的理论。赫克歇尔与俄林关于相对成本差异起因的理论被统称为赫克歇尔－俄林的资源禀赋理论（H－O理论，H－O模型）。

赫克歇尔－俄林的资源禀赋理论的基本假定是：各国间的各种生产要素不能自由转移，但在各国内部可以自由转移，货物流通没有限制；单位生产成本不随生产的增减变化，没有规模经济效益，只有有形商品贸易，而且贸易是平衡的，没有顺差或逆差；只有两个进行贸易的经济实体，两国的技术水平和生产函数相同。

在上述假定下，同一国家生产不同产品的各部门所使用的技术是不一样的，因此在不同产品的生产中所投入的生产要素的比例也是不一样的。有的使用劳动较多（称为劳动密集型产品），有的则使用资本较多（称为资本密集型产品）。同时，不同国家所拥有的各种生产要素的数量（或称资源禀赋）也是不同的。有的国家拥有的劳动力较为丰裕，而资本或自然资源较为缺乏；有的国家则拥有较为丰裕的资本而缺乏劳动力。一国拥有量较为丰裕的生产要素其相对价格必然较低，因而密集使用这一丰裕要素的产品的相对成本必然也比较低；而一国拥有量缺乏的生产要素其相对价格就必然比较高，密集使用这一稀缺要素的产品相对成本也必然比较高。各国由于拥有的生产资源的数量不同，也由于不同产品生产中所使用的要素投入比例不同，必然造成了各国生产相同产品相对成本的不同。根据李嘉图的相对优势理论，各国将出口密集使用其丰裕要素的产品以交换密集使用其稀缺要素的产品。

赫克歇尔－俄林的资源禀赋理论进一步完善了李嘉图的比较优势理论，因为它不仅承认比较优势对贸易形式的决定作用，并且进一步论证了相对优势产生的原因。但有两点

必须指出，一是资源禀赋说实际上隐含了一个假设前提，即一国在生产不同产品上所使用的要素投入比例不同，但各国在生产相同产品上所使用的要素投入比例则是完全相同的。因为只有当各国在生产同一种商品中所使用的要素比例完全相同时，某国对各种生产要素拥有量的丰歉才能对该产品的相对成本起决定作用。而各国投入比例相等则意味着各国在生产同一产品时所采用的技术水平是相等的，这显然有悖于现实经济活动的事实，并由此引起了其他经济学家的批评。二是要素的拥有量（或资源禀赋）是一个相对而并非绝对的概念。因为国家有大有小，各国生产同一产品所需的要素投入比例不尽相同，所以拥有的资源在绝对量上虽有很大差别，但这并不一定是决定相对成本的原因。同时，还应注意，赫克歇尔－俄林的资源禀赋理论是一种短期静态分析。因为它是以贸易发生时各国拥有的各种资源数量既定为出发点进行比较的，而从长期的观点看，各国拥有的资源量是在不断变动的。此外，它还忽略了各国消费者对不同产品的需求状况不同这一现实，因为需要的不同会在一定程度上抵消供给方面的差异，从而使产品的价格发生变动。

赫克歇尔－俄林的资源禀赋理论从一个国家的经济结构，即其拥有的人口、资本存量以及自然资源等因素来解释国际贸易发生的原因。然而，当这种国际贸易发生以后，对该国的经济结构是否又会发生影响呢？“要素价格均等理论”回答了这个问题。

前已所述，资源禀赋理论是以贸易发生当时各国所拥有的资源数量既定为出发点的。事实上，从长期的和动态的观点看、国际贸易的发展将会改变一国拥有的各种资源的相对量，从而改变其经济结构。赫克歇尔和俄林认为，随着国际贸易的进行和发展，一种生产要素会在各个国家里趋于相等。其理由如下：假设A、B两国，A国拥有的劳动力相对丰裕而资本相对缺少，B国则拥有较为丰裕的资本，而劳动力相对稀缺。发生国际贸易以后，A国将以劳动密集型产品交换B国的资源密集型产品。由于劳动密集型产品不断出口，A国国内对劳动力的需求大量增加，必然会使劳动力逐步变得不那么丰裕，其相对价格也随之上升；而由于资本密集型产品的进口，满足了A国国内对此类商品的需求，使对资本的需求缓解，也必然会使资本的相对价格下跌。B国发生的情况则恰好相反。这样，两国拥有的劳动力与资本的丰裕程度以及两国之间的劳动力和资本的价格差别也会有所转变。也就是，生产要素的价格有随国际贸易的发展在两国趋于相等的趋向，这就是“要素价格均等理论”。

值得注意的是，以前的分析都是以物物交换为前提的，而在现实中，各国间的商品交换是通过货币进行的，所以俄林的分析采用了商品的货币价格。由于各国的商品价格首先是用本国货币表示的，因此要比较商品价格的国际差异，必须引入汇率因素。同物物交换条件下有一个互利贸易范围一样，在货币价格条件下，在加入汇率因素后，也有一个互利贸易的汇率范围。在这个范围之内，国际贸易可以发生，超出这个范围，国际贸易就不能发生。

从数值上看，产生国际贸易的汇率范围应该等于两国国内物物交换比例的范围。比如，英德两国都生产棉布和亚麻布两种产品，其价格分别用英镑和马克表示。在英国国内，两种产品的价格比例为1∶2，在德国国内，两种产品的价格比例为3∶1。也就是说，两种产品的国内交换比例，在英国为1∶1/2，在德国为1∶3。这样的交换比例也构成了英镑和马克的比率范围1∶1/2～1∶3。如图2－2所示。

美国经济学家斯多帕（Stolper）和萨缪尔逊（Samuelson）在赫克歇尔－俄林的国际贸易理论的基础上对相关问题进行了专门研究。他们的研究集中于国际贸易对收入分配的影响。因为分配本身从各生产要素的价格（工资、利息、地租）反映出来，所以他们的结论最终也归结为要素价格的变动趋势。斯多帕与萨缪尔逊在1941年发表的论文中证明了下列结论：当一国以两种要素生产两种产品时，只要要素可以在部门间自由流动，那么随着国际贸易的发生，产品价格上涨部门所密集使用的要素报酬将增加，而产品价格下跌部门所密集使用的要素报酬将减少。如在前例中，A国出口劳动密集型产品，这类产品因需求扩大而导致价格上涨，结果其生产中密集使用的要素——劳动力的报酬（工资）就会相应提高。相反因A国进口资本密集型产品，供给增加使该类产品价格下跌，结果其生产中密集使用的要素资本的报酬（利息）就会相应减少。这一结论被称之为“斯多帕－萨缪尔逊定理”。

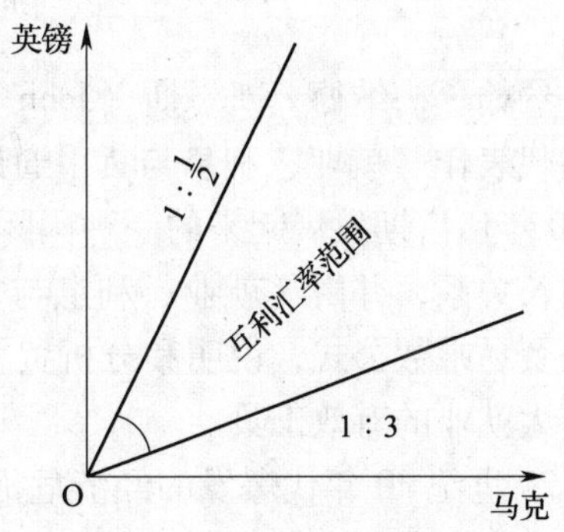

图2－2　两国互利汇率范围

萨缪尔逊在其发表于1949年的《再论国际要素价格均等化》论文中运用两个国家、两种产品、两种要素的模式，在一些极为严格的假设条件下论证了下述结论：自由贸易不仅将使两个贸易国的商品价格趋向相等，而且将使两国的要素价格也趋向相等。一种要素不论在哪国，其报酬都是相同的，而不管两国的要素需求和供给的形式怎样。这是因为，虽然生产要素不能在国与国之间进行流动，但开放贸易以后，由于商品可以在国与国之间进行流动，因而资本丰裕而劳动力稀缺的国家，通过出口资本密集型产品，进口劳动密集型产品等于是输出了资本，输入了劳动力；而劳动力丰裕资本稀缺的国家则与此相反。这样生产要素实际上是采取了商品形式在国与国之间流动起来，而流动的结果则必然使其报酬趋于相等。

赫克歇尔－俄林的国际贸易理论主张自由贸易，其基本观点是通过国际贸易增加世界产品总量，各国也会因此获利。这与李嘉图的比较优势理论的结论是一致的。而且赫克歇尔－俄林的理论更能被世人所接受。因为将商品价格的国际绝对差异看成是国际贸易产生的直接原因作为理论的出发点是符合实际和带有普遍意义的。同时赫克歇尔－俄林用等量产品不同的成本（货币价格）比较两国不同的商品价格比例，并假定两国劳动生产率是一致的，突出了资源供给的差异性。因此，与李嘉图用等量产品中投入的不同劳动来比较同种产品在两国间的不同劳动成本相比，更具说服力。当然，赫克歇尔－俄林理论也存在明显的不足和局限性。最明显的是该理论建立在一些严格的假设条件之上，使其在实践中会出现矛盾。根据赫克歇尔－俄林理论来分析当今世界的国际分工也有难以理解之处，按照他们的理论，国际贸易应发生在要素禀赋不同和需求格局相异的工业国家与初级产品生产国之间。但当代贸易的一个特点却是，大量贸易发生在要素禀赋相似、需求格局接近的工业国之间，而发达国家同发展中国家间贸易发展却比较缓慢。

二、凯恩斯的超保护贸易理论

约翰·梅纳德·凯恩斯（John Maynard Keynes）的超保护贸易理论是以他1936年出版的代表作《就业、利息与货币通论》中关于追求贸易顺差和乘数原理为基础，在20世纪30年代后期发展起来的一种国际贸易理论和政策，其研究重点是贸易额变动和国民收入增长关系，并由《就业、利息与货币通论》中的投资乘数公式出发，推导出一系列的对外贸易乘数公式，说明和分析贸易额对国民收入的影响，力图使对外贸易成为刺激经济和扩大就业的有效工具。

20世纪30年代爆发的经济危机使资本主义国家陷入了长期的经济萧条。面对这一局面，资本主义国家过去所实行的自由放任政策显得无能为力。正因为如此，资本主义国家开始运用政权力量直接干预对外经济活动，力求通过人为的措施扩大出口，限制进口，以缓和国内危机，保护在国外市场的竞争能力。同时也迫切需要某种理论为其政策措施提供理论依据。凯恩斯的超保护贸易理论就是在这样的背景下产生的。

凯恩斯对20世纪30年代资本主义的失业和危机问题进行了分析。他认为，总收入决定于总就业量，总就业量决定于有效需求，危机和失业是由“有效需求”不足所引起的。有效需求决定于消费支出和投资支出，消费支出决定于总收入的大小和消费倾向的高低，而人们心理上的边际消费倾向存在递减的趋势决定了消费支出不足；投资支出取决于利息的高低和资本边际效率的大小。由于人们投资与否的前提条件是资本边际效率大于利率，当资本边际效率递减时，若利率能同比下降，才能保证投资不减，因此利率就成为决定投资需求的关键因素。凯恩斯认为，利息率取决于流动偏好和货币数量，流动偏好是指人们愿意用货币形式保持自己的收入或财富的这样一种心理因素，它决定了货币需求。因此，有效需求的大小主要取决于消费倾向、资本边际效率、流动偏好三大基本心理因素以及货币数量。在资本主义自发调节的作用下，由于存在“三大基本心理规律”，从而既引起消费需求不足，又引起投资需求不足，使得总需求小于总供给，形成有效需求不足，导致了生产过剩的经济危机和失业，而这是无法通过市场价格机制调节的，资本主义经常是处于总需求小于充分就业的总供给水平，失业和危机不可避免。

经济危机中所表露出来的资本主义经济的种种弊端，使凯恩斯看到仅靠市场机制的力量和自由竞争的调节已难以实现国家经济的协调和稳定发展，必须由政府对经济加以强有力的调节。凯恩斯认为，古典学派的贸易理论已失去使用的价值，自由贸易理论充分就业的前提已不存在，国家应该采取积极的干预政策，实行贸易保护主义政策来刺激“有效需求”。他对传统的国际贸易在分析中只用“国际收支自动调节说”来说明贸易顺、逆差的最终均衡过程持反对态度，批评传统理论忽略了在调节过程中对一国国民收入和就业问题所带来的影响，指出应当认真分析贸易顺、逆差对国民收入的影响。凯恩斯认为，贸易顺差有益而逆差有害，顺差可为一国带来黄金，扩大支付手段，降低利率，刺激物价上涨，扩大投资，从而有利于缓和国内危机和增加就业；而贸易逆差则会造成黄金外流，物价下降，导致国内经济趋于萧条，失业人数增加。所以，他认为“贸易逆差，可能很快就会产生顽固的经济衰颓”。因此，凯恩斯极力鼓吹贸易顺差，反对逆差，积极主张国家干预活动，采取各种手段和保护措施，减少进口，扩大出口，造成对外贸易顺差，促进国内经济发展。

凯恩斯还提出了对外贸易乘数理论（Theory of Multiplier），并应用于对外贸易方面，进一步论证了对外贸易与国内就业以及国民收入的关系，即当本国投资生产的商品出口时，从国外得到了货币收入，首先会使出口商品的产业部门收入增加，消费也随之增加，对生产资料和生活资料的需求也相应增加。从而也必然会引起其他产业部门生产的增长、就业的增加、收入的增加，如此连锁反应，反复进行下去，收入的增加量将为出口增加量的若干倍。国家就可以从贸易顺差中解决国内的经济危机和失业问题。而商品服务进口时，使本国货币外流，造成收入下降，消费也随之减少，跟储蓄一样成为国民收入中的漏洞，造成投资、生产的不景气。所以，只有当贸易出现顺差时，对外贸易才能使一国就业量和国民收入量增加。这是凯恩斯的对外贸易乘数理论的基本内容。

尽管凯恩斯主义没有一套完整的国际贸易理论，凯恩斯本人也没有一本全面地、系统地论述国际贸易的专门著作，但是凯恩斯及其信奉者将凯恩斯的基本经济观点用于国际贸易问题时，就出现了所谓“新重商主义”——超保护贸易理论，并且这一理论成为当时西方各国所制定和推行的超保护贸易政策的主要理论依据，而凯恩斯也被认为是超保护贸易论的主要代表人物。

凯恩斯超保护贸易理论与传统的保护贸易理论是有区别的，其中最本质的区别是保护对象的不同。传统的保护贸易政策保护的对象是国内幼稚工业，而超保护贸易理论保护的是高度发展的资本主义工业，保护其在国际竞争中的垄断地位，从而维护资产阶级利益。凯恩斯的超保护贸易理论客观上对发达资本主义国家的对外贸易和国际贸易的发展均起到了十分重要的促进作用，尤其是对外贸易乘数理论，在一定程度上反映了对外贸易与国民经济发展之间的内在规律性。但凯恩斯超保护贸易理论的明显不足：一是缺乏对时间因素的考虑。一次新投资所引起的连锁反应往往需要较长一段时间才能消失，到那时才能算出乘数的绝对值。而凯恩斯在运用乘数理论作短期均衡分析时忽略了这个问题。二是忽视外贸溢漏问题。如新投资引起的收入增加，若用于购买进口产品就不能产生连锁反应，大量存货的存在也会影响新投资发生的连锁反应。

三、列昂惕夫悖论与人力资本理论

赫克歇尔－俄林的资源禀赋理论已为西方国际贸易理论界广泛接受，有些经济学家为从经验上证明这一结论的正确性而作了大量研究工作。然而结论却使人感到意外。

1953 年著名的美国经济学家列昂惕夫（Leontief）对美国的进出口部门作了一个实证研究，旨在证明赫克歇尔－俄林的结论。列昂惕夫采用的具体方法计算 1947 年美国出口品部门和进口替代品部门的资本－劳动比例或称人均资本量。他所计算得到的关键结果如表 2－4 所示。

表 2－4　　1947 年美国出口品部门和进口替代品部门的资本－劳动比例

	出口品	进口替代品	出口/进口比例
资本存量/美元	2550780	3091339	
劳动/（人/年）	182	170	
人均资本量/美元	14010	18180	0.771

表2－4说明，在出口品部门中，每生产百万美元产值须投入的资本量为2550780美元，劳动为182人/年，其人均资本量为14010美元；进口替代品部门生产每百万美元产值须投入的资本量为3091339美元，劳动为170人/年，其人均资本量为18180美元。由此可见，出口品部门的人均资本量少于进口替代品部门，也就是出口部门的资本密集程度低于进口替代品部门，只有进口替代品部门的77.1%。对比之下，美国出口的是劳动相对密集的产品，而进口的则是资本相对密集的产品。由于美国一般被认为是一个资本密集的国家，因此这一结论与通常公认的赫克歇尔－俄林模式恰好相反，故被称之为“列昂惕夫悖论”（Leontief Paradox）。

列昂惕夫悖论对传统的西方国际贸易理论是一个明显的挑战。1953年列昂惕夫的论文《国内生产与对外贸易：美国资本的重新检验》发表以后，立即在理论界引起极大震动。不少经济学家纷纷对各国的贸易商品进行了类似的经验研究，结果是既不能证明列昂惕夫悖论是正确的，也不能否认列昂惕夫悖论的存在。列昂惕夫本人在得出“谜”的同时，曾用多种方法，从不同角度，用不同资料，反复对自己的计算进行矫正与核对，但仍不能消除这个谜的存在。因此他提出下述论点来解释：由于美国的企业管理和行业组织远比其他国家优越，因而美国工人的劳动效率要比外国工人高得多，也许一个美国工人提供的劳动比落后国家三个工人在同样时间里提供的劳动要多。从这个意义上讲，美国相对于其他国家并非是一个劳动稀缺的国家，因此它出口劳动密集型产品也就可以理解了。

列昂惕夫的上述观点以工人劳动效率不同来解释“谜”产生的原因。另有一些经济学家则从产生工人劳动效率不同的原因，即工人身上所含人力资本的不同来解释“谜”的产生，这就是国际贸易理论中的“人力资本理论”。

人力资本理论认为，不论在人与人之间，还是在国与国之间，作为生产要素的劳动力或人力所具有的劳动技能存在着巨大的差别。一个不熟练工人和一个技术工人同样劳动一小时，其生产成果会有很大区别。工人的劳动技能、知识水平、业务能力等通常是通过教育和培训等途径取得和提高的。因此在教育、培训等方面的投资就像投入生产的物质资本一样会不断取得效益。而且，一旦形成始终体现在人的身上，可以重复取得收益，还可越用越多的这种效益也是一种资本，称为“人力资本”（Human Capital）。由此在计算某一生产部门的资本/劳动比例时，就不仅要计算工人所使用的非人力物质资本，而且要计算该部门中工人所含的人力资本。用这种方法再对美国进出口部门的人均资本量进行计算，列昂惕夫悖论就消失了。因为美国出口品部门大量使用的是有专门技能的熟练劳动，其包含的人力资本相应就多，而在进口替代部门大量使用的则是非熟练劳动，其包含的人力资本相应较少。因此，在引入人力资本概念以后，两部门的人均资本量在计量时就发生了变化。

要素禀赋理论由于过于严格的假设不能解释所有的贸易现实。列昂惕夫悖论是对要素禀赋理论适用性进行实证研究最具代表性的一次。实证研究结果表明，美国对外贸易的结构和商品流向同历来被学术界奉为经典的要素禀赋理论明显地相互矛盾。但大多数的学者并不认为仅仅资源禀赋的差异就可以解释国际贸易模式，引起了经济学家的进一步研究，从而提出了新的理论解释。人力资本论在一定程度上解释了产生列昂惕夫悖论的原因，同时也发展了赫克歇尔－俄林的资源禀赋理论。

第三节　现代国际贸易理论

20世纪60年代以来，要素禀赋相似的发达国家之间的贸易量大大增加，并逐渐成为占主体的国际贸易，并且相当部分的国际贸易是在相同的产业内进行的，而传统贸易理论对此无法予以充分的解释。现代国际贸易理论是相对于传统国际贸易理论而言的，主要是指20世纪60年代以来，伴随着国际贸易的迅速发展而产生的一系列新的国际贸易理论。

一、产品周期假说

赫克歇尔－俄林的资源禀赋理论实际上隐含着一个假设前提，即各国生产同一产品所用的技术是相同的，它只涉及各个交易国某一时期生产某一种产品所使用的要素比例或技术水平的情况，以及由此而决定的贸易形式，没有考虑在技术发生变动情况下，交易国相对的资源拥有量发生的变化，从而影响国际贸易形式的问题。然而，现实生活中技术进步是随时发生的，因此可以也应该把技术像人力资本一样看作一种独立因素来考察技术进步对国际贸易形式的影响。

产品周期假说（Product cycle hypothesis）就是第二次世界大战后产生的用以解释这种现象的一种国际贸易理论。产品周期假说是由雷蒙德·弗农（Raymond Vernon）提出的用以解释美国和世界上其他一些国家之间所进行的贸易形式。弗农认为，一种产品在其发明与投产之初是“新”的，然后当它的生产扩展到其他工业化国家时是“成熟”的，最后则是标准化的。弗农把国家分成三类，第一类为发达创新国，第二类为发达仿制国，第三类为发展中仿制国，并把产品周期分成六个阶段（如图2－3所示）：第一阶段，发达创新国发明某种产品，并开始生产，但仅限于国内消费；第二阶段，发达创新国开始将这种产品出口一部分到与其经济技术水平相近的发达仿制国。这些国家对此种已成熟的新产品的需求逐步上升，促使这些发达仿制国开始发展自己生产这种新产品的能力，并逐渐占领国内市场；第三阶段，发展中仿制国也开始接受这种产品，并且市场逐步扩大；第四阶段，发达仿制国开始出口这种新产品，这时发达创新国的国外市场受到挑战并开始萎缩；第五阶段，发达创新国由于各种因素的综合作用，由原来的净出口国变为净进口国，而从第三阶段起，发展中仿制国逐渐掌握了生产这种产品的技术和知识。于是进入第六阶段，发展中仿制国成为这种已经标准化的产品的净出口国，而发达国家则变为净进口国。

弗农认为，使成熟并进而标准化的产品最后固定在不发达国家生产，并向发达国家出口的主要原因是因为不发达国家工资较低。产品进入标准化后，技术和知识上的优势不再占主要地位，而工资率低的重要性日益显示，结果是产品成本低的优势将越过技术上的优势，从而使不发达国家在出口该项产品上占有相对优势。

如果所有产品都经历这样一个周期，技术上领先的发达国家是否会因为它最终成为净进口国在所有产品的贸易收支上发生恶化呢？弗农认为，只要发达国家能够不断发明新产品，或率先把他人的发明投入商品生产，并不断将新产品引入世界市场进行贸易，这就能够在最新产品的生产中始终保持相对优势，因而总能有足够收入来抵消进口支出。

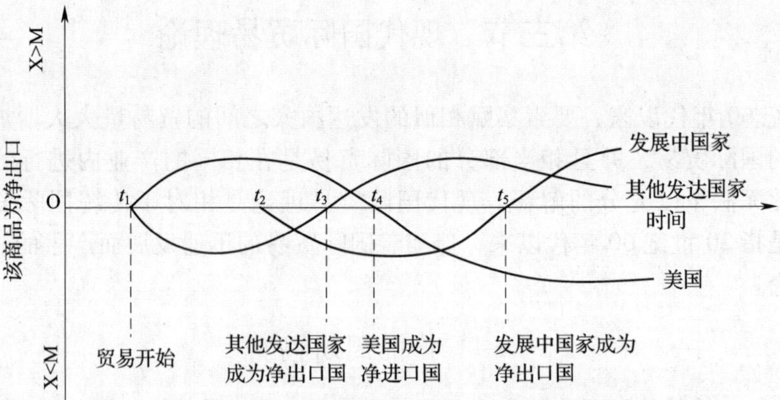

图 2-3　制成品贸易周期与各国贸易地位

X—出口　M—进口

由于产品在最初阶段价格相对较高，而在标准化以后价格相对较低，率先把新产品推向世界市场上去的国家在产品周期的最初阶段依靠其所有的技术优势而得到很大收益。这种收益远远超过发展中国家在产品周期的最后阶段利用劳动力丰富、工资率低的相对优势而得到的收益。因此发展中国家在国际贸易中除了要充分发挥本国现有的劳动力或自然资源丰裕的相对优势外，还应致力于科学技术发明和把研究成果投入商品生产，因为技术这种要素是可以通过在科研教育事业上的投资取得的。技术进步不仅会促进本国经济发展，而且可以通过技术密集型产品的出口在国际贸易中获取更大的经济利益。

把人力资本、技术进步等作为独立的生产要素引入国际贸易理论都是从供给方面来探讨国际贸易形式，而同时假定各国消费者的偏好也就是需求是固定不变的。但实际上，消费需求也是随着经济增长不断变化的，且这种变动又会直接影响国际贸易。

这种影响的第一种形式是“示范效应”。认为当某些落后的经济社会引入现代化的生产方式从而取得经济发展时，必然也会同时引入现代化的消费方式，由此造成新的需求，产生新的贸易。

影响的第二种形式是“恩格尔定律”。恩格尔是 19 世纪的德国经济学家，他认为，若假定人口固定不变，收入增长将降低消费者食品开支在其总收入中的比例，不论比较各个家庭还是各个国家都是成立的，它意味着当人均收入随着经济增长而提高时，需求将向不利于食品生产者与出口国的方向移动。这将在世界市场上造成食品价格相对于奢侈品的价格而下降。

影响的第三种形式是林德（S. B. Linder）的“代表性需求假说”。这种假说认为，当一国经济增长使人均收入提高时，该国的代表性需求会向比较昂贵的商品移动。这种商品过去不可能成为社会的代表性需求的对象，因为多数人没有相应的支付能力来消费它，而现在由于人均收入提高了，人们有能力消费这种价格比较昂贵的商品了。这种新的需求使该国生产者加紧改进生产这种商品的技术以扩大供给。这样由于技术进步和取得规模经济效益，降低了生产成本，使这个国家有可能以低价出口这些产品，根据相对优势理论，各国应出口其国内代表性需求的产品。

二、规模经济理论

国际贸易以专业化分工为前提，各国按照不同产品的比较优势进行生产和国际交换。但第二次世界大战以后，国际贸易格局由垂直型贸易为主转变为水平型贸易为主。水平型贸易方式有两个显著特征：政府对贸易施加管制和市场结构向寡头垄断方向发展；跨国公司日益在国际贸易中占主导地位，而且国际贸易主要发生在发达国家内部。这就对传统贸易理论提出了挑战。

一些经济学家认为，规模经济和技术进步的存在是产生这种现象的重要原因。提出新解释的主要是20世纪70年代末发展起来的规模经济理论，主要贡献者是美国经济学家保罗·克鲁格曼（Paul Krugman），代表作是他的经典性论文《报酬递增、差异产品和国际贸易》。这一理论以企业生产中的规模经济和世界市场的不完全竞争为基础，解释了战后迅速增长的工业国之间和相同产业之间的贸易。规模经济贸易理论的发展是建立在两个与以往理论不同的假设之上：企业生产具有规模经济，随着企业规模的扩大，企业的生产成本递减，经济效益递增；国际市场的竞争是不完全的。

在规模经济和垄断竞争或寡头垄断的条件下，企业的长期平均成本随着产量增加而下降，企业面对的是市场需求曲线，市场需求量会随着价格的下跌而增加。由于国内市场需求有限，企业不能生产太多，从而使生产成本和产品价格不得不保持在较高的水平上。如果企业参与国际贸易，产品所面临的市场就会扩大，国内需求加上国外需求，企业生产就可以增加。由于生产处于规模经济阶段，产量的增加反而使产品的平均成本降低，从而在国际市场上增加了竞争能力。

由于工业产品的多样性，任何一国都不可能囊括一个行业的全部产品，从而使国际分工和贸易成为必然。但具体哪一国集中生产哪一种产品，则没有固定的模式，既可以自然（竞争）产生，也可以协议分工。但这种发达国家之间工业产品“双向贸易”的基础是规模经济，而不是技术不同或资源配置不同所产生的比较优势。

三、部门内贸易理论

以李嘉图的比较优势理论和赫克歇尔－俄林的资源禀赋理论为基础的国际贸易理论认为，参加贸易的各国必然是出口其拥有相对优势的产品而进口其拥有相对劣势的产品，也就是说贸易参加国进口和出口的是国内不同生产部门所生产的产品。因此，传统的国际贸易理论实际上是一种部门间贸易（Inter－industry Trade）理论。

第二次世界大战以后，随着世界范围经济的迅速发展，在工业化国家之间的制成品贸易在整个国际贸易中所占的比重日益加大，而且在20世纪60年代后显得更为突出，成为国际贸易中出现的新现象。与部门间贸易尤其是以初级产品交换制成品贸易不同的是，在制成品贸易中，一国同时进口或出口同一部门生产的产品的现象屡见不鲜。比如美国和西欧的一些发达国家，同时是汽车的进口国与出口国，同时出口酒类饮料也进口酒类饮料。这种同时进口与出口属于同一部门或类别的制成品情况就被称为部门内贸易。

传统的国际贸易理论显然难以解释这种部门内贸易的现象，因而这种国际贸易的新现象日益引起经济学界的重视。许多经济学家做了大量工作试图解释这种部门内贸易现象，使该理论逐步成为现代国际贸易理论中新的理论分支。

最早试图解释这一现象的是瑞典经济学家林德（Linder），他于1961年在其论文《论贸易和转变》中提出了“偏好相似理论”（similarity thesis）。林德提出，两个国家之间的人均收入越接近，其国内的消费需求结构也就越类似，两国消费者的偏好相似程度越高，一国代表性的需求产品也就越容易在另一国找到市场。

在图2-4中，横轴表示一国的人均收入水平 Y，纵轴表示消费者所需的各种商品的品质等级 Q，商品越高档，品质等级越高。OP 线表示人均收入水平与消费的每种产品质量等级之间的一般关系，人均收入水平越高，则消费者所需的品质等级也就越高，A国家的消费者人均收入为 Y_A，对商品质量需求的范围由 aa 表示。消费者对产品质量的需求是一个范围而不是 OP 线上一点，其原因就在于一国的消费者的收入是有差别的。B国家的消费者人均收入为 Y_B，高于A国家，并且消费产品的质量范围为 bb，也高于A国家、两国需求产品质量等级中存在着 CD 范围的重叠，即在 CD 范围的商品两国都有需求。这种质量的产品是两国开展贸易的基础。

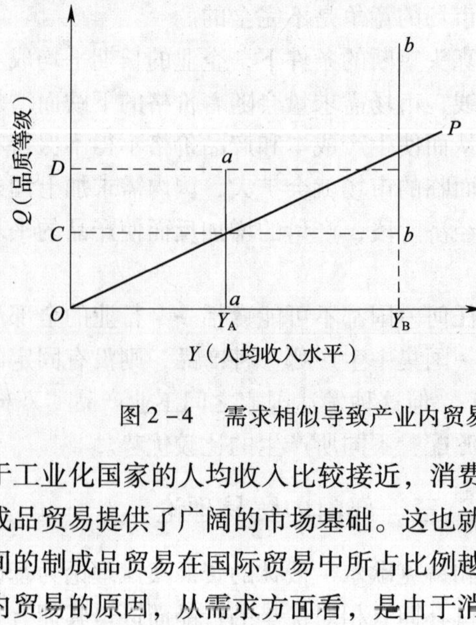

图2-4　需求相似导致产业内贸易

林德认为，由于工业化国家的人均收入比较接近，消费者偏好相似程度比较高，这就为各国之间进行制成品贸易提供了广阔的市场基础。这也就解释了为什么第二次世界大战以后工业化国家之间的制成品贸易在国际贸易中所占比例越来越高的原因。部门内贸易理论认为，造成部门内贸易的原因，从需求方面看，是由于消费者偏好具有多样性，以及各国的消费需求形式常常有一部分是重叠的；从生产方面看，则是由于参加国际贸易的厂商一般不是处在完全竞争的条件下，而是处于垄断竞争条件下，从而产品差别在贸易中起着重要作用，另外也是受生产中存在规模经济的影响。

四、技术进步理论

20世纪80年代末90年代初以来，国际贸易理论研究的一个重点国际贸易与技术进步、经济增长间的关系。在经济学文献中，虽然已有许多理论阐述了技术在贸易和经济增长中的作用，但是最近的一些研究则把技术作为一种变量，不仅讨论技术对贸易的影响，也分析国际贸易、经济增长在技术进步中的作用。把技术变动、不完全竞争、规模经济和经济增长等结合起来研究，是国际贸易理论的最新发展和前沿课题。

国际贸易理论这一新发展的背景也与战后国际贸易格局变化有关。在用规模经济与不完全竞争的理论说明了当前发达国家间的贸易和同类产品之间贸易的原因之后，人们自然就会进一步探讨：为什么会有规模经济，产业的规模经济和国际分工是怎样形成的；如果说技术的差异与发展是重要的原因之一，那么技术又是怎样产生、发展、传递的；技术的发展与国际贸易、经济增长的关系又是如何等。这些问题引起了经济学家们的极大兴趣，学者们将国际贸易理论与增长理论结合起来，提出了许多新的观点。

除了"规模经济与不完全竞争"的贸易学说外，技术作为外生变量上的差异也被用来说明发达工业国家之间和同类产品之间的贸易。马库森和斯文森（Makusen and Svenson）在他们的研究中假设两国的资源配置比例和需求偏好都是相同的，产品生产需用两种以上的要素投入，但不具有规模经济。但如果两国在生产技术上有某种细微的差别，劳动生产率就会略有不同。在两国的贸易中，各国都会出口其要素生产率相对高的产品。戴维斯（Davis）在1994年的研究中也假设两个国家两种产业，其中第一种产业只生产一种产品，而第二种产业生产两种不可完全替代的产品。假设其中一国在第二种产业的生产中与国外略有技术上的不同，在其中一种产品的生产技术上比别国略胜一筹。在自由贸易条件下，要素价格的相等会使该国生产和出口这种产品，而别国则会生产出口另一种产品。马库森、斯文森和戴维斯的研究说明，即使在规模报酬不变和完全竞争的市场上，技术上的差异亦可引起同行业产品之间（intra - industry）的贸易。

贸易理论另一方面的发展是将技术视为内生变量来研究技术变动的原因，以及研究技术进步作为生产和贸易的结果对贸易模式与社会福利的影响。技术变动有两种源泉，一种是被动的，不是经过专门研究开发出来的，而是从看中、干中学会的，是通过经济行为学来的，这称为"干中学"（learning by doing）。这里所说的技术不光是生产技术，还包括管理知识。另外一种是主动的，是自己创造出来的。这种技术变动是一种创新（innovation）。技术创新一般是研究和发展（Research and Development，R&D）的结果。

所谓技术变动或技术进步并非都是一种前所未有的新发明。在许多情况下，所谓技术进步只是学到了别人已有的先进技术。这种学习过程有时并非是最初的目的，而是在从事生产或其他经济行为时自然产生的副产品。作为先进技术的拥有者，有时也并非有意转让或传播他们的技术，而是在贸易或其他经济行为中自然地输出了技术，被称为技术外溢（Spillovers）。

技术外溢可以发生在同行业之内，也可以发生在不同的行业之间，许多行业虽然产品不同，但所用的资源有许多是相同的，如何提高要素生产率对各行业都是有促进作用的。因此，一个行业拥有的技术优势也可能外溢到别的行业，使别的行业的生产率也有所提高，并对社会的长期发展产生影响。同一行业内也可能有不同的产业集群（industry clusters），各集群生产类似产品但生产技术不会完全相同。与国外类似的产业集群相比，生产上也会有不同的优势。国际贸易以及由此产生的竞争和技术外溢会缩短各产业集群之间的技术差距。

技术变动的另一个来源是技术创新，它是研发的结果。新技术的开发与应用可以提高要素生产率，用有限的资源生产出更多的产品或保证产量的情况下使用更少的资源；产品质量的提高和新产品的开发。与"干中学"不同，技术创新或研发型技术进步需要大量投资。因此只有在保证这些投资能够获利的条件下，企业才会去研制新技术。所以，一国能否获得大幅度的研发型技术进步需要两个必要条件：对知识产权的保护，因为没有保护的话，企业开发新产品所冒的风险与其收益不对称，也就没动力去投资研发；同时要鼓励对研发的投资，干中学虽然也能提高技术，但毕竟有局限性，只能缩短与先进技术的差距，一个国家要想技术上领先，就必须有研发型的技术进步，但研发型技术进步是需要有投资来保证的。

国际贸易与研发型技术变动有相互促进的关系，贸易对技术创新的影响不仅通过国际市场的竞争迫使各国努力开发新技术新产品，也通过国际技术外溢给各国互相启发的机会。新技术的开发不再只是个别国家的行为，而成为各国的共同行为。实际上，也有一个技术开发的规模经济问题。在某种意义上说，贸易和技术的国际流动可以使开发研究形成“规模经济”而降低各国的科研开发成本。一项新技术从一国开始后，另一国可以马上引进，在此基础上进一步发展而不应重复同样一个过程。从经济学角度来分析，这是资源配置的最优方式。

另一方面，技术创新也会影响贸易模式。在技术作为外生变量和“干中学”的模型中，最初的贸易模式都是给定的，都假定各国在生产技术上有差距但没有讨论为什么有差距。技术作为内生变量的模型则揭示了产生技术差距的根本原因。综观历史，可以看到，尽管技术的国际国内外溢和干中学的过程有可能缩短各国技术上的差距，但本国原有的资源和技术条件对于一国的长期发展和在国际分工中的地位仍起着极其重要的作用。因此，加强对发展研究的投资和不断开发新的技术，是改善一国的贸易地位和保证经济长期增长的必要措施。

五、发展中国家的贸易保护理论

第二次世界大战后，世界经济格局发生了重要的变化。越来越多的发展中国家对旧的国际分工感到不满，迫切要求改变它们只能用廉价的原材料等初级产品去交换昂贵的制成品的贸易结构，并且采用一些保护政策来维护本国的正当利益。一些发展中国家的经济学家先后提出了反映这种愿望与呼声的国际贸易理论，并赋予保护贸易学说以新的内容与精神。这种理论被称之为新保护贸易理论，其中最著名的代表人物为阿根廷经济学家劳尔·普雷维什（R. Prebisch）。

站在发展中国家的立场上，在批判传统西方国际贸易理论的基础上，普雷维什提出了“外围与中心”理论。普雷维什认为，发达资本主义国家形成了世界经济体系的“中心”，而处于落后地位的发展中国家则沦落为这一体系的“外围”。在“中心”与“外围”的贸易中，“中心”国家以生产和出口工业品为主，而“外围”国家则以生产和出口初级产品为主。“中心”国家是技术创新者与贸易利益获得者，而“外围”国家则是“中心”国家的附庸，它们向“中心”国家提供原料、模仿技术与引进资本，处于被剥削的地位。随着世界经济的不断发展，“中心”国家与“外围”国家在生产能力和收入水平上的差距不断加大，富国与穷国之间的经济差距日益扩大。因此，传统理论关于国际贸易最终会导致各国收入趋向一致的断言与事实完全相反，国际贸易恰恰是外围国家经济不发达的原因之一。

普雷维什指出，国际贸易之所以使“外围”国家的经济相对更不发达，是因为国际贸易条件越来越有利于发达国家，贸易条件的长期恶化成为阻碍“外围”国家经济增长的重要因素。“外围”国家贸易条件长期恶化的主要原因是，生产技术进步所带来的经济利益并不能平均分配给参加贸易的各国，相反利益分配始终对外围地带不利。从理论上讲，传统西方国际贸易理论提出的国际分工能形成利益的推理是正确的。但它的前提假定与现实是相矛盾的：按其假定，技术进步的利益会通过降低价格或提高收入的方式平均地分配到全社会。既然制成品行业的技术进步一般快于初级产品行业的技术进步，那么制成品与初级产品的相对价格本应朝着有利于初级产品的“外围”国家方向发展。可事实上生产率提高而产生的巨大利益，“外围”国家所得的部分相对很小，“中心”与“外围”之间的收入相差悬殊，这是因为，工业国家的制成品因生产率提高而得到的利益并没有转化成价格下跌，却表现为它们的利润与工资水平的提高；相反，“外围”国家初级产品的生产率提高虽然缓慢，但这种提高带来的结果往往是价格下跌，得益者都是进口初级产品的工业国。由于“外围”国家初级产品的相对价格更为低廉，它们的贸易条件当然要恶化。

德国经济学家汉·辛格（H. W. Singer,）也提出一个论点：需求收入弹性的不同和节约物资的技术创新，也是初级产品贸易条件不断恶化的原因之一。由于需求弹性的不同，实际收入的增加会引起制成品需求的更大程度的增加，而对初级产品则不会有同样的效果。另外，节约物资的技术创新经常使生产单位产品的原材料消耗减少，从而减少了初级产品的相对需求。显然又将导致初级产品贸易条件的长期恶化。

按照普雷维什的观点，“外围”国家要摆脱受奴役的经济地位，必须改变旧的国际分工格局。旧的国际分工与专业化使得“外围”国家只是为大工业中心提供初级产品，这种格局严重地影响了“外围”国家自身的经济发展。“外围”国家只有消除旧的国际分工格局所造成的与“中心”国家经济结构上的不平衡，才能获得真正的经济发展。实现工业化是“外围”国家提高生产率，吸纳更多的人数就业，抵消贸易条件恶化，提高生活水平和分享技术进步利益的唯一手段，也是它们改革现有的国际分工模式，摆脱受剥削的“外围”地位的关键所在。

在上述经济思想的基础上，普雷维什提出了欠发达国家应实行一定程度上的保护贸易的政策主张。在他看来，欠发达国家采取一定程度的保护贸易政策，对于本国经济的发展具有重要意义。首先，它有利于改善贸易条件，平衡国际收支，这就需要用出口补贴，减免税收等措施来增加出口，用保护关税，数量限制等方法减少进口。同时努力推动出口生产部门的技术进步，提高劳动生产率，以提高出口产品的收益。其次，它有利于保护本国幼稚工业，推动民族经济发展，从而加速工业化进程。这样大量进口替代工业就能顺利发展，而“有节制、有选择的保护政策利益激起来的进口替代，是取得一些合意的效果，经济上明智稳妥的好办法”。最后，它有利于国内生产资源的合理配置。限制进口可以促使国内消费者对某些进口替代商品形成必要的需求，同时避免将部分生产资源配置在初级产品生产上，而将它们转向进口替代工业生产，既满足国内需求，又提高资源利用效率，加速国内产业结构的改善。普雷维什还强调欠发达国家必须注意保护贸易政策合理性的问题，认为过度的贸易保护，不仅损害了本国的工业生产，而且对初级产品的出口也有不利影响。因此需要通过降低关税来纠正夸大和滥用保护的倾向。与此同时，普雷维什呼吁发达国家应向落后国家完全开放市场。他认为，欠发达国家采取一定程度的保护贸易政策是不得已而为之，目的是为了确保本国经济的健康发展。而且这种政策主要着眼于解决因“需求弹性”不同而产生的贸易不平等问题，它既不影响世界贸易的增长速度，也不危及发达国家的贸易利益。可发达国家采取的保护主义限制初级产品出口，却会妨碍世界贸易增长，并有害于外围地带的经济增长。其实减少或取消这种保护，具有互惠的作用，因为“外围向中心增加出口时，随之而来的便是外围从中心进口的增长”。

普雷维什新的贸易保护理论发表以后又逐步被补充发挥，比如英国经济学家刘易斯（A. Lewis）在1955年发表的《经济增长理论》等著作中，论述了贸易条件不利于发展中国家的根本原因是发达国家的农业劳动生产率高。但新的贸易保护理论同时也遭到一些著名的西方学者的强烈反对，引发了一场激烈的争论。应该指出，普雷维什作为一名发展中国家的经济学家，初步揭示出南北方之间经济贸易关系的本质，积极要求改变旧的国际经济秩序，无疑具有十分积极的意义。他要求发展中国家实行工业化和推行进口替代战略，主张用保护政策维护与推动发展中国家的经济发展具有重要的现实意义。总之，发展中国家新的贸易保护理论一改过去以发达国家作为国际贸易理论研究对象的做法，在国际贸易研究领域具有开拓性，所提出的一系列关于发展中国家经济、贸易的发展对策措施，对发展中国家建立和完善自己的工业部门，调整经济结构、发展对外贸易发挥了积极的作用。当然，这些贸易理论不可避免地存在一些缺陷，如普雷维什对贸易条件长期恶化的有关统计与论述不够精确，有值得商榷之处。

六、战略性贸易政策理论

20世纪80年代初以后，西方发达国家经济增长速度普遍放慢，1997年更是出现了影响全球经济的亚洲金融风暴。为了使发达国家走出困境，改善其经济发展状况，以克鲁格曼（P. Krugman）、赫尔普曼（Helpman）等为代表的经济学家对各种新的贸易理论进行了综合，创立了所谓的“新贸易理论”（Neo - tradetheory）。在新贸易理论的基础上，格罗斯曼（G. Grosman）、斯本瑟（B. Spencer）、布兰德（J. Brander）、狄克西特（A. Dixit）等人以规模经济和不完全竞争为前提，以产业组织理论和市场结构理论为研究工具，提出了战略性贸易政策理论（Strategic Trade Policy）。该理论动摇了在规模经济和不完全竞争条件下自由贸易政策的最优性，证明了政府干预的合理性，提出了适当运用关税、补贴等战略性贸易政策措施，将有助于提高一国贸易福利的主张。这一核心结论与传统贸易理论相悖。战略性贸易政策理论因其在理论的独创性、分析方法的独到性及其解释现实的能力等方面取得重大的突破而日益为人们所重视。由于克鲁格曼对国际贸易模型具有原创性的修改和重要的理论贡献，以及成功预测了1997年亚洲金融危机，因而最终获得2008年诺贝尔经济学奖。

从新贸易理论中衍生出的战略性贸易政策理论主要有两种不同的贸易政策理论，一种是主要以内部规模经济为基础的“利润转移”理论，另一种是主要以外部规模经济为基础的“外部经济”理论。

“利润转移”理论主要包括以下三个论点：第一，用出口补贴为本国寡头厂商夺取市场份额。这种论点认为，向在第三国市场上同外国竞争者进行古诺双头博弈的国内厂商提供补贴，可以帮助国内厂商扩大国际市场份额，增加本国福利。古诺博弈的特征是，均衡产量水平由两个厂商反应曲线的交叉点所决定，这一水平对这两个厂商来说是最优的，在国家层次来说是次优。因此，通过补贴降低国内厂商的边际成本，使厂商有更高的反应曲线，获得更大的国际市场份额，增加国内利润而减少国外利润。由于利润更高，国家福利减去补贴以后也有所增加，而补贴本身只不过是一种转移支付。这一论点的关键在于这样一种信念：补贴使国内厂商采取进取性市场战略，从而迫使外国竞争对手做出相应的让步。这是战略性贸易政策理论中影响最大、也是被引证最多的一种论点。第二，用关税来抽取外国寡头厂商垄断利润。这种论点认为，在存在潜在进入的情况下，使用关税来抽取一家外国寡头厂商正在享受的垄断利润是合理的。如果没有任何潜在的进入，关税只会扩大国内价格与国外价格的差距，是一项使福利恶化的措施。但如果存在国内厂商的潜在进入，则这种进入的威胁限制了外国厂商的定价反应，使它们执行一种吸收部分关税的定价，以阻止这类进入的战略。只要关税被部分地吸收，价格上涨的幅度就会低于关税的幅度，消费者剩余的损失就会被征收到的关税所抵销而有余。在特殊情况下，如果外国公司将关税全部吸收，则既可以拿走经济租金，又不会造成额外的扭曲。但这里有一个重要的质的差异，即提取租金的理论不要求一个国家是能够对贸易条件产生影响的大国，而最优关税理论却有这一要求。只要有外国寡头供应商在国内市场上，即使是一个贸易小国也可以利用进口关税来改善国家福利。这种结果在最优关税理论中是不可能的。第三，以进口保护作为出口促进的手段。这种观点认为，一个受保护的国内市场，为具有规模经济特征的本国厂商提供了一种相对于外国厂商的规模优势，使其能够增加在国内市场和没有保护的外国市场的份额，从而把利润从外国厂商转移到本国厂商，使本国福利增加。这一理论以静态的规模经济为依据，将暂时的进口保护变成了出口促进的机制，它的一个重要前提是国内市场大，足以实现所需要的规模经济。这一论点被认为是对传统幼稚产业论的发展。

“外部经济”理论的论点则较为集中。该理论认为，某些产业或厂商能够产生巨大的外部经济，促进相关产业的发展和出口扩张，但由于这些外部经济不能够完全被有关厂商所占有，这些产业或厂商就不能发展到社会最优状态，如果政府能够对这些产业或厂商提供适当的支持和保护，则能够促进这些产业和相关产业的发展，提高其国际竞争优势，获得长远的战略利益。

战略贸易介于自由贸易和保护贸易之间，属于有管理的自由贸易。它不同于自由贸易，在一定程度上限制了自由贸易，加进了一些人为干预；也不同于保护贸易，强调在寻求整体利益平衡的前提下，在兼顾贸易伙伴经济利益的同时，追求本国利益的最大化。这一理论以协调国家利益为中心，以政府干预为主导，以磋商谈判为手段，对本国的进出口贸易和全球贸易进行干预、协调和管理的一种贸易制度安排。战略贸易政策理论的形成与发展使国际贸易理论更接近于现实，并改变了经济学家研究贸易理论和贸易现实的思维方式。随着对该理论基本模型的扩展和向相关领域的不断发展和完善，战略贸易政策的应用已经超出了最初的影响，而是向着诸如产业结构、竞争力、公司所有权构成、产业集中度等方面进一步发展，该理论对于各国经济发展和政策制定以及企业决策的影响愈加深远。但这种制度安排背离了自由贸易传统，进行政府干预会在一定程度上转移他国利润以提高自己的福利水平，有可能导致其他国家的报复，抵消扶持战略产业的效果。

本 章 小 结

本章扼要地介绍了古典国际贸易理论、新古典国际贸易理论与现代国际贸易理论的基本内容。从古典国际贸易理论到现代国际贸易理论产生、发展与演化的发展历程中，可以清晰地发现国际贸易理论的形成、发展具有明显的历史特征与实践特色——在不同的历史发展阶段，由于不同的国际贸易环境，面临不同国际市场，不同国家的不同特点，各个时期的经济学家基于现实的需要提出了不同的国际贸易理论，推动了国际贸易理论的不断发展与成熟。由此可见，每一阶段所产生形成的国际贸易理论是对各个不同的历史时期蓬勃发展的国际贸易实践的科学总结。当然，任何一种国际贸易理论都有其运用的实践性和历史的局限性，国际贸易理论必须与时俱进。

对国际贸易理论的深化学习与理解把握，是学习食品国际贸易的基础，因而本章的学习是非常重要的。对本章的学习关键是了解各个不同时期形成的国际贸易理论产生的历史背景，主要观点，以及理论的进步性与局限性，并尽可能地结合国际贸易的现实来思考。

思考题

1. 比较优势理论为什么仍然对发展中国家制订对外经济贸易战略与政策具有重要的指导意义？

2. 试比较要素禀赋论和比较优势理论。

3. 列昂惕夫之谜的主要内容是什么？如何解释这一现象？

4. 试论幼稚产业保护理论的积极意义，李斯特的保护幼稚产业理论的主要内容和超保护贸易政策的特点，为什么发展中国家要采取一定范围的保护措施？

5. 普雷维什的国际贸易理论为何称为新保护贸易理论，这个理论对我国制定对外贸易政策有何现实意义？

6. 简述战略性贸易政策理论的核心内容，对我国当前国际贸易政策制定的意义。

7. 分析战后新贸易保护主义的特点及其对国际贸易的影响。

8. 运用普雷维什的保护理论，简述发展中国家的贸易条件趋于恶化的原因。

9. 运用相关理论，评判入世后中国对外贸易政策走向的主要理论依据。

参考文献

[1] 贾建华等. 国际贸易理论与实务. 北京：首都经贸大学出版社，2002

[2] 邵继勇. 国际贸易概论. 北京：世界知识出版社，1999

[3] 彭福永. 国际贸易. 上海：上海财经大学出版社，2002

[4] 王粤. 服务贸易——自由化与竞争力. 北京：人民大学出版社，2002

[5] 徐立青. 国际贸易实用教程（第二版）. 上海：复旦大学出版社，2008

[6] 刘朝明. 国际贸易. 重庆：重庆大学出版社，2002

[7] 李左东. 国际贸易理论、政策与实务. 北京：高等教育出版社，2002

[8] Brander , B. Spencer. Export Subsidies , International Market Share Rivalry [J]. Journal of International Economics, 1985, (18): 83 ~ 100

[9] A. Dixit, G. Grossman. Targeted Export Promotion with Several Oligolistic Industries. Journal of International Economics, 1986, (21) pp. 233 ~ 249

[10] 丁扬，张二震等. 从战略性贸易政策到全球竞争政策. 经济学动态，1999 (7)

[11] 唐永仁. 战略性贸易政策理论在我国的适用性. 国际贸易问题，1999 (6)

[12] 赫尔普曼，克鲁格曼. 市场结构与对外贸易. 上海：上海三联书店，1993

[13] 张谦，吴一心. 战略性贸易政策理论的产生及其体系. 上海经济研究，1998（2）
[14] 海闻. 国际贸易理论新发展. 经济研究，1995（7）
[15] 李俊. 战略性贸易政策及其局限性. 国际贸易问题，1994（4）
[16] 赵英军. 国际贸易新理论中对政府作用的重新定位. 国际贸易问题，1996（3）
[17] 徐丽华，冯宗宪. 战略性贸易政策理论研究最新进展. 国际贸易问题，2007（4）
[18] 张谦. 战略性贸易政策理论的产生及其体系. 上海经济研究，1998（2）
[19] 徐立青. 浅议高新技术产业国际竞争中的管理贸易. 化工技术经济，2000（1）

第三章 国际贸易政策与措施

国际贸易理论是世界各国和地区对外进行商品、服务和技术交换活动时所采取的政策与措施的依据和基础，而一个国家和地区的对外贸易政策与措施则是国际贸易理论的具体运用。国际贸易理论基于国际贸易的实践而不断发展与完善，而国际贸易政策与措施的演变是各国在国际贸易理论基础上，根据本国经济发展的实际获取最大利益的过程。本章主要在第二章学习国际贸易理论的基础上，了解国际贸易政策与措施的演变过程、制定方法与有关内容。

第一节 国际贸易政策概述

国际贸易政策是世界各国和地区对外进行商品、服务和技术交换活动时所采取的政策，是各国在一定时期内对进口贸易和出口贸易所实行的政策。从单个国家或地区的角度出发，有关国际贸易的政策就是对外贸易政策。

一、对外贸易政策目的、主要构成与基本类型

各国制定对外贸易政策主要是基于本国利益的考虑，根本目的在于维护国家经济安全，促进本国的经济发展。具体表现在保护国内市场，扩大本国产品和服务的出口市场，促进本国产业结构的调整，积累资本与维护本国对外的政治关系。

一国的对外贸易政策主要由下述内容构成：① 对外贸易总政策，其中包括货物和服务进出口总政策。它是一个国家从国民经济整体发展的实际出发，在一个较长的时期内实行的政策。② 进出口货物与服务贸易政策。它是根据对外贸易总政策和本国的经济结构、国内市场状况而分别制定的具体政策。③ 对外贸易国别与地区政策。它是根据对外贸易总政策，对外政治、经济关系而制定的国别和地区政策。一国的对外贸易总政策在对外贸易政策构成中具有主导地位。

历史地看，从对外贸易产生和发展以来，对外贸易政策有两种基本的类型，即保护贸易政策和自由贸易政策。保护贸易政策是指国家采取鼓励出口、限制进口政策，限制外国商品的竞争，以保护国内生产和市场；自由贸易政策是指国家对进出口贸易不加任何干预，让商品在国内外市场上自由竞争。

一般而言，各国对外贸易政策的制定与修改是由国家立法机构进行的。最高立法机关在制定和修改对外贸易政策及有关规章制度前，要征询各个经济利益集团的意见。最高立法机关所颁布的对外贸易各项政策，既包括一国较长时期内对外贸易政策的总方针和基本原则，又规定某些重要措施以及给予行政机构的特定权限。各国对外贸易政策是通过以下方式执行的：① 通过海关对进出口贸易进行管理，一切进出境的货物和物品、运输工具，除了国家法律有特别规定的以外，都要在进出境时向海关申报，接受海关检查；② 国家广泛设立各种机构，负责管理进出口，如美国商务部、美国国际贸易委员会等；③ 国家

政府出面参与各种国际贸易、关税等国际机构与组织，进行国际贸易、关税方面的协调与谈判。

二、对外贸易政策的演变

从总体上看，历史上国际贸易政策的演变从时间的沿革上大致经历了以下五个时期：从15世纪至17世纪的重商主义时期；从18世纪至19世纪的自由贸易和保护贸易政策并存时期；从第一次世界大战到第二次世界大战期间盛行的超保护贸易政策时期；第二次世界大战后到20世纪60年代初期的贸易自由化政策时期；自20世纪70年代到80年代中期开始的新贸易保护主义政策和协调管理贸易政策时期。

（一）自由贸易政策

自由贸易政策是指国家对进出口减少干预和限制，允许商品自由输出和输入的政策，其目的是扩大本国经济的对外交流。在不同时期各国所采取的自由贸易政策有着不同的内容与形式。

18世纪70年代在英国开始的产业革命使生产力迅速发展，资本主义生产方式开始建立。1820年英国工业生产在全球工业生产中所占比重达到50%，对外贸易不断扩大。新兴的工业资产阶级需要更广阔的国际市场，以销售其工业产品，而重商主义的保护贸易政策阻碍了国际贸易的发展，阻碍了资本的自由竞争，成为新兴资产阶级的障碍。因此，工业资产阶级强烈要求实行自由贸易政策。古典经济学派的代表亚当·斯密认为重商主义的保护贸易政策限制了国际贸易的发展，妨碍社会福利的增长，只有自由贸易政策才能使各国按“绝对利益”进行贸易，以分享国际分工的利益。亚当·斯密认为各国的生产成本存在着绝对差别，一国只需要发展那些具有绝对优势条件的工业，用所生产的产品与其他国家进行交换，而不必发展那些不具备优势条件的工业。继亚当·斯密之后，大卫·李嘉图提出了比较优势论，为这一时期的自由贸易政策提供了理论基础。李嘉图认为，由于各个国家在生产上的优势地位不同，不利程度也不同，每个国家可以集中力量生产那些有利程度大或不利程度较小的商品，即具有相对优势的产业，然后通过国际贸易进行交换，在资源不能自由流动的情况下达到最大生产总量。

第二次世界大战后到20世纪70年代初，美国经济实力的空前强大和膨胀，日本和欧洲战后经济的恢复和发展，在国际分工进一步深化的背景下，跨国公司迅速兴起与不断发展。这一时期发达资本主义国家的对外贸易政策先后出现了自由化倾向，主要表现在大幅度削减关税和降低或撤消非关税壁垒。关贸总协定（GATT）缔约方通过多边贸易谈判，大幅度降低了进口关税。欧共体（现为欧盟）实行关税同盟，对内取消关税，对外减让关税。此外，发达国家给予来自发展中国家的制成品和半制成品的进口以普惠制待遇。发展中国家也不同程度的放宽了进口数量限制，增加自由进口的商品种类；放宽或取消外汇管制，实行货币自由或有限制的兑换。

（二）保护贸易政策

保护贸易政策是国家通过各种措施限制或鼓励进出口的政策，目的是保护国内有关产业，扩大本国产品和服务的出口。与自由贸易政策的发展演化一样，在不同时期保护贸易政策也有着不同的表现形式。

重商主义是15世纪到17世纪欧洲资本原始积累时期，代表商业资本利益的经济思想和政策体系，其重要组成部分是重商主义的对外贸易政策。早期重商主义被称为重金主义，由国家垄断全部货币贸易，要求外国人来本国进行贸易时，必须将其销售所得到的货币全部用于购买本国的货物。晚期重商主义也称贸易差额论，管理金银的进出口政策变为管制货物的进出口，执行奖出限入的贸易政策，保证出超以达到金银流入的目的。

19 世纪资本主义自由竞争时期，产业革命在英、法等国深入发展，欧洲其他国家和美洲的经济不发达，资本主义工业尚处于萌芽状态的一些国家要求实行贸易保护，减少外国货物进口以保护本国成长中的资本主义工业，于是形成了与自由贸易学说相对立的以汉密尔顿和李斯特为代表的保护贸易学说。

19 世纪末 20 世纪上半叶，自由竞争的资本主义完成了向垄断资本主义的过渡。垄断资本不仅要求垄断国内市场，也要求垄断国外市场，许多资本主义国家都积极干预对外贸易，不同程度地提高关税，实际外汇限制、数量限制，鼓励出口，实行以保护垄断资本利益为目的超保护贸易政策，既保护本国幼稚工业，也保护国内高度发展的工业或夕阳工业。

1973—1974 年世界性经济危机的爆发，基于保护本国利益，出现了新贸易保护主义。其主要特点是，被保护的商品不断增加，从传统工业品、农产品转向高级工业品和服务部门；限制进口措施的重点从关税壁垒进一步转向非关税壁垒；加强了征收反补贴税和反倾销税行动；管理贸易日益合法化、系统化；奖出限入措施的重点从限制进口转向鼓励出口，促进商品输出。

20 世纪 90 年代以来，经济的全球化以及信息技术的空前发展使得各国经济更加相互依赖、相互影响并日益融为一体。随着 WTO 多边谈判的展开，关税对于国内市场和产业的保护作用越来越弱，各国纷纷转向使用更具针对性、灵活性和隐蔽性的非关税壁垒。为了给本国产业和国内市场设立一道有效的防火墙，各国在打开国门，开放市场的同时，制定了一系列新的对外贸易措施。

（三）简要评述

从积极或比较乐观的角度看，国际贸易政策的演变过程就是一个从极端保护到极端自由，然后在保护与自由之间进行部门权衡、产业权衡、阶段权衡的过程；是一个逐步将贸易政策精确到一旦某种贸易政策实施，就可以非常具有针对性地发挥作用的过程；是一个在接受和充分利用自由贸易所带来的经济利益的同时，不断寻找保护本国最大限度利益的过程。总之，它表现为一个全球性的贸易自由化不断被推进又以日渐隐蔽的形式被打断的过程。

国际贸易政策演变的历史表明，各国的对外贸易政策总是服从于该国经济发展的近期或长远利益。一国的对外贸易政策是在特定经济环境下，寻求最佳结合点的结果。实施不同的国际贸易政策将会产生不同的发展效应（见案例 3－1）。发展中国家更需要权衡不同的政策，以便较好地兼顾本国的近期利益和长远利益。

［**案例 3－1**］　不同的国际贸易政策与不同的发展效应：加纳与韩国的比较

1970 年，加纳和韩国的人均 GDP 大致相当，分别为 250 美元和 260 美元，经济发展水平大体相当。但到 1995 年，情况则完全不同，韩国的人均 GDP 为 9700 美元，而加纳则只有 390 美元，显示了两个国家在这一时期不同的经济增长率。1968—1995 年间，加纳 GDP 年均增长 1.4%，而韩国则达到了 9%。

导致两国经济发展道路如此大的差距有诸多的原因，但对于国际贸易的态度不同可以部分解释其原因。世界银行所做的一项研究表明，韩国政府鼓励国际贸易，实施外向性经济政策，而加纳政府的行动则约束本国生产者进入国际市场。1980 年，加纳的外贸依存度仅为 18%，而韩国为 74%。

1957 年加纳独立，成为第一个独立的英国在西非的殖民地国家。独立后首任总统恩克鲁玛受到当时泛非社会主义思想的影响，实施了包括对大量进口产品征收高关税的进口替代政策，同时限制加纳企业进行出口，期待加纳建立自己的一些制成品工业。其结果是灾难性的，加纳从非洲最富饶的国家之一变为世界最贫穷的国家之一。

可可贸易的国家干预政策是加纳反贸易政策的典型。适合的气候、肥沃的土壤、方便进入国际市场的海运，使得加纳具有生产可可得天独厚的绝对优势，1957 年，加纳是世界上最大的可可生产国和出口国，但这时新独立的加纳政府成立了一个国家控制的可可销售董事会。该机构被授予可可价格的定价权，而且成为加纳全国唯一的可可买家，在国内向可可种植农民低价购买可可，然后以国际市场价卖到国际市场。事实上，该机构从可可买卖中为国家征收了大量的税收，用来支持国家的国有化和工业化计划。在 1963—1979 年间，加纳农民向国家销售可可的价格每年提高 6%，而农民购买的消费品的价格却每年提高 22%，而邻近国家可可销售价格上升了 36%。在国际市场可可价格猛涨的时候，加纳农民从可可销售董事会获得的收入却在日益减少。加纳农民的反应就是少种可可，而多种可以在加纳国内销售的粮食等其他农产品。7 年中加纳可可的生产和出口下降 1/3 以上，导致外汇储备大量流失，进口必需品的能力大幅下降。加纳的内向性贸易政策导致本国资源从生产具有绝对优势、可盈利的可可生产和销售转向不具备优势的粮食和制成品。这种无效使用本国资源的经济政策严重地损害了加纳经济，阻碍了经济发展。

反观韩国，世界银行认为韩国的经济政策具有强烈的外向性特征。韩国政府大幅度降低制成品的关税，鼓励企业从事出口贸易。从 20 世纪 50 年代后期到 80 年代中期，韩国政府逐步降低关税，使平均税率由 60% 下降到 20%，而大多数非农产品的关税趋于零。同时，进口配额也减少了 90%。韩国政府还逐渐削减出口补贴，从 20 世纪 50 年代后期的 80% 下降到 1965 年的 20%，到 1994 年则全部取消补贴。

韩国的外向性经济政策获得了很大的成功，其经济发生了重大的变化。本国资源由农业转向劳动密集型的制造业，大量廉价而受过精良教育的劳动者为韩国奠定了劳动密集型制造业比较优势的基础。最近，由于劳动力成本的上升，经济增长的领域又转向技术密集、资本密集的汽车、半导体、家用电器和其他先进材料制造业。随着经济的发展，韩国社会也发生了重大变化，农业人口从 20 世纪 50 年代的 77% 减少为现在的 20%，制造业年均增长超过 10%，GDP 增长速度超过 9%。

（此案例由徐立青编译，资料源于世界发展报告，1997。）

第二节 关税措施

国际贸易政策是通过国际贸易措施实行的。国际贸易措施主要有关税措施和非关税措施两大类。

一、关税概念与作用

关税是一国政府从自身的经济利益出发，依据本国的海关法和海关税则，对通过其关境的进出口商品所征收的税收。关税是一种间接税，其税收主体是进出口商人，税收客体是进出口的商品。关税与其他国内税一样，具有强制性、无偿性和固定性。

关税的主要作用：① 增加政府财政收入。海关代表国家行使征税权，关税收入是国家财政收入的来源之一。随着社会经济的发展，关税对于财政的意义大大降低，由于其他税源的增加和关税的不断减让，关税收入在国家财政收入中的比重已经相对下降。② 保护本国产业与市场。关税限制了外国货物的进入，或者使得外国商品的竞争力相对削减，尤其是高关税可以大大减少有关货物的进口数量，减弱以至消除进口商品的不利竞争，从而达到保护国内同类产业或相关产业的生产与市场。③ 调节进出口货物结构。一个国家可以通过调整关税结构来调整进出口货物结构。在海关税则中，可以通过调高某项产品的进口税率达到减少进口数量的目的，或是通过调低某项产品的进口税率达到增加进口数量的目的。

征收关税将产生一系列的经济效应，这种经济效应与自由贸易的作用正好相反，它将导致资源配置效率的降低，增加政府的财政收入，在各国间和各国内的不同成员之间进行收入的再分配。因此，关税就往往成为一国贸易保护的重要工具。

二、关税的主要种类

（一）按征收的对象或商品流向分类

1. 进口税（Import Duties）

进口税是进口国海关在外国商品输入时，对本国进口商所征收的关税，是关税中最主要的一种。进口税主要可分为最惠国税和普通税两种。最惠国税适用于与该国签订有最惠国待遇条款的贸易协定的国家或地区所进口的商品；普通税则适用于与该国没有签订这类贸易协定的国家或地区所进口的商品。最惠国税率比普通税率低，而且两者的差幅往往很大。第二次世界大战以后，大多数国家都加入了关税与贸易总协定或签订了双边的贸易条约或协定，相互提供最惠国待遇，享受最惠国税率，而普通税率只适用于极少数的国家。

2. 出口税（Export Duties）

出口税是出口国海关在本国商品输出时，对本国出口商所征收的关税。目前，国际上很少征收出口税，因为征收出口税会提高本国商品在国外市场的价格，削弱其竞争能力。一些发展中国家为了增加财政收入会征收出口税，但一般税率不高，如果过高将导致出口量减少，反而达不到增加财政收入的目的。另外，一些国家对出口原料征收出口税，以保障国内生产的需要或增加国外产品的生产成本，加强本国产品的竞争能力。

3. 过境税（Transit Duties）

过境税是一国对于通过其关境，运往另一国的外国货物所征收的一种关税。过境货物只是在地理上通过，而并不进入该国市场，对被通过国家的市场和生产均没有影响。由于征收过境税不利于国际货物的流通，所以目前绝大多数国家都不征收过境税，仅在外国货物通过时征收少量准许费、印花费、登记费、统计费等。

（二）按征收关税的目的分类

1．财政关税（Revenue Tariff）

财政关税又称收入关税，是指以增加国家的财政收入为主要目的而征收的关税。为了达到财政收入的目的，对于进口货物征收财政关税时，必须具备以下三个条件：① 征税的进口货物必须是国内不能生产或无替代用品而必须从国外进口的货物；② 征税的进口货物在国内必须有大量消费；③ 关税税率要适中或较低，税率过高将阻碍进口，达不到增加财政收入的目的。

2．保护关税（Protective Tariff）

保护关税是指以保护本国产业发展为主要目的而征收的关税。保护关税税率要高，越高越能达到保护的目的。有时税率高达100%以上，等于禁止进口，成为禁止关税（Prohibited Duty）。保护关税又可分为工业保护关税和农业保护关税。工业保护关税是以保护国内工业尤其是幼稚工业发展所征收的关税，一些经济落后的国家往往采用保护关税，以保护和促进本国幼稚工业的发展。帝国主义时期，帝国主义国家的垄断资本为了垄断国内市场，往往对高度发展的垄断工业或处于衰退难以与国外竞争的垄断工业征收保护关税，这种关税称为超保护关税。农业保护关税是以保护国内农业发展所征收的关税。

（三）按差别待遇等级分类

1．普惠制关税（Generalized System of Preferences）

1968年联合国贸易与发展会议通过了建立普遍优惠制的决议。根据这一决议，发达国家承诺对从发展中国家或地区输入的商品，特别是制成品和半制成品，给予普遍的、非歧视的和非互惠的优惠关税待遇，即实施所谓的普惠制关税。普惠制关税一般比最惠国待遇更优惠。其主要内容是：在一定数量范围内（主要指关税配额或限额），发达国家对从发展中国家进口的工业品减免关税，部分免除加工过的农产品的进口关税。对于超过限额的进口则一律征收进口关税。普惠制的基本特点是普遍性、非歧视性和非互惠性，即这种优惠是由大多数发达国家提供的，而不是某一发达国家提供给少数几个发展中国家的，适用于所有的发展中国家，并不要求发展中国家提供同样的关税优惠。各普惠制方案由各给惠国和国家集团单独制定，虽各有特点，但都具有以下共同内容：

（1）受惠国或地区名单　给惠国主要是根据发展中国家的经济发展状况及政治态度选择受惠国，受惠国或地区名单由各给惠国单方面决定。

（2）给惠产品范围　各国普惠制方案都规定了给惠产品及排除产品清单。该清单不是固定不变的，随着给惠国经济贸易的政策需要与受惠国的要求而变动。

（3）减税幅度　普惠制的关税削减幅度取决于最惠国税率与普惠税率之间的差额，最惠国税率越高，普惠税率越低，差额越大。

（4）保护措施　各给惠国为保护本国经济，在普惠制方案中都制定了保护措施。保护措施可分为三大类，一是例外条款，即当从受惠国优惠进口某项产品的数量增加到对给惠国相同产品或直接竞争性产品的生产者造成或即将造成严重损害时，给惠国保留对该项产品完全取消或部分取消关税优惠待遇的权利。二是预定限额，是指给惠国根据本国和受惠国的经济贸易情况，预先规定一定时期内某项产品关税优惠的进口限额，超过限额部分的进口按规定征收最惠国待遇关税率。三是竞争需要标准，对来自受惠国的某种进口货物，如超过当年所规定的进口额度，则取消下年度该种货物的关税优惠待遇。

（5）对原产地的规定　产品必须全部产自受惠国或地区，或者规定产品中所包含的原料或零件经过高度加工后，发生了实质性变化才能享受关税优惠待遇。所谓实质性变化有两个标准。一是加工标准。一般规定进口原料或零件的税目和利用这些原料或零件加工后的货物税目发生了变化，就可以认为已经过高度加工，发生了实质性的变化，该商品可享受关税优惠待遇。欧盟、日本、挪威、瑞士等采用这项标准。二是增值标准，又称百分率标准。规定只有进口原料或零件的价值没有超过出口货物价值规定的百分比，这种变化才能作为实质性的变化和享有关税优惠待遇。例如，加拿大规定进口原料或零件价格不得超过出口货物价值 40% 作为已发生实质性的变化，才能享受关税优惠待遇。澳大利亚、加拿大、美国等也采用这项标准。

在原产地规定中，除了原产地标准外，还有直接运输规则，即受惠货物必须由受惠国直接运到给惠国。由于地理上的原因或运输上的需要，受惠产品可以通过邻国过境，但必须置于海关监管之下。此外，受惠国必须向给惠国提交如原产地和托运的书面证明，才能享受优惠关税待遇。一般来说，为了获得普惠制待遇，受惠产品必须获得普惠制原产地证书，国际上运用比较广泛的是 FORM A 原产地证书。

（6）毕业规定　从 20 世纪 80 年代后期开始，一些给惠国家按照自己的定义和标准，取消一些已经获得较强出口竞争力的发展中国家的普惠制待遇，并将这种做法称为“毕业制度”，或者“取消制度”。“毕业制度”一般可以分为部分毕业和全部毕业两种。部分毕业也称为部分取消、“国家 - 产品取消”或“国家 - 部门取消”。它规定，如果一个受惠国家的某种产品或某一部门的出口达到一定的水平，这些产品将会从给惠方案中排除，但受惠国家的其他产品仍然能够享受普惠制待遇。全部毕业，也称为国家毕业。取消国家优惠的标准主要是根据国民收入指标来制定的。保加利亚和波兰把人均国民生产总值超过其本国的受惠国列入国家毕业名单。新西兰规定取消其人均国民生产总值达到新西兰 70% 以上的受惠国的优惠待遇。美国取消国家优惠的标准目前是人均国民生产总值 11400 美元。

（7）附加条件　根据普惠制的非互惠原则，普惠制应该是不附加条件的。但是，一些发达国家在其普惠制方案中往往规定一些附加条件，以达到其在多边领域中达不到的目的。附加条件可以分为鼓励条件和取消条件两种。鼓励条件是指如果某受惠国符合特定的条件，给惠国可以给予其超过一般普惠制待遇；取消条件指如果某受惠国不符合特定的条件，就会被取消或暂时取消普惠制待遇。

［案例 3 - 2］　欧盟普惠制的调整对我国出口产生的影响

欧盟是从 1999 年 7 月 1 日起开始对普惠制方案实施“国家 - 行业产品毕业制”的，即对特定受惠国的特定产品实施产品毕业制度。一旦某一受惠国的发展水准和相关工业的专业化程度达到欧盟规定的发展指数和专业化指数，其产品就会被列入“毕业产品清单”，优惠就会停止。另外，当某一受惠国的某类特定产品享受普惠制出口到欧盟的总产量超过所有受惠国同类产品出口到欧盟总量的 25% 时，欧盟将对该国实施产品毕业，而不考虑该国的发展水平。根据欧盟普惠制方案的规定，如果受惠国家和地区的某种产品连续三年达到毕业标准，说明该产品已具备足够的竞争力，其关税优惠须被撤销。如果未在连续三年中都达到标准，可重新获得关税优惠。有关计算方法以欧盟本身的统计数字为依据。

2002年，欧盟普惠制项下的进口额为532亿欧元，其中中国为最大受益者，占33.1%。当年凭借普惠制待遇，我国企业产品在进入欧盟市场时，得到了比最惠国待遇还要低90多亿美元的减税待遇。由于享受普惠制，我国出口产品成本下降，效益上升。据统计，1980年到2000年的20年间，全国累计签证1341万份，签证金额达3134.45亿美元，减免关税幅度以6%计算，我国出口商品可获减免关税188.1亿美元。我国在利用普惠制扩大出口方面，取得了一定的成效。出口企业通过利用普惠制扩大了出口规模，增强了产品在国际市场上的竞争力。

从2003年11月1日起，欧盟在原优惠安排的基础上，对上述产品削减50%的关税优惠幅度。从2004年5月1日起，将取消全部优惠安排。此次中国的工业品基本上都被列入了欧盟的毕业产品清单，由于欧盟普惠制对其他受惠国和地区的同类产品仍给予关税减免优惠，因此中国此类产品在欧盟市场的竞争力将受到一定的不良影响。欧盟普惠制对中国此类产品进入欧盟市场将成为一种障碍。欧盟委员会于2004年8月出台一个文件称，将对今后10年（2006—2015年）普惠制的实施原则进行修改，普惠制实施对象更倾向于最不发达的国家和经济脆弱的发展中国家（弱小、缺乏土地、小岛及低收入国家）。这意味着，欧盟普惠制将中国“完全毕业”。从另一个角度看，我国上述产品的毕业，也证明了我国这些产品在国际市场上已经具有一定的竞争力，占据了欧盟相当大的市场份额，对欧盟市场上同类产品造成了威胁。“毕业”从某种程度上来讲也意味着一种“成熟”。

2. 特惠税（Preferential Duties）

特惠税是对某些国家与地区进口的商品给予特别优惠的关税。目前，最有影响的是洛美协定中欧盟各国对加勒比海和太平洋地区的一些国家单方面提供的特别优惠的制度。特惠税有的是互惠的，有的是非互惠的。特惠税开始于宗主国与殖民地附属国之间的贸易。第二次世界大战后，西欧共同市场与非洲、加勒比和太平洋地区一些发展中国之间也实行特惠税。我国也给予一些发展中国家特惠待遇。

3. 进口附加税（Import Surtaxes）

进口附加税是一国对不同国家进口商品除了征收不同税率的一般进口税外，在特殊情况下而征收的某些临时税收。进口附加税通常是一种特定的临时性措施。其目的主要有，应付国际收支危机，维持进出口平衡；防止外国货物低价倾销；对国外某个国家实行歧视或报复等。因此，进口附加税又称特别关税。目前，许多国家除了采用对所有进口货物征收进口附加税外，有时还针对个别国家和个别货物征收进口附加税。一般而言，进口附加税有反补贴税、反倾销税和差价税三种类型。

（1）反补贴税（Anti－subsidy Duty） 所谓补贴是指出口国政府或同业公会对本国的出口商品在生产、制造、加工、买卖、运输等过程中给予直接或间接的补助。进口国对于接受了这种补贴的进口商品所征收的进口附加税称为反补贴税，亦称抵消税或补偿税。进口国征收反补贴税的目的在于增加进口商品的成本，抵消进口商品所得到的补贴，从而使其不能在进口国市场上与进口国同类产品进行低价竞争，达到保护国内生产和市场的作用。但根据关贸总协定的《补贴与反补贴守则》第8条规定，只有在证明进口国国内生产厂商受到重大损害或重大损害威胁的情况下才允许征收反补贴税。对于因补贴而造成损害的确定，必须基于明确的证据和客观的调查。调查包括受补贴产品的进口数量及其对国内市场上同类产品价格的影响，以及这些进口产品对国内同类产品的生产者所带来的后续影响。经过调查后如果确认进入国内市场的受补贴产品大量增加；出口商有足够的能力进行自由销售；进口产品的价格已压低或抑制了国内市场价格，从而导致对进口产品需求的增加；如不采取保护行动，将会造成重大损害，进口国可按照进口商品的补贴金额或低于此额征收反补贴税。

（2）反倾销税（Anti—dumping Duty） 反倾销税是进口国对实行商品倾销的进口商品所征收的一种进口附加税。所谓商品倾销是指出口商以远低于国际市场价格或生产成本的价格向国外抛售商品的行为。美国政府规定，外国商品的到岸价低于出厂价格时，即被认为是商品倾销，应征收反倾销税。《关税及贸易总协定》对反倾销问题作了如下规定：凡一国以低于正常价格的办法将产品挤入另一国市场时，如因此对某一缔约国领土内已建立的某项工业造成重大损害或产生重大威胁，或者对某一国内工业的新建产生严重阻碍，即构成倾销并应受到谴责；缔约国为了抵消或防止倾销，可以对倾销的商品征收数量不超过这一商品的倾销差额的反倾销税；缔约国不得因抵消倾销或出口补贴，而对同一商品既征收反倾销税又征收反补贴税。

一些国家不仅利用征收反倾销税来阻止外国商品进口，而且还借助征税前的调查暂时停止某种商品的进口，因为从接到国内生产者的反倾销诉讼后进行调查，这项进口商品至少一两年内不能进入该国市场。因此，对不公正的倾销，进行反倾销是必要的。但随着发展中国家的经济发展以及发达国家之间经济发展不平衡的加剧，一些发达国家往往滥用反倾销税，把它作为贸易保护的一种手段。所以，在出口贸易中必须予以注意，一旦受到倾销指控，应积极搜集证据与材料，按照世界贸易组织的有关条例据理力争。

[案例 3-3] 龙虾战——路易斯安那与中国

路易斯安那州曾属于法国，拿破仑将其卖给美国，但还留有一些法国居民。他们的后代仍然保持着传统的饮食文化，对龙虾制品情有独钟。这种龙虾是生活在淡水中的小龙虾，而龙虾制品包括龙虾馅饼、龙虾杂烩、龙虾浓汤等。养殖龙虾成为当地的一个产业，直到中国龙虾到来以前，每年给虾农带来 3 亿美元的收入。

20 世纪 90 年代初期，受到中国经济发展的鼓舞，也为了满足对于龙虾日趋上涨的需求，路易斯安那州的进口商开始从中国进口龙虾。中国龙虾最早于 1991 年出现在路易斯安那州。虽然传统的法式饮食店宣称中国龙虾的口味不好，而消费者并不在意它们之间的差距，更可能是因为价钱便宜。中国龙虾 2 ~3 美元/磅，根据季节有一些波动，而路易斯安那州本地龙虾价格高达 5 ~8 美元/磅。由于具有价格优势，中国龙虾的销售从 1992 年的 35.3 万磅增加到 1996 年的 550 万磅。由于中国龙虾的市场份额在逐渐增大，1996 年路易斯安那州官员估计有 3000 当地虾农丢掉了他们的职业。

对于路易斯安那州的虾农而言，这个损失太大了。1996 年路易斯安那州龙虾促进和研究委员会向美国国际贸易委员会递交了一份请愿书，要求政府采取反倾销措施。请愿书指控中国龙虾以低于成本价倾销，目的是将他们从这个行业驱赶出去，要求对于中国龙虾处以 200% ~300% 的进口附加税。路易斯安那州从州基金中拨出 35 万美元支持虾农的行动。

代表中国虾农的律师说，中国龙虾便宜是因为成本低而不是倾销。一个以路易斯安那州为基地的中国龙虾进口商指出，中国有 27 家龙虾加工厂为他的公司提供货源，在这些工厂工作的工人日收入只有 1.2 美元，也就是每周工作 60 小时才 9 美元的工资收入。律师们还说，中国龙虾有益于美国消费者，既可以省钱而且有更加稳定的供应，对于路易斯安那州的餐饮业也有益处，因为降低了成本。律师们指出，路易斯安那州的申请有害于美国消费者，他们只是想维持在生产龙虾方面的垄断地位，垄断使他们能获得更多的利润，而让消费者付出更高的价格。

然而，美国国际贸易委员会对上述声音充耳不闻，并把中国纳入非市场经济国家。因为此时中国还不是世贸成员国，用一个“市场经济”国家——西班牙作为龙虾价格是否合理的标杆。因为西班牙龙虾价格是中国龙虾的2倍，几乎与路易斯安那州的本地龙虾同价，国际贸易委员会判定中国龙虾存在倾销，征收110% ~123%的反倾销税，使得中国龙虾不再有成本优势。

（徐立青根据1997年5月7日美国《纽约时报》的消息编译。）

（3）差价税（variable levy）　当本国生产某种产品的国内价格高于同类进口商品的价格时，为削弱进口商品的竞争能力，保护国内生产和市场，按国内产品价格与进口商品价格之间的差额征收的关税称为差价税，亦称差额税。例如，欧盟为建立农畜产品统一市场，统一价格，对来自成员国和非成员国的农畜产品的进口征收差价税。对来自成员国的农畜产品征收差价税的目的在于实现统一价格，对来自非成员国的农畜产品征收差价税的目的在于排挤这些国家的农畜产品大量进入共同体市场，抵消非成员国农畜产品在市场上的竞争优势。差价税是一种滑动关税，它随国内外价格差额的变动而变动。

（四）按关税征收标准分类

依此分类主要有从量税和从价税。在这两种主要征税方法的基础上，又有复合税和选择税。

1．从量税（Specific Duties）

从量税是指按照商品的重量、数量、容量、长度、面积等计量单位为标准计征的关税。

从量税的计算公式：从量税额 = 货物数量 × 每单位从量税

在从量税确定的情况下，从量税额与货物数量的增减成正比关系，但与货物价格无直接关系。按从量税方法征收进口税时，在货物价格下降的情况下，所征收的关税不变，这样会加强关税的保护作用。

2．从价税（Ad Valorem Duties）

从价税是按照进口货物的价格为标准计征的关税，其税率表现为货物价格的百分率。

从价税额的计算公式：从价税额 = 货物总值 × 从价税率

从价税额与货物价格有直接关系。它与货物价格的涨落成正比关系，其税额随着货物价格的变动而变动，所以它的保护作用与价格有着密切关系。如在价格下跌的情况下，其税率不变，从价税额相应减少，因而关税保护作用也有所下降。

一般说来，从价税有以下优点：从价税的征收比较简单，对于同种货物可以不必因其品质不同再详加分类；税率明确，便于比较各国税率；税收负担较为公平，因从价税额随货物价格与品质的高低而增减，较符合税收的公平原则；在税率不变时，税额随货物价格上涨而增加，既可增加财政收入，又可起到保护关税的作用。但在征收从价税中较为复杂的问题是确定进口货物的完税价格。完税价格是经海关审定作为计征关税的货物价格，它是决定税额多少的重要因素。完税价格大体上可概括为以下三种：以成本加保险费和运费价格（CIF）作为征税价格标准；以装运港船上交货价格（FOB）为征税价格标准；以法定价格作为征税价格标准。

3．复合税（Mixed or Compound Duties）

复合税又称混合税，是对某种进口货物采用从量税和从价税同时征收的一种方法。

混合税额的计算公式：混合税额 = 从量税额 + 从价税额

混合税可分为两种：一种是以从量税为主加征从价税，另一种是以从价税为主加征从量税。

4．选择税（Alternative Duties）

选择税是对于一种进口货物同时有从价税和从量税两种税率，但征税时选择其税额较高的一种征税。但有时为了鼓励某种货物进口也有选择其中税额低者征收。

三、关税壁垒及其常见形式

由征收关税所形成的贸易壁垒就是关税壁垒，主要是指在关税设定、计税方式及关税管理等方面限制进口的做法。关税高峰、关税升级、关税配额、从量关税、从价关税是五种常见的关税壁垒形式。

（一）关税高峰

关税高峰是指在总体关税水平较低的情况下，对少数产品维持高关税以限制其他国家相关产品的出口而构成的贸易壁垒。

（二）关税升级

关税升级是设定关税的一种方式，即随着进口产品加工深度的提高而增加其关税税率。关税升级通常对某一特定产业使用的进口原材料设置较低的关税，甚至是零税率，而随着加工深度的提高，相应地提高半成品、制成品的关税税率。关税升级能较有效地达到限制附加值较高的半成品和制成品进口的效果，是较为常见的贸易壁垒。

（三）关税配额

关税配额是指对一定数量（配额量）内的进口产品适用较低的税率，对超过该配额量的进口产品则适用较高的税率。实践中，关税配额的管理和发放方式多种多样，如先来先领、招标、拍卖、行政分配等。

（四）从量关税

从量关税是指对单位数量的同类产品征收同值的关税，因此对单位价格较低的低档产品的影响较大，能较为有效地削弱这类产品在国内市场上的竞争力，限制其进口，进而对国内同类产品起到保护作用。实践中，从量关税被广泛应用于食品、饮料和动、植物油等初级产品。

（五）从价关税

由于加工程度高的产品和奢侈品价格昂贵、税额较高，因此从价关税可能对加工贸易程度较高的产品或奢侈品的进口构成障碍。

四、关税税则与通关手续

（一）海关税则

海关税则（Customs Tariff），又称关税税则，它是一国对进出口货物计征关税的规章和对进出口的应税与免税货物加以系统分类的一览表。海关凭此征收关税，是关税政策的具体体现。

海关税则一般包括两个部分：一部分是海关课征关税的规章条例及说明；另一部分是关税税率表。关税税率表主要包括税则号列（Tariff No. 或 Heading No. 或 Tariff Item），简称税号；货物分类目录（Description of Goods）；税率（Rate of Duty）三个部分。

1．海关税则的货物分类方法

海关税则的货物分类方法，主要是根据进出口货物的构成情况，对不同货物使用不同税率以及便于对进出口货物统计需要而进行系统的分类。各国海关税则的货物分类方法不尽相同，大体上有以下五种：① 按照货物的自然属性分类，例如动物、植物、矿物等；② 按货物的加工程度或制造阶段分类，例如原料、半制成品和制成品等；③ 按货物的成分分类或按同一工业部门的产品分类，例如钢铁制品、塑料制品、化工产品等；④ 按货物的用途分类，例如食品、药品、染料、仪器、乐器等；⑤ 按货物的自然属性分成大类，再按加工程度分成小类。

2．税则分类的国际协调

《海关合作理事会税则目录》是多年来各国一直沿用的税则目录，其划分原则是以货物性质为主，并结合加工程度。全部货物共21类、99章、1097项税目号。根据税则分类的规定，税则目录中的类、章、目这三级的税则号排列及编制不得改动，从而保证该税则目录使用的一致性和应用范围。《国际贸易货物名称和编码协调制度》，简称协调制度（Harmonized System，缩写为HS）是《海关合作理事会分类目录》和《国际贸易标准分类》这两个国际贸易体系的最新发展，是国际贸易不断发展的客观要求。协调制度将货物描述和分类在全球范围内统一，这是海关合作理事会召集各国专家在上述两个国际贸易货物分类体系基础上经过10多年研究的成果，是一种新型的、系统的、多用途的商品分类体系。该协调制度于1998年1月1日开始正式实施，目前已被越来越多国家的海关所采用。这标志着一个国际公认的、统一的海关“语言”的产生，有助于消除各国海关之间的分歧，使国际贸易统计数据更具有可比性，并能更加准确和科学地对世界贸易情况进行分析比较。

该协调制度将货物分为21类、96章、1241个四位数的税目、5019个六位数的子目。编码的税目和子目是按货物的原料来源，结合加工程度和用途以及工业部门来划分和编排的。协调制度的补充文献《协调货物名称和编码制度解释》，在税目号下列出了包括和不包括的主要产品，并从产品的外形、性能、生产方法和用途等方面对产品进行具体的描述，从而有助于对产品进行准确归类，找到正确的税则号。

3．海关税则的种类

海关税则主要有以下几种：

（1）单式税则（Single Tariff）　单式税则又称一栏税则。一个税目只有一个税率，适用于来自任何国家的货物，没有差别待遇是这一税则的特点。战后，为了在关税上实施差别与歧视待遇或争取关税上的互惠，各国都放弃单式税则而实施复式税则。现在只有少数发展中国家如委内瑞拉、巴拿马、冈比亚等仍实行单式税则。

（2）复式税则（Complex Tariff）　复式税则又称多栏税则。这种税则的特点是在一税目下有两个或两个以上的税率，对来自不同国家的进口货物，适用不同的税率。发达资本主义国家规定差别税率的目的在于实行差别待遇和贸易歧视政策。现在绝大多数国家都采用这种税则。这种税则有二栏、三栏、四栏不等。

在单式税则或复式税则中，依据进出口货物流向的不同，可分为进口货物税则和出口货物税则；有的将进出口货物的税率合在同一税则中，分列进口税率栏和出口税率栏。

在单式税则或复式税则中，依据制定税则的权限，又可分为自主税则和协定税则。

（3）自主税则（Autonomous Tariff） 自主税则又称国定税则，是指一国立法机构根据关税自主原则单独制定而不受对外签订的贸易条约或协定约束的一种税率，可分为自主单式税则和自主复式税则。前者为一国对一种货物自主地制定一个税率，这个税率适用于来自任何国家或地区的同一种货物；后者为一国对一种货物自主地制定两个或两个以上的税率，分别适用于来自不同国家或地区的同一种货物。

（4）协定税则（Conventional Tariff） 协定税则是指一国与其他国家或地区通过贸易与关税谈判以贸易条约或协定的方式确定的关税税率。这种税则是在本国原有的国定税则以外另行规定的一种税率，是两国通过关税减让谈判的结果，因此要比国定税率低。协定税则不仅适用于该条约或协定的签字国，而且某些协定税率也适用于享有最惠国待遇的国家，但对于没有减让关税的货物或不能享受最惠国待遇的国家的货物仍采用自主税则，这样形成的复式税则，称作自主－协定税则或国定－协定税则。

（二）通关手续

通关手续又称报关手续，是指出口商或进口商向海关申报出口或进口，接受海关的监督与检查，履行海关规定的手续。办完通关手续，结清应付的税款和其他费用，经海关同意，货物即可通关放行。通关手续通常包括申报、验货和放行三个基本环节。

以进口为例，货物运抵进口国的港口、车站或机场时，进口商应向海关提交有关单证和填写由海关发出的表格。一般说来，除提交进口报单、提单、商业发票或海关发票外，还往往根据海关特殊规定，提交原产地证明书、进口许可证或进口配额证书、品质证书和卫生检验证书等。一般进口商报关时需要提交：

（1）进口报单 在报单上写明货物名称、装船号码、说明、数量、货值；货物产地、购买地、装运地；装运的船只或飞机的国籍、名称或注册标志。

（2）商业发票 必须有下列各项：货物的名称、标志、号码、说明、数量及货值；编写发票的地址和日期；目的地和受货人；关于决定货价的合同条件。

（3）提单 如果空运，则交空运托运单。

（4）产地证明书 可作为享受优惠关税的依据。

（5）其他 进口许可证，以及海关所需的一切其他单证，如卫生检验证书等。

五、关税措施的发展趋势

第二次世界大战后，随着社会生产力的不断发展，为了参与国际竞争，发展本国或本地区的经济，参与国际贸易的国家与地区越来越多，从而使贸易及投资的规模、结构及流向等均发生了较大变化。从规模上分析，1950年，世界货物贸易出口额仅为610亿美元，1970年增到3150亿美元，1990年达到34470亿美元，1997年达到66450亿美元，1998年则达到65150亿美元。2005年，世界货物贸易出口额达到103931亿美元，是1950年的170倍。2005年，货物出口名列前十位的国家是，美国、德国、中国、日本、法国、英国、荷兰、意大利、加拿大、比利时。

贸易自由化有利于全人类的共同发展。为了促进贸易的自由化，各有关方面进行了多次谈判。1964年5月至1967年6月，关税及贸易总协定（GATT）在瑞士日内瓦举行的第六轮谈判是当时美国总统肯尼迪根据美国1962年通过的《贸易拓展法》提议召开的，又称“肯尼迪回合”。1964年5月起，美国开始与欧洲共同体六国以及关贸总协定其他成员进行削减关税谈判。美国提出有关国家各减关税50%的建议，而西欧国家认为如各减关税50%，美国关税仍高于西欧国家，因此提出自己的“削平”方案，即高关税国家多减，低关税国家少减，以缩小双方的关税差距。这轮谈判历时三年多，1967年6月才达成协议，商定从1968年起的五年内，美国工业品关税平均降低37%，而西欧各国则平均削减35%，涉及关税减让的商品项目合计达60000项之多，关税平均降低35%。这轮谈判是1973年以前关税与贸易总协定所主持的所有谈判中最广泛、最复杂的一次，共有54个国家参加。这54个国家的出口贸易额约占世界贸易总额的75%。

总之，自1949年以来，世界贸易组织（WTO）的前身关税及贸易总协定（GATT），开展了八轮多边贸易谈判，谈判的中心内容之一就是要求各成员大幅度削减关税，取消国际贸易中的歧视待遇，同时消除各种非关税措施。八个回合的谈判成效显著。到20世纪70年代，西方发达国家工业制成品加权平均关税已下降到7%；到了1998年，发达国家工业制成品加权平均关税降为3.8%，中等发达国家为6.0%，发展中国家为12%。目前，WTO规则限制了各成员方的关税壁垒和显性的贸易保护措施，关税措施对贸易自由化的影响已经明显弱化，国际贸易取得了较快发展。由此可见，随着时代的进步，世界范围内贸易自由化进程将进一步加快。

第三节 非关税措施

一、非关税措施概述*

非关税措施又称做非关税壁垒（Non - Tariff Barriers，NTBs）是指关税以外的一切限制进口的各种措施，或者是那些不通过征收关税，而是通过法律、政策等措施形成的限制进口的贸易壁垒。它是与关税措施相对而言的，但均具有限制进口的作用。与关税措施相比，非关税措施具有以下四个基本特征：

（1）有效性 关税措施主要是通过影响价格来限制进口，而非关税措施主要是依靠行政机制、政策手段来限制进口，因而它更能直接地、更严厉且更有效地保护本国生产与市场。

（2）隐蔽性 与明显地提高关税不同，非关税措施既能以正常的海关检验要求和进口有关行政规定、法令条例的名义出现，又可以巧妙地隐蔽在具体执行过程中而无需做出公开的规定或解释，往往难以清楚地辨识和有力地反对这类政策措施，增加了反贸易保护主义的复杂性和艰巨性。

（3）歧视性 一些国家为了实现政治、经济等多方面的目的，往往会针对某个国家采取相应的限制性非关税措施，更加强化了非关税措施的差别性和歧视性。

（4）灵活性 关税是通过一定的立法程序来制定具有一定延续性的贸易政策，在特殊情况下做出必要的灵活性调整则比较困难。而制定和实施非关税措施，通常可根据需

* 本章节的学习可以结合本教材中篇的有关食品技术性贸易壁垒的相关内容。

要，运用行政手段做必要的调整，具有较大的灵活性。正因为如此，非关税措施已逐步取代关税措施，成为世界各国特别是发达国家所热衷采用的贸易保护的政策手段。

二、非关税措施的主要形态*

非关税措施形式多样且更为隐蔽。根据对美国、欧盟等 WTO 成员贸易壁垒调查的实践，非关税措施重要表现有很多形式。但不论形式有多少，一般认为，非关税壁垒可以分为直接非关税壁垒和间接非关税壁垒。

（一）直接非关税措施

直接非关税措施是指在国际贸易中进口国直接对进口商品的数量或金额加以限制而形成的壁垒，表现形式为进口配额制，出口补贴，进口押金制，进口许可证，进口最低限价，外汇管制等。

直接非关税措施具体而明显，但当具体针对到某一成员国时，易于形成对等报复等，对出口国的损害直接而明显。对等报复的结果只能是相互妥协，通过谈判，逐步予以消除或达成某种默契。这里重点介绍进口配额和出口补贴这两种最常见的直接非关税措施。

进口配额（import quota）是一种重要的非关税措施。配额是指一国政府为保护本国工业，规定在一定时期内对某种商品的进口数量，或对进口金额加以限制。进口配额的分配方法主要有两种：一是全球配额。它规定该国对某种商品在一定时间内的进口数量或金额，适用于来自任何一国的商品进口，主管机关按本国进口商的申请顺序批给一定的允许进口的数量或金额，直至发放完规定的全部限额为止。二是国别配额。它是进口国对来自不同国家的进口商品，规定不同的进口限额。与征收关税相比，进口配额更有助于限制一国进口商品的数量，达到鼓励国内生产的作用，有时还可用于改善本国国际收支以及提高国内就业率。

出口补贴是指一国政府为鼓励本国某种商品的出口，对该商品的出口所给予的直接补助或间接补助。与其他贸易政策措施一样，出口补贴对国内的生产与消费，乃至于本国社会福利水平都会产生实质性影响。对于接受补贴的出口部门的生产商来说，出口补贴等同于降低税赋，而生产者实际得到的价格等于购买者所付的价格加上单位补贴金额。出口补贴对国内经济至少有两种直接影响效应：一是贸易条件效应，即出口补贴可使出口产品在国际市场上的销售价格降低，因此对本国贸易条件不利；二是出口扩大效应，即出口产品价格下跌可刺激出口增加。

（二）间接非关税措施

间接非关税措施即技术性贸易壁垒（Technical Barriers to Trade，TBT）是指成员国政府对进出口的产品、服务等制定严格的规定，间接地对其进行限制的行为，包括技术法规、技术标准、合格评定等。随着科技的进步和国际贸易复杂性的增大，在非关税措施中，以技术性贸易壁垒为代表的间接非关税措施又替代直接非关税措施成为主要的贸易壁垒。有关研究表明，20 世纪 70 年代在影响国际贸易的非关税壁垒中，有 10% ~30% 是技术性贸易壁垒。进入 20 世纪 90 年代以来，这个比例有了较大幅度的提高。1999 年，美国商务部报告和欧盟的研究表明，受技术法规影响的出口产品占世界出口贸易总额的

* 非关税措施的主要表现形式可以参考其他相关文献。

25%，全世界出口量因此减少 15% ~25%；而受技术标准和合格评定程序影响减少的出口商品相当于全世界出口总额的 3.75% ~6.25%。

由于技术落后等方面的原因，发展中国家受技术性贸易壁垒限制的伤害最大。据统计，受技术性贸易壁垒限制的案例，发展中国家大约是发达国家的 3.5 倍。20 世纪 70 年代影响我国国际贸易的非关税壁垒中，只有 10% ~20% 是技术贸易性壁垒，而进入 20 世纪 90 年代后，这一比例逐步上升。2002 年，我国 71% 的出口企业、39% 的出口产品受到国外技术性贸易壁垒的限制，造成的损失超过 170 亿美元。

［**案例 3 -4**］　中国浙江舟山冻虾仁的退货案

浙江舟山出产的冻虾仁以个大味鲜名闻海内外，欧洲是它多年来的传统市场。然而，2005 年舟山冻虾仁突然被欧洲一些公司退货且要求索赔。原因是欧洲当地检验部门从舟山部分冻虾仁中检测到 0.2ng 的氯霉素。冻虾仁里哪来的氯霉素？浙江省有关部门立即着手调查。结果发现，环节出在加工上。剥虾仁要靠手工，一些员工因为手痒难耐，用含氯霉素的消毒水止痒，结果将氯霉素带入了冻虾仁而造成大量的退货。

随着我国入世，贸易壁垒正在消解，但国外对中国农产品的技术壁垒特别是“绿色壁垒”日趋严重，这是我们必须面对的重大问题。“冻虾仁事件”给我们上了惨重的一课。据了解，近几年我国农产品由于质量安全方面的原因而在国际市场屡屡受挫的状况已经不在少数。加快发展绿色食品，确保农产品的质量安全，已经成为推动我国农村经济繁荣、增强农产品在国际市场竞争力的重要环节。

我国的绿色食品规范化起步于 20 世纪 80 年代末，尽管目前已形成了由各级绿色食品管理机构、环境监测机构、产品质量监测机构组成的工作系统，建立了涵盖产地环境、生产过程、产品质量、包装储运、专用生产资料等环节的技术标准体系，但绿色食品的数量和产值仍然偏低。据农业部有关专家介绍，目前我国有 1100 多家企业生产的 2000 多个产品使用绿色食品商标标志，食品生产量一年为 1500 万 t，年销售额 400 亿元。这个数量在总体上还是偏小。现在的问题是我们的绿色产品太少了！其原因在于我们长期在农业生产上片面追求数量，忽视了对农产品质量的要求。农业部有关专家提出，质量将成为绿色食品的生命和市场价值所在，必须严格执行科学的绿色食品标准，确保质量，以质量促发展，才能保证我国农产品在国际竞争中的地位。

（资料来源：http：//www.cbl.gov.cn）

第四节　关税、非关税措施地位变迁与新型贸易措施

随着国际贸易的不断发展，尤其是人类文明的进步与科技的迅猛发展，关税、非关税措施在国际贸易中的地位发生了重大变迁，同时产生了一些新型的贸易措施。

一、地 位 变 迁

关税对国际贸易保护的作用最明显、形式最直接、方法最原始，也是在国际贸易保护中最先应用的，因而成为贸易保护主义的初级壁垒形态。在战后二三十年的时间内，关税是世界各国实行贸易保护，促进本国产业发展的主要手段。但随着贸易自由化谈判的不断深化与完善，在当今大国间贸易摩擦频繁发生的形势下，没有哪个国家愿冒遭报复的危险

去启用关税这一最惹眼、最原始的手段。自 20 世纪 50 年代起，关税措施作用的不断下降，GATT 第 6 轮谈判的开始就意味着关税作为贸易壁垒主要手段的历史结束。关税与非关税措施地位变迁情况如图 3－1 所示。

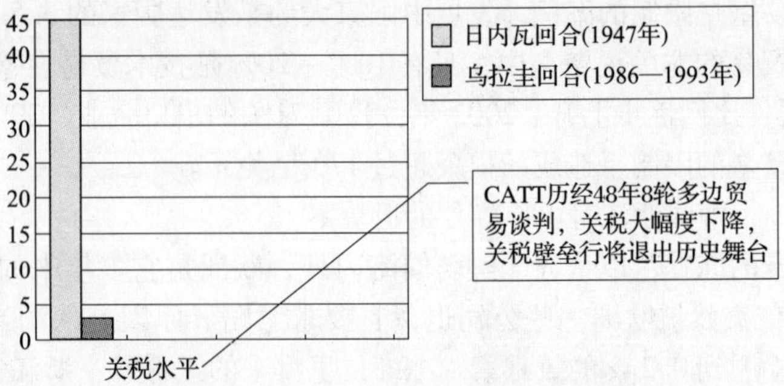

图 3－1　关税与非关税措施地位变迁图

资料来源：王力舟．技术性贸易壁垒协定解说，2001 年 4 月

从图 3－1 中可以看到，全球关税从 1947 年 45% 的总水平下降到 1998 年发达国家 3% 左右和发展中国家 11% 左右的水平，一些发达国家已经在高新技术产品上实行零关税政策，关税在国际贸易保护中的地位大大削弱。

与此相对应，各种形式的非关税措施开始登上国际贸易舞台，替代关税措施逐步成为世界各国进行贸易保护的主要手段。世界银行的一项研究发现，从 20 世纪 60 年代到 20 世纪 80 年代，国际贸易中直接限制进出口的各种壁垒在减少，而以技术性贸易壁垒为代表的非关税措施则呈不断上升趋势，贸易壁垒的作用明显增强。有资料显示，全球受非关税措施影响的工业制成品的百分比从 1966 年的 5% 上升到 1986 年的 51%。1985 年，联合国贸发会议把非关税措施归纳为 22 类。GATT 秘书处在一份题为《数量限制和其他非关税措施》的报告中，把非关税措施归纳为 40 多类。而实际情况并非如此。据统计，20 世纪 70 年代初，发达国家采用的非关税措施的种类大约为 850 种，而到 20 世纪 80 年代已增加到 1000 多种（见图 3－2）。而最新的统计结果是，当前实施的非关税措施大约已有 2000 多种，限制贸易的作用日益加强。由此可见，在当今国际贸易中，关税措施的作用越来越受到限制，而非关税措施的作用不断上升。

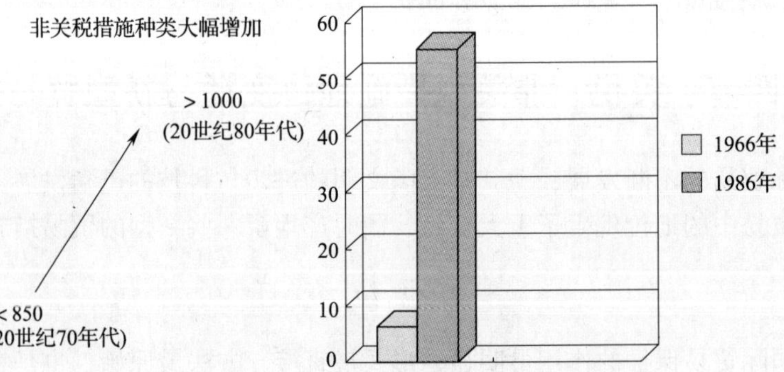

图 3－2　非关税措施种类增加图

资料来源：王力舟．技术性贸易壁垒协定解说，2001 年 4 月

二、影响范围及衡量

由于非关税措施的种类非常繁多，且各种非关税措施具有不同质的特点，某些非关税措施如配额的效果可以测量，但非关税措施的量化相当困难，不过仍然有学者试图去估计非关税措施的影响。最常用的两个指数如下。

（一）非关税措施的覆盖率

非关税措施的覆盖率定义为在给定的产品类别中受非关税措施控制的进口占总进口的比率。反映一国在一定时期（如某年）对来自其他国家的进口产品采取非关税措施的情况。

$$C_{jt}=\left[\frac{\sum(D_{it}V_{iT})}{\sum V_{iT}}\right]\times 100$$

式中，C_{jt}代表非关税措施的覆盖率；i为进口国进口商品的关税税号，$i=1,2,\cdots,n$；t是进口国对来自j国的进口商品采取非关税措施的年份；D_{it}是虚拟变量，其值当存在非关税措施时为1，没有非关税措施时为0；V_{iT}是指税号i进口商品价值在该进口国所有进口商品价值中所占的比重，起权数的作用。C_{jt}的值越大，非关税措施的覆盖面也越大，反之则相反。

（二）非关税措施的频率

非关税措施的频率定义为受非关税措施限制的进口产品类别（借用关税税号）占全部进口产品类别的比率。

$$F_{jt}=\left[\frac{\sum(D_{it}M_{iT})}{\sum M_{iT}}\right]\times 100$$

式中，F_{jt}代表非关税措施的频率；i为进口国进口商品的关税税号，$i=1,2,\cdots,n$；t是进口国对来自j国的进口商品采取非关税措施的年份；D_{it}是虚拟变量，其值当存在非关税措施时为1，没有非关税措施时为0；M_{iT}也是虚拟变量，其值当有进口时为1，没有进口时为0。F_{jt}的值越大，非关税措施的使用越是频繁，反之则相反。

佩吉（S. Page，1981）曾尝试通过将不同时期的非关税措施实施情况进行比较来显示非关税措施的范围变化，其具体作法是，将1980年被管理或被控制（managed or controlled）的贸易占全部贸易的比率与6年前的比率进行对比，在这里，被管理或被控制的贸易定义为所有由出口国（商）、进口国（商）、或二者运用非关税措施控制的贸易。在这一衡量方法中，被管理的贸易包括全部国际协定如国际商品协定、发达国家的农业政策、市场份额等，以及纯粹的国家控制，如配额、反倾销说、原产地规则、价格控制、自动出口限制等。但是，由于分类和度量的问题，以下一些措施被排除在外，包括补贴、技术卫生安全标准、海关程序等，这些都可能造成贸易扭曲。其估计结果见表3－1。

表3－1　被管理的贸易占全部贸易的份额　　单位:%

	全部产品			制成品		
国家组	1974	1979	1980	1974	1979	1980
欧共体（9国）	35.8	44.5	44.8	0.1	15.7	16.1
OECD（22国）	36.3	43.8	44.3	4.0	16.8	17.4

续表

国家组	全部产品 1974	全部产品 1979	全部产品 1980	制成品 1974	制成品 1979	制成品 1980
石油输出国（13 国）	54.0	65.3	65.3	45.8	59.8	59.8
非石油输出发展中国家（81 国）	49.8	46.8	46.9	25.0	22.7	22.8
世界（122 国）	40.1	47.5	47.8	12.9	23.0	23.6

资料来源：Page，Sheila（1981），The revival of protectionism and the consequences for Europe，Journal of Common Market Studies.

芬格和奥利乔斯基（J. M. Finger and A. Olechowski，1987）则使用两个指数来衡量世界贸易中非关税措施的范围。需要采用两个指标来衡量非关税措施，是因为在很大程度上非关税措施和关税一样是歧视性的，对不同的进口来源可能有不同的措施。这样一来，使得非关税措施的频率指数可以超过非关税措施的覆盖率。两个指数是从不同角度反映非关税措施的作用程度。这种差别如表 3－2 所示。

表 3－2　1984 年 15 个发达国家非关税措施的部门形态　单位:%

	非关税措施覆盖率		非关税措施频率	
	从其他发达国进口值	从发展中国家进口值	从其他发达国进口商品种类	从发展中国家进口商品种类
全部部门	17	19	11	21
农业	44	33	42	35
燃料和矿砂	18	10	13	11
工业	14	21	7	18
纺织品	25	62	20	58
钢铁	50	46	21	21
鞋	2	4	14	14
电机	10	7	5	8
车辆	30	3	6	10

资料来源：Finger，J. Michael and Andrzej Olechowski（1987，eds.），The Uruguay Round：A Handbook for the Multilateral Negotiations，Washington DC：World Bank.

佩吉以及芬格和奥利乔斯基对非关税措施的衡量反映的是 20 世纪 80 年代的情形，较新的数据可见表 3－3 和表 3－4。

表 3－3　部分国家（地区）的非关税措施覆盖率　单位:%

国家和地区	初级产品：全部初级产品（0～4，68）	初级产品 其中：农产品（0～2，4）	初级产品 其中：矿产品（3，68）	制成品：全部制成品（5～8，68 除外）	制成品 其中：钢铁（67）	制成品 其中：化工（5）	制成品 其中：中间产品（61～64，66，69）	制成品 其中：机器运输设备（7）	制成品 其中：纺织服装（65，84）	全部产品（0～9）
澳大利亚	0.54	0.63	0.00	0.31	0.24	0.89	0.49	0.07	0.06	0.36
加拿大	3.23	3.52	1.51	20.89	83.33	0.16	1.47	0.11	81.26	16.88
日本	7.49	7.69	6.31	5.08	0.48	1.15	0.54	0.05	23.06	5.61

续表

国家和地区	初级产品			制成品						全部产品（0~9）
	全部初级产品（0~4，68）	其中		全部制成品（5~8，68除外）	其中					
		农产品（0~2，4）	矿产品（3，68）		钢铁（67）	化工（5）	中间产品（61~64，66，69）	机器运输设备（7）	纺织服装（65，84）	
美国	4.69	4.56	5.44	5.23	42.44	3.35	4.59	5.18	1.13	5.08
欧盟	1.98	2.30	0.47	10.77	51.94	4.18	0.86	2.41	87.21	5.79
韩国	9.29	10.76	0.60	0.37	0.00	1.25	0.16	0.00	0.38	2.37
中国香港	0.35	0.41	0.00	0.49	0.44	2.19	0.00	0.00	0.00	0.46
中国台湾	21.17	22.79	11.60	7.48	8.21	15.30	0.76	8.28	0.00	10.59
新加坡	0.61	0.72	0.00	0.13	0.00	0.00	0.00	0.56	0.00	0.24
中国	6.46	7.30	1.51	8.00	44.85	3.90	1.36	14.02	2.85	7.62
印度	35.37	42.24	2.37	27.18	0.00	16.73	28.18	28.11	80.58	34.66
巴西	3.54	3.76	2.50	3.91	0.49	0.87	2.20	8.14	5.36	3.88
俄罗斯	1.13	0.66	3.92	0.73	0.00	0.65	1.22	0.00	0.00	0.90
菲律宾	0.74	0.76	0.61	1.92	0.00	4.67	0.60	1.92	0.00	1.68
马来西亚	3.02	3.53	0.00	2.41	7.97	0.75	0.90	4.29	0.30	2.54
墨西哥	2.41	2.54	1.67	0.80	0.00	0.14	0.08	2.25	0.00	1.16
智利	1.22	1.43	0.00	0.17	0.00	0.00	0.00	0.73	0.00	0.41
秘鲁	0.88	1.03	0.00	0.03	0.00	0.00	0.00	0.07	0.06	0.22
埃及	0.17	0.19	0.00	4.97	0.00	0.00	0.31	0.10	65.68	2.13
南非	0.13	0.13	0.16	1.99	2.91	1.67	1.77	0.52	10.30	1.12

注：表中的非关税措施覆盖率指数为原作者根据本表析出文献发表时（2002年）可获得的最新数据计算得到。

资料来源：引自 Bora，Bijit，Aki Kuwahara and Sam Laird（2002），*Quantification of Non－Tariff Measures*，Policy Issues in International Trade and Commodities Studies Series，No. 18，New York and Geneva：UNCTAD.

表3－4　　部分地区近年的非关税措施频率指数　　单位：%

产品 / 地区	农鱼产品	矿产品/燃料	制成品	其中					
				织造物	钢铁	数据处理设备	集成电路	乘用汽车	船舶
发达国家	48.24	6.27	10.67	5.67	12.95	14.94	15.50	40.91	9.76
南亚	14.87	3.29	7.20	2.11	0.27	4.17	0.00	51.85	13.73
中东、北非	57.69	5.73	10.96	3.17	1.26	8.04	10.23	25.69	7.72
拉美、加勒比	34.24	6.64	11.68	4.59	2.51	6.90	2.10	21.94	8.28
欧洲、中亚	32.93	6.72	7.15	1.34	2.68	13.69	0.00	39.75	4.58
东亚、大洋洲	24.42	4.52	5.57	2.37	9.60	0.21	0.00	45.95	3.98
撒哈拉以南非洲	18.58	0.16	1.74	1.12	0.00	0.00	0.00	0.00	1.47

资料来源：引自 Bora，Bijit，Aki Kuwahara and Sam Laird（2002），*Quantification of Non－Tariff Measures*，Policy Issues in International Trade and Commodities Studies Series，No. 18，New York and Geneva：UNCTAD.

表3－1、表3－2、表3－3和表3－4的数据是不一致的，因为对非关税措施的界定范围不同，表3－2中非关税措施的包括范围要小一些。但无论如何，它们都以一定方式反映了非关税措施对贸易的影响。通过不同时期的比较（见表3－1）还可以反映非关税措施作用的变化。通过细分的测算（见表3－2和表3－3）又可以反映出非关税措施的行业分布。

当然，还可以用贸易额加权计算非关税措施频率指数，得到的结果是受非关税措施影响的商品类别的进口值（imports affected by NTBs），不同于按非关税措施覆盖率计算的进口值（imports covered by NTBs），当然跟仅计算商品种类的频率指数差别就更大。

三、新型贸易措施

与关税、非关税措施不同的是，目前国际上出现了多种难于归类于以上各类贸易壁垒的其他壁垒。例如，某国医疗保险局将药品区分为普通药品和新发明药品，新发明药品可以参考较高的国际价格报销。然而，医疗保险局经常将外国公司的一些新发明、新上市药品归类为“普通”药品，使该药品的报销率低于被划分为“新发明”类的同类药品，从而限制了外国药品的进入。

同时，有些学者研究后认为还出现了舆论壁垒。发挥宣传舆论的导向作用可以限制商品进口的重要手段，也是创新产品贸易非关税措施的可行路径。近年来，部分国家经常利用其报刊、电视等媒体，大力宣传本国农产品，故意妖魔化部分外国产品，舆论引导本国消费者更多地消费本国产品，降低对进口产品的消费偏好，从而达到限制产品进口的目的。

值得注意的是，目前国际上在国际贸易日益发达的今天，经济与文化不可分割地联系在一起，参与贸易的商品已远远超出了原来商品的范畴，有着其自身的文化禀赋及文化属性。在国际贸易中，各国根据自己的经济利益作出选择，其政治、文化、习俗以及人们的思维习惯在很大程度上仍然左右着人类的经济活动，反映着人们利益关系的行为准则和价值观念的同时也深刻地影响和制约着国际贸易的变化和发展。在国际农产品贸易摩擦与争端的背后，除经济利益冲突之外，同时也包含着诸多由文化、意识形态差异等引发的贸易冲突。以食品国际贸易为例，各国的饮食习惯和饮食文化对国际食品贸易竞争格局同样有着重要影响。不同的饮食习惯有不同的食物消费偏好和消费需求，不同的饮食文化加工烹饪食物的方式和对食品的要求不同。食品国际贸易不仅取决于贸易各方所具有的相对比较优势，而且还取决于各方文化的交融性与亲和性。

很多学者开始关注文化因素对国际贸易的影响。将目光投向贸易中的文化壁垒。蒋兆平（2003）较早提出了文化壁垒的概念，朱敏（2007）也从思维、语言、价值观念不同提出了中美贸易的文化壁垒。耿献辉（2004）较早注意到了新型贸易壁垒中的文化问题，他在对新贸易壁垒对国际贸易的影响进行了详细的机制分析后，结合新贸易壁垒在国际食品贸易中的表现，指出社会文化措施也是新贸易壁垒中的一种弹性壁垒。蒋成恩（2006）也从文化、习惯、宗教、意识形态、社会与道德方面探讨非关税措施产生的原因。付竹、王志恒（2007）进一步把文化壁垒应用到国际贸易方面，通过量化模型探讨国际贸易保护中的文化壁垒。

文化壁垒等新型贸易壁垒等问题可能是未来国际贸易理论与政策研究的一个新领域，

值得关注。

本章小结

国际贸易政策是各国在一定时期内对进出口贸易所实行的政策，包括总政策、进出口货物与服务贸易政策、对外贸易国别与地区政策等类别，而形态上则主要有保护贸易政策和自由贸易政策两种。各国政府根据自身经济和社会发展的需要，可以在不同时期选择并组合形成不同的对外贸易的政策工具。同时，在不同的商品和服务领域，对待不同的国家和地区可以有所侧重。

国际贸易政策是通过国际贸易措施实行的，国际贸易措施分关税措施和非关税措施两大类。关税有各种形式，一般而言，普通关税税率最高，WTO 成员国之间以及有贸易协定的国家之间相互给予最惠国待遇，发达国家给予发展中国家普惠制待遇，这种关税税率更低。此外还有特惠制关税以及区域经济集团内部的互免关税的情况。非关税壁垒形式多样且相当复杂，对当代国际贸易的影响日益深远，而其中技术性贸易壁垒日益占主导地位。中国食品对外贸易目前遇到壁垒最严重的是绿色贸易壁垒，必须给予高度重视。

技术性贸易壁垒是本书中最为重要的基本概念，在本书中具有重要地位。本章的学习可以结合第一章中的第五节当代中国的对外贸易发展和后续有关章节中的食品国际贸易的技术性贸易壁垒等方面的内容来全面理解。

思考题

1. 简述普惠制的基本原则。

2. 弥补对外商品倾销造成的亏损的补偿主要有哪些？

3. 分析近年来我国出口商品招致众多国家反倾销的主要原因。

4. 简述自由贸易理论与保护贸易理论的主要分歧，分析实行自由贸易与保护贸易对一个发展中国家来说可能带来的利弊。

5. 简述主要发达国家对外贸易政策的演变规律。

6. 什么是最惠国待遇？最惠国税与普通税的主要区别是什么？

7. 非关税措施的主要形态是什么？与关税措施相比具有哪些主要特点？

8. 我国不是《洛美协定》的签字国，但我国与欧盟签有贸易协定。根据“最惠国待遇”条款，我国是否可以要求欧盟国家向我国提供特惠税？

9. 目前国际贸易中有哪些鼓励出口的主要措施？

10. 商品倾销有哪几种主要形式？哪种方式最容易引起进口国的反倾销诉讼？

11. 论述日本和美国要求人民币升值的压力，以及对我国外贸进出口可能造成的影响。

参考文献

［1］贾建华等. 国际贸易理论与实务. 北京：首都经贸大学出版社，2002

［2］余敏友等. WTO 争端解决机制概论. 北京：上海人民出版社，2001

［3］孙琬钟等. 世贸组织法研究文集——中国入世专家谈. 当代中国出版社，2002

［4］巴吉拉斯·拉尔·达斯著. 世界贸易组织协议概要. 刘钢译. 北京：法律出版社，2000

［5］世界贸易组织乌拉圭回合多边贸易谈判结果法律文本．对外贸易经济合作部国家经贸关系司译，2000

［6］龙永图．入世与服务业市场开放．北京：对外经济贸易出版社，2000

［7］王忠明．中国入世读本．北京：中央党校出版社，2002

［8］吴林海．贸易与技术标准国际化．北京：经济管理出版社，2004

［9］王粤．服务贸易——自由化与竞争力．北京：人民大学出版社，2002

［10］佟家栋．国际贸易政策的发展、演变及其启示．南开学报（哲学社会科学版），2002（5）

［11］赵春明．非关税壁垒的应对及运用．北京：人民出版社，2001

［12］蒋德恩．非关税措施．北京：对外经济贸易大学出版社，2006

［13］任泉．WTO 知识全书．北京：经济日报出版社，2001

［14］叶柏林．如何应对国际贸易中的技术性贸易壁垒．食品技术动态，2002（9）

［15］鲁原．积极应对绿色贸易壁垒挑战．中国环球报，2002 年 1 月 25 日

［16］王力舟．技术性贸易壁垒协定解说，2001 年 4 月

［17］允春喜．当今世界技术标准发展的走势及我国的对策研究．2003 年中国技术标准发展战略暨国家技术标准体系建设高层论坛会议材料

［18］彭永强．探讨技术标准在国际贸易中的重要作用．信息技术与标准化，2004（8）

［19］王志恒等．探析国际贸易保护中的文化壁垒．商业时代，2007（6）

［20］朱敏．中美贸易中的文化壁垒．天府新论，2007（1）

［21］Page，Sheila. The revival of protectionism and the consequences for Europe. Journal of Common Market Studie，1981

［22］Finger，J. Michael and Andrzej Olechowski. The Uruguay Round：A Handbook for the Multilateral Negotiations. Washington DC：World Bank. 1987

［23］Bora，Bijit，Aki Kuwahara and Sam Laird. Quantification of Non－Tariff Measures，Policy Issues in International Trade and Commodities Studies Series，No. 18. New York and Geneva：UNCTAD. 2002

中篇

食品国际贸易与安全

第四章 食品国际贸易发展历程与贸易格局

食品国际贸易是国际贸易中历史最悠久的贸易，由于它与各国人民的生活息息相关，因而至今在国际贸易中仍具有重要的地位。本章主要是在第一章的基础上，较为系统地介绍食品国际贸易尤其是当代国际食品贸易发展的历程与贸易格局，既是本书第一章内容的延伸与深化，又是对食品国际贸易发展的宏观概述。

第一节 食品国际贸易发展历程

本章节主要按照时间的顺序在简单介绍古代、近代食品国际贸易的基础上，重点介绍当代食品国际贸易的发展历程。

一、古代食品国际贸易（16 世纪之前）

食品国际贸易（以下简称食品贸易）是以包括农产品在内的食品为主要内容的跨境贸易，它的产生可以追溯到遥远的奴隶社会之初。在资本主义世界市场形成之前，由于交通工具的极端落后，各个国家和民族被各种地理屏障和距离所分割，食品国际贸易主要是在地理上邻近的国家和地区间进行，区域性贸易长期占主导地位。古代贸易商品主要以奢侈品为主，但食品是贸易的重要内容。

在欧洲历史上曾先后出现过地中海贸易圈、不列颠贸易圈、波罗的海和北海贸易圈以及俄罗斯贸易圈。西欧的商路可以追溯到古希腊时代。公元前 10 世纪，以地中海为中心已有水陆两条通向北部欧洲的商路。希腊人是欧洲商路的探险者，而罗马人则是远洋商路的开辟者。欧洲商船航行于直布罗陀和莱茵河口之间，并将红海的埃及港口同印度联系起来；罗马士兵修建的道路形成了一个稠密的交通网，这些罗马道路和十分活跃的内河航运相配合，大大促进了西欧各地之间的贸易交往。古罗马时期，罗马作为帝国贸易中心，有近百万人口，每年要从国外进口大量谷物、油类和酒。罗马货币在东到涅曼河（现立陶宛境内）北到瑞典中部的范围内均有发现，说明当时的食品贸易已遍及欧洲西部。庞大的罗马帝国能维持 400 多年，食品贸易的作用不可低估。

中世纪欧洲海陆商路的发展已远远超过了罗马帝国。当时的欧洲，南北两个海上贸易圈同时崛起，除地中海和黑海具有四通八达的商路外，北海和波罗的海也因汉萨同盟的兴起而繁荣，东至伦敦、汉堡西至俄罗斯诺夫哥罗德的商路十分畅通。14—15 世纪，由近百个北欧商业城市所组成的汉萨同盟控制了欧洲对外贸易，专门经营谷物、油类、动物油脂、葡萄酒类的进出口贸易，成为当时国际贸易中很有影响的一个城市联盟。随后（1317 年）威尼斯人制造的划桨大帆船又开辟了经过直布罗陀海峡和英吉利海峡到达布鲁塞尔和伦敦的海路，联结了两个海上贸易圈。与此同时，陆上商路密集于英国东南、法国、尼德兰地区（今荷兰、比利时）、德意志和意大利北部。海陆商路汇集于巴黎东部和东南部的香槟地区，“香槟集市”在 13 世纪至 14 世纪初是欧洲最著名的集市，成为当时各国商人云集的国际性商品集散中心。在中世纪，北欧、东欧的粮食、畜产品和木材，南欧的水果、葡萄酒、橄榄油，西欧的呢绒、布匹、金属制品，亚洲的丝绸、香料，都在商路汇集的欧洲市场上进行交换。从 14 世纪开始，欧洲的粮食国际贸易已具相当规模；15—16 世纪时，荷兰的阿姆斯特丹已成为著名的国际粮食贸易中心。

在亚洲，以中国为中心的东亚贸易圈是世界上另一个重要的贸易圈。这个贸易圈主要包括中国、日本、朝鲜半岛、印度支那半岛和南洋群岛等地区。在古代食品贸易史上，农产品品种的交流是食品贸易史上的一件重大事件。中国的稻作技术在公元前已传到日本、朝鲜和越南地区。中国是世界上种茶、制茶和饮茶最早的国家，早在唐代中国的茶叶已出口到日本等地，种茶技术后来又流传到印度等国家和地区。公元七世纪，中国从印度引进了熬糖法，从此在江南和四川甘蔗出产地区纷纷效法推行。此外，南洋群岛的香料、药材、小茴香、印度的胡椒、尼泊尔的菠菜和暹罗（泰国）的优质大米都先后传入中国。宋元以后中国出口的农产品和食品不断增加，主要有米、糠酒、荔枝、茶叶、盐、燕窝、干果、虾米等。

古代中国对外贸易主要是通过“丝绸之路”进行的。广义的丝绸之路，既有海上丝绸之路，又有陆上丝绸之路。陆上丝绸之路也不是仅有一条，而是有北路（经西伯利亚到欧洲）、西路（经新疆、中亚到欧洲或印度）和南路（经川、滇到南亚）三条路；狭义的丝绸之路仅指西路，即西汉时期由亚欧人民开辟的从中国西安通往欧洲贸易通道。丝绸之路将中国的丝绸、茶叶、瓷器以及四大发明运往或传入欧洲、中亚和南亚，同时将东南亚和南亚的香料（如胡椒、丁香、肉桂、生姜和豆蔻）和药材运往欧洲各地。

在 16 世纪之前，中国人、波斯人、阿拉伯人和欧洲的威尼斯商人一直利用丝绸之路从事东西方贸易，到 15 世纪时已达到相当规模。“郑和下西洋”虽然并非以贸易为目的，但先于哥伦布发现新大陆近百年，这说明中国是当时唯一的世界贸易大国。当时欧亚国家仍处在封建社会时代，整个国际贸易都是在自然经济的基础上发展起来的，商品结构中主要是供封建主消费的奢侈品和土特产，其直接消费者长期以欧洲各国的封建主和富商为主。尽管如此，古代东西贸易意义重大。在长达数千年的东西方贸易中，一些如茶叶、胡椒、香料等奢侈品随着社会的发展逐渐变成人们日常的消费品，从而带动了食品贸易。同时，欧亚非各个国家通过长期的商品交换，不仅互相提供了珍贵特产、生活用品、劳动工具和原材料，还促进了农业、手工业工艺制作和科学技术的交流。通过东西方食品贸易，一些原产于西方的重要农作物，例如，玉米、黄瓜、菠菜、马铃薯、红薯、苜蓿、葡萄、番茄、大蒜、生姜、豆蔻和棉花等从西方传入了中国，这对我国农业品种结构变化与人民生活改善产生了重大影响。从国际贸易角度来看，尽管这些农产品在原产地可能是大众消费品，价格一般，但通过几千里长途跋涉，辗转运输，其价格往往翻了几十倍乃至几百倍。从这个意义上来讲，古代食品贸易不单是互通有无，而且具有技术文化交流的意义。

二、近代食品国际贸易（16—20 世纪中叶）

本章节主要描述在古代食品国际贸易基础上，16 世纪初到第二次世界大战结束时期经历重商主义时代、工业化早期、工业文明传播时期等发展阶段的近代食品国际贸易的发展情况。

（一）重商主义时代的食品贸易（16—18世纪中叶）

1500—1750年间是欧洲人越过大西洋、太平洋和印度洋向全世界扩张的时期。地理大发现揭开了资本主义时代的序幕，正如马克思所指出的，“美洲和环绕非洲航路的发现，给新兴的资产阶级开辟了新的活动场所”。新航路的开辟和殖民地掠夺的扩大引起了欧洲各国对外贸易格局的重大变化。随着海外市场的扩大，造船航海的技术的提高、欧洲人口的激增以及价格革命的发生，食品贸易获得了前所未有的发展机遇。重商时代的食品国际贸易有如下主要特点：

（1）食品贸易由区域性逐渐向世界性过渡　古代食品贸易长期以区域性贸易为主。地理大发现之后，欧洲经济中心发生转移，世界航运中心由地中海转向大西洋，阿姆斯特丹和伦敦先后成为欧洲最大的国际贸易中心。

（2）在殖民掠夺活动中食品贸易逐渐发展起来　葡萄牙、西班牙、荷兰、英国、法国等国家早期是以欺诈和强制买卖来掠夺殖民地珍贵特产的方式从事贸易活动，从欧洲运往殖民地的商品是一般日用品，如小刀、小镜、玻璃球、腌鱼、乳酪、葡萄酒、毛织品等，强行交换当地的土特产，从中获取暴利。他们在印度收购珠宝、胡椒、肉桂、大米等；在印度尼西亚强买胡椒、丁香、豆蔻；在非洲掠夺黄金、象牙和钻石，然后把这些产品运往欧洲，以十倍或百倍以上的高价出售。西欧殖民者还在美洲、亚洲建立各种大种植园，种植甘蔗、咖啡和烟草，然后运往欧洲获取丰厚利润。17世纪后，荷兰和英法殖民者通过建立东、西印度公司垄断东方的香料贸易，并拥有规模巨大的种植园，以最低价格收购亚洲的香料、胡椒、大米、蔗糖、棉花等，而以高价在欧洲销售。在北美，英国殖民者掠夺财富的方式是在南部建立奴隶种植园，专门生产大米、烟草、蓝靛和棉花，为英国提供粮食和原料。

（3）食品贸易的商品种类、数量急剧增多，成为国际贸易中的大宗商品　地理大发现之后，欧洲与外部世界经济联系的范围空前扩大，价格革命的发生使商业资本获得了广阔的活动场所，国际商品流通中食品的种类和数量空间增多。在欧洲市场上出现了许多以前没有的新商品，如蔗糖、烟草、可可、咖啡。东方的香料、茶叶历来是只供贵族富豪享用的高级奢侈品，16世纪后大量涌入欧洲市场，逐渐成为普通市民消费的大宗商品。欧洲在16世纪初人口仅8200万，到18世纪中叶增加到1.5亿。人口的激增使欧洲对谷物、肉类、蔗糖、茶叶、果蔬、酒类、饮料的进口需求增加，食品贸易的地位逐渐凸现。

（4）以“三角贸易”为主的远洋贸易与近海贸易并存　在重商时代曾存在三种“三角贸易”：西欧—非洲—西印度群岛间的贸易，北美殖民地—非洲—西印度群岛间的贸易，这两种“三角贸易”主要是贩卖奴隶。第三种“三角贸易”则是在北欧—北美—南欧间进行，主要用北欧制造的手工品换取北美的谷物、鱼类、肉类和木材，然后将这些产品同南欧交换水果和葡萄酒，而非贩卖奴隶。远洋贸易中的欧亚贸易主要是指欧洲从亚洲进口香料、胡椒、茶叶，出口纺织品的贸易。16—17世纪荷兰东印度公司经营胡椒贸易，18世纪英国东印度公司经营的茶叶贸易曾达到鼎盛时期。尽管如此，在工业革命发生之前，欧洲的远洋贸易依然是近海贸易的补充。17世纪后，欧洲食品贸易中较为大宗的谷物、肉类、食盐、油类、酒类大多是在以阿姆斯特丹国际贸易中心的北欧贸易市场进行的，此外地中海贸易和中欧贸易经销大量食品。从17世纪到18世纪中叶，世界谷物贸易格局基本是以美洲新大陆为出口一方，欧洲、西印度群岛为进口一方而展开的。

(5) 食品贸易格局不断发生变化 在16世纪称雄大西洋、印度洋海上贸易主权的是葡萄牙人、西班牙人，进入17世纪后则是荷兰人。1620—1650年期间大多数欧洲国家的谷物价格达到最高峰，食品价格的暴涨以及东印度公司香料贸易垄断权的操纵是17世纪荷兰经济繁荣鼎盛的重要原因。到18世纪，欧洲经济中心转到了英吉利海峡，伦敦逐渐成为世界贸易中心。据统计，17世纪末英国对外贸易所得利润年平均为200万英镑，其中种植园贸易60万，种植园商品输出12万，同印度贸易50万，印度商品再输出为18万，英国同欧洲、中东、非洲贸易为60万。根据这一统计可以估算，当时农产品贸易大体占英国对外贸易的1/3。可见，种植园经营、殖民统治下的奴隶贸易对于英国资本主义的发展具有十分重要的作用。16—18世纪在荷兰和英国先后发生的近代农业革命，对推动当时的食品贸易具有重大影响。近代农业革命主要表现为农业体制的变革和农业劳动生产率的提高。1566年尼德兰革命之后，荷兰成为欧洲最先进的国家，也是当时农业生产力最发达的国家，这是荷兰在17世纪成为贸易大国的重要因素。英国在17世纪时谷物出口很少，1700年之后随着近代农业革命的成功，谷物和面粉的出口大幅稳定上升，到1750年食品出口总量达20万t，平均每人出口30kg，在当时被称为“欧洲的粮仓”。与此同时，虽然英国人口增加了5% ~7%，人均消耗量也有所增加，但农畜产品的出口量并未下降。

（二）工业化早期的食品贸易（1760—1870年）

18世纪60年代首先在英国爆发了工业革命。随着工业化和城市化的不断发展，以及城市人口的大幅增加，英国对食品的需求迅速增长，在大量出口工业品的同时又大量进口食品和原材料。由于机器大工业将经济发展水平不同的国家卷入国际分工和世界市场之中，于是食品贸易才真正具有世界性质。以英国为代表的工业国，控制着广大亚非拉农业国，英国成为“世界工厂”。恩格斯说：“英国是农业世界的伟大的工业中心，是工业太阳，日益增多的生产谷物和棉花的卫星都围绕着它运行。”印度、澳大利亚、埃及、中国既是它的销售市场，又为它生产棉花、羊毛和茶叶。工业革命后，在工业制成品迅速增加的同时，谷物、肉类等农产品和原料等大宗商品变得十分重要，它取代了原来只满足贵族、地主和富商需要的奢侈品，逐步成为大众消费品。与重商主义时代不同，食品国际贸易的手段由过去野蛮的暴力掠夺转为较文明的贸易方式。由于在世界贸易中处于主导地位，英国在谷物进口方面一改过去的保护贸易政策为自由贸易政策，而美、德等国则仍然实行保护贸易政策。

（三）工业文明传播时期的食品贸易（1870—1914年）

19世纪后半叶，欧美主要资本主义国家加快了工业革命步伐，由于城市人口的急剧增长，战争和内乱对农业的破坏，欧洲逐渐成为食品的净进口国。美国在南北战争后，农业迅速走向现代化。苏伊士运河的开通（1869年）和巴拿马运河的通航（1913年）使以海运为主导的全球交通网形成，为食品国际贸易的发展提供了方便。19世纪80年代美国大农场的出现成为美国大农业走向现代化的重要标志，1800—1860年间美国农产品总值增加了5倍，1860年美国人均占有粮食高达1t，1853—1863年美国谷物出口年平均5.12亿美元。1860年美国小麦、棉花、烟草三项出口占总出口额的70%。1867年美国小麦产量已占世界的1/4，其中有1/3出口到国外。在此期间，巴西、印度和中国等国的农产品和食品也大量出口，但由于不合理的国际分工，发达国家与不发达国家的贸易表现为不平等的交换关系。19 世纪末 20 世纪初，西方主要资本主义国家先后完成了工业革命，城市人口进一步增加。据统计，1910—1915 年欧洲 155 个城市的年均人口数比 1860—1865 年增加了近 2 倍，达 5000 多万。美国 1914 年的城市人口数比 1860 年增加了 7 倍。工业化、城市化的发展增加了对食品的需求，并带动了价格的不断上涨，从此食品贸易成为世界贸易的重要组成部分。在第二次世界大战之前，粮食和原料成为国际食品贸易的主要组成部分，西欧是世界食品主要输入地区，而此时的美国是世界粮食最大的供应者。

（四）两次大战期间的食品国际贸易（1914—1945 年）

在两次世界大战期间，国际贸易增长极慢，甚至出现停滞。第一次世界大战期间的国际贸易实物量缩减了 40%，直到 1924 年才达到第一次世界大战前的水平。在整个 20 世纪 30 年代各国对外贸易步履蹒跚。1929—1933 的世界经济大危机期间，食品国际贸易遭受双重打击，既有贸易量的萎缩，又有价格的一泻千里。早在大危机爆发之前，资本主义世界已经有了长达 10 年的慢性农业危机，主要表现为储存量的增加，农产品价格的下跌和农产品出口购买力指数的下降。世界经济大危机发生后，慢性农业危机迅速尖锐化。在工业危机的沉重打击下，包括粮食、畜产品和经济作物的各种农产品价格普遍急剧跌落。各国政府和垄断资本家为了摆脱农业危机，有组织地大规模销毁农产品。由于农产品价格的跌落大大超过了工业品，农民对工业品的购买力大大下降。

20 世纪 30 年代经济大危机使贸易问题尖锐化，导致了空前激烈的关税战。1930 年 3 月美国国会通过《霍姆莱斯特法令》，提高了 800 多种商品的进口税率，其中食品和原料的平均进口税率升至 48. 92%，由此导致 1931 年美国纳税进口商品的平均税率比 1914 年高出 41. 5%。食品等关税率提升成为关税战迅速升级的导火线，此后有 45 个国家相继提高了关税，欧洲国家食品类关税普遍增长 1 倍左右，其中德国食品关税率高达 380%，瑞士为 288%，目的是对美国进行报复。欧美关税战严重影响了食品国际贸易的正常进行。

第二次世界大战爆发后，食品贸易因外部需求刺激得到了恢复。据国际联盟的研究报告，1938 年世界出口值在 1 亿美元以上的原料与食品共 23 种，其中出口较多的食品是小麦、糖、黄油、咖啡、牛羊肉、玉米、猪肉、茶叶、大米、面粉和柑橘类等。但由于帝国主义和殖民主义统治，亚非拉多数国家和地区的食品进出口贸易都是在不等价交换的贸易条件下进行的。如中国 20 世纪 30—40 年代出口的农产品和食品有蚕丝、棉花、大豆、茶叶、粮食等，其中蚕丝和大豆的 70% 是出口到日本的。而同时资本主义大国为了向中国倾销大米、小麦，把粮价压得很低，从而导致中国农村经济的衰落，食品出口贸易长期一蹶不振。

三、当代食品国际贸易（20 世纪中叶以来）

粮食贸易在当代食品国际贸易中具有基础性的重要地位，在调节各国粮食供求关系，保障世界粮食安全等方面发挥着不可或缺的作用。在此，重点以战后粮食国际贸易发展情况为例来描述当代食品国际贸易的发展概况。

（一）需求增加而贸易增长相对缓慢

粮食国际贸易往往受到全球粮食供求关系的制约。1946 年世界粮食产量仅 5. 33 亿 t，低于战前 1938 年的 5. 44 亿 t。当时美国、加拿大、阿根廷、澳大利亚是唯一有余粮出口的国家，但出口数量远远不能满足广大缺粮国的需求，无法解决欧洲、亚洲和非洲居民粮食匮乏的问题。进入 20 世纪 50 年代后，在联合国粮农组织的积极推动下，全球粮食生产增长 43%，人均增长 15%，但仍然有 3 亿～5 亿人口食品短缺。20 世纪 70 年代初在石油危机发生的同时，发展中国家出现了严重的粮食危机，全球有 25% 的人口（4 亿）生活水平低于联合国粮农组织和世界卫生组织建议的标准线。1992 年至 1994 年世界上粮食短缺人口为 8.22 亿，1994 年至 1996 年则增加到了 8.28 亿，发展中国家有 20% 的人口粮食无保障。目前全球仍有 8.54 亿人口处在饥饿状态。随着贫困地区状况逐步改善，粮食和饲料的需求量不断增长。而全球农产品种植面积增长非常缓慢，农产品产量的提高一直依赖于单位面积产量的上升（利用杂交、转基因技术），但产量的增长有限。联合国粮农组织 2008 年发布的信息称，随着越来越多的人口进入城市，粮食产量增长停滞，食品价格上升，全球粮食储备已降至 1980 年以来最低水平，只有 4.05 亿 t，仅够全球人食用 8～12 周。

20 世纪 90 年代前期粮食生产因发达国家实施供应控制而在 19.26 亿 t 水平上徘徊，同期世界粮食贸易量维持在 2 亿 t 左右。21 世纪初世界谷物出口形势受到多方挑战。全球主要农产品生产萎缩，产量普遍下降，而食品消费随人口增长和生活水平提高而稳定增加。这一增一减使期末库存呈较大幅度的下降。据联合国粮农组织统计，2002 年世界谷物生产量约为 20.29 亿 t，比前年减少了 7800 万 t，2001/2002 年度粮食贸易量为 2.36 亿 t。这是因为以美国、加拿大、澳大利亚等谷物出口国为中心的粮仓地带遭受干旱所带来的影响，谷物生产量的减少影响了出口贸易。2003/2004 年度世界谷物贸易量为 2.27 亿 t，比上年度下降 1000 万 t，降幅为 4%，粮食贸易量为近 6 年来的最低水平。贸易量的减少大部分来自小麦，其次是大米。2007 年世界粮食产量为 20.76 亿 t，低于上年产量，粮食贸易量为 2.53 亿 t。可见粮食贸易增长缓慢（分别见表 4－1 和表 4－2）。

表 4－1　2006/2007—2007/2008 年度世界粮食生产贸易比较　单位：亿 t

项目＼年度	总产量		总消费量		总贸易量		年终库存量	
	2006/2007	2007/2008	2006/2007	2007/2008	2006/2007	2007/2008	2006/2007	2007/2008
全球粮食	19.93	20.76	20.45	21.05	2.56	2.53	3.37	3.08
全球小麦	5.93	6.04	6.16	6.19	1.11	1.0	1.25	1.1
全球大米	4.18	4.2	4.19	4.24	0.2947	0.2936	0.7513	0.7207
全球粗粮	9.82	10.52	10.01	10.62	1.15	1.2	1.37	1.26

资料来源：根据美国农业部 2008 年 2 月预测报告与《南京粮网》（2008.8.28）综合整理形成。

表 4－2　2006/2007—2007/2008 年度世界油籽生产贸易比较　单位：万 t

项目＼年度	总产量		总消费量		总贸易量		年终库存量	
	2006/2007	2007/2008	2006/2007	2007/2008	2006/2007	2007/2008	2006/2007	2007/2008
全球油籽	40600	39000	33100	34100	8294	8778	7076	5333
全球油籽粕	22500	23400	22200	23100	6836	7251	696	678
全球植物油	12200	12800	12100	12700	4892	5054	920	859
全球大豆	23500	22000	22400	23500	7092	7575	6167	4582

资料来源：根据美国农业部 2008 年 2 月预测报告与《南京粮网》（2008.8.28）综合整理形成。

（二）国际供需结构发生变化

长期以来，世界粮食贸易是以小麦为主，直到 20 世纪 60 年代中期以前食用粮食还在世界粮食贸易中占主要地位。20 世纪 60 年代中期以后，由于发达国家普遍注重畜牧业的发展，粗粮在世界粮食贸易中逐步替代小麦上升为主要地位。目前，世界粗粮贸易已达1亿t以上，占世界粮食贸易的一半左右。与此同时，世界油籽和植物油的贸易也迅速增长，其中以大豆、棕榈油最为显著。近年来的情况如表4－2所示。1975年世界大豆贸易量仅为1650万t，而1987年则上升到2948万t，增长近1倍。2006年，世界大豆贸易7015万t，比上年增长9.1%，分别占大豆产量和消费量的31.2%和31.7%。在20世纪60年代，棕榈油在世界油脂贸易中并不突出，当时的主要贸易油脂为大豆油和动物油脂。1993年后情况发生很大变化，棕榈油贸易量占全球油脂贸易量的比重从1970年的10%增长到1977年的20%，1985年达到了30%的水平。1997年世界棕榈油的总产量为1741万t，而出口量达到了1134.6万t。截止到2006年，棕榈油贸易量占世界油脂贸易总量的比重超过50%。自1995年以来，棕榈油消费出现急剧增长。2005年的消费量达到了3300多万t。目前，棕榈油主要消费国有印度、欧盟25国、中国、印度尼西亚、马来西亚和巴基斯坦，这些国家占到消费总量的60%（见图4－1）。

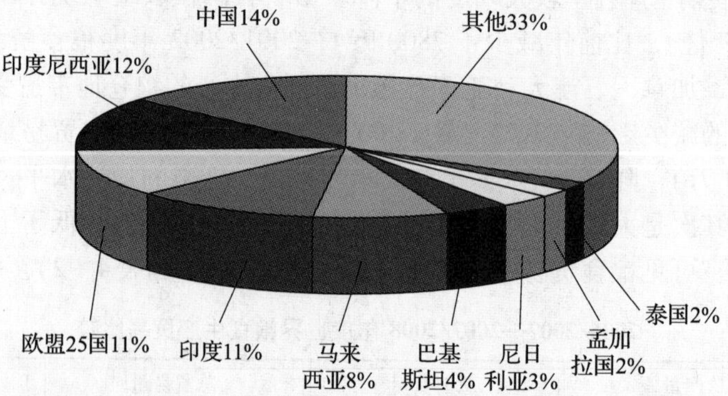

图4－1　2005年全球棕榈油消费分布

资料来源：全球棕榈油的生产与贸易，http://www.99qh.com/knowledge/pinzhongjieshao，2009年1月5日

同时玉米用途的转变也影响国际食品的供需结构。从近年来的食品消费结构来看，在世界范围内玉米消费逐渐由食用消费转向工业消费，食用玉米和饲料用玉米消费总量保持平稳增长，但所占比例逐渐下降，而工业用玉米（玉米淀粉和玉米酒精等）的消费无论是绝对量的还是相对比例都大幅提高。尤其在高油价的时代，以玉米等为原料的可再生能源开发已成为许多国家能源发展重要战略，导致玉米已经从单纯的农产品或者饲料原料一跃成为众人关注的能源产品。

（三）国际贸易的不平衡性扩大

国际贸易的不平衡性扩大主要表现在粮食消费的不平衡性日益扩大。第二次世界大战以后，随着新科技革命的发展和现代农业技术的普及，世界农业生产快速发展，但发展很不平衡。发达国家农业发展最为迅速，人口仅占世界的23%，而其谷物产量却占世界的45%，存量占世界库存量的70%。20世纪60年代末，发达国家开始出现大量的剩余农产品，而发展中国家由于人口迅速增加和食品结构的改变需要更多的农产品，但由于农业生产水平落后，产量增长幅度不大，不得不增加进口。这种不平衡状况一直到20世纪80年代末没有发生根本性转变。近10年来，发达国家粮食进口量年均为7240万t，发展中国家粮食进口量年均为1.29亿t，年均进口量占世界年均消费量的12.7%。撒哈拉以南地区多数国家面临粮食供应和营养不足问题。不平衡性的扩大还表现在地区间的不平衡性以及发达国家和发展中国家间食品贸易的不平衡性同时存在。战后传统的食品贸易格局逐渐向现代食品贸易格局转化。在这一转化过程中，无论是发达国家还是发展中国家都非常重视食品的供给和消费。但由于历史的原因以及自身条件的不同，在国际食品贸易格局中处于不同地位。北美、西欧、日本和大洋洲占主导地位，亚非拉广大地区占次要地位；美国、加拿大、西欧四国（德、法、英、意）、澳大利亚属于世界粮食生产大国，是世界上重要的粮食出口国，日本则属于粮食进口的发达国家；巴西、阿根廷是粮食出口大国；中国、印度是力争粮食自给的发展中国家；俄罗斯、东欧国家是潜力巨大的农产品市场。从二战结束到20世纪80年代末，发达国家的食品出口贸易增长最快，而发展中国家则相对较慢。1955年发达国家在世界食品进口贸易的比重为50.8%，在20世纪80年代中期一直保持在66%～67.8%，1986年则上升到76.5%。进入20世纪90年代后依然保持了这一格局。而发展中国家的出口量占世界出口总额的比重则相对下降，只有少数热带作物出口有所上升，国际食品贸易绝大部分是在发达国家之间进行（见表4－3和表4－4）。

表4－3　　20世纪80年代中期世界农产品贸易地区分布　　单位：亿美元

		1984年	所占比率/%	1985年	所占比率/%	1986年	所占比率/%
全世界	出口	2208	100	2086	100	2265	100
	进口	2399	100	2313	100	2486	100
发达国家	出口	1465	66.3	1383	66.3	1537	67.8
	进口	1715	71.5	1697	73.4	1903	76.5
发展中国家	出口	743	33.7	703	33.7	728	32.1
	进口	684	28.5	616	26.6	585	23.5

资料来源：FAO trade yearbook 1984—1986年统计资料。

表4－4　　2002年世界粮食主要生产国比较　　单位：万t

国家和地区＼品种	谷物生产量	小麦	大米	玉米	大豆	薯类
亚洲	98585.8	25261.5	52303	16591.5	2372	39708.2
印度	21359	7181.4	11658	1057	427	3210
中国	40200	9129	17655.3	12317.5	1690	18475.5
印度尼西亚	6088.1	—	5160.4	927.7	93	1967
孟加拉国	3981.1	160.6	3813.4	1	—	356.2
泰国	3048.4	0.1	2594.5	417	30	1717
越南	3637	—	3406.4	231.5	201	626
非洲	11575.7	1628.7	1703.4	4256.1	98.9	17421.7
埃及	1946.4	618.3	560	680	1.5	226.2
尼日利亚	2208.9	7.7	319.2	493.4	43.7	6838.6
南非	1195.5	240	0.3	912.3	20.2	164
欧洲	43717.1	21302.9	319.4	7647.9	182.4	13056

续表

品种 国家和地区	谷物生产量	小麦	大米	玉米	大豆	薯类
俄罗斯	8472.9	5055.7	48.3	154.1	37	3190
法国	6915.8	3898.6	10.5	1601.3	20.7	6760
德国	4339.1	2081.8	—	373.8	0.1	1149.2
乌克兰	3797.3	2055	8	417.1	8	16100
波兰	2683.3	929.7	—	196.8	—	1544.2
英国	2311.5	1605.3	—	—	—	637.5
意大利	2188.7	776.5	137.1	1093.7	54.9	209.6
北、中美洲	36761.2	6296.5	1188	25853.5	7676.1	3108.9
美国	29874.5	4399.2	956.9	22880.5	7429	3158.1
加拿大	3544	1569	—	906.5	233.5	464.6
墨西哥	2773.4	327.3	22.6	1750	9.5	170.2
南美洲	10434.1	1824.3	1984.6	5840.8	7655.3	4830.6
巴西	5043.6	292.6	1048.9	3547.9	4190.3	2668.6
阿根廷	3202.3	1250	71.3	1471	3000	260.8
大洋洲	1864.8	974	129.6	69.1	7	347.5
澳大利亚	1765.6	938.5	127.5	52.1	7	126.6
世界总额	202938.6	57287.9	57628	60258.9	17991.7	68472.9

资料来源：日本矢野恒太纪念会．2003/2004 年世界国势图会。

（四）农产品贸易总量在世界贸易中的比重逐年下降

在贸易自由化进程中，农产品与食品贸易自由化进程远远落后于工业品。20 世纪后半叶，工业制造品关税从平均 40% 降至 4%，而农产品关税仍维持在 40% ~50%。同期制造品的贸易额增长了近 17 倍，而农产品的贸易额增长则不足 6 倍。农产品贸易总量绝对值虽然不断上升，但在世界货物贸易中的比重呈下降趋势（见图 4－2）。

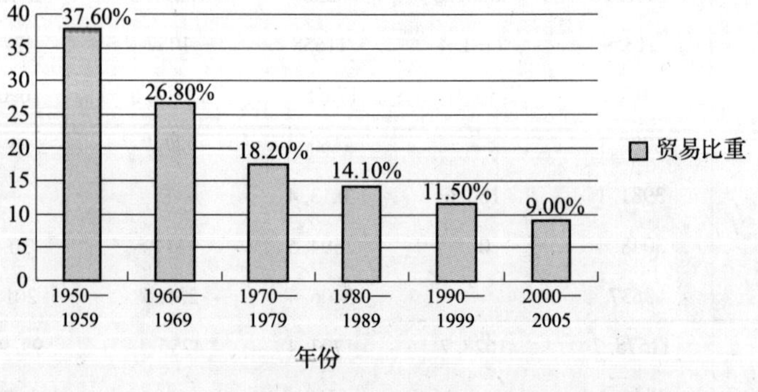

图 4－2　1950—2005 年食品出口额占世界出口贸易比重

资料来源：张小瑜．国际农产品贸易的发展趋势与特点，农业展望，2008（4）

20 世纪 90 年代后，随着经济全球化进程的加快，国际贸易十分活跃，世界贸易量和贸易总值增加 50% 以上。贸易的增长主要体现在制成品贸易方面，而且集中在北美、西欧、日本和新型工业化国家。虽然农产品贸易仍在不断增长，但远不如制成品贸易活跃。据 WTO 年报统计，世界食品的贸易值 1997 年为4580 亿美元，比 1989 年增长 53.2%，平均年增长率为 5.5%，而食品贸易在世界贸易中所占的比重由 1989 年的 9.7% 下降为 1997 年的 8.6%。2000—2005 年食品、农产品出口贸易占世界出口贸易的比重为9%。近 10 年来，食品贸易发展速度一直低于世界货物贸易的总体增速，始于 2002 年的食品价格虽然也有明显上升，但相对于大幅上扬的有色金属和能源价格，则相对疲软，食品在国际贸易中的地位进一步降低。虽然 2006 年以来农产品价格大幅上涨，成为全球商品市场价格上升的主要推动力之一，但农产品在货物贸易中所占比重仍不足一成。

(五) 贸易壁垒由数量限制转向技术性贸易措施

战后在国际贸易自由化过程中，关税壁垒逐渐被非关税壁垒所取代，贸易的各种数量性限制措施逐渐被取消，技术性贸易壁垒（TBT）成为食品贸易的巨大障碍。战后 50 多年中，农产品贸易一直游离于以实现自由贸易为宗旨的 GATT 体制之外。在 WTO 机制约束下，食品国际贸易领域实施新贸易保护主义的手段也越来越多地转向隐蔽性更强的保护手段，如技术标准、质量认证、检验程序、环境保护、国民健康标准等。根据 WTO 统计，2002—2005 年间，WTO 成员有关农产品的 TBT 措施和卫生与植物卫生措施（SPS）通报数量呈逐年增加且有增速加快的趋势。发达成员国的 TBT/SPS 措施往往具有一定的超前性，发展中国家受限于科技发展水平，所制定的措施在深度、广度及措施间的内在联系等方面难以与发达成员国相比。特别是在差异性大、技术复杂的SPS 领域，发达占国家绝对优势。

战后，由于农产品贸易政策与形形色色的保护政策交织在一起，食品贸易成为国际贸易争端的多发地。在 GATT 时期（1947—1993 年），以 10 年为一个阶段，农产品的贸易额只占 10% 左右，而贸易争端的比率却是逐年上升。GATT 时期农产品贸易争端以关税摩擦为主，而到了 WTO 时期争端的焦点则是技术性贸易措施。WTO 成立后，在 1995—2001 年间 WTO 争端解决机构共受理成员间的各类争端案件 228 起，其中食品贸易争端 85 起，占总数的 37.3%，平均每三起贸易争端中至少有一起涉及食品贸易。

农产品贸易摩擦与争端的主要特点是，涉及范围广，重点有所转移，但以畜产品的价格争端为主。在关贸总协定时期（1947—1993 年），畜产品、园艺作物和经济作物是引起贸易争端的主要农产品，分别占所有农产品贸易争端的 31.82%、26.36% 和 21.82%，合计占农产品贸易争端的 80%，占绝对主导地位。而在 WTO 成立后，居前三位的争端产品是畜产品、经济作物和所有农产品，三类产品共占农产品贸易争端的 67.05%，集中程度有所降低，而粮食、水产品的贸易争端有所上升（图 4－3）。今后一段时间内，农产品贸易争端涉及的主要领域将以畜产品和农作物为主。同时，不同农产品类别内争端集中度高但集中对象变化较大。近年来，粮食类产品的贸易争端主要涉及小麦、大米等，畜产品主要集中在肉类和乳制品，水产品主要集中在鱼类；园艺作物主要集中于水果类。再次，所涉及的种类划分越来越细且专业性增强。欧盟 2006 年 1 月 1 日实施的《欧盟食品与饲料安全管理法》，禁止含有 320 种农药残留的农产品在欧盟境内销售。日本从 2006 年 5 月 29 日开始实施的“肯定列表制度”，制定了新的农药残留标准，被检测允许存在的残留农药由 724 种缩小到 229 种，农药残留标准由 9000 个增至 2.8 万个，涉及 833 种农兽药。本书将在后续章节中继续讨论这一方面的问题。

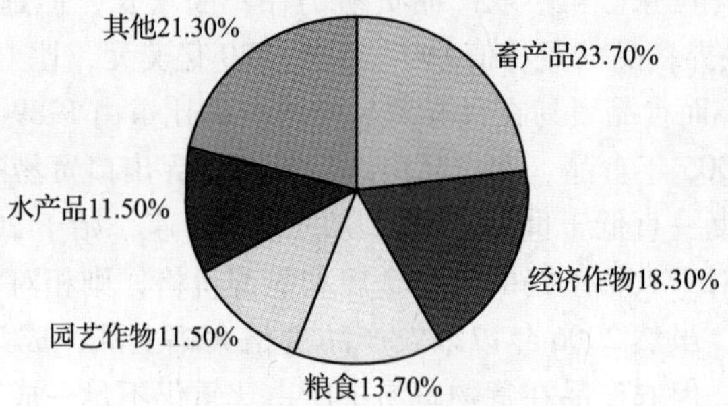

图4-3　农产品贸易摩擦与争端类型

资料来源：转引自邵桂兰等．论农业经济个体在农产品贸易摩擦应对中的作用．现代商贸工业，2008（5）

可以预料，今后食品国际贸易领域的争端将持续产生，形式和内容上更趋向多样化，并可能将引领食品消费进入一个新的发展阶段。由于人们对绿色食品的认知普遍增强，绿色食品消费需求不断扩大，市场占有率日益提高。据WTO统计，2005年绿色食品所占市场份额已增长到5%~10%。另据国际贸易中心（ITC）研究报告透露，有机食品已成为大宗贸易，其增速非其他食品可比。预计今后几年许多国家有机食品销售的增长率将达20%~50%，随着人们健康意识、环保意识的增强，有机食品贸易的迅速发展，将成为21世纪最有发展潜力和前景的产业之一，世界食品贸易发展潜力巨大。

第二节　发达国家的食品国际贸易

食品国际贸易格局是指活跃于国际食品贸易领域，并充当主角的国家、地区和国际经济集团以通过相互依赖、相互竞争、相互作用，在一定时期内所形成的一种结构或态势。食品国际贸易格局在一定的历史发展阶段具有相对稳定性，但又伴随着国际经济环境的变化而不断演化，这既是国际分工的必然结果，同时又是发达国家出于自身利益不断主导的结果。

一、国际分工与食品国际贸易格局

食品国际贸易格局的形成与一般意义上的货物国际贸易格局的规律性完全一致，取决于世界各国参与国际分工的状况，各有关国家经济和科技发展的水平。国际分工是食品国际贸易发展的基础。

（一）国际分工的发展

第二次世界大战前的国际分工以垂直型分工为主，发展中国家处于垂直型分工的下游，主要以出口农矿产品、原材料等初级产品为主，在国际贸易中以初级产品的比重为最大。战后由于水平型分工的发展，以及发展中国家工业化进程的不断向前推进，工业制成品的出口比重不断增长，初级产品的出口比重不断下降，工业制成品在国际贸易中的比重逐渐超过了初级产品。此外，随着跨国公司内部贸易的发展，中间性机械制品在整个工业制成品贸易中的比重也不断提高，同时还带来了服务贸易和技术贸易的发展。这是战后国际贸易商品结构的一个重大变化，这一变化对食品贸易格局有很大影响。

（二）国际分工形式的影响

第二次世界大战前国际贸易主要发生在宗主国与殖民地落后国家之间。战后随着经济的发展，国际分工逐渐由垂直型向水平型发展。经济发展程度较高的发达国家之间的贸易关系无论是在制成品贸易中，还是在初级产品贸易中都占主要地位；而发达国家与发展中国家之间贸易关系则退居次要地位。发达国家充分利用科技进步在国际分工中所取得的优势，大力发展食品贸易，其贸易额占到世界食品贸易总额的2/3。拥有巨大农业资源的发展中国家利用自身的比较优势，不断扩大农产品出口率，总体上实现净出口，但其食品贸易额占世界食品贸易总额的比重只有1/3。

（三）科技进步的影响

战后随着科学技术的进步和农业现代化不断推进，一些发达国家通过对现存耕地增加投入使单产成倍增长，农产品快速增加甚至有剩余供出口，导致粮食生产国之间竞争的加剧。同时，发达国家还要求各国通过农业结构调整和国际劳动分工，减少经济效益低的农产品，增加经济效益高的农产品，在国际范围内展开互惠互利的合作，结果使农产品国际贸易在地区间得到空前的发展。1975年《洛美协定》的签订和实施是欧共体同非洲、加勒比和太平洋国家在农产品贸易中合作的典范。20世纪70年代中期之后，农业中的国际分工趋势不仅在发达国家之间日益加深，而且在发达国家与发展中国家之间也不断发展，可以说世界各类不同经济水平的国家越来越多地参与了这种国际分工。这种变化有利于各国根据自身自然条件、国内外食品需求组织本国的专业生产，扩大经营规模满足本国居民的生活需要。目前，在食品消费大量增加和需求结构向多样化发展的趋势下，任何国家都不可能只依靠本国力量完全满足国内需求。例如，美国尽管可以用自己生产的谷物作饲料来发展牧业以满足本国居民对肉、奶、蛋的需求，却没有相应的条件来发展热带食品，仍需要从世界其他国家进口食品，以保证本国的食品供求平衡。总之，在科技革命和WTO农产品贸易自由化趋势的推动下，食品国际贸易格局发生重大变化，农产品贸易在满足各国的消费需求中形成了当今世界农产品贸易地区结构图。

二、发达国家居主导地位

发达国家在当代食品贸易格局中居于主导地位，这既是国际分工发展的必然结果，又是当代食品国际贸易格局的显著特点。

（一）强大的经济实力的支撑

美国、西欧和日本在战后食品贸易格局由传统食品贸易格局向现代食品贸易格局转换过程中发挥了重大作用。战后初期，美国在资本主义世界经济中居于霸主地位，在西方世界中工业生产占1/2，出口贸易额占世界出口总额的1/3，黄金储备占3/4。此后虽然随着日本和欧洲的崛起逐步改变了美国独步天下的局面，但美国仍是世界经济实力最强大的国家。2001年美国的出口贸易为7309亿美元，进口贸易为11801亿美元，雄居世界第一（见表4－5）。在美国工业化的历史上，农业的发展曾为工业的发展提供了重要的物质基础。战后美国经济的产业结构进一步调整，农业产值在GDP中的比重处于不断下降趋势，但农业生产具有效率高、技术水平高、规模化经营、专业化生产、社会化管理等特点，因此美国农产品产量和贸易量一直在世界上处于领先地位，奠定了在食品国际贸易中的地位。

表 4－5　　　　　　　　2001 年世界三大经济圈贸易比较

全世界贸易额/10 亿美元			美洲 34 国		北美自由贸易区		欧盟（含将加入的 10 国）		欧盟 15 国		东亚（15 个国家和地区）		日本	
			10 亿美元	%	10 亿美元	%	10 亿美元	%	10 亿美元	%	10 亿美元	%	10 亿美元	%
贸易额	出口额	6126	1339	21.9	1151	8.8	2428	39.6	2296	37.5	1517	28.4	403	6.6
	进口额	6328	1811	28.6	1609	5.4	2419	38.2	2247	35.5	1367	21.6	349	5.5
	进出口额	12453	3150	25.3	2760	2.2	4847	38.9	4544	36.5	2884	23.2	752	6.0
名义 GDP		31047	12800	41.2	11526	7.1	8244	26.6	7886	25.4	6732	21.7	4149	13.4
人口/万人		610000	82528	13.5	41763	7	46342	7.6	38877	6.4	200000	33.1	12734	2.1

资料来源：转引自日本 2003 年版 JETRO《贸易投资白书》。注：贸易额数据 IMF 统计；东亚包括中国、日本、韩国、中国台湾、中国香港和东盟 10 国，来源于 IFS（IMF）和 DOT（IMF）。

欧洲各国在二战中饱受战火摧残，战后在美国大力扶持下接受马歇尔计划，欧洲经济迅速复兴。1958 年西欧建立欧洲经济共同体，根据《罗马条约》建立关税同盟，实施共同农业政策，组成农产品共同市场；1979 年建立欧洲经济货币体系；1992 年建立统一大市场，实现四大流通。《马斯特里赫特条约》的签订加快了欧洲一体化进程。1993 年欧盟取代欧共体；1999 年欧元启动，欧洲中央银行成立；2002 年欧元正式通行。欧盟成立后，经济实力大为加强，对外贸易额迅速增长。欧盟在世界贸易中的比重 1960 年为 33.2%，1988 年为 37.1%，2001 年则达到为 36.5%，远超过美国（见表 4－5）。欧盟成员国之间的贸易也增长迅速。在对外贸易中，欧盟工业制成品占主要地位，但农产品出口也占很大比重。从 1973 年以来欧共体先后经历过五次扩大，到 2004 年 5 月 1 日欧盟已拥有 25 个成员，成为世界上最具有发展潜力的经济区域集团。

战后日本经济迅速恢复。从 1953—1973 年的 20 年中，日本经济的实际平均增长率达到 10%，其中制造业以平均 13.2% 的速度增长。日本的 GDP 总额在 1967 超过英、法，1968 年赶上西德仅次于美国，成为世界第二经济大国。2001 年日本 GDP 达 506 万亿日元（相当于 4.15 万亿美元），仅次于美国和欧盟；出口贸易额达 4030 亿美元，占世界出口总额的 6.6%（见表 4－5）。2007 年日本 GDP 达 5.3 万亿美元。美国、欧盟、日本所具有的强大的经济实力是其在世界食品贸易格局中占据主导地位的基本原因。

（二）供需结构对贸易格局影响巨大

发达国家的食品供给结构有四个主要特点：一是具有高度商业化的集约生产。由于人少地多，这些国家粮食生产相对集中，专业化和商业化程度高，实现了规模化经营和社会化服务。如美国以家庭农场为基础，已形成著名的玉米、小麦生产带。欧盟也实行农业企业化经营，直接从事农业生产的人数很少，而产量很高。二是重视科技投入，发展现代农业。发达国家已进入从技术、战略、资源和生态等方面综合发展现代农业，不断加大粮食生产资源的投入，重视基因等生物技术的研究，努力提高单产水平和不断开发优新作物品种，并拥有完善、高效的农业教育、科研和推广体系，以保证最新农业科技成果及时转化。三是对国际出口市场具有强烈的依赖性。发达国家粮食市场供应量大，国内消费量相对较小，剩余农产品多，而其生产又高度专业化和商业化，有赖于通过国际市场来实现农产品的市场价值，如美国小麦产量的一半出口到世界市场，法国粮食肉类的出口占农产品出口的3/4。四是不断改善供给结构。发达国家在粮食供给上早已不成问题，现在正努力提升供给结构的质量。在美国的农业生产结构中畜牧业和种植业并重，二者在总产值上也是平分秋色。

发达国家的食品需求也颇具特色。一是由于人口不断增长，尤其是城市化、工业化人口数量大，食品需求的空间扩大，食品需求总量有所提高；二是由于粮食生产率高，人均占有粮食数量较多，同时受传统消费习惯的影响，发达国家的消费结构呈现以动物性食品为主的特征，来自动物食品的热量蛋白质含量都大大超过世界平均水平；三是对谷物粮食的直接消费量小，而作为饲料用于养殖业的间接消费大，故发达国家粮食加工率高；四是随着生活节奏的加快和消费水平的提高，精细加工食品需求上升很快，各种罐头、冷冻加工和外出就餐数量持续增长。

由此可见，战后发达国家的食品供给和消费结构决定其在食品国际贸易格局中占主导地位的重要因素。相比之下，战后发展中国家的食品市场份额逐渐减少。不仅如此，拉美国家以及撒哈拉以南的非洲地区大部分发展中国家出口收入的一半来自农产品出口。由于农产品价格下跌，发展中国家的农产品出口量虽然快于发达国家，但农产品出口值的增长却低于发达国家，由此导致发展中国家对世界农产品购买力的下降。

（三）具有明显的技术与政策优势

发达国家基于强大的经济基础和先进的科技发展水平始终走在农业和农产品、食品加工业科技的前列，目前世界发达国家的农业科技进步贡献率达到75%以上。从20世纪60年代的农用化学技术，80年代的节约土地和农业用水技术到90年代将信息技术、生物技术、新材料等越来越多的高新技术运用于农业，西方发达国家几乎都占绝对主导地位。在包括专利、地理标识、植物新品种等农业知识产权方面处于垄断地位。这种垄断的农业知识产权使其在农产品国际竞争中具有内在优势，并在国际食品贸易中占重要份额。近年来美国、日本等发达国家，利用《与贸易有关的知识产权协议》（TR/PS），推动农业领域知识产权保护制度独占技术优势，扩大国际市场份额。由于大部分品种权和专利等农产品知识产权是在发达国家注册，因而这种技术优势及其产生的知识产权优势将使利润更多地从发展中国家向发达国家转移。同时，发达国家通过政策支持保障其在食品国际贸易中的优势地位。美国、欧盟及日本的农业补贴约占世界农业补贴总额的80%，且对部分农产品维持高关税。日本农业仅占其GDP的1.0%，但政府的农业补贴达到GDP的1.4%。美国《2002年农业安全与农村投资法案》规定，10年内将提供农业补贴1900亿美元。对于依赖农产品出口的发展中国家来说，开放农产品贸易是多哈回合的目标。但美欧日在削减农业国内补贴和降低农产品进口关税方面的分歧极其严重，致使谈判宣告破裂。2006年7月多哈谈判的失败，使西方国家可以继续给予本国农业以巨额的财政支持。各国在农业补贴上将会形成攀比，国际农产品市场将继续长期处于扭曲状态。

三、典型发达国家食品国际贸易概况

发达国家主要以美国、加拿大、澳大利亚、欧盟和日本为例简要分析。

（一）美国

美国耕地资源丰富，气候条件适宜，虽然农业在整个国民经济中的比重较小，农业人口也仅占总人口的比重为2%，但政府对农业非常重视，农业科技发达，农业劳动生产率高，农业生产能力巨大，是世界食品生产与消费大国。

美国农产品国内市场长期处于饱和状况，发展农业主要依赖农产品出口。美国农产品出口额1970年仅73亿美元，1980年增至412亿美元。20世纪80年代则出现萎缩，1985年降为290亿美元，后逐渐恢复，1993年则上升为426亿美元。美国每年有2/3农产品用于出口，一般占世界农产品出口的12%左右，是世界上农产品出口最多的国家。出口的主要产品有玉米、小麦及其加工品、大豆、牛肉、家禽、蔬菜、水果，还有棉花、烟草等。1986年美国大豆、玉米、大米、棉花出口量占全球出口的比重分别为85%、71.7%、13.1%和35.4%。1993年美国谷物、动物制品出口额分别为140亿美元、79亿美元，分别占其全部农产品出口额的比重为32.8%和18.6%；油料、棉花、蔬菜、水果出口占全部农产品出口额的17.1%、3.6%、7.7%、6.5%。近10年来，美国年均农产品出口额为400亿美元，其中玉米、大豆出口量分别占世界出口量的70%和50%。表4－6所示为2003—2007年大豆出口量及在全球大豆出口比。美国的农产品出口市场分布在世界各地，但以日本、加拿大等发达国家为主。

表4－6　　美国2003—2007年大豆出口量　　单位：kt

	2003年	2004年	2005年	2006年	2007年	年均增长率/%
世界	56187	64743	63987	71107	75438	6.85
美国	24128	29860	25579	30428	27080	2.45
比重/%	42.94	46.12	39.98	42.79	35.90	

数据来源：美国农业部（PSD）。

美国在大量出口农产品的同时也大量进口许多农产品。其中，属于食品类的有牛肉、咖啡、糖、可可、茶叶、香蕉、水果和其他热带、亚热带产品，蔬菜、酒类等。近20年来美国农产品进口翻了2番，其增长速度几乎与出口相当。目前，美国农产品的进口主要来自加拿大（肉类、糖、油籽）、墨西哥（蔬类、肉类）、巴西（咖啡、可可）、厄瓜多尔（香蕉）、澳大利亚（肉类）、新西兰（乳制品）、法国（酒）、印度尼西亚（天然橡胶）。由于美国农产品贸易在全球农产品中地位显著，涉及的产品之多和地区之广，以及美国维护国内各利益集团利益的强烈意识，因此一直是食品国际贸易争端的核心。

（二）加拿大

加拿大农业人口不足3%，可耕地约占总面积的16%，淡水拥有量约占世界淡水量的一半，基本上没有旱涝自然灾害，农业产值约占国内生产总值的3.1%，农产品出口是其重要的外汇来源之一，是全球粮食生产与出口大国，也是世界上主要的农业大国之一。加拿大的畜牧业、渔业很发达，主要产品是小麦及其制成品和鱼产品。加拿大是世界小麦的出口大国。2002年出口小麦占世界出口量额的15.5%，大麦出口占世界出口总额的9%。2003—2007年加拿大小麦出口量情况见图4－4。

（三）澳大利亚

澳大利亚拥有丰富的耕地、草地资源，农牧业高度发达，在国民经济中占有重要的地位。其农业用地44600万hm^2，约占国土总面积的57%。其中，种植业用地4800万hm^2，以种植小麦、大麦、水稻、油料、棉花、甘蔗为主，占农业用地的10%；畜牧业用地约39800万hm^2，占农业用地的90%，以饲养肉牛、绵羊、奶牛为主，但近年来猪禽养殖发展也很迅速。澳大利亚农业以农场经营为主，农场的平均规模约1654hm^2。其中，规模在

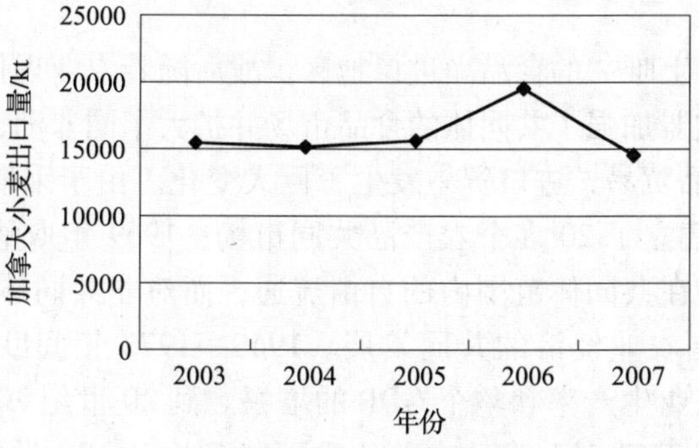

图4－4　2003—2007年加拿大小麦出口量

数据来源：美国农业部（PSD）

500hm² 以上的农场67600个，占总数的46%，以绵羊、肉牛和奶牛的生产为主；100～499hm² 的农场约48500个，占总数的33%，除部分生产肉牛、绵羊、奶牛，其他多以谷物生产为主；规模在49hm² 以下的农场约31200个，占21%，主要用于园艺产品生产及作物育种。澳大利亚53.5%农场实行专业化经营，其中，32.5%专门经营畜牧业，约21%专门经营种植业。澳大利亚农业生产的机械化、专业化、集约化程度高，小麦、大麦、棉花、糖以及大部分畜牧产品的产出规模巨大、外贸依存度很高，每年75%左右的初级农产品以及25%的加工农产品都要依靠国际市场销售，农牧产品出口贸易约占出口贸易总额的30%左右。大米、牛肉和乳制品的出口量占产量的60%左右；小麦、大麦、芥籽油、食糖均超过70%；棉花、羊毛更是达到95%以上。目前，澳大利亚是世界上羊毛的第一大出口国，牛羊肉、大麦的第二大出口国，乳制品、棉花、食糖、油菜籽的第三大出口国，小麦的第四大出口国，其出口变化对这些大宗农产品的国际市场行情有显著的影响。如图4－5所示，20世纪以来各国每年的牛肉出口量有较大的变化趋势，但澳大利亚的出口稳中有升，2005年成为全球最大的牛肉输出国家，超越阿根廷、美国和巴西等国。澳大利亚是仅次于欧盟、美国、加拿大、巴西和中国的世界第六大农产品出口国，也是主要的农产品净出口国。主要出口市场依次是日本、美国、中国、欧盟、东盟、新西兰以及韩国等。

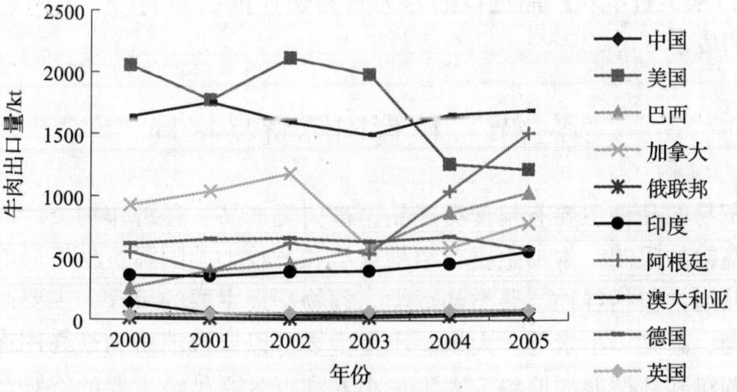

图4－5　世界主要国家和地区2000—2005年牛肉出口情况

数据来源：FAOSTA

（四）欧盟

在历史上西欧是世界上唯一的食品净进口地区。战后随着农业现代化的发展和经济一体化程度的不断深化，欧盟加强了共同体的食品市场并扩大了同非洲、加勒比海和太平洋地区46个国家之间的食品贸易，进口贸易发生了巨大变化。由于采取了有效的共同农业政策，欧盟到1968年已建立了20多个农产品共同市场；1969年取消了农产品成员国之间的关税，实现了农产品在共同体范围内的自由流通，而对非共同体的农产品则增收差价税，基本实现了成员国农业经济的共同发展。1969—1973年间欧盟农业生产率年均增长6.6%，超过同期工业生产率和整个GDP的增幅。到20世纪70年代中期，欧盟可耕面积增加3倍，而农业劳动力占劳动力总比重下降到6%。20世纪70年代末，欧盟主要农产品基本达到了自给自足，从1981年起成为粮食的净出口大户。20世纪80年代以来，世界乳品市场竞争激烈，乳制品国际贸易极不平衡。2005年全球脱脂乳粉出口量为110万t，其中欧盟、美国和大洋洲国家的出口量达到99.4万t，占全球出口量的90.36%。

（五）日本

日本是一个经济大国，这主要是指它的工业而言。战后农业现代化虽然是与工业现代化同步发展，但农业在国民经济中的地位却随着工业的高度发展而逐年下降。与其他发达国家相比，日本的农业较为脆弱，食品自给率由1970年的46%下降到1997年的28%，不到英国的1/4。日本自给率下降幅度最大的是小麦和杂粮，而大米、蔬菜等能基本自给。这与日本政府推行支持种植水稻的价格政策，鼓励小麦进口而限制大米进口的贸易政策有关。20世纪60年代，在国内外的压力下，日本贸易自由化迅速扩大，小麦和饲料过分依赖进口的倾向日趋严重。20世纪80年代以来，日本不仅谷物、牛肉、水果依靠进口，而且水产品、蔬菜、花卉等进口也进一步扩大。根本的原因是日本人均土地资源稀缺，国内生产的农产品价格一般比国际市场高出了3～4倍。为避免负担高昂的价格成本，日本宁愿大量进口农产品，目前不仅成为长期的食品净进口国，而且也是亚洲最大的食品进口国。1986年、1990年、1996年、2000年和2001年，日本农产品净进口额分别为1178亿美元、1288.9亿美元、427.9亿美元、370亿美元和355亿美元。根据世界贸易组织（WTO，2006）发布的统计资料，日本2005年农产品净进口额以599亿美元高居世界首位。1990年以来，日本农产品进口的六大贸易伙伴依次为美国、中国、澳大利亚、加拿大、泰国和丹麦。

第三节 粮食国际贸易格局

食品国际贸易的品种主要有粮食类产品、畜肉类产品、经济作物类产品和园艺水产品等四种。由于篇幅的限制，本书主要介绍粮食类和畜牧类的国际贸易格局的相关情况。

粮食类产品通常包括谷物、薯类和豆类。谷物是最主要的粮食，主要品种有小麦、大米、玉米、大麦、高粱、小米等。大米、小麦主要是以口粮消费为最终用途，而玉米主要是作为重要的饲料和新型能源原料。大米、小麦和玉米既是最主要的谷物产品，也是世界粮食生产和贸易的三大主要产品，其国际贸易量占世界谷物贸易总量的95%以上。大豆在食品贸易中也占有重要地位。

一、在食品国际贸易中占重要地位

1974—1980 年世界谷物生产量从 9.8 亿 t 增长到 11.6 亿 t，贸易量从 1.3 亿 t 增长到 2 亿 t，年均增长率达 8.1%。20 世纪 70—80 年代因两次自然灾害粮食歉收，90 年代后国际粮食市场供不应求，粮价大幅上涨。1999 年世界谷物贸易量为 2.4 亿 t，2006 年世界谷物贸易 2.41 亿 t，谷物国际贸易占世界谷物产量的 12.3%。总体上分析，20 世纪 80 年代以前，全球粮食贸易增长很快，但从 20 世纪 80 年代中期开始，国际市场粮食贸易量由过去的持续增长转变为停滞局面。究其原因，一是随着 1993 年乌拉圭回合多边贸易谈判中《农业协议》的达成和世界贸易组织的建立，农产品贸易领域的一切干预行为造成的竞争和贸易的扭曲逐步取消，发达国家的农业保护政策受到相应限制，影响谷物的市场供求状况。二是随着世界经济的发展，人们对农产品消费需求的多样化发展，食物结构趋向于营养、多样和安全。国际市场粮食需求虽有所增长，但增长较快的将是生产收入弹性高的畜产品和水产品以及对加工食品和绿色食品的间接消费需求。

二、市场集中度高

战前谷物的进口区主要在西欧，战后西欧谷物生产迅速发展，20 世纪 60 年代以后，生产增长快于消费增长，谷物净进口数量呈现减少趋势，至 1982 年西欧开始了谷物的净出口，仅欧盟 1988/1989 年度净出口谷物达 2630 万 t。北美的一些传统谷物出口国战后一直保持出口大国的地位，多年来出口量占世界贸易总量的 40% ~60%。由于得天独厚的自然资源条件，美国和加拿大在小麦和粗粮的生产上具有突出的优势，尤其是美国粮食出口量约占世界粮食出口的 2/5，为粮食出口第一大国。近年亚洲已成为仅次于西欧的第二大进口地区，位于欧洲和北美之后的第三大出口地区，其中中国是亚洲出口和进口谷物最多的国家。所以，当今世界谷物贸易基本格局是出口主要集中于美国、欧盟、阿根廷、澳大利亚、加拿大。据 FAO 报告，1998—1999 年世界粮食贸易总量为 2.08 亿 t，这 5 个国家出口粮食 1.624 亿 t，占粮食总出口量的 78%。粮食进口国中除日本、中国、印度、韩国、埃及等占世界粮食进口量的 40% 外，广泛分布于全球 150 多个国家和地区，其中主要是发展中国家。

三、小麦、玉米和大豆是粮食国际贸易的主体

世界粮食贸易中小麦的贸易量所占份额最大。1961—1978 年间，近一半的年份小麦出口量占谷物出口总量的 50% 以上；1998/1999 年度小麦出口量占同期世界粮食贸易的 46%，其中美国小麦出口量为 2900 万 t，占世界小麦出口总量的 31%。2005 年世界谷物贸易量中小麦贸易量为 1.1 亿 t，分别占世界谷物贸易总量和粮食贸易总量的 46.6% 和 36.2%。在小麦出口国中，美国的出口量最大，然后是加拿大、澳大利亚、欧盟、阿根廷等国家和地区。巴西是世界上最大的小麦进口国，埃及、阿尔及利亚和日本次之（见图 4 -6）。

玉米是国际谷物贸易中仅次于小麦的大宗商品之一。1961—1978 年间，玉米出口占谷物出口总量的比重，除 1961 年 7.6% 之外的其余年份均在 21.6% ~38.5%。世界玉米贸易量从 1994—2003 年以来的 10 年的情况是，1994—1998 年均在 6000 万 ~7000 多万 t

上下浮动；1999—2003 年在 7000 万 ~ 8000 万 t 的区间；2003 年达到为 7700 万 t，为全球粗粮贸易的首位，分别占全球粗粮贸易和粮食贸易量的 73.68% 和 32.49%。2003—2004 年，五个世界玉米主要出口国的生产量和贸易量分别占世界的 71.3% 和 94.8%（见表 4 –7）。当前，世界玉米生产与贸易形势发生了深刻变化。这种变化可以从三个方面来透视。首先，玉米用途产生巨大变化。2007 年，美国调整了能源发展战略，开始大量使用玉米生产燃料乙醇，导致其国内玉米用量大增，这引起了世界的广泛关注，对世界未来玉米生产与贸易的影响不可小视。其次，世界玉米供应偏紧的趋势开始显现。受气候条件影响，2007 年欧盟 27 国和独联体国家玉米收获面积和产量下降，进口需求增长 1 倍多。而此前的 2006/2007 年度，这些国家（地区）玉米产量已经下降，库存明显减少。这与美国玉米用量大增相互作用，造成世界玉米供应偏紧。第三，玉米价格进入高价时代。2007 年，玉米价格突破历史高位，全年保持高位震荡上行。

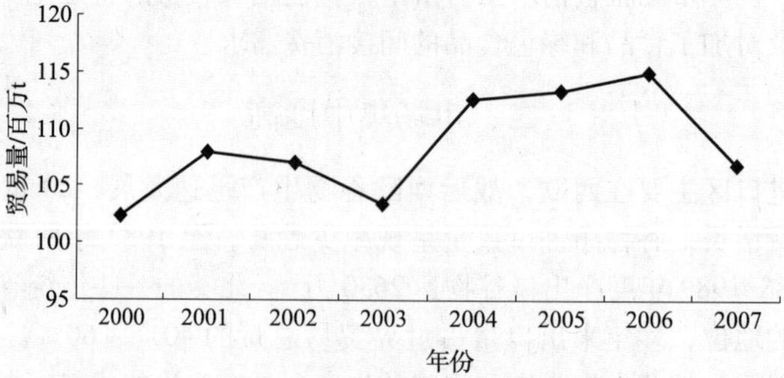

图 4 –6　世界 2000—2007 年小麦贸易变化情况

数据来源：美国农业部（PSD）

表 4 –7　　2003—2004 年世界玉米主要出口国生产和贸易量占比　　单位：%

美国		中国		巴西		阿根廷		南非	
生产	贸易	生产	贸易	生产	贸易	生产	贸易	生产	贸易
42.8	63.0	18.7	11.0	6.1	6.5	2.2	13	1.5	1.3

数据来源：美国农业部（PSD）。

大豆既可用于居民的主食消费，又是重要的食用油加工原料，在世界粮食贸易中占有重要地位。从 1961 以来，以美国、巴西和阿根廷为代表的世界大豆生产得到了极大的发展。2000 年世界大豆播种面积 7344 万 hm^2、单产 2206kg/hm^2、产量 16199 万 t，分别是 1961 年的 3 倍、2 倍和 6 倍。1961 年美国的大豆播种面积在 1000 多万 hm^2，占世界大豆播种面积的 46%。经过 40 年的发展，美国大豆播种面积增长了 2.7 倍，达到 2943 万 hm^2，约占世界大豆播种总面积的 40%。从单产来看，2003 年巴西、美国和阿根廷分别为 2850kg/hm^2、2560kg/hm^2、2220kg/hm^2。伴随世界大豆生产的快速发展，大豆贸易量也不断扩大，2000 年世界大豆出口总量超过 5000 万 t，是 1961 年的 11 倍。2005 年全球大豆贸易 6788 万 t，比上年增长 4.4%，占世界粮食贸易总量的 22.3%。大豆出口居世界前三位的是美国、巴西和阿根廷，这 3 个国家的出口量占世界大豆出口总量的 91.8%。中国、欧盟和日本则是世界上最大的大豆进口国（见表 4 –8）。

表 4-8　　世界及主要国家 2003—2007 年大豆出口量　　单位：kt

国家	2003 年	2004 年	2005 年	2006 年	2007 年
世界	56187	64743	63987	71107	75438
巴西	20417	20137	25911	23485	30688
美国	24128	29860	25579	30428	27080
阿根廷	6741	9568	7249	9513	10500
巴拉圭	2776	2888	2465	4150	4300
加拿大	897	1093	1326	1683	1270

数据来源：美国农业部（PSD）。

表 4-9　　2006/2007—2007/2008 年度欧盟、加拿大、澳大利亚粮食生产贸易比较　单位：万 t

国家和地区	项目＼年度数量	总产量 2006/2007	总产量 2007/2008	进口量 2006/2007	进口量 2007/2008	出口量 2006/2007	出口量 2007/2008
欧盟	小麦	12500	12000			1387	900
	大米	169	168	130	110	15	15
	粗粮	28000	13700	800	1456	469	511
	玉米	5483	4737	706	1000	66	30
	大豆	124	84	1529	1545		
加拿大	小麦	2527	2005			1964	1400
	粗粮	2315	2784	217	207	365	460
	玉米	900	1165	210	200	31	40
澳大利亚	小麦	1064	1300			870	800
	粗粮		941			203	254

资料来源：根据美国农业部 2008 年 2 月预测报告与《南京粮网》（2008. 8. 28）综合整理形成。

表 4-10　　2006/2007—2007/2008 年度非发达国家粮食生产贸易比较　　单位：万 t

国家和地区	项目＼年度数量	总产量 2006/2007	总产量 2007/2008	进口量 2006/2007	进口量 2007/2008	出口量 2006/2007	出口量 2007/2008
巴西	小麦	1520	1500	—	—	1050	1000
	粗粮	2754	2667	—	—	1681	1661
	玉米	2250	2250	—	—	1530	1600
	大豆	4720	4700	199	210	954	1120
阿根廷	大豆	5900	6050	—	—	2349	2969
印度	小麦	6935	7489	671	200		
	大米	9276	9200			420	350
俄罗斯	小麦	4490	4940			1079	1200
	粗粮	3020	2933	36	38	162	105

续表

国家和地区	年度数量/项目	总产量		进口量		出口量	
		2006/2007	2007/2008	2006/2007	2007/2008	2006/2007	2007/2008
中国	小麦	10400	10600		15		250
	大米	12800	12900	50	60	132	130
	粗粮	15400	15300	116	143	541	104
	玉米	14500	14500				100
	大豆	1597	1430	527	3400		

资料来源：根据美国农业部 2008 年 2 月预测报告与《南京粮网》（2008. 8. 28）综合整理形成。

从表 4 -9 和表 4 -10 可以看出，小麦、玉米和大豆是粮食国际贸易的主体，在世界粮食贸易中发达国家占主导地位，这一格局在短期内难以改变。

第四节　畜产品国际贸易格局

畜产品在食品中范围广，除猪、牛、羊、鸡、鸭等传统的饲养业产品外，畜产品还包括鹿、蜂等驯养产品和青蛙、蛙、蝎、蜗牛等养殖业产品，以及蛋、奶生产品。随着社会需求的变化和各国生产的调整，畜产品范围仍将扩展。近年来，畜产品的国际贸易量约占农产品贸易量的 20%，世界商品贸易量的 2%。本章节主要以肉制品为例作简要介绍。

一、肉 品 生 产

肉在食品中的吸收消化率较高，一般为 92% ~94%。具有饱腹作用强，味道美的特点，是人类喜爱的佳肴。各种畜、禽的毛、骨、皮、内脏等又是工业、医药的重要原料，对人类的健康和发展具有重要的意义，因而肉品生产与贸易在畜产品中具有重要的地位。从世界范围看，肉类生产呈现持续快速增长的趋势。这与世界人口增长、消费需求增大、经济增长带动购买力的增强等密切相关。1999—2005 年世界肉类产量情况如图 4 -7 所示。

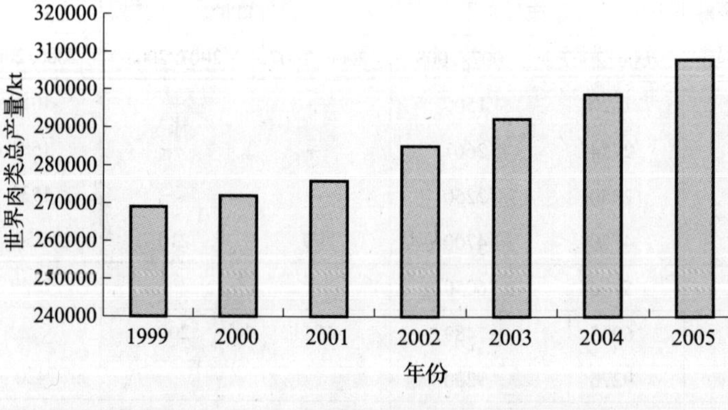

图 4 -7　1999—2005 年世界肉类总产量

数据来源：FAOSTA

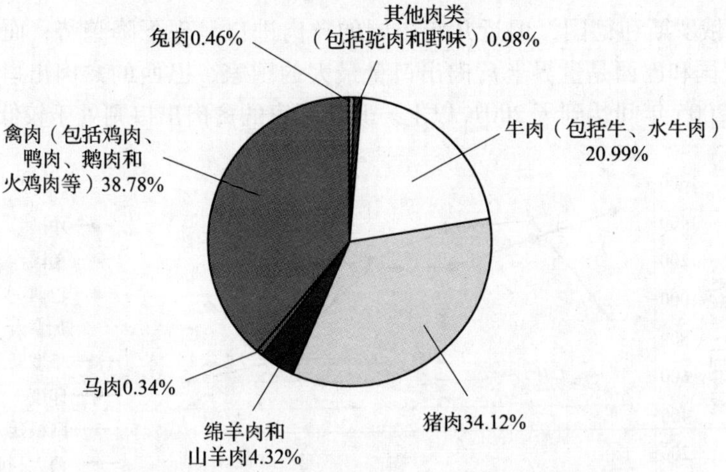

图4－8　2005年世界各品种肉品产量占世界肉类总产量的比例

数据来源：FAOSTA

从图4－8世界肉类品质结构图可以看出，2005年世界肉类生产中，禽肉的产量最大，占38.78%；其次是猪肉，占34.12%，再次是牛肉，占20.99%，而羊肉和其他肉类占的比例较小。世界禽肉（包括鸡肉、鸭肉、鹅肉和火鸡肉等）产量从1999年的102284.6kt增加到2005年的119394.5kt，净增长17110.2kt，增长率为16.73%，年平均增长率为2.79%。在禽肉中主要以鸡肉为主。图4－9反映了1999—2005年世界禽肉产量变化的情况。

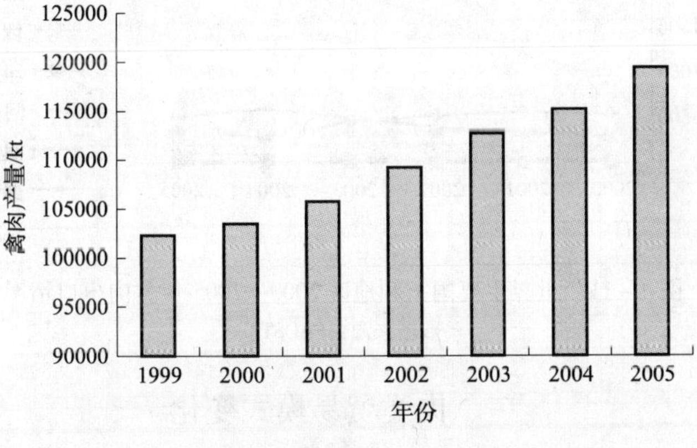

图4－9　1999—2005年世界禽肉产量变化情况

数据来源：FAOSTA

二、肉类贸易

随着人类对肉类食品需求的增长、贸易自由化程度的深化和科学技术的进步，全世界肉类贸易量在过去30年中增长了2倍多。2000年，世界肉类总贸易量达到2400万t，贸易额达到430亿美元，约占世界农产品贸易总额的10%。美国、欧盟、澳大利亚、加拿大、巴西和阿根廷是世界最大的肉类出口国，而俄罗斯、日本、中国、墨西哥则是最大的进口国。

禽肉是所有肉类产品中贸易量最大的一类。从图4－10可见，中国、美国禽肉进口量最大，其次是俄罗斯和德国，但近几年中国的禽肉进口呈现下降趋势；而从图 4－11 可见，2005 年美国和巴西是世界上禽肉出口量最大的国家，巴西的禽肉出口增长率又是最大的，2000—2005 年间达到了 200% 以上。其他国家的禽肉出口则处于较低的水平。

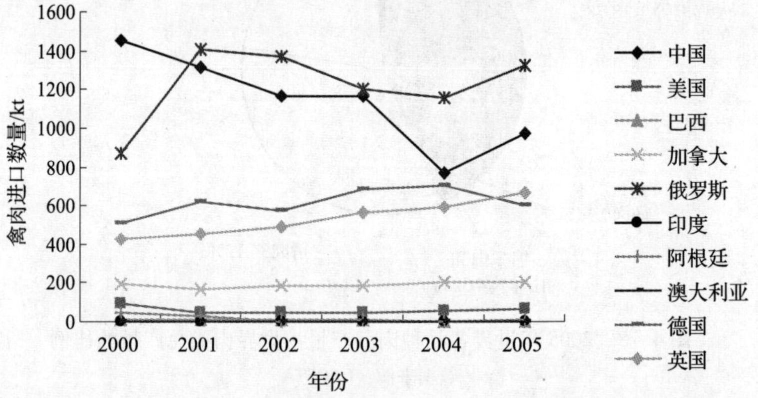

图 4－10　世界主要国家和地区 2000—2005 年禽肉进口情况

数据来源：FAOSTA

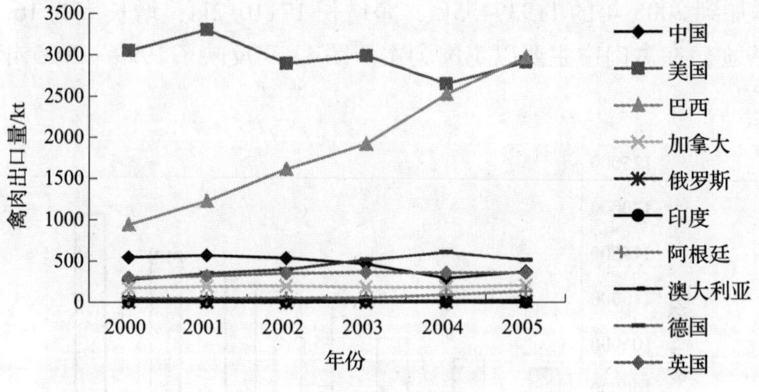

图 4－11　世界主要国家和地区 2000—2005 年禽肉出口情况

数据来源：FAOSTA

三、肉类贸易模式变化

肉类贸易不再仅限于冷冻的胴体，环境的变化改变了动物蛋白的国际贸易模式。

1. 进口区域

在欧洲和其他发达国家，因人口及社会经济的变化，其消费需求呈下降趋势。而亚洲等区域的有关国家国内生产满足不了其增长的肉类需求，因此对进口的依赖性增加。新型发展中国家的这一变化为肉类贸易开辟了新的空间。

2. 出口区域

各种肉类生产的基地发生了明显的转移，欧洲等传统出口国家的肉类生产向南美等低生产成本国家转移。引起这一变化的原因主要有两方面，即消费区域和生产成本的变化，后者包括饲料供给、劳动力及运输成本。巴西及菲律宾禽类生产的迅速发展即是这一变化的最好说明，墨西哥也将因其低劳动力和土地成本等有利的生产条件而严重威胁美国的生产地位，特别是美国受环保的制约越来越大。

3. 汇率变化

汇率变动将影响出口方的竞争力和进口方的购买力，除生产成本构成外，币值可决定一个国家的国际竞争力。汇率的剧烈变动，如卢布1999年贬值30%，对整个区域的贸易结构产生了迅猛而严重的影响。卢布的贬值极大地推动了巴西肉牛以阿根廷产品的价格打入美国市场，从而改变了美洲国家间的贸易流向。乌拉圭、阿根廷过去一直严重依赖巴西的农产品市场，而此后两国不得不去开发和寻求新的出口市场。

4. 转口贸易

贸易转口国家的崛起是近年来动物蛋白贸易的一个重要变化。因中国劳动力便宜，美国鸡腿出口到中国并去骨后，转口销到日本市场，中国从中获得加工费的这种模式被称作精细供给管理计划，即公司通过物流实现利润的最大化。这同时也是改变国际贸易流动特征，是第三国进入贸易链条的一种战略。

在口蹄疫等疫病暴发后，动物健康和初级产品的生产条件对国际市场是十分关键的。这种影响甚至会使一个国家从净出口国变成一个净进口国。除少数国家外，大多数肉类出口国家缺乏完善的、可保证和控审产品卫生标准的基础设施。尽管许多出口公司试图通过精心的生产组织来弥补这种不足，以获得出口国的卫生注册，但进口国家的卫生限制仍是惟一的一个障碍。初级生产者在疫病控制方面严重的投入不足，使得疫病暴发的危险性很高。基础设施不足和初级生产条件不良，同时也损害了国家形象，因而也就破坏了这些国家出口公司的基础。

第五节　未来食品国际贸易的发展态势

食品国际贸易未来的发展具有诸多不确定的因素。基于目前的状态来分析，今后食品国际贸易的发展将可能呈现以下五个方面的重要态势。

一、食品贸易发展潜力巨大

当今世界科技不断进步，经济结构不断调整，新兴产业不断涌现，但食品行业所具有的是永恒不衰的常青产业的特点并无根本性改变，食品贸易在世界经济贸易活动中仍将占有重要的地位。从近几年全球贸易活动情况来看，2001年、2002年全球商品出口贸易分别下降和增长0.5%和3%，但食品出口贸易却分别增长了4%和5%，同期中国食品出口贸易增幅竟高达11.8%。进入新世纪以来，由于国际经济环境的变化，全球贸易受到影响，而且尽管食品贸易在全球贸易中所占比重有所下降，但其绝对量仍然保持稳中趋升的走势。同时。应该看到，在21世纪，绿色食品和有机食品将成为消费中最有发展潜力的产业之一。美国作为世界上最大的有机食品消费国，自1990年以来，有机食品的销售额每年以20%的速度递增，2002年的销售额已达110亿美元，占世界有机食品销售额的47%；2005年，美国有机市场销售额则达到149亿美元，继续保持全球最大的有机食品消费国地位。强大的消费不断推动着美国有机农业的发展。在今后相当一段时期内，美国仍将是全球最大的有机产品消费国。据统计，美国目前有5%～10%的人乐意购买有机产品有机食品销售额占食品总销售额的1%～2%，且每年以2%的速度递增，几乎所有美国的超市、连锁店都销售有机产品。因此。随着经济的发展和社会整体福利水平的提高，世界各国对食品品质的要求越来越高，消费选择面也越来越广，食品贸易发展潜力巨大。

二、国际竞争不断加剧

食品贸易自由化意味着发达国家农业及相关产业生产布局重新调整的开始，未来世界食品贸易格局将发生变化。在食品生产进入产业化阶段后，消费者的需求变化通过市场反馈给农产品加工业和生产者，后者按前者提出的数量、质量、品种、规格、期限、价格来安排生产与贸易，据此调整农产品及加工业生产与贸易结构，提高资源配置效率。发达国家的生产者根据比较利益原则会适当减少不具备比较优势的食品生产，而多数尚处于传统农业或从传统农业向现代农业过渡的发展中国家，则可能会抢占发达国家生产者让出的部分生产与贸易领域，增加农业与农产品加工业的投资，扩大相对利益高的产品与贸易生产。

国际食品市场由美、欧、日等发达的食品市场，俄罗斯、东欧等潜力巨大的食品市场和发展中国家的食品市场三大块构成。从发达国家与发展中国家的交换关系看，目前食品贸易可归为三类：第一类是发达国家的主要出口商品，如谷物、肉类、乳制品等，在世界市场上的竞争主要发生在发达国家之间，发展中国家的依赖性高于竞争性，只有少数国家如阿根廷有竞争力。相互竞争使食品价格下落，而相互依赖又使食品价格上升。第二类是发展中国家的出口商品，如咖啡、可可、茶、橡胶、香蕉等。发达国家因缺乏竞争力而有求于发展中国家，发展中国家间的竞争或发达国家的需求下降都会导致产品价格下落。发展中国家若采取协调行动则会加强对发达国家的竞争地位。第三类是两类国家都具有一定竞争性的商品，如食糖、烟草、棉花、柑橘等。发达国家利用自己的工业优势，不仅增加这类商品的生产，改进品种，提高质量，使之更有竞争力，而且发展代用品生产，如发展化学纤维替代棉、麻、丝，不断提高国内市场自给率和国外市场的出口能力，并设法把这类产品的生产和贸易控制在自己的手中。发展中国家由于技术和工业落后，主要依靠自然优势或联合优势才有竞争力，其生产发展缓慢，贸易也常常处于衰落地位。美、欧、日的农产品市场在世界占主导地位，不仅吸纳外来农产品能量大，而且供给高品质的食品能力也大。食品市场多元化将使发展中国家未来食品供给越来越依赖于市场运作。

三、产品结构持续调整

近10年来世界各类农产品的贸易额占农产品贸易总额的比重逐渐发生变化。贸易量相对较大的产品包括畜牧产品、水产品、粮食、水果、蔬菜、植物油籽和油、食糖、花卉、棉花，其中畜牧产品、水产品和粮食贸易仍占主要地位，在农产品贸易额中占40%左右。但随着世界各国经济发展和人均收入的增加，世界农产品贸易向营养性结构变化，主粮需求量趋于减少，动物性高蛋白产品和水果的需求量趋于增加，同时由原料性食品向高附加值、适于远洋运输的加工食品发展。在国际农产品贸易中，粮食等大宗、低值农产品所占比重呈缓慢而稳定的下降趋势，食用油、水果、水产品以及花卉、坚果等非基本生活需要的农产品所占比重稳中有升。

四、分散化与集团内部化并存的贸易区域结构

各国的农产品贸易与其自然资源、经济发展水平、农业生产技术、产品结构、国内外市场需求以及国内农业政策密切相关。经济全球化、贸易自由化、国际分工以及农业科技的发展使越来越多的国家参与到国际农产品贸易中，激烈的市场竞争使世界农产品贸易在市场规模不断扩大的同时，其市场结构也不断发生变化，产品结构和贸易区域结构都在逐步调整。一方面，随着区域经济一体化的推进，区域内部农产品贸易在农产品贸易中占越来越重要的位置。如表4－11所示，2005年农产品贸易在以欧盟为主体的欧洲内部比重高达80.9%，在北美自由贸易区内部比重高达46.4%；而另一方面，随着贸易规模的扩大，不同区域之间的农产品贸易流向有所改变，呈现较明显的出口市场分散化趋势，独联体、非洲、中东等非传统农业出口国在各区域进口中所占比例有显著增加。分散化与集团内部化并行的贸易区域结构将是未来食品国际贸易发展的重要走势。

表4－11　　2000—2005年农产品贸易流向变化　　单位:%

出口区域/年		进口区域						
		欧洲	亚洲	北美	非洲	独联体	中东	中南美
欧洲	2000年	78.9	6.1	5.4	3.3	2	2.5	1.2
	2005年	80.9	5.4	5.1	2.7	2.6	2.1	0.8
亚洲	2000年	15.5	61	13.9	2.9	1.1	4.3	1
	2005年	15.7	57.8	14.5	3.9	1.8	1.1	5
北美	2000年	13.7	31.6	42.6	2.8	0.9	2.7	5.4
	2005年	12.1	29.9	46.4	2.7	1.1	1.9	5.8
中南美	2000年	33.9	15.9	21.8	3.1	2.1	3.8	18.7
	2005年	29.8	19.9	18.6	5.7	5.7	4.8	14.5
非洲	2000年	50.1	18.2	5	18.7	1	5.5	1
	2005年	47.2	15.3	6.3	17.1	2.2	4.5	0.6
独联体	2000年	34.1	27.4	3.2	1.7	27.8	2.4	0.3
	2005年	24.7	24.4	2.4	4.8	31.3	5.6	0.1
中东	2000年	24.2	10	3	3.5	4.3	44.3	0.6
	2005年	18.3	9.3	2.6	5.1	4.5	48.8	0.4

资料来源：张小瑜. 国际农产品贸易的发展趋势与特点. 农业展望，2008（4）。

五、新的消费需求诱发价格上扬

2002年以来，世界农产品市场价格波动出现了令人关注的新态势，大宗农产品价格波动幅度增大且居高不下，成为全球物价水平持续走高的新推力。如表4－12所示，2001年后，大豆、玉米、小麦、大米等农产品国际市场的均价都明显高于2001年前，这反映了2000年后尤其是2001年多数农产品价格触底后，其价格均在高于过去20年的平均水

平上运行。这说明自2002年以来，世界农产品市场价格波动加剧且并在波动中攀升，由长期下降的趋势转为上升的趋势。由于食品是不可替代的基本消费品，其价格变动特别是价格趋势转向直接影响民生，并通过工资进而影响所有经济部门的成本以至整个价格水平和经济的增长，因此备受各方关注。

表4—12　　农产品世界市场价格态势统计分析（1970—2007年）

产品	平均价格/（美元/t）		波动幅度（均方差/均价）/%		暴涨50%所需时间/月	
	1970—2001年	2002—2007年	1970—2001年	2002—2007年	1970—2001年	2002—2007年
大豆	253	278	15	24	6	5
玉米	111	119	18	22	5	4
大米	255	268	17	25	8	5
小麦	136	175	19	26	6	3
棉花	1610	1262	18	19	9	6

资料来源：税尚楠．世界农产品价格波动的新态势：动因和趋势探讨．农业经济问题．2008（6）。

在各种影响价格波动的短期因素中，个别主要生产国和消费国由于气候原因引致的丰收和歉收是引发价格波动的重要因素。除了气候异常等原因外，导致农产品价格高涨的另一个重要因素是越来越多的粮食和油料作物用于生产生物燃料。例如，玉米能源化这一新需求不仅推高了玉米、油料等直接生产生物能源的农产品价格，还导致其他农作物供应减少，价格上涨，并引发连锁反应。从目前形势看，低库存、能源需求、生产成本增加等导致农产品价格上涨的基本因素没有改变。特别是粮食能源化趋势在中短期内仍将延续。尽管包括中国在内的一些国家对粮食能源化采取了严格限制措施，但世界农产品出口大国美国仍在积极推进生物质燃料的研发和生产。美国的替代能源政策及由此导致的农业生产和贸易格局调整，将对世界农产品供应和农产品价格产生显著影响。一些农产品生产和出口国已调整了贸易政策，俄罗斯将小麦和大麦出口关税由零提高至10%和30%，阿根廷宣布将大豆、小麦、玉米和油料的出口关税分别由27.5%、20%、20%和8%进一步提高至35%、28%、25%和10%。可以预见，国际油价高位运行和主产国的生物质燃料生产扩张，将对农产品价格形成有力支撑。

本章小结

本章阐述了食品国际贸易的发展历程、发达国家食品国际贸易的基本特点，并以粮食与畜产品为例，分析了食品国际贸易格局，简要预测了食品国际贸易未来的发展趋势。本章节在全书中具有承前启后的作用。学习与掌握当今世界食品国际贸易格局的基本特点与发展方向是本章的重点。

思考题

1．简述发展中国家积极参与食品国际贸易的意义。
2．当代食品国际贸易发展的主要特征有哪些？
3．当代粮食贸易格局的演变的主要特点是什么？
4．分析未来世界食品贸易的发展态势。

5. 分析发达国家在当代食品国际贸易中的地位。

6. 以美国为例，分析大豆国际贸易的重要性。

参 考 文 献

[1] 农业部农产品贸易办公室、农业贸易促进中心. 2006 中国农产品贸易发展报告. 北京：中国农业出版社，2006

[2] 克里夫·斯蒂文森. 2006 年全球贸易保护报告

[3] 商务部综合司，国际贸易经济合作研究院. 中国对外贸易形势报告（2006 年秋季）

[4] 商务部综合司，国际贸易经济合作研究院. 中国对外贸易形势报告（2007 年秋季）

[5] 当前世界畜产品贸易格局及其特点. 中国食品产业网，2008 年 3 月 19 日

[6] 日本矢野恒太纪念会. 2003/2004 世界国势图会. 日本东京，2004

[7] 邵继勇. 食品安全与国际贸易. 北京：化学工业出版社，2006

[8] 孙振远. 中国粮食问题. 郑州：河南人民出版社，2000

[9] 高德步. 世界经济史. 北京：中国人民大学出版社，2006

[10] 池元吉. 世界经济概论. 北京：高等教育出版社，2007

[11] 马克思. 资本论（第 2 卷），北京：人民出版社，1975

[12] 张小瑜. 国际农产品贸易的发展趋势与特点. 农业展望，2008（4）

[13] 联合国粮农组织报告. 世界食品和农业状况. 罗马，1998

[14] 日本政府白皮书. 日本木木书店，2003

[15] 刘李峰等. 中国－澳大利亚农产品贸易现状及前景分析. 世界经济研究，2006（5）

[16] 税尚楠. 世界农产品价格波动的新态势：动因和趋势探讨. 农业经济问题，2008（6）

[17] 全球有机食品市场空间巨大，http：//www. ocn. com. cn/free/2006sp189. htm，中国投资咨询网，2007 年 12 月 27 日

[18] 日本 JETRO. 贸易投资白书. 2003

[19] 邵桂兰等. 论农业经济个体在农产品贸易摩擦应对中的作用. 现代商贸工业，2008（5）

第五章 技术性贸易壁垒与食品国际贸易

本书第三章对技术性贸易壁垒（TBT）作了简要介绍，并指出技术性贸易壁垒是当代国际贸易中占主流地位的非关税贸易壁垒，日益成为商品在全球范围内自由交易的主要障碍，而且在食品国际贸易中表现尤为明显。本章主要是结合食品国际贸易，对技术性贸易壁垒展开进一步的分析。

第一节 技术性贸易壁垒的主要特点与表现形态

在把握技术性贸易壁垒基本概念的基础上，分析其主要特点与表现形态有助于深化对技术性贸易壁垒的认识。

一、技术性贸易壁垒的主要特点

全球范围内的技术性贸易壁垒非常复杂，名目繁多，但就其本质特点而言，主要有以下八个特点。

（一）合法性

技术法规、标准、合格评定程序主要是为了保护国家安全及消费者利益，因而有其合理性的一面。WTO/TBT 协议并不否认各成员国技术性贸易壁垒存在的合理性和必要性，允许各国根据自身特点等制定与别国不同的技术标准。比如，WTO 规则体系中的“环境保护例外条款”和以此为基础制定的多边协定成为制定技术性贸易壁垒的法律基础。因此，技术性贸易壁垒在形式上是合法的。到目前为止，国际社会已制订许多环境协定或协议，其中有 20 多个含有明确的贸易条款，提倡用贸易控制的手段来保护资源与环境。同时，GATT1947（后被 GAT1994 所取代）中的“环保例外权”以及《TBT 协议》、《SPS 协议》中的相关条款也都规定了技术性贸易壁垒存在的合理性和必要性。

（二）广泛性

从产品范围看，技术性贸易壁垒不仅涉及与人类健康有关的初级产品，而且涉及所有的中间产品和工业制成品，产品的加工程度和技术水平越高，所受的制约和影响也越显著；从产品过程来看，包括研究开发、生产、加工、包装、运输、销售和消费的整个产品的生命周期；从领域看，已从有形产品扩展到金融、信息等服务贸易、投资、知识产权及环境保护等各个领域。技术性贸易壁垒因涉及的技术和适用范围的广泛性，远比一般的非关税壁垒复杂。以绿色壁垒为例，迄今为止，国际社会已制定了 156 个环境与资源保护条约，各国制订的环保法规越来越多，仅德国就制定了 1800 多项环保法律、法规和管理规章。不仅如此，发达国家绿色贸易措施的制定频率高且繁杂。以日本为例，日本几乎每个月就要出台一项关于农产品技术性措施方面的政策。由于农产品直接关系到人们的身体健康，诸多发达国家对其更是格外的重视。

（三）灵活性

世界各国的 TBT 措施名目繁多，错综复杂。它可以引用国际公法、环保公约、议定书等，也可以引用 WTO 的相关协议所规定的内容，还可以引用国内的法律、法令、规定、要求、程序等，对进口的产品或服务加以限制。而且 TBT 措施的制定程序比较简便，伸缩性较大，可随时针对进口商品灵活改变标准水平或变化标准种类，这就使得出口国生产厂商很难适应。与关税等贸易措施相比，关税是通过一定的立法程序来制定具有一定延续性的贸易政策法规，在特殊情况下做出必要的灵活性调整比较困难。而制定和实施某些技术性贸易壁垒可根据需要，运用行政手段做必要的调整，具有较大的灵活性和时效性。

（四）双重性

根据 WTO 有关协议的规定，实施 TBT 是为了保护生态环境、保护人类与动植物的健康和安全。如禁止或限制濒危动植物贸易，以保护生物多样性；禁止危险废物越境转移，可以保护进口国的生态环境；强制规定产品的安全标准，可以保护消费者的安全与健康。但发达国家凭借着雄厚的经济实力和发达的科技水平，以保护环境为借口，利用环境制度，使进口商品在运输、销售、分配或使用等方面所享受的待遇低于本国，从而给予出口国歧视性贸易待遇。一些发达国家所设置的绿色壁垒，涉及产品的范围越来越大，针对某些产品的绿色壁垒的指标要求也越来越高，甚至达到了苛刻的程度。实际上，这些国家是为了保护本国的贸易利益，这是贸易保护的一种新形式。

（五）隐蔽性

事实上，把技术标准和技术法规作为技术性贸易壁垒是各国政府或多或少、或明或暗一直在使用的方法。特别是当经济萧条或进口商品影响本国生产者的利益时，常以安全、卫生不符合标准或有违法规为由限制进口。因此，在传统的关税壁垒或进口配额、许可证等直接非关税壁垒逐渐弱化和取消之后，由于技术性贸易壁垒形态各异，科技含量高，涵盖范围广泛，包含了研究、生产、加工、包装、运输、检测、销售及处置等各个环节，使其具有隐蔽性和突发性，必然成为影响国际贸易的最重要的因素。

（六）先进性

不断发展的科学技术（含检验技术）和技术性贸易壁垒的多样性，为灵活运用技术性贸易壁垒提供了可操作性。严格而先进的环境与技术标准是技术性贸易壁垒的重要内涵，突破壁垒必须依靠科学技术的进步，同时还需要辅以相应的产业结构调整。同时，技术性贸易壁垒的设置无论从严格的生产程序、产品质量等角度，还是从环境保护、消费者权益保护的角度都代表了一种和谐社会发展的内在要求和必然走向。因此，只要发展中国家正确对待技术性贸易壁垒，其将有助于加速发展中国家与国际标准的接轨，突破发展瓶颈，缩小同发达国家的距离。

（七）扩散性

技术性贸易壁垒影响深远且扩散效应明显，一旦生效实施，其效应不仅扩散迅速而且覆盖面广，易产生连锁反应，从一个企业到整个行业，从一种商品到一个领域的多种商品，从一国到多国，此种扩散性在发达国家间表现尤为明显。例如，2002 年 1 月，欧盟宣布全面禁止对中国动物源产品进口后，瑞士、日本、韩国等国家相继采取措施，加强对中国动物源性产品的检测，德国、荷兰等国提出更高更严的要求，而沙特阿拉伯实施了暂停中国此类产品进口。

（八）争议性

由于 TBT 涉及的领域十分广泛，有大量技术、卫生、环保的贸易政策、法律方面的问题等，显得非常复杂，不同国家从不同利益关系去分析，会有不同的结果。由于评判标准难以统一，结果难以协调，容易引起争议。即使通过 WTO 争端解决机构，要公平解决的争端也绝非易事。

二、技术性贸易壁垒的表现形态

虽然世界各国的技术性贸易壁垒种类繁多，层出不穷，但主要表现形式为以下六种形态。

(一) 技术标准

为了阻碍外国产品的进口，保护本国市场，许多国家制定了繁多、严格的标准，甚至用法律明确规定进口商品必须符合进口国标准。目前，欧盟拥有的技术标准就有 10 多万个，其中德国的工业标准约 1.5 万个；根据日本 1994 年 3 月调查的结果，日本约有 8184 个工业标准和 397 个农产品标准；美国的技术标准也相当的多且繁杂。发展中国家由于经济技术条件的限制，很多产品难于达到发达工业国家的标准。发达国家的这些标准往往就扮演了技术性壁垒的角色。另外，发达国家的技术标准越来越细，指标越来越高。欧盟的 OKO—100 纺织品生态标准中对服装和纺织品中某些物质的含量要求高达 PPB 级，如对苯乙烯的要求不超过 5PPB，乙烯环乙烷不超过 2PPB，这无疑给发展中国家的纺织品出口制造高难度且短期内难以逾越的门槛。另一方面，由于技术有限，发展中国家很难检测到 PPB 级的物质。如果由发达国家的检测机构检测，昂贵的费用迫使成本增高，从而变相起到了技术壁垒的作用。

(二) 技术法规

欧盟于 1985 年公布的《关于技术协调过程和标准化的新方法》，简化并加快了欧洲各国技术标准间的协调。新方法指令规定，欧委会按照欧盟的法律程序公布指令，指令是对成员国有约束力的欧盟法律，各成员国需要制定相应的执行法令。指令的内容仅限于与卫生和安全有关的基本要求，只有涉及产品安全、工业安全、人体健康、消费者权益保护的内容时才制定相关的指令，指令中只写出基本要求，细节将由技术标准规定。经过十几年的发展，欧盟逐步形成了由上层约 300 个具有法律强制力的欧盟指令，下层则是上万个、包括具体技术内容、厂商可自愿选择的技术标准组成的两层结构的欧盟指令和技术标准体系。技术标准的制定完全根据市场决定，可以采用国际标准，也可以采用欧洲标准、协会标准或行业标准，由厂商根据市场需要做出选择。该体系的建立明令要求进入欧盟市场的产品凡涉及欧盟指令的，必须符合指令的要求，并需通过指定的认证。这 规定对欧盟以外的国家产生了严重的贸易障碍。另外，欧盟常针对具体国家、具体产品做出基于技术法规性质的“决定”，随时刊登在《欧盟官方公报》上，令出口国应接不暇。如对我国水产品、禽肉产品的禁令就是根据指令做出的。

(三) 合格评定程序

任何直接或间接用以确定是否满足技术法规或标准有关要求的程序即为合格评定程序。特别包括抽样、检验和检查，评估、验证和合格保证、注册、认可和批准以及各项的组合。合格评定程序没有独立的存在形式，是依附于技术法规、标准的一个概念，即它可以是强制性的，也可以是自愿性的，这取决于其出现的形式：以技术法规形式出现的合格评定程序就是强制性的，以标准形式出现的合格评定程序就是自愿性的。其一般由认证、认可和相互承认组成，影响较大的是第三方认证。

认证是指由授权机构出具的证明，它是第三方通过对当事人提出的文件或实物进行审核之后，对当事人的某一事物、行为或活动的本质或特征给予的证明，通常也被称为“第三方认证”。认证可以被分为产品认证和体系认证。产品认证主要指产品符合技术法规或技术标准的规定。其中，因产品的安全性直接关系到消费者的生命健康，所以产品的安全认证通常为强制认证。例如，进入美国市场的药品必须获得 FDA 认证。体系认证是指确认企业的生产或管理体系符合相应的规定。进入欧盟市场的产品必须至少达到以下三个条件之一：符合欧洲标准，取得欧洲标准化委员会 CEN 的认证标志；与人身安全有关的产品，取得欧盟安全 CE 的认证标志；进入欧盟市场的产品厂商，取得ISO 9000的认证证书。同时，欧盟还明确要求进入欧盟市场的产品凡涉及欧盟指令的，必须符合指令的要求并通过相应的认证，才允许在欧洲统一市场流通。目前最为流行的国际体系认证有 ISO 9000 质量管理体系认证和 ISO 14000 环境管理体系认证等。

（四）商品包装和标签的规定

由于包装材料及其所形成的包装废弃物和包装容器结构可能对生产者和使用者的安全与健康或环境造成负面影响，许多国家专门颁布了有关包装的法律、法令，对包装材料的内容、包装废弃物的处理、包装容器结构等作了明确规定，要求生产者、进口商、批发商和零售商等强制执行，否则不准相关商品进口。如美国和新西兰禁止利用干草、稻草、谷糠等作为包装或填充材料，在某些情况下，这类包装只有在提供消毒证明后才允许使用；德国和法国禁止进口外型尺寸与本国食品罐头不一致的罐头产品。美国食品与药物管理局（FDA）要求大部分的食品必须标明至少 14 种营养成分的含量，仅仅是在这一领域处于领先地位的美国制造商每年就要为此多支出 10.5 亿美元。由此可以想象其他落后国家出口商的成本压力了，尤其是对没条件进行食品成本分析的国家而言，这无疑就是禁止贸易性措施。

标签是附在商品或包装容器上的说明和图样，一般包括制造者、产品名称、商标、成分、品质特点、使用方法、包装数量、储存及应注意的事项与警告标识等内容。许多国家为保护消费者利益、向消费者提供商品质量和使用方法的信息，对进口商品标签作了严格的规定。美国 FDA 对食品标签的要求不仅包括必须标注营养成分，而且对标签的版面格式、字体尺寸、标识标示用语及议程等都有严格的规定，进口食品只要标签不符合规定，不论其内在质量如何，往往被扣留或退货；相关进口商、经销商、原产国被列入黑名单，再要进入美国市场则要经过更为严格的检验，从而对进口食品构筑了一道厚实的技术性贸易壁垒。此外，一些国家已规定，具有环境标志的产品在进口时享有优惠，没有环境标志的产品则受到数量和价格方面的限制，从而为本国市场罩上一层保护网。若干国家或地区的环境标识制度见表 5-1。

表 5-1 若干国家或地区的环境标识制度

国家或地区	建立年份	环境标志制度的名称
德国	1977	蓝色天使制度
加拿大	1988	环境选择方案
日本	1989	生态标志制度

续表

国家或地区	建立年份	环境标志制度的名称
北欧四国	1989	白天鹅制度
美国	1989	绿色标签制度
印度	1991	生态标志制度
奥地利	1991	奥地利生态标志
法国	1991	NF 环境
葡萄牙	1991	生态产品
欧盟	1992	欧盟制度
新西兰	1992	环境选择制度
韩国	1992	生态标志制度
新加坡	1992	绿色标志制度
克罗地亚	1993	环境友好
中国	1994	环境标志制度

资料来源：曾思育．环境管理与环境社会科学研究方法．北京：清华大学出版社，2004。北欧四国指丹麦、芬兰、挪威和瑞典。

同时对商品品种、规格、花色、款式、材质和外观还有具体的其他要求。通过制定与进口国农业产品不同标准的等级、尺寸、质量和成熟度来设置技术性贸易壁垒也是发达国家常用的手段。例如，美国为了防止墨西哥的土豆输入，对土豆的标准规定有成熟度、个头大小等指标，使墨西哥土豆对美国出口造成了困难，因为要销往美国的土豆不能太熟就得收获，否则易烂，难以符合成熟度的要求。德国和法国禁止进口外形尺寸与本国不同的食品罐头，这给出口商改造生产线增加了很大负担，提高了生产成本，削弱了出口产品的市场竞争力。

（五）卫生检疫措施

卫生检疫措施是指在成员国境内为保护人类、动植物的生命或健康而采取的技术性措施，包括保护人类免受食品和饮料中添加剂、污染物、毒素以及外来动植物病虫害传入危害的措施；保护动物免受饲料中添加剂、污染物、毒素以及外来病虫害传入危害的措施；保护植物免受外来病虫害传入危害的措施；防止外来病虫害传入而造成危害的措施；以及与上述措施有关的法律、法规、要求、标准和程序。发达国家一直把海关的卫生检疫制度作为控制从发展中国家进口的重要工具，对食品的安全卫生指标十分敏感，尤其对农药残留、重金属含量的要求更日趋严格。因而受影响最大的产品是农产品、食品及药品。2002年9月7日日本实施新的《食品卫生法》修正案，其规定如果发现有残留农药超标问题，可以预先禁止该食品的进口。

（六）信息壁垒

商品能否顺利出口，有时还取决于所使用的计量单位制。世界上绝大多数国家都采用了国际单位制（SI），但一般来说，国际单位制单位对许多国家来说还不够用，所以要结合本国的情况选用一些非 SI 单位。如英美是 SI 与英制混用；中国的法定计量单位不仅完整包含了 SI，而且又增加了 16 个单位。这些非 SI 单位是根据传统和习惯保留下来的，往往具有广泛的地区性。比如英国的质量单位为“磅”，体积单位为“加仑”等，在英美两国普遍使用，如果相关器具不是以此为单位，则很难在英美市场上销售。

条形码是一种可供电子设备识别的符号系统。使用这一系统能使物品符合市场自动扫描结算的要求，为快速、有效地自动识别、采集、处理和交换信息提供了保障，为商品进入超级市场提供了先决条件。据统计，西欧各国的商品条码普及率已达90%以上，日、美、加拿大的普及率已达95%以上。在一些发达国家，商品上没有条码，不能自动识别，只能进入低档商店。有的国家已向我国提出限期在商品上印刷条码的要求，否则不予进口。

第二节　WTO有关协议中的相关规定和约束与发达国家的技术性贸易壁垒

在了解技术性贸易壁垒主要特点与表现形态的基础上，学习WTO有关协议对技术性贸易壁垒的规定与发达国家的技术性贸易壁垒，对后续深化理解食品国际贸易中的技术性贸易壁垒是有益的。

一、WTO有关协议中的相关规定和约束

（一）GATT中的相关规定

关税及贸易总协定（简称关贸总协定，General Agreement on Tariffs and Trade，GATT）是关于关税和贸易准则的多边国际协定和组织。1947年关贸总协定初定时，环境保护尚未成为国际社会普遍关注的焦点。因此，在1947年的GATT文本中，只有第20条（b）款和（g）款对贸易中就如何保护生态环境和人类健康问题做出了原则性规定。根据第20条只要“不对情况相同的成员方构成武断的或不合理的差别待遇”，或“不对国际贸易构成变相的限制”，则任何成员方都可以采取“为保障人类、动植物的生命或健康所必需的措施”（即b款），或（和）“与国内限制生产与消费的措施相配合，为有效保护可能用竭的天然资源的有关措施”（即g款）。

GATT成立时对与环境保护有关的内容没有单独设置条文，仅放在一般例外里，而且措辞比较含糊，这也说明当时GATT只对生态保护问题有些认识，只意识到了动植物保护，进口有病虫害的动植物对人类健康的影响及矿物等原料可能被耗尽等问题，而对环境污染防治、生产过程与生产方法对环境的影响等问题根本没有提及和意识到。虽然与环境保护有关的条款仅是第20条的b款与g款，但这两款可做出许多不同的解释，为日后因环境问题而引起的贸易争端的解决增添了曲折。

（二）TBT中的相关规定

为了保证成员可以在贸易中采取必要的限制措施，以保护国家安全、生态环境和人类健康，也为了防止各国以上述目的为由，采取一些不必要或不适当的贸易措施，阻碍国际贸易的顺利发展，由美国提议，GATT在1970年正式成立制定标准和合格评定工作组。1975—1979年由GATT主持，在东京回合中开始了艰苦的谈判，于1979年4月GATT的47个成员签署了《技术性贸易壁垒协议》(Agreement on Technical Barriers to Trade，TBT)，并于1980年1月1日生效。在乌拉圭回合中又于1991年重新修订，1994年于马拉喀什正式签署生效。

TBT协议认识到国际标准和合格评定程序能为提高生产效率和推动国际贸易作出重大贡献，为此鼓励制定此类标准和合格评定程序；但是希望这些技术法规和标准，包括包装、标识、标签等不会给国际贸易制造不必要的障碍；认识到不应妨碍任何国家采取必要手段和措施保护其基本安全利益，保护其出口产品质量，保护人类、动物或植物的生命或健康，保护环境或防止欺骗行为，但不能用这些措施作为对情况相同的国家进行歧视或变相限制国际贸易的手段；认识到国际标准化有利于发达国家向发展中国家转让技术，帮助其制定采用技术法规、标准、合格评定程序克服困难。但是，有关组织并没有建立一套执行TBT协议的相关规定、用来消除技术壁垒的强有力的机制和措施，也没有制定一套具有可行性的技术法规、标准及合格评定程序，技术性贸易壁垒实际上还在相当程度上影响着国际贸易，并成为诱发国际贸易争端的动因之一。世贸组织虽然建立了贸易争端的解决机制，但它只是一种综合各种政治方法、法律方法和准法律方法的争端解决运作步骤，远没达到有效解决争端的要求。世贸组织的裁决只是要求，若一国不愿修改其法律、法规来贯彻裁决，那么该国的贸易伙伴就会依法在其他领域对该国采取报复措施。

（三）SPS协议中的相关规定

随着国际贸易的发展和贸易自由化程度的提高，各国实行的动植物检疫制度对贸易的影响越来越大，特别是某些国家为了保护本国农畜产品，不同程度地利用非关税壁垒来阻止国外农畜产品进入本国市场，其中动植物检疫就是一种隐蔽性很强的技术性措施。这样贸易自由化主张与动植物检疫所起的阻碍作用这对矛盾就日益突出并引起当时关贸总协定的极大关注。TBT协议虽然对限制技术性贸易壁垒，促进国际贸易的发展产生很大的影响，但许多国家，特别是发达国家仍将动植物检疫作为例外措施加以利用。GATT和TBT协议对动植物卫生检疫措施的约束力不够，要求也不具体。因此，乌拉圭回合谈判中根据许多国家提议制定了《实施卫生与植物卫生措施协议》（Agreement on the Application of Sanitary and Phytosanitary Measures，SPS）。该协议包括序言、14条正文和3个附件，提出了比GATT和TBT协议更为具体和严格的要求。SPS协议是关贸总协定原则渗透到动植物检疫领域的产物。虽然表明为了动植物的健康和安全，实施动植物检疫制度是必需的，但更强调动植物检疫对贸易的不利影响要降到最低程度，不应构成对国际贸易的变相限制，并把关贸总协定中的等同原则、透明度原则等引申到协议之中，成为动植物检疫应遵循的规则。

另外，对技术性贸易壁垒规定和约束的其他的相关协议主要有：《建立世界贸易组织协议》（简称“WTO协议”）、《服务贸易总协定》（简称“GATS协定”）、《与贸易有关的知识产权协议》（简称“TRIPS协议”）等。

二、发达国家的技术性贸易壁垒

发达国家从本国的利益出发，有效利用WTO相关协议对技术性贸易壁垒难以完全约束的空间，形成了与本国经济、社会、科技水平相适应的技术性贸易壁垒体系，成为世界技术性贸易壁垒的主要发源地。

（一）美国

美国的技术性贸易壁垒体系拥有自己独特的优势与特点。

1. 技术法规体系繁杂

主要表现在立法部门众多，有 17 个政府部门及 84 个独立机构都有权制定相应的技术法规或标准。立法层次有别，既有联邦法规，又有地方性法规；措施性质多重，既有美国食品与药物管理局（FDA）等政府部门的强制性规定，又有保险实验室 UL 等自愿性产品安全性能认证体系，同时法规数量庞杂。

2．标准名目繁多

政府制定的标准就有 5 万多个，非政府组织制定的标准也有 4 万多个，还不包括一些约定俗成的事实上的行业标准。针对每一种产品，包括其生产与进口行为，基本上现有的法律法规，几乎涉及美国社会及公众生产、生活的每个层面。这些技术法规与标准成为美国法律体系的重要组成部分。

3．制定标准的体制结构分散多样化

除了政府外，私营标准机构就有 400 多个。其结果是技术标准数量繁多，要求比较苛刻，且为标准的制定提供了多样化渠道，使标准制定者有可能可根据一些特殊要求做出灵活反应，及时从标准角度出台限制性措施。

4．执法体系庞杂

从大的层面上分，既有联邦政府部门，如农业部、卫生部、财政部、商务部等，又有联邦独立机构，如美国海关（US CUSTOMS）、联邦调查局（FBI）、食品与药物管理局（FDA）、消费者产品安全委员会和环保署及联邦通讯委员会等。美国各主要执法机构分别在各自职责范围内，从不同的角度，为进口产品设立标准或负责执法。其中 FDA 在对进口产品监控方面作用尤为突出。此外，美国动植物检疫局（APHIS），虽然该机构知名度不大，但在进出口贸易，特别是农产品进出口贸易管理中却发挥着既重要又特殊的作用，它有权拒绝货物进入美国，也可决定转口、甚至销毁。

5．技术评定系统既分散又复杂

由政府和商业机构两部分组成。美国是个联邦制的国家，各州政府有很大的行政独立性，但联邦政府对涉及公共安全与医疗健康产品认证，为避免州一级政府的重复检测或在联邦政府采购前对产品检测认证，通常对供销售的产品的质量状况进行认证，则采用中央集权的管理模式和监督执法，从而提供一种统一的交易基础。

美国以标准、检测、标识及认证等为手段，为进口产品设置“高门槛”及繁杂的检验手续。美国标准本来就数量多，要求高，再加上评定系统复杂，本国公司有时都不容易应付，更何况那些想进入美国市场的外国公司了。对外国公司来说，接受美国指定实验室的检测，会耗费大量时间和金钱，使进入美国市场的难度和贸易成本增加，由于合格评定包括取样、测试、评估等一系列环节，在每个环节上都可能通过更苛刻的等级要求加以控制，外国的商品的竞争力被有效地制约。美国在加强本国技术壁垒的同时，还开始有意识地对其标准战略进行调整，以期打破欧盟国家和日本等国的技术壁垒限制。

显然，美国的思维是想通过“标准先行”进一步控制国际市场，同时达到突破别国技术壁垒的目的，无论如何，美国这种利用技术标准国际化来克服技术壁垒不利影响的思路值得借鉴。对于发展中国家来说，本国的生产商和市场潜力是最有影响力的因素，如果能善用这些因素，在竞争中完全可以取得自己的发言权。

（二）欧盟

欧盟国家是最先意识到国际贸易中技术性贸易壁垒的国家，同时其成员国也是设置技术性贸易壁垒最严的国家。概括而言，欧盟实施的技术性贸易壁垒主要包括以下四个方面。

1. 技术标准和法规

欧盟有统一的技术标准和法规，成员国也有各自的严格标准，他们对进口商品可以选择对自己有利的标准。到2006年底，欧盟共制定了350个与技术标准相关的法规，内容涉及工业产品的安全、卫生技术标准、商品包装和标签的规定以及认证制度，还涉及农产品的生产加工、运输、贮藏等各个环节。这些技术法规的实施对欧盟内部来说是消除了贸易障碍，但对欧盟以外的国家，尤其是众多的发展中国家来说，无疑设置了很高的进入门槛。

欧盟技术法规主要是欧盟理事会和委员会制定的各种规范性文件，主要形式包括：

（1）条例　《欧洲共同体条约》第189条第2款规定，条例具有普遍适用、统一的约束力，并在所有成员国直接运用。条例具有基础条约实施细则的性质，相当于议会通过的法令，公布生效后各成员国必须执行，无需变成本国法律。

（2）指令　为欧洲议会有关产品要求、检验和合格评定程序的法律条文，要求各成员国把有关立法纳入共同体法律，是对成员国具有约束力的欧盟法律。各成员国实施方法可自行选择，一般给予一定的执行宽限期，使其转化成本国法律。目前欧盟已公布了300多个指令。

（3）决定　为指有明确针对对象的、具有约束力的法律文件，与条例有类似的效力，但适用范围不同，仅指向个别、具体、确定的相对人。

（4）建议和意见　它不具有约束力，但一经发布对有关国家以及社会舆论都有一定影响力。

在欧盟技术法规体系中，指令占有主导地位，欧盟绝大多数产品的技术立法都是以指令的形式发布，只有很少部分是以条例或决定等形式出现。

2. 认证制度和合格评定程序

外国产品要进入欧洲市场，必须符合欧盟指令和标准，欧盟指令规定了哪些产品要经过第三方认证，哪些可以自我认证，对不同产品不同要求。

欧洲合格评定程序有8种模式，即A——生产内部控制、B——型式检验、C——符合性要求、D——生产质量保证、E——产品质量保证、F——产品检验、G——单件验证、H——完全质量保证。企业可以选择其中的2～3种模式，而在选择H，D，E模式时，企业则必须建立相应的质量保证体系。

3. 包装、标签方面

欧盟一直通过产品包装、标签的立法来实施其技术性贸易措施体系的运行，当然也就成了阻碍外国产品的进口屏障。

欧盟等发达国家在产品包装要求上作了相当苛刻的规定，如禁止使用某些包装材料，治理包装废弃物对环境的污染，明确规定生产者、进口商、批发商和零售商在包装废弃物处理方面的责任与义务，提出包装废弃物回收利用目标等。进口商品必须符合这些规定，否则不准进口。随着食品安全问题日益受到关注，目前，欧盟不仅在食品的通用标识方面已进行立法管理，而且对特定食品还制定了附加的法规。如在标签上对食品营养成分的标注，欧盟作了明确规定，必须标明食品的能量指标和蛋白质、碳水化合物、脂肪等含量，要求淀粉、糖醇、胆固醇、维生素和矿物质等达到一定量之上且标明其含量。

4. 绿色技术壁垒

这是欧盟最为严厉的一种技术性贸易措施。主要有以下三种形式：一是绿色技术标准。欧盟制定了许多发展中国家难以达到的环境标准，限制国外产品进口。二是绿色环境标志。它是一种在产品或其包装上的图形，表明该产品不但质量符合标准，而且在生产、使用、处理过程中符合环保要求，对生态环境和人类健康均无损害。三是绿色包装制度。绿色包装是指能节约资源，减少废弃物，用后易于回收或再生，易于自然分解，不污染环境的包装。

（三）日本

日本的技术性贸易措施体系也相当完善，并具有自己的特色。

1. 技术法规、标准和合格评定程序

虽然日本新制定的国家标准有90%以上采用国际标准化组织等的标准。但仍有不少技术标准和法规与国际通行标准不一致。日本针对商品技术标准主要分为两种类型，一种是特殊型规格，主要是指商品在品质、尺寸和检验方法上的特定标准；另一种则是任意型规格，主要是在日用消费品项目中自然形成的产品成分、规格和形状等。

日本的认证制度与合格评定程序分强制型和自愿型两类。强制型认证与合格评定以法律形式颁布执行，其认证和评定的对象主要是消费品，电器产品、液化石油器具和煤气用具等。合格评定工作由政府管理，经济产业省具体负责实施检验、认证和实验室认可。

2. 进口检疫与食品卫生制度

日本制定了一系列法律法规，对进口的动植物及食品实行严格的检疫和卫生防疫制度。对于入境的农产品，由农林水产省下属的动物检疫所和植物防疫所从动植物病虫害的角度进行检疫。同时由于农产品中很大部分用作食品，在接受动植物检疫之后，还要由日本厚生劳动省下属的检疫所对具有食品性质的农产品从食品角度进行卫生检疫检查等。日本对食品的安全卫生指标十分敏感，尤其对农药残留、放射性残留、重金属含量要求日趋严格。如日本对进口中国大米的农药残留检测已增至123项。我国的猪牛羊肉及其产品要出口日本还必须经过指定的设备加热消毒处理。

3. 食品卫生防疫体系

日本的进口食品卫生检查主要有命令检查、监测检查和免检。命令检查即强制性检查是对于某些易含有害残留物质或易沾染有害生物的食品要逐批进行强制的检验。监测检查是指由卫生检疫部门根据自行制定的计划，按照一定的时间和范围对不属于命令检查的进口食品进行的一种日常抽检，由卫生检疫部门自付费用、自行实施。若在监测检验中发现来自某国的某种食品含有违禁物质，以后来自该国的同类食品有可能必须接受命令检查。进口食品添加剂、食品器具、容器。包装等也必须同样接受卫生防疫检查。

4. 肯定列表制度

肯定列表制度（Positive list system）是日本为加强食品（包括可食用农产品）中农业化学品（包括农药、兽药和饲料添加剂）残留管理而制定的一项新制度。该制度要求食品中农业化学品含量不得超过最大残留限量标准；对于未制订最大残留限量标准的农业化学品，其在食品中的含量不得超过“一律标准”，即0.01mg/kg。该制度于2006年5月29日起执行。肯定列表制度提出了食品中农业化学品残留管理的总原则。厚生劳动省根据该原则，采取了以下三项具体落实措施：确定“豁免物质”，即在常规条件下其在食品中的残留对人体健康无不良影响的农业化学品。对于这部分物质，无任何残留限量要求；针对具体农业化学品和具体食品制定的“最大残留限量标准”；对在豁免清单之外且无最大残留限量标准的农业化学品，制定“一律标准”。肯定列表制度覆盖了所有农业化学品和食品，原先有“最大残留限量标准”的遵从“最大残留限量标准”，无“最大残留限量标准”的遵从0.01mg/kg的“一律标准”。因此，“肯定列表制度”的推行，与日本先前施行的制度相比，覆盖范围广得多，要求也严得多。

第三节　食品国际贸易中的技术性贸易壁垒

本章第二节介绍了发达国家的技术性贸易壁垒，涉及了食品贸易中的技术性壁垒问题。本书第四章有关当代食品国际贸易的介绍分析了食品贸易争端。实际上，食品技术性贸易壁垒种类繁多。本章节主要通过以下四个类别具体壁垒的分析，阐述食品国际贸易中的技术性贸易壁垒，进一步了解食品国际贸易中的技术性贸易壁垒。

一、农药残留壁垒

1．中国输日菠菜毒死蜱残留量

日本规定，菠菜中毒死蜱最高残留量为0.01mg/kg。世界上只有少数几个国家制定了类似的严格标准，国际食品法典和美国未制定该标准，欧盟规定的限量为0.05mg/kg。据统计，在日本，菠菜的人均日摄入量为22.8g，萝卜和白菜分别为47.3g和37.4g，而日本制定的萝卜和白菜中毒死蜱的最高残留限量分别为3.0mg/kg和1.0mg/kg，分别是菠菜毒死蜱残留限量的300倍和100倍。中方认为最高残留限制标准应主要根据相关食品的人均日摄入量制定，对该标准与WTO实施卫生与植物卫生措施协议风险评估原则的一致性表示关注。新鲜蔬菜经冷冻处理后，存在明显的缩量和浓缩效应，因此加工品与未加工品的农药残留标准应该区别对待。如果确有必要也应当分别制定限量标准。日本在没有单独规定冷冻菠菜毒死蜱的残留限量的情况下，将新鲜菠菜的农药残留标准适用于冷冻菠菜上，对中国产冷冻菠菜采取限制进口措施。

2．欧盟为第三国动物源性产品中的残留物质制定统一检测标准

2005年1月，欧委会发布了第2005/34/EC号决定，对从第三国进口的动物源性产品中的药物残留限量作出了规定。根据规定，欧委会第2002/657/EC号决定附件2中规定的各类残留物最低限量值将作为欧盟判断药物残留是否符合标准的依据，对于残留物检出值等于或高于最低限量标准的进口产品，欧盟将进行销毁或退运；对于虽然检出禁用物质残留但低于最低限量的产品，可允许其进入欧盟市场但将被记录在案，一旦在6个月内同一来源同一禁用物质出现4次或以上记录时，欧委会将向出口国进行通报并采取相应的措施。

3．欧盟提高对中国茶叶中农药残留的检测要求

欧盟和日本是中国茶叶的主要输出地区。2000年，欧盟先后发布了2000/24/EC、2000/42/EC指令，增加茶叶农残限量10项，改变茶叶农残限量6项。2001年7月，欧盟新的茶叶农药残留量检验标准猛增到108项，并规定凡超过农残标准的茶叶实行就地封

存、销毁或退回到原产地国家。2006 年 1 月，欧盟最新的食品及饲料安全规定中对茶叶农药残留的检验项目从原先的 193 项增加到 210 项，210 项以外的农药残留项目采用 0.01mg/kg 的“默认标准”。而茶叶中硫丹的限量从原来的 30mg/kg 改为 0.01mg/kg，限量标准提高了 3000 倍。直接导致了中国对欧盟茶叶出口的减少，此外日本、美国和澳大利亚也纷纷效仿欧盟，提高茶叶中农残的检测要求，严重影响了中国的茶叶出口贸易。

4. 日本的肯定列表制度

2006 年 5 月 29 日实施的日本的肯定列表制度明确设定了进口食品、农产品中可能出现的 734 种农药、兽药和饲料添加剂的近 5 万个暂定标准，大幅抬高了进口农产品、食品的准入门槛。肯定列表制度的实施反映了日本从 2003 年《食品卫生法》修订以来，全面系统地加强本国食品安全管理的基本策略，即由以往单个或局部化学品残留标准调整转化为全方位的标准调整。实际上，日本政府从 2002 年将各种贸易技术壁垒合法化、制度化。肯定列表制度是一套全新的、庞大的农产品、农药与兽药残留的标准系统，在肯定其合理性、可接受性之外，应该看到不协调之处，即它是一个既庞大又杂乱，既严又不严，具有明显歧视性的技术性贸易措施，是相互矛盾的一个产物。

二、体系认证壁垒

1. 马来西亚的 Halal 认证

2004 年开始，马来西亚规定，进口禽畜产品需向马来西亚农业部下属的兽医局或马来西亚国家检疫局提出书面申请，获得进口准证后才能办理其他进口手续。此外，销往马来西亚的肉类及其加工产品、家禽、蛋品等都必须通过 Halal 认证，该认证由马来西亚兽医局和伊斯兰发展局在现场检查后联合做出。相对马来西亚的外国企业反应，Halal 认证过程缺乏足够的透明度，导致认证过程混乱。这种现象的出现在一定程度上构成了技术性贸易壁垒。

2. 印度有关的进口强制检验制度

印度规定，2004 年后凡是进口属于印度标准局 109 种强制进口认证产品范围内的产品，外国生产商或印度进口商必须事先向印度标准局申请产品质量认证，并获得认证证书，海关方可对其进口产品予以放行。列入强制进口认证产品清单的 109 种产品，主要包括食品防腐剂和添加剂、乳粉、某些特定型号的水泥、家用电器产品、高压气瓶及多功能干电池等。为进行认证，外国制造商除缴纳申请费、检验组的所有旅途费用以及 300 美元的检验费等费用外，还需再缴纳一定数额的认证费及每年不少于 2000 美元的认证标志使用费。认证证书有效期为一年，期满可申请延期。印度进口强制检验制度下的外国生产商申请进口产品认证证书的程序复杂，费用昂贵，申请时间长，给外国生产商带来了不合理的负担。

三、标签壁垒

1. 日本关于食品原产地标签的要求

根据日本农林物资规格化和质量表示标准法规的规定，从 2000 年 12 月开始，在日本市场上销售的食品都必须标注原产地。2004 年 9 月，日本农林水产省对加工食品的质量标签标准做出修正，扩大须标明原产地的加工食品范围。对无义务标明原产地的加工食品，规定须有防止对原产地产生误导性的标示。2005年9月，日本再次修改有关规定要求，严格区分加工产品的加工地和原产地，同时将20类接近于生鲜食品的加工产品列入标注对象。日本还经常对水产品品质和原产地标识进行检查，甚至对标识为国产的鳗鱼加工品进行DNA分析，并在官方网站上公布检查结果。由于日本政府政策措施的诱导，加上日本媒体对中国农产品药残超标过度且片面的渲染，导致日本消费者产生食用中国农产品不安全的错误印象。

2. 欧盟关于转基因食品标签的规定

从2004年4月起，欧盟开始执行有关转基因食品标签的新规定，这项规定是世界上同类规定中最为严格的，它要求凡含有转基因成分超过0.9%的食品都要贴上标签，以确保消费者有充分的知情权。该项规定同样适用于饲料和动物食品。该规定还确立了备案制度，要求能跟踪转基因产品的来源及流向，并要求将产品的产地成分和去向等资料保存5年。

3. 加拿大食品营养标签规范

自2005年12月12日起，销售额超过100万加元的加拿大食品制造商和进口商，需执行食品和药品法中有关营养标签规范的规定。厂家有一年时间全面执行达标，即2005年12月12日前进口或生产而没有提供营养资料表的产品暂时会获宽松处理，但于2006年12月12日后必须遵守该规定。对于小型制造商，允许延期至2007年12月12日执行该规定。该规定要求加拿大食品制造商和进口商在其食物商品标签或广告上出现营养成分、营养价值或富有营养价值的措辞，或者出现一种新的营养含量或与饮食相关的健康声明时，需标明产品中卡路里和13种关键营养素的含量。另外，该法规还提供了约272个不同的营养标签标准范例供选用，每种食品必须根据包装上的有效显示面积的15%来选择合适的标签，不能随意选用。

4. 美国食品标签标识技术壁垒

美国对食品标签的要求极为严格，食品与药物管理局要求大部分的食品必须标明至少14种营养成分的含量，这加大了发展中国家出口商的成本，尤其是对没有条件进行食品成分分析的国家而言，无疑是禁止进口性措施。2006年1月1日，美国食品与药物管理局（FDA）开始强制性实施两项新的食品标签要求，分别是将反式脂肪酸列为必须标示的营养成分，但每份用餐量中脂肪含量低于0.5克的食品可以不标出反式脂肪酸含量；以及对于含有致过敏物质的食品，要求必须在食品标签上标示出所有可能导致过敏的成分（即使仅含微量过敏源）。

四、其他技术性贸易壁垒

1. 欧盟关于有机食品进口的法规

欧盟理事会关于农产品和食品的有机产品及其标识的第EEC 2092/1991号规则，是欧盟关于有机产品生产加工标识标准和管理的基础性法规。修订后的规则规定2005年12月31日后出口到欧盟的有机产品只能通过政府间互认协议的方式，即只有列入欧盟第三国名单的国家的产品才能出口到欧盟。目前，进入欧盟的第三国名单的只有6个国家。2005年9月下旬欧盟又通过新决议，推迟执行该项法规至2006年底。中国已向欧盟提出关于加入第三国名单的申请，但欧盟有机产品第三国名单的评估非常严格和复杂，一般至少需要两年左右的时间。

2. 美国的生物反恐法

美国于2002年颁布《公众健康安全与生物恐怖主义预防应对法》（简称《生物反恐法》），为食品和生物反恐问题制定了严格的指导原则。美国食品与药物管理局为执行该法，于2003年分别颁布了《行政性扣留可疑食品法》、《食品企业注册法规》、《记录的建立和保持法》、《进口食品的预先通报制度》等四个过渡性法规，并在2004年确认了前3个法规为最终法规。中方对美国食品与药物管理局上述反恐努力表示认同，但同时对以上措施可能产生的有关问题表示关注。因为新的系列规定将降低通关速度，增加企业出口成本。同时新措施增大了出口市场的不确定性。根据原有规定，美国食品与药物管理局可基于第801a节对进口品进行扣留。2005年1～12月份中国被拒绝进入美国市场产品总批次高达2071批次，同比增长12%。被拒货物批数位居各国之首。

3. 动物福利壁垒

1976年，美国人休斯提出了动物福利的概念，认为饲养在农场中的动物要使其与其环境保持协调一致的精神和生理完全健康的状态。目前，国际上通用的动物福利基本原则为：生理福利、环境福利、卫生福利、心理福利和行为福利，具体如表5－2所示。一些发达国家在动物福利方面已制定相关规定。美国于2002年启动了“人道养殖认证”标签，该标签的作用是向消费者保证提供这些肉、禽、蛋、奶类产品的机构在对待家禽方面符合文雅、公正、人道的标准。欧盟也出台了一系列新措施，如2003年1月，欧盟理事会提出欧盟成员在进口动物产品之前应将福利考虑在内，从2004年开始市场上出售的鸡蛋必须在标签上标明是“自由放养的母鸡所生”还是“笼养的母鸡所生”。在2005年中国哈尔滨国际经济贸易洽谈会期间，欧盟一个畜产品进出口贸易商到我国黑龙江正大企业欲采购金额达上亿元的活体肉鸡，但是在欧盟厂商代表参观完正大企业后宣布交易取消，原因是正大企业“不够宽敞的鸡舍”。

表5－2　　动物五项福利

福　利	原　则
生理福利	无饥渴之忧虑
环境福利	让动物有适当的居所
卫生福利	减少动物的伤病
心理福利	减少动物恐惧和焦虑的心情
行为福利	应保证动物表达天性的自由

资料来源：吴翠霞．国际贸易中的动物福利壁垒及应对措施．商场现代化．2007（8）。

第四节　技术性贸易壁垒的形成机制与导向效应

国际贸易理论的发展基本上分为两大主线，即保护贸易理论和自由贸易理论，而且相互之间争论由来已久，始终不曾停止过。每个国家都面临着贸易自由与保护的两难选择，各国贸易政策是其利益的博弈。任何一国试图实施单边自由化的努力都很难成功，短期内各国出于本国利益最大化考虑，均会选择保护贸易政策。从某种意义上说，自由贸易仿佛正成为一种理论思想，保护贸易反而是一种事实常态。技术性贸易壁垒作为贸易保护主义的产物也不例外。但与传统的贸易保护主义政策工具相比较，技术性贸易壁垒的产生有其复杂的背景，对保障食品安全具有重要意义，客观上对发展中国家具有导向效应。本章节将重点讨论这个问题。

一、技术性贸易壁垒的形成与作用机制

一个国家国际贸易政策的制定、实行在一定程度上受国际政治经济力量抗衡的变化影响。国际经济学家金德尔伯格、库拉斯纳等提出的“霸权安定理论”认为，当国际体系中具有超群的军事力量、政治力量和经济力量的某一突出国家，即所谓霸权国家出现的时候，它必然要求并试图建立开放的国际贸易体制。但如果霸权国家遇到了新的强有力的竞争对手，自己的力量无法挽回失去的优势局面，那么该国的贸易政策就会回到保护状态。在现今世界，贸易自由化成为发展的主流方向。然而，各国政府均把本国经济利益放在国家利益的核心地位，尽可能地采取贸易保护政策，保护其弱势产业免受冲击和不良影响，技术性贸易壁垒则是在这样一个背景之下的次优选择。

（一）形成机制

技术性贸易壁垒形成机制的分析可通过博弈论的囚徒困境模型来展开。假设：① A 国和 B 国按照比较优势进行生产和贸易，A 国在甲产品生产上具有优势，B 国在生产乙产品上具有优势。根据比较优势理论，两国分别从对方进口自己具有劣势的产品，即 A 国从 B 国进口乙产品，B 国从 A 国进口甲产品；② 只允许采用技术性贸易壁垒的方式来限制对方进口；③ 两国采用技术性贸易壁垒的概率（P）各为50%，如图 5-1 所示：

		A 国	
		设置 TBT	不设置 TBT
B 国	设置 TBT	(0,　0)	(−1, 1)
	不设置 TBT	(1,　−1)	(0.5,　0.5)

图 5-1　技术性贸易壁垒的囚徒困境模型

矩阵中第一个数字表示 A 国的收益 X，第二个数字表示 B 国的收益 Y。假设此处的收益是只考虑设置技术性贸易壁垒带来的收益。在 A，B 两国均采用技术性贸易壁垒，双方的收益为 0，若两国均不采用技术性贸易壁垒，两国的收益各为 0.5。

那么对于 A 国，不设置贸易技术壁垒时，最大收益为：

$$P_1X_1 + P_2X_2 = 0.5 \times 0.5 + 0.5 \times (-1) = -0.25$$

设置贸易技术壁垒时，最大收益为：

$$P_1X_1 + P_2X_2 = 0.5 \times 0 + 0.5 \times 1 = 0.5$$

那么对于 B 国，不设置贸易技术壁垒时，最大收益为：

$$P_1Y_1 + P_2Y_2 = 0.5 \times 0.5 + 0.5 \times (-1) = -0.25$$

设置贸易技术壁垒时，最大收益为：

$$P_1Y_1 + P_2Y_2 = 0.5 \times 0 + 0.5 \times 1 = 0.5$$

根据理性人追求自身利益最大化的原则，理性人都会剔除严格的劣势策略，而选择设置技术性贸易壁垒。虽然设置技术性贸易壁垒的国家都知道，不设置技术性贸易壁垒能够

提高整体福利，反之会使双方的利益受到损失，但不设置技术性贸易壁垒可能会导致本国经济利益遭受更大损失，因此最终还是会选择设置技术性贸易壁垒。

（二）作用机制

从技术性贸易壁垒的作用机制来看，它对进口产品形成数量和价格两方面的控制作用。即进口国对进口商品制定标准、技术法规和标签等要求，并根据这些要求对进口商品进行合格评定，符合规定的产品允许进口，不符合规定的产品则禁止进口。由于利益驱动，出口方必然努力设法跨越贸易技术壁垒以便进入进口国市场，努力的方向就是按照进口国的技术要求，改进产品质量，提高技术水平，或者改进产品的包装，使之符合规定和要求。而产品的改进，往往需要引进先进技术或进行新的投资，从而增加进口产品的成本负担，进而削弱进口产品的成本优势。此外，由于进口产品在进入市场前必须经过一定的合格评定程序，要支付检验费用及其他费用，从而进一步增加了进口产品的成本。成本的增加相应地提高了进口商品的价格。此时，技术性贸易壁垒对进口产品产生了明显的数量控制作用和价格控制作用。

1．数量控制机制

技术性贸易壁垒作用于进口产品的数量控制机制如图 5－2 所示。

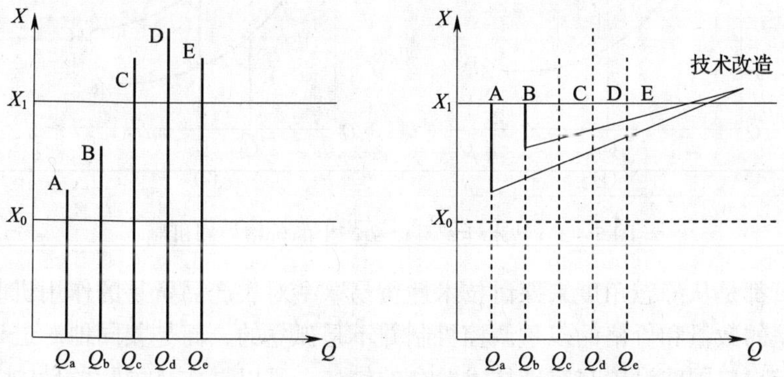

图 5－2　技术性贸易壁垒对进口产品的数量控制作用

图 5－2 中，横坐标表示进口国的商品进口数量，Q 表示同类商品的进口批量；纵坐标表示进口国对商品的技术性要求，由下至上表示技术性要求的提高。当技术性要求为 X_0 的水平时，图中所列商品 A，B，C，D，E 等因达到或超过规定的技术性要求而被允许进口。而当进口国将对进口产品的技术性要求提高到 X_1 的更高水平时，则 A，B 商品因低于 X_1 的要求而被拒绝进口。这里进口国技术性要求的提高明显地形成了对进口国的贸易障碍，对进口商品产生了数量控制。

2．价格控制机制

当进口国对产品的技术性要求提高，并且在客观上形成了对进口商品的贸易障碍时，出口企业只有通过增加成本，对产品进行技术性改进，方能使产品达到新的要求，从而出口到该出口市场，此时技术性贸易壁垒便会通过影响进口商品的成本，进而形成对进口产品的价格控制机制。如图 5－3 所示。

图中 P 表示商品的价格或成本，Q 表示出口企业生产的产品数量，AC 表示该产品的单位平均成本。由于一般情况下生产过程存在规模经济，AC 曲线凸向原点并严格递减，即产量越大单位产品的成本越低。假设该产品的国际市场价格是 P_0，则在没有技术性贸易壁垒的情况下，出口企业的产量为 Q_1，出口到市场的单位产品利润 W，如图 5－3（1）所示。当进口国的标准、技术法规等与该产品的生产国不一致，或者进口国设置绿色障碍时，出口企业势必要调整生产过程或付出额外的费用使其产品符合进口国的要求，这一额外的成本为 AC_t，AC_t 的存在使该产品的单位平均成本曲线 AC 的位置上移，如图 5－3（2）所示。因此，在出口企业产量仍为 Q_1 情况下，该产品在进口国的售价至少需要从 P_0 提高到 P_1 才不至于产生亏损。而价格的提高，无疑将降低该出口产品相对于进口国同类产品的竞争力。这便是技术性贸易壁垒对进口产品的价格控制机制。在这种情况下，出口企业突破技术性贸易壁垒的一个有效办法，就是充分利用规模经济效应，将生产规模推进到 Q_2 以上，尽可能降低单位平均成本以赢得竞争优势，如图 5－3（2）所示。

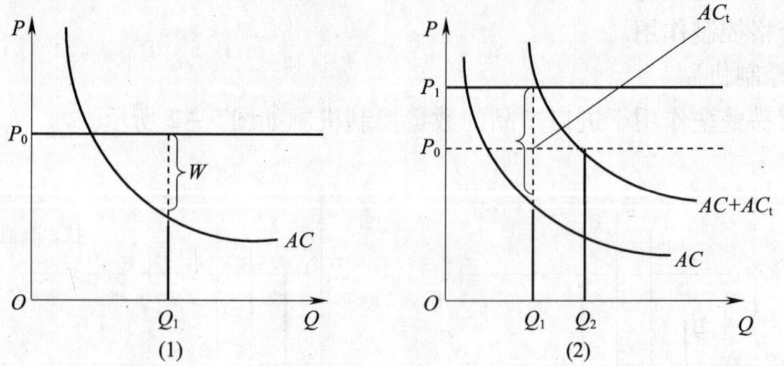

图 5－3　技术性贸易壁垒产生的价格控制机制

上述分析都是从静态角度来探讨技术性贸易壁垒对农产品贸易的作用机制。然而，技术性贸易壁垒的数量和价格的双重调控机制并不是孤立的，而是共同地对进口产品发生作用。进口国与出口国间设置与突破技术壁垒的较量，可以看作是国际贸易中各国利益再分配的动态博弈过程。当进口品的进入是初期时，技术性贸易壁垒主要表现为数量控制机制的作用，其结果导致不符合标准的产品的厂商为获得市场，必须依据技术性贸易壁垒的规定，改进产品质量，提高技术水平，或者改进产品的包装，使之符合进口国的技术标准、检疫规定或者卫生法规。而产品的改进，无论是产品的质量、技术水平还是包装，往往需要从国外引进先进技术，或者对产品进行新的设计、改造，以及对产品的包装进行革新，这些都需要进行新的投资，使得改进后的产品的成本大大提高，出口商为了赢得利润必然要求提高出口产品销售价格，从而削弱了出口产品的比较优势。因此，此时的技术性贸易壁垒发挥的是一种比较典型的价格控制机制。然而，一旦所有的出口产品都跨越了技术性贸易壁垒，即所有的出口产品都满足了进口国所制定的技术标准、规定以及法规等要求，那么此时的技术标准和法规、检疫规定等就没有起到阻碍产品进口的作用，从理论上说此时技术性贸易壁垒的数量控制机制作用已不复存在，技术性贸易壁垒对进口产品的作用又相当于零配额。这一过程的新贸易壁垒不再起作用，标志着下一个过程的开始，因为随着技术创新的深入，东道国新的技术标准和法规、检疫规定等将不断出现，并被采用于新的技术法规、规定之中，就对进口的产品形成新一轮的控制机制，从而使技术性贸易壁垒的双重控制呈现出交替循环变化的过程。

在现实当中，即使所有出口产品已满足技术性贸易壁垒所有的技术标准、检疫规定和卫生法规，也不可能无限制的输入进口国。因为进口国可以通过对检验过程的控制相应地控制进口品的数量，形成新型的数量控制机制。当进口国需要大量进口某产品时，可通过增派检验人员等手段，加快检验进度，提高检验效率；当进口国需要限制进口某产品时，可通过减少检验人员等手段，放慢检验进度，降低检验效率，从而控制了进口数量和进口速度。

综合上述分析的结果，技术性贸易壁垒具有数量和价格的双重控制机制：从静态角度考察，技术性贸易壁垒呈现为一种数量和价格控制机制；而从动态角度考察，技术性贸易壁垒则呈现出由数量控制——价格控制——数量控制这一循环变化的过程。技术性贸易壁垒一旦形成或发生变动后，就会通过自身所具备的双重控制机制发生作用，阻碍相应产品的进口。

二、导向效应的简要分析

技术性贸易壁垒是发达国家基于环境保护等所形成的各种规定而逐步演化形成的贸易壁垒，虽然具有贸易保护的功能，但其确实是科技进步的产物，是人类文明进步的体现。因而技术性贸易壁垒对发展中国家出口贸易的正面效应正备受国内外学者所关注。

（一）技术创新效应

美国学者波斯纳（M. V. Posner）于1961年在《国际贸易与技术变化》一文中提出了国际贸易的技术差距模型（Technological Gap Model），又称技术差距理论（Technological Gap Theory），认为技术实际上是一种生产要素，但不同国家的技术水平存在着差距，技术领先的国家往往凭借自身技术的比较优势出口技术密集型产品。因此，技术创新可以促进出口。但出口产品数量的增加是时间的减函数，随着新技术被不断的模仿且在此基础上的创新，原来技术领先的国家可能逐渐丧失优势地位甚至变为该产品的进口国。一般来说，针对某类产品而设计的技术性贸易壁垒与该产品的进出口间存在着时间差，技术性贸易壁垒的实施一般会在新产品的标准化阶段。如图5-4所示，CD阶段为产品的技术标准化阶段，由于技术性贸易壁垒实施而产生的效应导致产品出口规模迅速下降，CD线演化为CD^*。如果出口国不采取任何措施，则出口会沿着CD^*以更快的速度下降；但如果出口国在创新利润消失之前，在社会边际收益（MSR）大于社会边际成本（MSC）时，即在CE阶段积极创新并实现新产品的投产、出口，则又会实现新的创新利润。从这个角度看，技术性贸易壁垒就成为技术创新的激励机制。

（二）制度创新效应

具有内在增长机制的贸易活动对自然资源的需求具有无限性，这是贸易活动的逐利性所决定的；而具有内在稳定性机制的生态环境对自然资源的供给则具有有限性，这是生态环境内在的平衡性所决定的。因此，需要统筹环境保护和贸易发展间的关系来调节无限需求与有限供给的矛盾。然而，一个不可否认的客观事实是，包括中国在内的发展中国家往往为了扩大出口，增加外汇储备，促进国内就业，在经济发展中不同程度地造成对自然资源的过度消耗，导致环境恶化。技术性贸易壁垒是科技进步的产物，随着科技的迅速发展，技术性贸易壁垒将日益复杂，效应将日趋放大，对发展中国家对外贸易将产生全方位的影响，客观上要求发展中国家必须进行制度创新，通过制度的设计与强化实施逐步并最终彻底放弃传统的发展模式，以尽可能少的资源消耗和环境成本，获得尽可能大的经济效益和社会效益，将环境保护由末端治理变为源头防控，努力走上一条可持续发展之路。

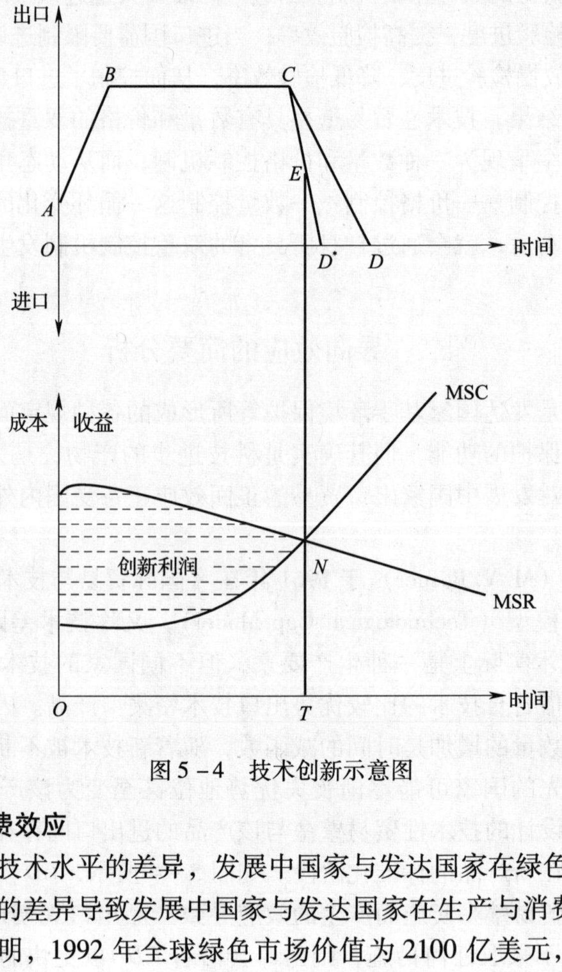

图 5－4　技术创新示意图

（三）绿色生产与消费效应

因为经济发展与技术水平的差异，发展中国家与发达国家在绿色概念的认识上有着相当大的差异，认识上的差异导致发展中国家与发达国家在生产与消费观念上的巨大反差。世界银行统计数字表明，1992 年全球绿色市场价值为 2100 亿美元，1997 年扩大为 4500 亿美元，到 2010 年将突破 1 万亿美元。而 1997 年中国绿色产业的产值为 522 亿元，1998 年为 562 亿元，1999 年为 611 亿元，仅占国内生产总值的 0.7% 左右，这与发达国家相比显然差距很大。绿色消费是 20 世纪 90 年代兴起的一种国际性的消费新潮流，是 21 世纪消费的大趋势，发达国家经济水平高，对绿色产品的需求偏好必然高。

从图 5－5 可知，随着收入的增加会引起预算线从 A_1B_1 右移到 A_2B_2，从而跟更高的无差异曲线 U_2 相切，对绿色产品的需求也从 X_1 增加到 X_2。1990 年的调查表明，67% 的荷兰人、80% 的德国人、77% 的美国人和 94% 的加拿大人在选购商品时把产品对环境的影响作为重要的因素加以考虑。而近来根据联合国提供的数据表明，84% 的荷兰人，89% 的美国人和 90% 的德国人在购买物品时都会考虑到产品的环保标准。正是这种绿色生产与消费需求的兴起，使得绿色贸易成为当今国际贸易的主流形态。技术性贸易壁垒的兴起客观要求发展中国家的企业改变以往单纯的经济利益驱动的发展思路，努力提升绿色生产与消费的水平。

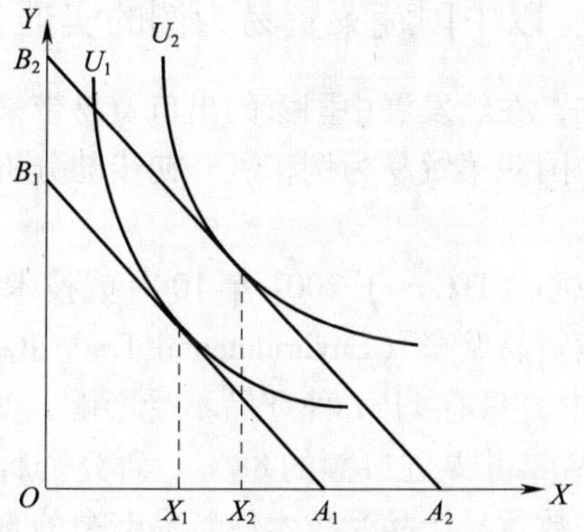

图5-5　收入提高，预算线右移

（四）标准接轨的导向效应

设置技术性贸易壁垒最终的作用对象为进口商品，其本质特征是通过它所形成的障碍，造成某些进口产品与进口国的技术标准等产生冲突，从而实现限制海外商品输入的目的。

技术标准是现代国际贸易的基本要素之一，谁掌握了标准的制定权，谁就掌握了国际市场上的主动权。国际技术标准制定的过程实际上是发达国家间瓜分国际市场、进行利益分配与控制世界最先进技术的过程。由于各种复杂的原因，发展中国家技术标准明显滞后，出口产品设计范式陈旧，国际标准采用率低，不能满足国际市场需求的变化发展是发展中国家出口产品屡次碰壁的重要原因。技术性贸易壁垒的出现要求发展中国家必须根据进口国颁布的新的技术标准，采用适应国际市场的技术标准，并通过由点带面的技术扩散效应，带动产业升级，从而提高其国际市场竞争力（见图5-6）。

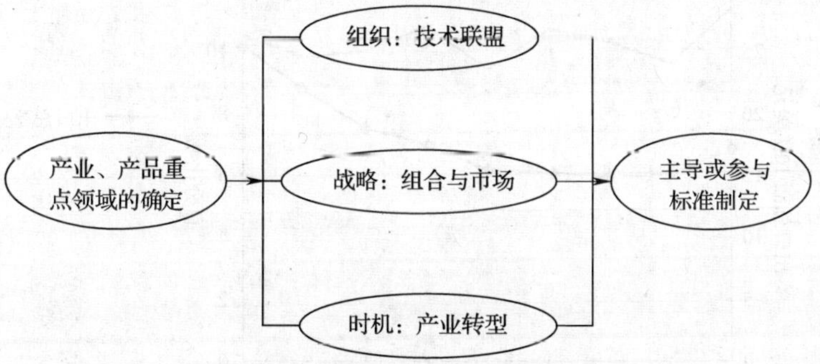

图5-6　标准制定参与模式框架图

经济发展必然要消耗资源和影响环境，对资源和环境的利用是竞争力的重要支撑，但是由于具有公共财产性质的自然资源和环境生态不可能完全由市场价格机制来调节。所以，浪费资源和破坏环境成为人类对自然和未来的掠夺。科学应是理性的，但人类在资源、环境以及发展的价值取向上却潜藏着产生“集体非理性”的危险。如果没有技术性贸易壁垒导向效应的理论进步，发展过程有可能偏离科学的轨道而误入单纯追求个体理性而丧失集体理性的歧途。技术性贸易壁垒导向效应的提出是一个重大的理论创新，而整个理论创新的过程还将不断地进行。

三、以中国蔬菜贸易为例的实证分析

技术性贸易壁垒的存在，在给发展中国家的出口贸易带来负面影响的同时，也具有积极的导向效应。本章节以中国蔬菜贸易为例，展开初步的分析。

（一）总体描述

中国联合国国际贸易中心（ITC）于2001年10月就技术性贸易壁垒对贸易的影响作了全面的评估，结论是环境贸易壁垒（Environmental Trade Barriers，ETBs）几乎影响所有贸易产品，在4917种产品中，只有1171种产品不受影响，受影响的3746种产品的贸易额达47320亿美元，占1999年世界进口额的88%。研究资料表明，137个国家采用了环境贸易壁垒。因此，绝大多数贸易产品受技术性贸易壁垒的直接或潜在的影响。

中国作为世界第三大贸易国，同时也是技术水平较为落后的发展中国家，由于出口的产品档次和质量较低，更是受到了技术性贸易壁垒的强烈冲击。据联合国一份统计资料表明，由于我国不符合国外日益严格的环境标准，每年约有74亿美元的出口商品受到不利影响。蔬菜出口是我国农产品贸易顺差的主要原因之一，而由于我国蔬菜科技水平不高，环境污染加剧，出口蔬菜品质难以提高，国际竞争力不强，蔬菜出口更容易受技术性贸易壁垒的影响。如图5－7所示，1995年我国蔬菜出口金额为17.1亿美元。1997—1998年，受东南亚金融危机的影响，蔬菜出口金额大幅下降，1999年以后才开始缓慢回升，2004年我国蔬菜出口额达到了25.4亿美元，但相对于我国其他农产品及其加工品出口的增长回升比较缓慢，蔬菜在农产品总出口额的比重虽然从2001年开始回升到10.8%，但随之又开始下降，直到2004年才初步恢复到10.5%。1995—2004年我国蔬菜出口额的变化，一个重要的原因是受技术性贸易壁垒的影响。

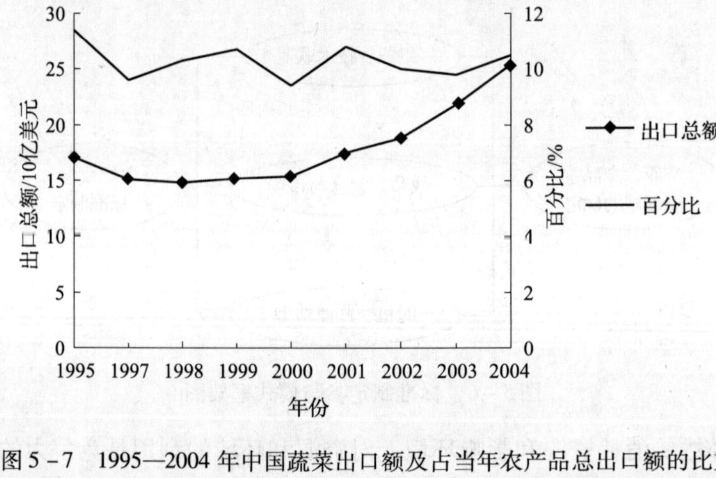

图5－7　1995—2004年中国蔬菜出口额及占当年农产品总出口额的比重

资料来源：夏友富．技术性贸易壁垒的特点及其发展趋势．中国质量与品牌，2004（3）

（二）导向效应

技术性贸易壁垒给我国蔬菜出口贸易带来负面影响的同时，也具有了积极的导向效应。主要表现如下。

1．带来新的市场机遇

技术性贸易壁垒的实施客观上促进出口国企业规范管理，提高技术水平。一个出口企业领先于其他竞争者，在达到较高的环境标准后，更易进入国际市场。例如，2002 年初，主要进口国日本提高了西兰花的检测标准，从原来的 6 项指标增加到 43 项，导致浙江省临海市上盘镇西兰花在日本的滞销。临海市上盘镇西兰花于 1989 年引种试种，到 1995 年种植面积逐步发展到 2000 亩，到 2005 年西兰花种植面积达 10 万亩，是我国规模最大的冬春西兰花生产中心和重要的国际西兰花生产基地，年生产面积 10 万亩，占浙江的 50%，全国的 25%，是“中国西兰花之乡”。2002 年初，由于受日本“农残风波”的影响，上盘镇西兰花在产地价格狂跌，从 2001 年底的 4.80 元/公斤跌到 2002 年 2 月的 0.20 元/公斤，农民每亩减收 1000 元，许多西兰花烂在田里，无人问津，西兰花变成菜农的“苦菜花”。据统计，2002 年上半年由于西兰花出口受阻，农民累计减收 6000 多万元（不包括企业损失），给农民和企业造成巨大损失。

针对日本西兰花检测标准的提高，2002 年 6 月，当地的西兰花加工企业和种植大户联合当地 800 多户菜农，成立了上盘镇西兰花产业合作社，开始推行绿色标准化生产。此后，上盘镇种植的西兰花经进口方检测批批顺利通关。在全国其他西兰花基地出口减少的情况下，上盘镇西兰花出口量却转降为升，2003 年第一季度出口由 2002 年同期的 12050t 上升为 16580t。2006 年 11 月至 2007 年 4 月间，西兰花生产总量 10.2 万 t，总产值 2.7 亿元；其中直接出口日本、韩国、新加坡等国家 1.15 万 t，出口额 1000.57 万美元。近几年，上盘镇西兰花产业合作社生产的西兰花在客户现场抽检、海关出口抽检及国外进口商入关抽检中合格率均为 100%，为上盘镇西兰花品质赢得了较好的口碑。由此可见，在短期内技术性贸易壁垒可能会导致出口方的出口量下降；但从中长期来讲，只要出口方严格按照进口方的绿色贸易壁垒的各项指标要求，改进技术，提高产品质量，产品出口量可能会逐渐恢复甚至上升。同时，绿色产品的兴起为我国蔬菜出口开辟了广阔的国际市场。随着健康和环保理念日益深入人心，国际市场上对多品种、多口味的绿色蔬菜的需求正稳步上升，我国应顺应这一绿色潮流，抓住时机发展绿色蔬菜生产，增强企业竞争优势，加速开拓国际市场。

2. 提升出口企业的国际竞争力

由于发达国家高筑技术性贸易壁垒，提高进口产品的市场准入，我国出口企业为保持甚至提高蔬菜产品在国际市场的份额，则不得不采用新技术、新工艺，并增加投入培训工作人员，提高蔬菜产品的质量和档次，积极开展 ISO 9000、ISO 140000 和 HACCP 质量体系认证等，使我国的绿色蔬菜生产更加标准化、规范化，与国际惯例接轨，提高我国出口蔬菜在国际市场的地位，增强国际竞争力，为企业突破技术性贸易壁垒提供有效“通行证”。

3. 带动蔬菜出口结构的调整

从产品结构上来看，我国出口的蔬菜品种主要包括鲜冷冻蔬菜，加工蔬菜，干制蔬菜，其中绝大部分是鲜冷冻蔬菜。发达国家对粗加工的鲜蔬菜设置的标准多且严格，而对精深加工的干制蔬菜设置的标准则相对较少，并且蔬菜在加工过程中能够降解部分有害物质，因此，干制蔬菜更容易跨越发达国家的技术性贸易壁垒，从而在国际市场上更具有广阔前景。如表 5-3 所示，2005 年和 2006 年我国鲜冷冻蔬菜出口量占总量的 60% 左右，但由于其产品附加值低，2005 年出口创汇仅为 17.73 亿美元。而作为高端产品的干制蔬菜具有附加值高、可常温贮藏、便于运输等特点，2005 年的出口量占总量的 4.96%，其相对的出口创汇较高，达到了 8.44 亿美元，2006 年为 10.1 亿，增长百分比达 19.74%，发展极为迅速。

表 5-3　　2005—2006 年我国蔬菜出口贸易

年份	产品名称	出口额/万 t	增长百分比/%	占蔬菜出口总量百分比/%	出口创汇/亿美元	增长百分比/%	占蔬菜出口金额百分比/%
2005 年	鲜冷冻蔬菜	408.39	12.63	60.06	17.73	22.92	39.55
	加工保藏蔬菜	237.88	15.38	34.98	18.66	15.19	41.63
	干制蔬菜	33.72	1.5	4.96	8.44	14.9	18.8
2006 年	鲜冷冻蔬菜	443.3	8.55	60.52	22.69	27.99	41.83
	加工保藏蔬菜	251.44	5.7	34.33	21.45	14.94	39.55
	干制蔬菜	37.7	11.89	5.15	10.1	19.74	18.62

资料来源：根据中国海关的资料整理形成。

第五节　技术性贸易壁垒盛行的主要原因与未来发展趋势

分析技术性贸易壁垒盛行的主要原因与未来发展趋势，对于发展中国家积极发展食品国际贸易是非常有益的。

一、技术性贸易壁垒盛行的主要原因

研究结果认为，技术性贸易壁垒盛行的主要原因如下。

（一）国家间技术水平差异

随着科技的进步，技术密集型产品占世界贸易额的比例进一步上升，国际贸易中所涉及的各种技术问题变得更加复杂。毋庸置疑，科学技术发展的结果，导致工业发达国家技术法规、标准、认证制度及检验制度等的制定水平和内容居于领先地位。高灵敏度检测技术和电子技术的不断发展，给发达国家限制进口商品提供了快速、准确的数据，而他们在激烈的国际市场竞争中，凭借其先进的技术法规、产品标准等，不断地生产和出口具备先进性、科学性、经济性、适用性、可靠性、竞争性的商品，因而在国际贸易中始终占据主导地位。由于发展中国家科技发展水平、技术法规、标准和认定认证等的制定水平和内容与发达国家存在很大的差距，出口商品往往难以达到发达国家的规定，从而容易受技术性贸易壁垒的影响。因此，科技水平的差异导致技术性贸易壁垒的强化。

（二）传统贸易保护手段弱化

"乌拉圭回合"谈判成功地签署了一揽子协议，进一步强化和完善了直接非关税壁垒的约束机制，尤其是传统的限制类措施被规定了削减或取消的时间表。在此背景下，进口国如再设置过高的配额、出口补贴、许可证等障碍以达到保护本国市场、限制商品进口的目的，必将招致有关国家的谴责和反对，甚至贸易报复。所以，世界各国特别是发达国家纷纷高筑技术性贸易壁垒这种无形的间接非关税壁垒。关税的大幅度削减及传统数量限制措施被抑制促使技术性贸易壁垒成为贸易保护主义的新式武器。

（三）消费者消费行为变化

产品的品质直接影响消费者的利益。随着生活质量的提高和消费者自我保护意识的增强，消费者对商品的选择性强，对质量要求高，对款式变化敏感，对卫生、安全指标的要求严格，要求制定相应技术标准的呼声越来越强烈。这在很大程度上相应地促使国际贸易中的技术性贸易壁垒合理合法地存在且不断强化。目前，世界上许多国家对外国产品进入本国市场都有严格的质量要求，如美国规定对进入该国市场的电气用品必须通过“UL”认证。如果一旦产品在进入美国市场前被检验出不够安全，或产品在销入美国市场后出现安全问题造成事故，美国政府在调查时必以UL所规定的安全标准为衡量尺度。因此，UL标准似乎可被视为“非联邦法规的公认法规”。欧盟则要求销往欧盟的大部分商品必须经过ISO 9000体系的认证，以确保消费者的权益。由此可见，消费观念和保护意识的增强亦促使技术性贸易壁垒合法存在。

（四）例外规定

实践已经证明，世界贸易组织某些协议中的例外规定给技术性贸易壁垒的设置创造了某些条件。《技术性贸易壁垒协议》中虽然规定，要保证技术法规及标准，包括包装、标志和标签要求，以及按技术法规、标准评定的程序都不至于给国际贸易造成不必要的障碍，但也允许各参加方为提高产品质量、保护人类健康和安全、保护动植物生命和安全、保护环境或防止欺骗行为等，可以提出一些例外规定。在服务贸易协定、农产品协定和贸易有关的知识产权协定等中都有类似的例外规定。诸如此类的种种弹性规定，实际上给技术性贸易壁垒的设置提供了法律基础，也使得某些发达国家往往打着维护人类健康和安全、维护动植物生命和安全以及环境保护等旗号，制定出严格、繁多、苛刻的技术法规和标准等，名正言顺地达到既有利于扩大本国商品出口，又有利于限制别国商品进口的双重目的。

二、技术性贸易壁垒的发展趋势

由于技术性贸易壁垒在国际贸易中被日益广泛使用，与之有关的食品贸易争端不断增加，技术性贸易壁垒已成为影响国际贸易发展的重要因素，也是WTO未来深入谈判的重要内容。因此，认识和把握技术性贸易壁垒的发展趋势，对研究未来食品国际贸易的发展战略是完全有必要的。

（一）数量将日趋增加

前已所述，欧盟目前有10万多个技术标准，仅德国标准化组织（DIN）制定发布的各类技术标准就约有27000个，而且这些标准大多都等同于国际标准。美国对产品环境标准的要求越来越高，不仅要求符合国际标准，还要求符合美国的国家标准。一些国家制定了极为繁琐的技术标准，既有产品标准，也有试验检验方法标准与安全卫生标准，并在技术法规中引用相应标准予以强制执行。

（二）与环境保护更加紧密结合

WTO有关协议中的环境条款在促进贸易与环境协调发展的同时，也为成员国设置与环保有关的技术性贸易壁垒提供了法律依据。随着国际环境公约的频繁出台、全球环境的日益恶化以及消费者环保意识的不断增强，各国制定的有关环保的技术标准数量将大大增加，其规定也越发严格。

（三）应用领域将日益延伸扩展

最近几年，许多国家不仅要求最终产品符合技术标准，而且还对产品的设计、原材料准备、生产加工、使用、消费和使用后处理等整个过程制定了严格的技术要求。例如，美国、欧盟、加拿大、日本等实施的“危害分析与关键控制点”（HACCP）就是一个识别危害并确定控制危害措施的管理体系，对进口的水产品、果汁和蔬菜等，从种植、收获、包装、运输，直至销售的全过程进行控制和检查，同时也对水质、肥料、操作人员的身体健康及卫生状况、仓储运输工具的清洁卫生状况等进行全方位的管理、控制和检查，凡达不到标准要求的，拒绝进口。由此可见，技术性贸易壁垒将逐步延伸至产品生产经营的全过程，对产品的整个生产加工过程提出了技术要求。

（四）与消费安全有关的壁垒日趋严格

随着消费者健康和安全意识的不断增强，有关消费安全的技术标准要求也越来越严格，主要涉及食品、药物、化妆品、电器、玩具以及建材行业。国际贸易中一个极具代表性的案例是，20 世纪 80 年代初欧盟发现一些进口牛肉中含有超量的促进生长的激素，该物质可能会给人类带来一定影响，但并无权威的科学证据。而欧盟依据“零风险”原则，禁止进口含有该种激素的牛肉，从而在欧盟和美国之间引发了旷日持久的牛肉贸易争端。

（五）食品反恐等新型壁垒将日趋增多

国际政治关系的日趋紧张为食品贸易非关税措施创新提供了现实的新路径——以反对恐怖主义为借口来限制食品进口。例如，美国于 2003 年规定美国和外国从事食品生产、加工、包装及仓储的企业，如果其产品供美国居民及动物消费，就必须向美国食品与药物管理局（FDA）办理登记注册手续，而且要求外国进口食品在运抵美国之前必须向 FDA 通报，否则将遭美国海关扣留。这些规定名义上是审查各类食品企业的政治背景是否与国际恐怖势力有关联，但在客观上却增加了食品的生产成本，延长了通关时间，成为现实的新型贸易壁垒。

总之，随着科学技术的不断发展，贸易中涉及的各种技术问题将更加复杂，同时消费者对商品的质量、卫生和安全指标要求也越来越严格，对环境的要求也不断提高，而高技术含量的测试与检验检疫技术的不断发展，也给一些国家利用技术性贸易壁垒进行国际贸易限制甚至贸易歧视提供了更加精确的数据。这一系列因素将使有关技术性贸易壁垒问题不断升级，越来越成为影响国际贸易发展的重要因素。

本章小结

本章在第三章的基础上，结合食品国际贸易对技术性贸易壁垒展开了进一步的分析与阐述。技术性贸易壁垒是 WTO 各成员在国际贸易中市场准入的门槛，具有双重性、合理性的基本特点，可以保证合格产品的市场准入机制，确保不同国家合格产品之间的公平竞争，充分维护消费者的权益，也能够促进发展中国家提高科技水平，增加产品的技术含量，保证产品的技术安全，从而使产品可以达到或满足其他 WTO 成员市场准入的技术要求，顺利进入目标市场。然而，不合理的技术性贸易壁垒将对贸易造成严重的限制作用，影响商品在国际间的正常流通。由于技术、资金、人才等各种资源方面的相对匮乏以及相应体制的相对落后，发展中国家在食品国际贸易中更容易遭受技术性贸易壁垒，从而蒙受巨大的经济损失。

发达国家在应对食品技术性贸易壁垒这一问题时，有着比较完善的解决机制与应对措施，同时也是食品贸易技术性壁垒的主要发源地。通过研究主要发达国家现行贸易技术性措施体系及运行体制，有助于发展中国家学习和借鉴国外的经验和教训，建立自己合理的技术性贸易措施体系，从而更好地应对食品国际贸易中形形色色的技术性贸易壁垒。

思　考　题

1. 简述技术性贸易壁垒的概念，表现形式、主要特点与发展趋势。
2. 如何正确看待技术性贸易壁垒对发展中国家的影响？
3. 简要分析技术性贸易壁垒的形成机制。
4. 分析发展中国家跨越技术性贸易壁垒的主要策略。
5. 通过查阅资料，列举三个最新我国食品出口贸易所遇到的技术性贸易壁垒的案例。

参 考 文 献

［1］吴强．WTO 框架下农产品贸易争端研究．北京：中国农业出版社，2004

［2］孙敬水．技术性贸易壁垒的经济分析．北京：中国物资出版社，2005

［3］张锡嘏．外国技术性贸易壁垒及其应对．北京：对外经济贸易大学出版社，2004

［4］石敏俊等．食品安全、绿色壁垒与农产品贸易争端．北京：中国农业出版社，2005

［5］潘伟光．对我国农产品出口遭遇到技术性贸易壁垒的成因及对策分析．国际贸易问题，2003（7）

［6］李吉明．我国农产品出口受阻绿色壁垒的原因及对策．国际贸易问题，2003（10）

［7］张梅霞．正视“绿色壁垒”．武汉理工大学学报（社会科学版），2001（14）

［8］外经贸部计财司课题组．加工产品的原产地问题及有关政策建议．国际经济合作，1998（9）

［9］吴林海．贸易与技术标准国际化．北京：经济管理出版社，2004

［10］徐文燕．食品安全问题与我国绿色（有机）食品出口．哈尔滨商业大学经济学“食品安全：消费者行为、国际贸易及其规制”国际研讨会论文集

［11］边全乐等．中国畜产品进出口贸易评价分析．世界农业，2006（7）

［12］段辉娜等．动物福利壁垒——我国畜牧业发展对外贸易的新障碍．当代财经，2007（5）

［13］翁鸣．不可低估的道德壁垒——国际农产品贸易中的动物福利问题．国际贸易，2003（6）

［14］刘双芹．我国禽畜产品出口面临的新问题——道德壁垒．国际经贸探索，2005（5）

［15］蓝海涛．国际农业贸易制度解读政策应用．北京：中国海关出版社，2002

［16］任烈．贸易保护政策的理论依据研究．博士论文．中国社会科学院研究生院，1995 年

［17］周茂荣．贸易自由化与贸易保护主义的博弈分析——论单边的贸易自由化为何寸步难行．国际贸易问题，2004（6）

［18］厉以宁．开放经济与世界经济・序．北京：北京大学出版社，1991

［19］金德尔伯格．萧条中的世界．加州大学，1973

［20］库拉斯纳．国家权利与国际贸易结构．世界政治学，1974（4）

［21］许科斐等．绿色壁垒下西兰花产业应对措施研究．商场现代化，2007（10）

［22］詹晶．农产品贸易非关税措施创新及其启示．北方经济，2006（13）

［23］Lund，Vonne；Olsson，I. Animal Agriculture：Symbiosis，Culture，or Ethical Conflict?［J］．

Journal of Agricultural and Environmental Ethics 19, no. 1 , 2006

[24] D'SLVA, Joyce. Adverse impact of industrial animalagriculture on the health and welfare of farmed animals [J]. Integrative Zoology 1, no. 1 , 2006

[25] 曾思育. 环境管理与环境社会科学研究方法. 北京：清华大学出版社，2004

[26] 夏友富. 技术性贸易壁垒的特点及其发展趋势. 中国质量与品牌，2004（3）

[27] 吴翠霞. 国际贸易中的动物福利壁垒及应对措施. 商场现代化，2007（8）

第六章　食品安全与食品国际贸易

食品国际贸易与食品安全密切相关。食品国际贸易发生的一个重要条件是出口国的食品必须符合目标市场所在国的法律、法规与标准所规定的食品营养学、卫生学和有毒有害物含量等要求的前提下才能进行。随着食品国际贸易往来的日益频繁，其安全问题日益凸现，成为引发食品国际贸易纠纷的主要原因。而实施技术性贸易壁垒是世界各国尤其是发达国家实施食品安全战略，干预食品国际贸易的主要手段。

第一节　食品安全的内涵

民以食为天。食品安全问题贯穿于人类社会发展的全过程，是一个国家经济发展、社会稳定的物质基础和重要保证。因此，包括发达国家在内的世界各国政府都将食品安全问题提升到国家安全的战略高度，给予高度的关注与重视。

一、食品安全的概念与基本内涵

随着社会的进步，人类对食品安全概念的理解不断拓展，内涵不断丰富，达到了前所未有的新高度。

（一）食品量的安全与食品质的安全

食品安全内涵包括“食品量的安全”和“食品质的安全”两个方面。“食品量的安全”强调的是食品数量安全，亦称食品安全保障，主要是指一个单位范畴（国家、地区或家庭）能够生产或提供维持其基本生存所需的膳食需要，从数量上反映居民食品消费需求的能力。它通过这一单位范畴的食品获取能力来反映。以发展生产、保障供给为特征，强调食品安全是人类的基本生存权利。食品数量安全问题在任何时候都是各国特别是发展中国家所需要解决的首要问题。目前，全球食品数量安全问题从总体上基本得以解决，食品供给已不再是主要矛盾，但不同地区与不同人群局部之间仍然存在不同程度的食品数量安全问题。

“食品质的安全”关注的是食品质量安全，主要是指食品消费以满足其正常生理需要，即维持生存生长或保证从疾病、体力劳动等各种活动引起的疲之中恢复正常的能力。食品质的安全状态就是一个国家或地区的食品中各种危害物对消费者健康的影响程度，以确保食品卫生、营养结构合理为基本特征。因此，“食品质的安全”强调的是确保食品消费对人类健康没有直接或潜在的不良影响。

“食品量的安全”和“食品质的安全”是食品安全概念内涵中两个相互联系的基本方面。但现在对食品安全内涵的理解中，更关注“食品质的安全”，而相对弱化“食品量的安全”。主要的原因是由于农业生产力水平提高，食品加工产业的发展，世界食品供应短缺问题在一定程度得到相对缓解。但与此同时，近几年来，国际上相继发生了一系列震惊世界的食品污染事件，形成一次次食品安全问题的冲击波，国际贸易中的食品质量安全问题则愈来愈被国际社会所高度重视。

(二) 食品安全的内涵

从目前的研究情况来看，在食品安全概念内涵的理解上，大体形成了如下的共识：

(1) 食品安全是个综合概念　一般而言，作为一种概念，食品安全包括食品卫生、食品质量、食品营养等相关方面的内容和食品（食物）种植、养殖、加工、包装、贮藏、运输、销售、消费等环节。而作为属概念的食品卫生、食品质量、食品营养等（通常被理解为部门概念或者行业概念）均无法涵盖上述全部内容和全部环节。食品卫生、食品质量、食品营养等在内涵和外延上存在许多交叉，由此造成食品安全的重复监管*。

(2) 食品安全是个经济学概念　在经济学上，“食品安全”指的是有足够的收入购买安全的食品。如今广大农村已经成了问题食品的重灾区，假冒伪劣食品出现的频率高、流通快、范围广，不法商人制假售假的手段和形式也更高明、更隐蔽。农村消费者的自我保护意识不强，维权能力较弱。而且随着我国城市化进程加快，这一现象已经扩大到一些城市的城乡结合部和城市下岗失业人群。

(3) 食品安全是个法律概念　20 世纪 80 年代以来，一些国家以及有关国际组织从社会系统工程建设的角度出发，逐步以食品安全的综合立法替代卫生、质量、营养等要素立法。1990 年英国颁布了《食品安全法》，2000 年欧盟发表了具有指导意义的《食品安全白皮书》，2003 年日本制定了《食品安全基本法》。部分发展中国家也制定了《食品安全法》。综合型的《食品安全法》逐步替代要素型的《食品卫生法》、《食品质量法》、《食品营养法》等，反映了时代发展的要求。

(4) 食品安全是个政治概念　无论是发达国家，还是发展中国家，确保食品安全是企业和政府对社会最基本的责任和必须做出的承诺。食品安全与生存权紧密相连，具有唯一性和强制性，通常属于政府保障或者政府强制的范畴。而食品质量等往往与发展权有关，具有层次性和选择性，通常属于商业选择或者政府倡导的范畴。近年来，国际社会逐步以食品安全的概念替代食品卫生、食品质量的概念，更加凸显了食品安全的政治责任。

(5) 食品安全是个社会概念　与卫生学、营养学、质量学等学科概念不同，食品安全是个社会治理概念。不同国家以及不同时期，食品安全所面临的突出问题和治理要求有所不同。在发达国家，食品安全所关注的主要是因科学技术发展所引发的问题，如转基因食品对人类健康的影响；而在发展中国家，食品安全所侧重的则是市场经济发育不成熟所引发的问题，如假冒伪劣、有毒有害食品的非法生产经营。我国的食品安全问题则包括上述全部内容。

基于以上认识，食品安全的概念可以表述为：食品（食物）的种植、养殖、加工、包装、贮藏、运输、销售、消费等活动符合国家强制标准和要求，不存在可能损害或威胁人体健康的有毒有害物质而导致消费者病亡或者危及消费者及其后代的隐患。食品安全概念表明，食品安全既包括生产安全，也包括经营安全；既包括结果安全，也包括过程安全；既包括现实安全，也包括未来安全。

---

* 在食品安全概念和内涵的理解上尚有争议。本书使用了目前较为一致的表述。参见 http://www.foodmate.net/topic，2008 年 12 月 6 日。

在我国，确立"食品安全"的法律概念，并以此种概念涵盖"食品卫生"、"食品质量"等属概念。2009 年 6 月 1 日，我国正式施行《中华人民共和国食品安全法》，其中定义食品安全概念为：食品无毒、无害，符合应当有的营养要求，对人体健康不造成任何急性、亚急性或者慢性危害。我国以《食品安全法》替代《食品卫生法》等，具有以下三个方面的意义：

（1）突出了全局性　食品安全可以涵盖食品生产经营的多环节和多要素，也可以涵盖食品企业、监管部门、中介机构等多单位、多部门，可以克服目前部门立法或者环节立法的缺陷，构建环节紧密、要素齐全的食品安全保障体系。

（2）突出了科学性　从目前国际社会来看，我国原来的《食品卫生法》与传统社会治理相联系，突出政府许可和处罚，属于第一代食品保障法。而《食品安全法》则与现代社会治理相联系，以科学的风险评估为基点，兼顾行政许可与行政指导，政府宏观监管与企业微观保障，属于第二代食品保障法。

（3）突出了统一性　目前，我国基本确立了以分段监管为主，品种监管为辅的食品安全监管体制。以食品安全可以统一各环节、各部门的准入条件、标准内容等，而避免目前的在同一环节对同一企业进行卫生、质量等多要素的重复监管。

二、食品安全与食品卫生、食品质量

与食品安全相关的主要概念有食品卫生、食品质量。关于食品安全、食品卫生、食品质量概念以及三者之间的关系，有关国际组织在不同文献中有不同的表述。国内专家、学者对此也有不同的认识。本书倾向于以下的概念区分。

（一）食品安全与食品卫生

食品安全是种概念，而食品卫生是属概念。食品卫生具有食品安全的基本特征，包括结果安全（无毒无害，符合应有的营养等）和过程安全，即保障结果安全的条件、环境等安全。食品安全和食品卫生的区别：一是范围不同。食品安全包括食品（食物）的种植、养殖、加工、包装、贮藏、运输、销售、消费等环节的安全，而食品卫生通常并不包含种植养殖环节的安全。二是侧重点不同。食品安全是结果安全和过程安全的完整统一，食品卫生虽然也包含上述两项内容，但更侧重于过程安全。所以，《食品工业基本术语》将"食品卫生"定义为"为防止食品在生产、收获、加工、运输、贮藏、销售等各个环节被有害物质污染，使食品有益于人体健康所采取的各项措施"。

（二）食品安全与粮食安全

粮食安全是指保证任何人在任何时候都能得到为了生存与健康所需要的足够食品。食品安全主要是指品质要求上的安全，而粮食安全则主要是数量供给或者供需保障上的安全。食品安全与粮食安全的主要区别是：一是粮食与食品的内涵不同。粮食是指稻谷、小麦、玉米、高粱、谷子及其他杂粮，还包括薯类和豆类。而食品的内涵要比粮食更为广泛，包括谷物类、块根和块茎作物类、油料作物类、蔬菜和瓜类、糖料作物类、水果和浆果类、家畜和家禽类、水产品类等。二是粮食与食品的产业范围不同。粮食的生产主要是种植业，而食品的生产则面向整个国土资源，包括种植业、养殖业、林业等。三是发展战略和评价指标不同。粮食安全主要是供需平衡，评价指标主要有产量水平、库存水平、贫困人口温饱水平等。而食品安全主要是无毒无害，健康营养，评价指标主要是理化指标、生物指标、营养指标等。

（三）食品安全与生物安全

生物安全是指现代生物技术的研发、应用以及转基因等生物产品的跨国、跨境转移，不存在可能损害或威胁生物多样性、生态环境以及人体健康和生命安全的物质。食品安全与生物安全属于交叉的关系，其中与生物产品消费相关的安全属于食品安全的范畴，而其他与生物种群、生态环境影响相关的安全则不属于食品安全的范畴。

从上面的分析可以看出，食品安全、食品卫生、食品质量三者之间绝不是相互平行，也绝不是相互交叉的关系。食品安全包括食品卫生与食品质量，而食品卫生与食品质量之间存在着一定的交叉。以食品安全的概念涵盖食品卫生、食品质量的概念，并不是否定或者取消食品卫生、食品质量的概念，而是在更加科学的体系下，以更加宏观的视角来看待食品卫生和食品质量工作。例如，以食品安全来统筹食品标准，就可以避免目前食品卫生标准、食品质量标准、食品营养标准之间的交叉与重复。

第二节　全球重大食品安全事件与成因

食品在从“农田到餐桌”整个食品链的传递过程中，会接触到很多可能给消费者带来危害的因素，这些危害因素来自于食品从业人员、加工运输设备、食品原辅料、加工工艺和环境，具体表现为：农兽药残留、生物制剂、烹饪和加工不当、环境污染物、食品添加剂、食品加工助剂、微生物制剂、包装迁移物、物理危害、各种生物毒素、放射性核素、营养失衡、转基因食品和辐照食品等。同时，随着食品生产传统方式的逐步退出和工业化进程的不断加快，食品被污染的机会正逐渐增加。而且随着国际贸易的日益发展，食品污染扩散的速度之快、范围之广，对人民身体健康和国家经济影响之大是前所未有的。多年来世界范围内发生的具有典型性、震撼性的重大食品安全事件足以说明，食品安全已经成为一个世界性的挑战，是全球必须共同关注的重大公共卫生问题。

一、典型事件

最近20年来，世界范围内具有典型性、震撼性的重大食品安全事件如下：

（一）二噁英事件

2001年，全世界约有1500多个农场两周内在比利时同一供货工厂购买被二噁英（dioxin）污染的饲料，喂养的动物及其产品加工成食品几周内发往世界各地，对多国人群产生影响，至今尚未查清。Dioxin是国际癌症中心（IARC）公布的一级致癌物。1995年美国对该化合物危险评估报告指出，每1000个癌症病人中至少有一人是由Dioxin引发的。它包括75种PCDD（多氯化二苯并二噁英）和135种PCDF（多氯代二苯并呋喃），其中的TCDD（四氯二苯并二噁英）是目前所有已知化学物中毒性最强的二噁英单体（LD_{50}仅为1μg/kg），是氰化钾毒性的10倍。当时我国亦因此而严禁比利时动物源食品进口，产品涉及乳酪、巧克力及其他乳制品。

（二）EHEC食物中毒事件

出血性大肠埃希菌O157：H7（EHEC）是近年来新发现危害严重肠道致病菌。自从1982年美国首次发现因EHEC引起食物中毒以来，疫情开始扩散和蔓延，相继在英国、加拿大多个国家引起腹泻暴发和流行。1996 年日本报告近万病例，死亡 9 例。1999—2000 年，在江苏、安徽发生大规模暴发和流行，有近 20000 人中毒，177 人死亡，可能是迄今为止世界上流行规模最大的一次。目前，报告 O157: H7 菌暴发和散发的病例迅速增加，美国、加拿大、英国、日本、意大利、爱尔兰、比利时、德国、以色列、南非、澳大利亚、阿根廷等为主要污染国，O157: H7 流行已成为一个世界性严重问题。2002—2003 年，实际上我国广东、广西不断从美国进口的冻鸡产品中检出 O157: H7。

（三）疯牛病（BSE）事件

1985 年英国发现疯牛病（BSE）流行，1995 年英国政府承认 BSE 朊蛋白可通过牛肉内脏、骨髓（食用）感染人类引发 NVCJD（变异性早老性痴呆）。从 1995—2001 年 6 月，全球 NVCJD 病人 106 人；2003 年底，NVCJD 病人 153 人，全部死亡。而且发病率以 23% 的速率猛增。朊病毒疾病（PRION，可传播性海绵状脑病）包括人的克雅氏病（CJD）目前无特效药物、无疫苗、无可行预防治疗方法，一旦发病，人畜 100% 死亡。BSE 一旦出现，只能宰杀、销毁以切断传染链。2003 年 5 月加拿大确诊一头牛（8 岁）感染 BSE 后，美国立即停止从加拿大进口所有牛及其制品（包括牛源性饲料），日本、澳大利亚、新西兰、墨西哥、韩国、中国等相继禁止进口。日本 2002 年发现 4 起 BSE，2003 年增至 8 例。2002 年全球 BSE 出现 2165 例，涉及 15 国，而在 2003 年 12 月增至 4575 例、涉及 23 国（包括 2004 年初美国开始出现的 BSE）。FAO 总干事称，凡 20 世纪 80 年代以来，从西欧进口过活牛或牛骨髓粉的国家（约 100 多个国家，包括中国在内）均有可能出现 BSE。近年来英国已发现血源性 BSE 患者，中国香港亦发现首例华人 NVCJD 患者，说明中国人并不对 BSE 病毒免疫。英国估计，今后 10 ~ 40 年仅英国就可能出现 13 万 NVCJD 患者。

（四）禽流感（Avian influenza or bird flu）事件

禽流感（Avian influenza or bird flu）是禽流行性感冒的简称，它是一种由甲型流感病毒的一种亚型（也称禽流感病毒）引起的传染性疾病，被国际兽疫局定为甲类传染病，又称真性鸡瘟或欧洲鸡瘟。禽流感出现的国家、地区与感染数、死亡数如表 6 - 1 所示。按病原体类型的不同，禽流感可分为高致病性、低致病性和非致病性禽流感三大类。非致病性禽流感不会引起明显症状，仅使染病的禽鸟体内产生病毒抗体；低致病性禽流感可使禽类出现轻度呼吸道症状，食量减少，产蛋量下降，出现零星死亡；高致病性禽流感最为严重，发病率和死亡率均高，感染的鸡群常常“全军覆没”。自 1878 年意大利首次报道禽流感以来，至今历史上已有三次较大的流行。1983 美国宾夕法尼亚州暴发 H5N1（高致病性禽流感），花费 6000 万美元控制，经济损失 349 亿美元；1997 年香港发现 H5N1，估计损失 5 亿港币；2003 年底至今的第三次，越南、泰国、柬埔寨、老挝、印度尼西亚和中国均发生了 H5N1 病例及死亡病例，2005 年开始已扩散到土耳其、罗马尼亚、希腊等国家，仅亚洲损失已超过 50 亿美元，而且这一次造成上百密切接触者感染，60 余人死亡。WHO 警告，H5N1 病毒通过基因重配或突变产生感染人类细胞能力的新病毒，导致人间传播的可能性已经不是“会不会发生”，而是考虑“何时发生”的应对问题。全球约 40 余国考虑应对禽流感问题，有条件的有关国家已开始研制疫苗和防治措施，检测方法研究及贮备药物等。国家卫生部也于 2005 年 9 月 28 日提出了我国的应对方案。

表 6-1　　禽流感出现的国家或地区与感染数、死亡数

国家或地区（时间）	感染数/人	死亡数/人
越南（至今）	93	42
泰国（至今）	22	14
柬埔寨（2005 年）	4	4
加拿大（2004 年）	2	0
荷兰、比利时、德国（2003 年）	80	1
中国香港（1997 年）	19	6
印度尼西亚（至今）	26	20
土耳其（至今）	21	4

资料来源：禽流感在全球蔓延，http：//news. sohu. com/s2005/ozqlgmy. shtml，2009 年 1 月 7 日。

（五）苏丹红Ⅰ号－Ⅳ号事件

2005 年初，英国食品标准署（BSI）就食品中污染有动物致癌偶氮类工业染料苏丹红向全世界消费者提出警告，英荷联合利华、亨氏等 30 多家生产虾色拉、泡面、熟肉、馅饼、调味酱等掺有被苏丹红污染的辣椒及其制品的食品已增加至 600 多种，波及 20 多个国家（联合利华在全世界食品年销售达 500 亿美元，相当于中国食品工业产值的 25% 以上），仅英国就有几百万件食品被撤下货架，损失超过 1 亿英镑，成为英国历史上最大一次问题食品召回行动。其原因是来自印度进口的辣椒及其制品被早在 20 世纪 90 年代已禁用的染料污染所致。

以上是近 20 年来国际社会普遍关注的具有典型性的重大食品安全事件，主要原因涉及化学毒物、致病细菌、变异病毒等，波及了诸多的国家，造成了巨大的经济损失，甚至影响社会、政局稳定。1980—1999 年，英国 BSE 波及 17 万头牛，禁止出口损失 52 亿美元，总损失（宰杀、销毁）300 亿美元，GDP 由此下降 0. 5%。德国、日本由于未能控制 BSE 蔓延，日本分管的内阁副大臣辞职，德国卫生农业部长下台。比利时二噁英污染导致动物源食品禁止上市与贸易出口，销毁损失 13 亿欧元，农业与卫生部长下台，祸及执政 40 年的社会党政府下台。除上述典型案例外，其他的食品安全事件也是触目惊心。例如，1995 年美国仅 7 种食源性疾病引起一年内 330 万～1200 万人患病，经济损失 65 亿～350 亿美元。澳大利亚每年约发生 11500 起食品中毒，由此造成损失 26 亿澳元。1996 年英格兰等发生五次食源性疾病爆发，人身伤亡与医疗费用损失 30 亿～70 亿英镑。中国蘑菇罐头金葡菌肠毒素在美国、加拿大造成人身伤亡，美国 FDA 局长引咎辞职，中国蘑菇罐头工业因此遭美自动扣留 15 年（1989—2004 年），当时就损失数亿元人民币。2002 年因舟山冰虾仁/氯霉素，山东禽肉/磺胺喹噁啉残留超标等，欧盟全面禁止中国动物源食品输欧，仅山东省就涉及 8 万农户，1000 万头兔子无法加工销售；全省 79 家水产加工厂、12 家冻兔厂、鸭肉厂 5 万职工陷于停产、半停产，涉及 3 亿美元水产品与 3. 6 亿美元肉禽制品无法出口。浙江水产、蜂蜜、肠衣等 10 多家企业受影响，损失超过上亿美元。

由此可见，食品的安全性关系到人民的健康和社会的稳定。食品安全问题已无国界，需要世界各国的共同努力。加强食品安全，防止大规模的食物安全事件的发生是摆在世界各国面前的紧迫任务。

二、主要成因

食品贸易的全球化发展使大量高品质、价格合理、安全的食品应运而生，在保障世界食品需求，改善营养状况，增进人类健康等方面发挥了重要作用。但在全球化背景下，由于食品生产、流通、销售等方式的改变，以及科学技术的迅速发展而产生的新技术广泛应用而产生的负面作用，食品国际贸易在使广大消费者受益的同时，也给食品安全带来了全球性的前所未有的挑战。

（一）原料生产与加工环节等

食品污染引起的食源性疾病是影响食品安全的主要因素。现代食品供给链越来越长，环节越来越多，造成污染的因素也越来越多，在每一个环节都存在食品被污染的可能性。食品污染可分为两大类：一是微生物污染。据估计，世界 90% 以上的食源性疾病是由 20～30 种微生物污染所致，发达国家由于生产规模大，交叉感染难以控制，而发展中国家则主要由于食品生产卫生条件差，易造成污染。二是化学性污染。主要是农药、兽药饲料添加剂，杀虫剂、除莠剂及灭鼠药滥用，含铅、镉、汞、砷等有害物质的“工业三废”污染，烘烤、熏、腌、腊制用高温烹调不当产生的致癌物质及食品包装材料等造成的污染。同时食品原料自身固有或携带的自然界中有些动、植物自身含有的天然有毒、有害物质（如河豚鱼含有河豚毒素，毒蘑菇含有多种有毒物质，畜禽自身存在感染使其肉或肉制品中携带病原体）等也能够诱发食品安全事件。

（二）生产与生活方式变化

与 20 世纪 80 年代以前相比，当前全球的食品生产和销售方式发生了重大变革，食品的全球性流通，跨国跨境贸易的开展，导致一个国家或地区生产的食品一旦被污染，可同时威胁其他国家乃至整个世界消费者的健康。20 世纪 90 年代中期以来，禽流感先后在美国、欧洲数国和韩国肆虐，严重打击了这些国家的养殖业。我国一些省份也相继暴发了禽流感，上百万家禽染病死亡，造成巨大经济损失。更可怕的是，已经证实禽流感病毒对人类的安全也存在巨大的威胁，与“非典”相比具有更大的潜在威胁。由于人类目前尚不具备抵抗这种疾病的任何能力，如果禽流感一旦和人类的流感病毒结合后产生变异，那将在全球造成严重的后果。同时食品和饲料集约化生产、异地市场销售等形式为食源性疾病的传播流行创造了条件。著名的“二噁英”事件就是由于在欧洲多个农场从同一供货商处购买了被二噁英污染的饲料，然后以进食此种饲料的动物为原料，加工形成的食品在几周内发往世界各地，从而在世界范围内扩散了污染。

与此同时，全球范围内城市化日趋加速，人们生活方式发生显著变化，快速发展的社会环境使人们对食品种类的需求越来越广，食品供应链不断加长，成品、半成品性的食品消费量剧增，户外进食机会增多，对储存食品的依赖性加强。学校、幼儿园、医院以及单位食堂等为密集人群提供膳食的机构不断增多，群聚饮食机会急剧上升，都增加了食源性疾病暴发的机会，也是其发病的主要根源。同时人类对食品的要求已从寻求温饱和满足味觉转到了注重安全、改善健康的更高要求。因此消费者对纯天然、无污染、高品质的无公害食品表现出强烈的需求欲望，对食品质量的挑剔以及对食品安全性的关注也与日俱增。

（三）新技术应用的负面影响

在农业和食品生产领域中广泛采用各种高新技术，包括转基因技术、现代加工技术、物流配送技术、贮藏技术中的食品辐照、欧姆加热和改变包装气体环境等技术，在提高农业生产率，延长食品的货架期的同时，其中自身的负面影响对食品安全带来了新的危害，也诱发了食品的安全事件。新技术、新材料、新原料的使用导致食品受污染的因素日趋多样化和复杂化。如果控制不力，新技术引发的食品安全问题不仅不能伴随国民经济的发展、医学技术水平的提高和人民生活的改善而得到控制，反而会因为工业化程度的提高、新技术的采用以及贸易全球化趋势的加快而进一步恶化。除此之外，生物恐怖主义及蓄意污染的风险也日益引起人们的关注。

（四）社会责任不强

食品添加剂的滥用、有毒物质的错加错用造成的食品安全问题常酿成严重的后果，如错将亚硝酸盐作食盐用，误食灭鼠诱饵粮等。有些食品添加剂使用过量或滥用也能造成食品对人体的危害，如苏丹红。个别不法之徒在食品中掺杂使假，如用工业用甲醇兑制白酒出售，面粉中掺滑石粉，甲醛浸泡海蜇等。2008 年 9 月爆发的“三鹿奶粉事件”再次在全国范围内引发社会责任的重大争议。带加苯甲酸（食品防腐剂）的腌菜、加明矾（含铝，会降低智力）催熟的桃子、加凝固剂（石蜡）的火锅底料、用毛发加工生产的酱油，这些“陈年旧事”随三鹿奶粉事件的发生像沉塘的鱼翻起来。

第三节　技术性贸易壁垒：国际贸易中保障食品安全的重要机制

前已所述，食品国际贸易可能导致一个国家或地区生产的食品一旦被污染，可同时威胁其他国家乃至整个世界消费者的健康。最大程度地消除由食品国际贸易所引发的食品不安全性，作为制度安排的技术性贸易壁垒则提供了基础。尽管全球对技术性贸易壁垒存在种种非议，也确有很大的不合理性，但技术性贸易壁垒已成为食品国际贸易中保障食品安全的重要机制与政策工具。本书在第五章中列举了食品国际贸易中的技术性贸易壁垒。实际上，根据日本、欧盟、美国等发达国家实施的情况来分析，技术性贸易壁垒主要通过严格的检验、检疫、认证、标准手段和措施等来保障食品安全，具体可分为以下四种情况。

一、产品质量、技术标准措施

发达国家对食品的生产环节控制严格，对农产品产地的生态环境、食品的生产条件、卫生条件、加工环境以及产品的质量要求十分严格，因此对进口食品设置了极为苛刻的产品质量技术标准。日本规定，生熟食品加工必须严格分开、封闭加工，做到“人流、气流、物流”分开，并对进口偶蹄类动物加工标准有严格规定。美国在 1995 年就开始在食品行业推出“食品安全行动计划”，对食品生产、制造、运输过程中可能出现的污染点进行严格的控制，并对在不卫生的条件下生产、加工、包装、保存的食品以及出售被污染的食品严格禁止。欧盟对食品生产加工用水的标准达 60 多项，对加工场地的温度标准也有严格规定。

二、产品认证措施

许多发达国家早已对农产品及畜产品实行有机食品认证制度，对于进口的有机食品普遍要求具有有机食品认证。认证是通过权威认证机构对有机食品生产中农药使用、轮作、土地利用、灌溉、生产记录、产品质量、标签等进行跟踪检查。例如，有机食品必须取得欧盟国际生态认证中心的认证才有可能进入欧美市场。在 2002 年底，欧盟又出台第 1788/2001 号法令，对欧盟以外国家有机食品出口到欧盟国家的程序、认证机构有了更严格的规定。一些国家还要求进口蔬菜和水果出具非转基因证书、无化学残留和无放射性证书。日本农林水产省决定自 2003 年起在日本全国推行“大米身份认证制度”，即凡进入日本国内市场的大米必须标明品种、产地、生产者姓名和认证号码等，否则不允许销售。“大米身份认证制度”推行之后，日本各地又把认证范围推广到蔬菜，要求凡市场上销售的本地蔬菜都必须有认证标志。美国于 1997 年 12 月在食品加工中首先引入危害分析与关键控制点（Hazard Analysis and Critical Control Point，HACCP）认证管理体系，禁止进口未实施 HACCP 的水产品和肉类食品，要求所有对美国出口的水产品、肉类产品企业必须获得 HACCP 的认证资格。通过控制食品加工过程中的关键控制点，来减少生物性、化学性、物理性危害的预防措施，目前这一安全控制体系已经成为了国际食品贸易中的重要制度。

三、食品安全、动植物卫生检验检疫及动物福利措施

发达国家出于食品安全考虑，对食品卫生要求极为严格。发达国家对进口食品的卫生检验、检疫法规制度主要涉及两方面问题：农药、兽药、化学品残留检测及疫病防治、传染病菌检疫。例如：日本对进口蔬菜中的农药残留的检验以及欧美各国对进口蔬菜、水果中农药残留的检验均极为严格。世界各国普遍重视动物性食品的安全，动物福利问题则尤其为欧盟所重视，如鸡场饲养密度，一般为每平方米 12 只，欧盟提出只能养 10 只，理由是密度太大，鸡会感到不“舒适”。欧盟已经更新了动物源性食品检测监控法规，对鲜肉、水产品、乳制品的检测监控措施和法规更加严格。2002 年初，欧盟以食品安全为由暂停进口所有中国动物源产品。欧盟对中国动物源性产品进行封关并不是针对个别产品的质量问题，而是因为中国未能建立起严格的质量监控体系。对于以苛刻著称的欧盟来讲，只有在生产过程中进行严格的质量监控，产品的质量才能被认可。此外，美国、加拿大对动物性食品安全的管理均有专门的机构以及相关的法规和标准。

四、食品的包装和标签措施

发达国家对食品安全的要求已经从食品本身扩大到食品的包装及运输。有的国家规定禁止使用某些包装材料，有的国家规定某些产品必须使用可循环使用的容器。如美国联邦食品与药物管理局规定食品的容器以及食品的包装材料必须是卫生、安全、不含有毒有害物质。1992 年 6 月德国公布的《德国包装废弃物处理的法令》，规定对进口食品的外包装箱不能用非环保材料，必须减少包装对环境和食品的污染。同时对食品标签也有严格规定。欧盟规定对进口鱼类、水产品必须标注品种、产地、捕捞区域，并开出安全捕捞海域名单，否则严禁进入欧盟市场。欧盟将在近几年内对 30 种进口商品要求获得环保标志。最近美国颁布了《食品过敏标示准则》，规定食品必须标注易引起过敏的成分。

由此可见，技术性贸易壁垒已经成为发达国家各国政府确保食品安全而采取的主要手段，是发达国家确保进口食品安全的重要制度安排。这是食品安全影响食品国际贸易的主要特点，也是当代食品国际贸易区别于传统食品国际贸易的重要特征，这一态势并不因为

发展中国家的反对而改变，相反将会在未来的食品国际贸易中进一步深化。

第四节 食品安全与国际贸易争端案例

然而，技术性贸易壁垒在保障食品安全的同时，引发了诸多的食品贸易争端，争端不仅在发达国家与发展中国家之间，而且也发生在发达国家之间。本书第四章在当代食品国际贸易的有关章节中已经指出，WTO 成立后的 1995—2001 年间，WTO 争端解决机构共受理成员间的各类争端案件 228 起，其中食品贸易争端达 85 起，占总数的 37.3%。而肉类及其制品又是 WTO 成员国之间食品国际贸易与食品安全争端中的主要焦点，占食品国际贸易与安全争端案例总数的 29.2%。其次是水产品，比例高达 20.8%。食品国际贸易依旧并将继续是国际贸易争端的主要领域。本章节重点介绍以下三个方面的典型性案例，并作简要的剖析。

一、欧盟与美国、加拿大：牛肉进口限制的争端

（一）争端缘由

欧盟与美国、加拿大关于牛肉贸易的摩擦由来已久。20 世纪 70 年代，欧洲农民为促进肉牛生长，直接将激素注射到牛身上，注射部位的激素含量较高，一般禁止供人食用。但是由于某个环节疏忽，使用激素生产的牛肉进入了婴儿食品，使婴幼儿健康受到危害。这一事件曾经在欧共体引起轩然大波。为防止激素生产的牛肉可能给人类健康带来的负面影响，欧共体从 1981 年起制定和实施了一系列禁止使用激素饲养生产的牛肉进口的有关规定，也即采取了最高保护程度的措施——禁止进口。这项禁令在欧洲的实施对美国、加拿大的牛肉生产者产生了不利的影响。美国认为欧盟的禁令毫无科学依据，阻碍了正常的牛肉贸易。为此，从 1987 年起，美国和加拿大同欧盟进行过多次的磋商，并实施过贸易报复。但由于在关贸总协定下的争端解决机制本身的问题，虽然经过多次交涉，但问题始终没有得到解决。1996 年 1 月，美国开始寻求在 SPS 协议下解决此争端，并为此最终在世贸组织的裁决下胜诉。

（二）胜诉依据

根据 SPS 协议，各成员方有权采取卫生与植物检疫措施，但在采取这些措施时须履行一定的义务：必须保证采取的措施只是为了保护人类、动物或植物的生命或健康，并以科学原理为依据；实施措施不得在成员方之间造成歧视，也不能造成对国际贸易的变相限制；措施应以国际标准为依据；若成员方采取的措施保护程度高于根据国际标准采取的措施保护程度，必须有科学依据，或根据协议第 5 条第 1 款至第 8 款的规定；若成员方采取的措施保护程度不同于根据国际标准采取的措施保护程度，必须符合协议的其他规定；出口方采取的措施若不同于进口方自己采取的措施，但可以达到相同的保护程度，进口方应将其作为等同措施；成员方应保证采取的措施以风险评估为基础，在决定措施的保护程度时，应尽量减少对贸易的负面效应，采取的措施不应超过必要的保护程度；成员方采取措施应当符合透明度的要求。

（三）主要启示

此案为 SPS 协议项下的第一个案例，专家组和上诉机构的裁决对协议的解释必将会对

此后的争端解决产生重大影响。此案例在许多方面都对农产品安全问题的贸易争端提供了经验教训：① 如果 WTO 自身的预防原则值得怀疑，举证责任最终将有利于 WTO 成员中的出口国，在贸易争端中出口国就易取得胜利；② 必须积极地推动国际标准的建立并影响其过程。在一定程度上来讲，进出口国的动植物检疫缺乏科学的依据，对贸易有阻碍的作用。而国际标准正如一把利剑可以减少这样的单方面措施；③ 开展适当的风险评估，包括确定成员国意图禁止进入或者传播的疾病；评估一种害虫或者疾病进入的概率，而不仅仅是可能性；根据可能应用到的 SPS 措施，评估这种疾病或者害虫进入、停留、传播的可能性。

二、美国与日本：限制农产品进口措施的争端

（一）争端缘由

1950 年 6 月，日本农业部发布植物法实施条例，禁止从某些国家进口 8 种可能带有苹果蠹蛾的农产品，包括苹果、樱桃、桃子（包括油桃）、核桃、杏、梨、李子，美国（不包括夏威夷群岛）是依照上述法规被禁止进口的国家之一。1987 年日本农林渔业部公布了两部试行检测指南，即“取消进口禁令指南——蒸熏”和“昆虫死亡率比较测试指南——蒸熏指南”，前者规定了取消禁令的相关测试标准，后者规定了批准额外种类产品进口的测试标准。但是如果出口国能够提供替代性检疫措施，并且能证明经过处理的水果能达到禁令保护的相同水平，进口禁令也可以取消。自 20 世纪 70 年代早期以来，美国一直在努力向日本出口水果，认为向日本出口的此类产品只占美国全球出口量的一小部分，日本由于采取品种测试要求，给出口国带来繁重的负担，这一要求与其在 SPS 协议下所承担的义务不符，损害了美国的利益。于是，美国将日本诉至 WTO 争端解决机构并最后胜诉。

（二）胜诉依据

WTO 专家组及上诉机构认为，日本对苹果、樱桃、油桃和核桃所维持的品种测试要求，违反了其在 SPS 协定第 2 条第 2 款中承担的义务：不得维持没有充分科学依据的动植物卫生检疫措施；不符合其在 SPS 协议第 5 条第 6 款中承担的义务：各成员应保证这类措施不超过恰当的保护所必需的限度；日本没有对争端所涉及的任何产品公布品种测试要求，没有公布两部测试指南的标准，不符合 SPS 协定附录 B 第 1 段的要求，也不符合 SPS 协议第 7 条的规定；专家组在报告的第 9. 3 段做出建议：建议争端解决机构要求日本修改其措施，使其保持和 SPS 协议的规定一致。

（三）主要启示

此案有关程序的结论表明：① 无论是专家组的职权范围，还是争议措施的内容，都应以成立专家组的请求为依据，而不是以磋商的内容或其他标准来确定；② 实施检疫措施的成员应当证明实施措施有充分的科学依据，两者之间应有足够的关联。此案中日本败诉在于其标准缺乏充分的科学依据的支持；③ SPS 协议第 5 条第 7 款规定了适用临时措施的四个条件，成员方只有在全部满足这四个条件的情况下才可以适用临时措施，即有关科学证据还不充分；根据已经获得的相关资料可以做出决定；成员方在采取临时措施后的义务是设法获取补充资料；在合理期限内审议该措施。日本第一次对美国产品实施争议措施是在 20 多年之前，而此后日本既未设法获取补充资料，也没有在合理期限内审查这些措

施，因而不符合SPS的协议；④ 成员方应当对普遍适用的有关卫生与植物检疫措施的法律、法令和命令等予以公布，这里是否应当公布不是该措施以何种形式出现为准，而是以其是否普遍适用于卫生与植物检疫中为准。

三、欧盟、美国：转基因食品的争端

（一）争端缘由

世界第一种转基因植物诞生于1983年。而在1993年，一种软化成熟较慢、保存期长的番茄成为美国也是世界第一种投入商业种植的转基因作物。1996年，转基因番茄酱首次出现在欧洲超市货架上。欧盟曾批准过18种转基因产品的销售和生产。但在1998年，随着欧洲民众对转基因食品担忧的不断增加，欧盟采取了新的标识规定，中止审批转基因类新产品，实际上禁止了对新的转基因类产品的审批。这导致美国对欧盟的出口大大减少。以小麦为例，1997年以前，美国每年向西班牙和葡萄牙出口的小麦达到175万t，但在1998年至1999年间，西班牙所购买的美国小麦还不到前一年的10%，而葡萄牙根本就没买。据估计美国因此损失约3亿美元。实际上，自1998年10月开始，欧盟便不再批准新的转基因产品上市；而1999年，法国、意大利、奥地利、比利时、丹麦、希腊和卢森堡7个欧盟国家干脆对转基因产品实施了为期4年的禁令。2002年1月，欧盟委员会又通过一项法规，要求凡是含有1%以上转基因或蛋白质的产品上市都必须实行许可和标签制度。

欧盟的贸易管制引起了美国等转基因作物生产国的不满。2003年5月13日，美国、加拿大、澳大利亚等国正式将此问题提交到世界贸易组织，正式起诉欧盟，以挽回美国农产品出口商因失去欧盟市场而导致每年约3亿美元的损失。2003年6月23日，布什再次敦促欧洲国家改变其反对转基因食品的立场，指责欧洲暂禁转基因食品进口的做法增加了非洲大陆出现饥荒的风险。

2003年7月2日，欧洲议会通过的新法规取消了对转基因农产品贸易实行了5年的禁令，但在允许这类产品进入欧盟市场的同时，要求必须对转基因成分超过0.9%的产品，包括动物饲料、植物油、种子和副产品，都必须贴上“本产品产自转基因生物体”字样的标签。法规还要求转基因农产品的生产者详细提供各个生产环节的情况，所有使用转基因生物作物配料的公司必须对每个产品进行从产地到货架的追踪并规定任何一个成员国都可以对转基因作物的生产方式进行限制，以避免“感染”传统的农作物。

（二）欧盟反对转基因产品的缘由

欧盟之所以反对的根本原因是欧盟在这方面处于劣势。转基因产品贸易无利可图，并影响到其非转基因农产品的销售。在农产品贸易领域，由于欧洲小庄园式农业与美国大农场式农业相比，先天存在规模经济劣势。长期以来，欧盟对美国的农产品贸易一直存在着逆差。当转基因技术出现以后，与美国相比欧盟在技术上处于劣势而且商品化进展缓慢，直到1998年才出现了第一批商业性种植转基因作物。2000年欧盟国家转基因作物商业性播种面积不足全球总播种面积的0.6%。在转基因农产品方面，欧盟无法与美国较量。因此，欧盟采取一系列限制转基因农产品进口的措施来维护其经济利益。

值得注意的是，欧盟虽然大力抵制转基因产品，但是对转基因作物的研究从未停止过，并一直在加强。近20年来，欧盟国家农业转基因从没有研究机构发展到480家。由此可见，欧盟对转基因产品的抵制只是暂时的，是为了保护其当前的经济利益。一旦转基因技术成熟、生产达到一定规模，就有可能积极倡导转基因产品贸易自由化来赚取巨额利润。

（三）主要启示

通过本案例的分析，对发展中国家有两个方面的启示：① 新技术容易成为食品国际贸易中的技术壁垒。欧盟认为重组 DNA 技术本身具有潜在的危险性，由此只要与重组 DNA 相关的活动，都应该进行安全性评价并接受管理，并对转基因产品采取“预防性原则”。因此将食品产品分为传统食品和转基因食品进行分别管理。而美国认为，以基因工程为代表的现代生物技术和传统生物技术是没有本质区别的，应管理产品本身，而不是管理新的生物技术。这种对新技术观念上的差异成为欧美转基因食品贸易争端的直接原因，并为欧盟保护自身的农产品贸易提供了保护；② 国家利益决定采用技术壁垒。美国之所以宣扬转基因产品能够产生有益于生产者、消费者和环境的有利作物特性，是因为它在转基因农产品生产方面有巨大利益。美国的转基因农作物种植面积占世界的 2/3，70% 以上的美国农民采用了转基因技术，美国食品的大部分都含有转基因成分。最关键的是美国的农业生物化学技术公司掌握了转基因先进技术，最大的 6 家公司已控制了全球 98% 的转基因农产品市场和 70% 的农药市场。美国公司利用转基因技术将其化学农药作用于农作物种子，以此来保护除草剂、杀虫剂市场，还通过控制转基因种子的专利权来控制种子市场。

第五节　国际贸易中的食品安全监控

世界性食品安全事件接连不断，不仅波及发展中国家，而且发达国家亦难以幸免，争端不断。近年来，国际组织和各国政府尤其是发达国家都在加强食品安全管理，在管理体制上走兼并、垂直、高效的精兵简政之道，成立相应机构；调整政策、法规来保障食品安全；强化监督管理和科技投入等，建立完善的食品安全科技体系。特别是利用信息化手段，形成日趋完善的信息化、网络化的食品安全监控体系。这些新措施和新模式无疑为发展中国家食品安全水平的提高提供了有益的经验。

一、国际食品安全网络

当食品安全问题上升到国际层面，食品安全的监控不可能由一个或几个国家独立完成，国际化的食品安全网络是食品安全问题国际化的必然产物。

世界卫生组织（WHO）于 2004 年创建了国际食品安全网络，目的是为了改善国家和国际层面的食品安全主管部门之间的合作。该网络对世界各国食品安全主管部门间进行日常食品安全信息交换起到重要作用，同时为食品安全紧急事件发生时迅速获取相关信息提供载体。截至 2007 年 3 月，已有 154 个国家或地区成为系统注册成员，每个注册成员可设有 1 个或多个国家授权的联络点，但鼓励一个成员国只设 1 个能代表该成员国不同监管部门的单一联络点。同时为了确保成员国有快速和稳定的官方联络渠道，每个注册成员国必须而且仅设有 1 个 INFOSAN 紧急事件联络点。

INFOSAN 包括两个主要组成部分：一是食品安全紧急事件网络（INFOSAN EMER-

GENCY)，它将国家官方联络点连接在一起，以处理有国际影响的食源性疾病和食品污染的紧急事件，并能迅速交流信息；二是发布全球食品安全方面重要数据信息的网络体系。WHO－INFOSAN 网络结构图如图 6－1 所示，INFOSAN 结构图及与 WHO－INFOSAN 接口关系图如图 6－2 所示。

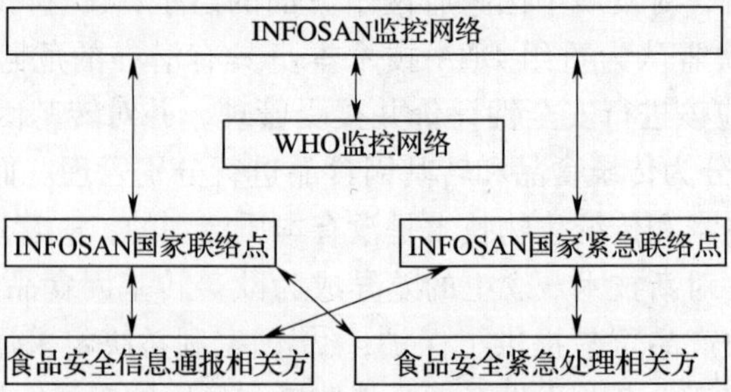

图 6－1　WHO－INFOSAN 结构图

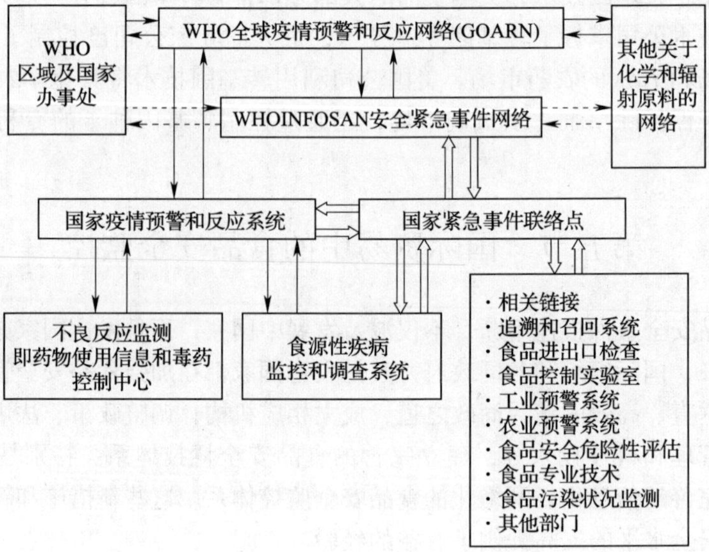

图 6－2　成员国内部 INFOSAN 结构图及与 WHO－INFOSAN 接口关系图

INFOSAN 是由非贸易组织且权威的 WHO 发起，并由世界各国开放参与的信息网络。它的运行为食品国际贸易提供了权威、开放、公平的食品安全信息平台，有利于食品安全信息在全世界范围的交流，保障食品国际贸易的顺利进行。

二、地区与国家食品安全网络

欧盟与美国的食品安全网络分别是地区级与国家级食品安全监控网络的典型代表，是发展中国家建设食品安全监管网络的有利借鉴。

（一）欧盟食品和饲料快速预警系统

2002 年，鉴于严峻的食品安全形势，欧盟发布了 178/2002 号食品安全基本法，并据此建立了欧盟食品和饲料快速预警系统（RASFF），目的是为欧盟各成员国食品安全主管机构提供有效的途径，交换有关信息，并及时采取措施确保食品安全。食品和饲料快速预警系统通过由成员国的食品安全管理部门、欧洲食品安全局和欧盟委员会组成的网络，时刻监测着关于人类健康、动物健康或环境的直接或间接的风险。当某一成员国发现存在对人类健康有严重危害的警情时，会立即在该预警系统下通知委员会，委员会则立即将信息传递给各成员国。图 6－3 描述了 RASFF 系统下通报信息的传递流程和方向。各成员国是通过一个基于受控网络的信息交换系统（CIRCA－RASFF）向 RASFF 系统发送通报。该系统通报的内容包括涉及的国家、产品、公司、检测数据等详细的信息。这个信息交换系统的使用是受到限制的，仅对各成员国、各成员国永久代表处、EFTA 监管局和 EFTA 国家的联系点以及欧委会开放。

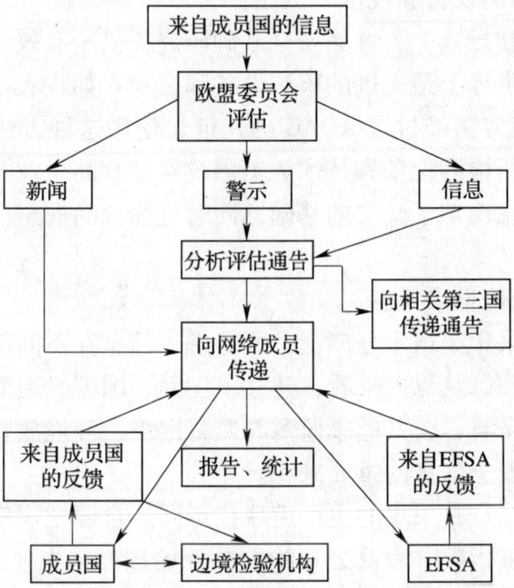

图 6－3　RASFF 系统通报信息的传递流程

欧盟食品和饲料快速预警系统包括以下两类通报。

1．预警通报

当某成员国在市场上发现有危害的食品和饲料，需立即采取措施时，发出预警通报。预警通报是由发现问题的成员国进行通报，并指明拟采取的相关措施，如撤离市场或召回等。这类通报的目的是给其他成员国提供所有相关信息，以确定在其市场上是否也有相关产品，以便及时采取必要的措施。

2．信息通报

信息通报是指某一食品或饲料被确认存在危害，但因为这类食品或饲料并没有进入欧盟成员国市场，而无需立即采取行动。这类通报大多是涉及经检测被拒绝在欧盟口岸之外的食品和饲料，因此它们并没有真正进入欧盟市场。欧盟食品和饲料快速预警系统为保障欧盟的食品安全发挥了重要的作用。

（二）美国食品安全信息网络

美国拥有严密的食品安全监管体系、完善的食品安全信息共享和发布体系。美国是农业市场信息化程度最高的国家，信息技术和信息体系的发达，惠及了美国农业，其一个突出特点就是以信息为导向为农产品生产者、消费者、经营者和加工者提供及时、公开、平等和透明的信息服务。2003年美国农业部建立了家畜追溯体系，要求零售商、加工厂商和农民认真做好家畜跟踪记录，以便建立家畜标识，帮助消费者了解家畜的出生、养殖和屠宰加工过程。建立追溯体系的目标是利用完善的食品安全信息档案，提高食品从农场到加工厂的追踪鉴别能力，在48小时内完成鉴别。目前，美国对所有牛、羊和其他家畜都要求从出生之日起就戴上耳标，这种耳标近似于超市中的条形码功能，作为身份的标志，耳标将伴随动物终生。

美国政府非常重视信息技术在食品安全信息管理中的应用，建立了十分明确的信息采集、分析、追溯、反馈与交流机制，其食品安全监管信息体系具备以下特点。

1. 最先进的分析检测设备和技术

巨大的食品安全科技投入，为食品安全基础研究提供了有效的经济保障，使美国相关食品安全监管机构拥有世界上最先进的检测设备和技术，如在农、兽药残留检测方面，美国FDA的农药残留检测方法经过了AOAC的认证，使用这种方法可检测360多种农药残留。先进的食品安全分析检测设备和技术为美国政府和食品企业及时获取各种现存的或潜在的食品安全危害的信息奠定了坚实的基础，同时也为食品安全信息的分析和利用提供了强有力的技术支撑。

2. 广泛的食品安全信息采集点

美国食品安全信息采集渠道十分广泛，既考虑了信息在不同层次传递的效率问题，也考虑了信息来源渠道问题。从纵向来看，建立了国际、国家、地方、产业、企业不同层级的信息采集点；从横向来看，公共健康监测与监督网络、环境放射性监视与研究体系、联合研究网络等都是食品安全信息的重要来源。

当然，不同类型的信息其采集的主渠道往往不同。食源性疾病监控数据来源包括疾病报告、实验室报告、环境指数（食品公司检验的原始数据，农业、兽医和食品分析）、爆发调查报告、科学研究、发病率报告、病例调查、观察岗报告、人口普查和媒体报告等。国外技术贸易信息主要从TBT国家通报咨询中心、SPS国家通报咨询中心、出入境检验检疫机关、政府网站、主管机关、产品退货出口企业、媒体报道等渠道获得。

3. 科学的食品安全信息风险分析体系

初始的食品安全信息采集呈较原始状态，这种信息是凌乱孤立的且无法存储、传递和使用。为了把初次信息进行加工，使之成为规则、符合特定要求的信息，美国以风险分析作为信息加工处理的基础，保证了信息的科学性。

联合国粮农组织和世界卫生组织联合专家委员会在1995年将风险分析体系定义为由风险评估、风险管理和风险交流三个部分组成的有机整体。风险评估是风险分析体系的基础，它以科学研究为基础，系统而有目的地评价已知或潜在的一切与食品有关的对人体产生负面影响的危害。整个评估过程由危害识别、危害特征描述、暴露评估和风险特征描述等四部分组成，被用来预测在一定的风险暴露水平下所引起的破坏或伤害的大小。物理性危害可通过一般性措施进行控制，如良好操作规范（Good Manufacturing Practice，GMP）。对生物性危害的评估分为定性评估和定量评估两类。定量风险评估是根据危害的毒理学特征和其他有用的资料，确定污染物的摄入量和对人体产生不利作用概率之间的关系；定性评估是根据风险的大小，人为地将风险分为低风险、中风险、高风险等类别，以衡量危害对人类影响的大小。

风险管理的主体是食品加工企业。食品加工企业进行自我质量管理的手段主要有良好操作规范（GMP）、卫生规范（Good Hygiene Practice，GHP）和危害分析关键控制点，其中GMP和GHP是HACCP的前提。HACCP体系是一个系统分析、控制生产过程中可能发生的生物、化学、物理危害，是对生产过程各个环节的全程控制。HACCP原理包括危害分析、确定关键控制点、每个关键控制点的关键限值、每个关键控制点的监控系统，建立纠正和纠正措施、验证程序、有效的文件和记录保存程序等七项内容。HACCP原理的前三项内容是建立在风险评估基础之上的。由于HACCP原理融合了风险评估和风险管理的两个阶段，因此HACCP体系既是食品生产企业进行安全控制的方法，同时又是政府进行监管的有效方法。美国是最早应用HACCP体系的国家，目前已经通过立法在一些食品生产企业中强制实施HACCP体系，如美国的水产品、肉禽产品及果蔬汁加工都要求实施HACCP体系。

风险交流是用清晰、易懂的术语向具体的交流对象提供有意义、相关和准确的信息，是将风险评估信息向风险管理者和其他相关利益者进行传递的主要途径。主要目标为提高所有参与者对所研究问题的认识和了解，增加管理的透明度，培养公众对安全供应食品的信心和信任，有关群体交流食品安全及相关问题的知识、态度、评估结果等。

4. 可追溯的食品安全信息流

美国食品信息记录系统保证了食品安全信息的准确、全面、真实及可追溯性。FDA规定，所有食品企业包括畜牧场、农场、食品生产企业、食品销售商，都必须建立和保持食品生产与营销中的各项记录。记录细致、完备，农业生产环节的所有生产过程信息，从种子处理、土壤消毒、栽培方式、灌溉、施肥、使用农药到收获采摘，包装加工环节的产品名称、产品出产日期、产品商标、产品类型、产品品种特征、产品等级、产品生产者、包装者、单位包装数量或重量、生产区域信息等都要详细记录，以确保食品安全信息的可追溯性。

5. 全面的食品安全信息反馈与评价体系

为了进一步准确把握食品安全动态，广泛征集食品安全信息，鼓励公众参与食品安全管理，强化公众的主体意识，推动食品安全管理工作民主化、科学化，美国非常重视食品安全信息的反馈及评价，使用多种方法获取反馈信息。如在线提问、免费电话服务热线、调查与评价。

6. 明确的食品安全信息发布主体

主要包括两个方面：一是权责明晰的联邦政府食品安全信息发布主体。根据相关法律、法规的规定，按照食品安全本身的特性，以分产品监管为原则，美国联邦政府包括食品与药物管理局（FDA）、农业部食品安全检验署（FSIS）、农业部动植物卫生检验署（APHIS）、疾病控制与预防中心（CDC）以及环境保护署（EPA）对食品实施监督管理，负责食品安全信息的交流与发布。其中食品与药物管理局负责各州间贸易销售的国产食品和进口食品，包括带壳的蛋，但不包括肉类和家禽、瓶装水、酒精含量小于7%的葡萄酒饮料。农业部食品安全检验署（FSIS）负责国内生产与进口的肉类、家禽及相关产品，蛋类加工产品。疾病控制与预防中心（CDC）监管所有的食品，调查食源性疾病的来源、发病率和趋势以及预防。环境保护署（EPA）主要负责监管饮用水的安全。农业部动植物卫生检验署（APHIS）负责由动物、植物制造的食品。按照监管范围和职责权限的划分，形成了权责明晰、分工明确的联邦政府信息发布主体。二是独立自主的地方发布主体。美国实行联邦制，地方政府拥有较大的自主权，在食品安全监管和信息发布领域，地方政府可以独立发布信息，但是信息发布的范围严格控制在法律、法规赋予的监管权限范围内。各地方政府负责管理辖区内的所有食品安全，与肉类、海产品、牛奶以及其他国产食品安全相关的标准；FDA 和其他联邦机构合作，监管餐馆、杂货店、商店、牛奶场及牛奶加工厂、谷物加工作坊、辖区内的食品加工厂；建立了统一权威的信息发布平台。

7. 促进信息交流的各种协同组织

美国政府不但建立了配置合理、运行有效的食品安全监管机构，而且还建立了专为政府机构相互之间的工作提供必要信息交流，发挥协同作用的相关组织。一是风险评估联盟（RAC），主要负责食品安全风险评估的联邦政府机构间相互协作，通过这种交流与合作，共同开展食品领域的风险分析工作。二是技术支持工作组（TSWG），主要负责开展预防和打击生物恐怖活动的全国性研究机构间的合作，与食品安全相关的工作包括危害因子（细菌、病毒等）在食品中的生存能力、检测技术、造成危害程度的评估及食品安全培训等。三是食源性疾病反应协作组（FORCG），主要将联邦、州及地方相关政府机构纳入到全国性的食源性疾病综合反应体系，同时政府与学术界在食品安全领域的相互合作也提供了许多前沿的信息。FORCG 目的在于提高联邦、州及地方机构对发生跨州界食源性疾病做出反应的处理能力。四是食品安全与应用营养联合研究院（JIP－SAN），这是一个政府与学术界在食品安全领域的合作机构，旨在为相关食品安全政策提供技术支持。参与合作方包括 FDA 下属的 CFSAN、CVM 以及马里兰大学。五是食品安全及技术中心（NCFST），主要由来自伊利诺伊州技术研究院的科学家、FDA 官员以及食品相关业界人士组成的联盟，其重点在于保护食品供应的安全。

8. 专门的食品安全信息网与丰富的信息内容

美国设有专门的食品安全信息网（www. foodsafety. gov）。美国食品安全管理机构均要求联邦政府各部门和地方各州政府管理部门将各自的食品安全信息随时在网上发布，实现食品安全信息的共享与集成。同时政府借助该网站可对不同部门、不同产品的食品安全管理进行有效的协调，加以汇集、整理与集成，并通过网络平台进行发布，大大提高了食品安全信息的利用效率。美国食品安全网站信息十分丰富，集成了不同监管部门的食品安全信息，主要包括新闻与安全预警、消费者指导、儿童与教育家、疾病与产品投诉报告、产业帮助、国家食品安全项目等，几乎囊括了所有与食品安全有关的信息。

综上所述，食品安全的监控关键在于对食品安全信息的监控。从各级食品安全网络的职能来看，国家级食品安全网络承担了更多的食品安全信息采集任务，这些具体的食品安全信息通过相应的渠道进入地区级、国际级的食品安全网络。地区级、国际级的食品安全网络主要扮演了信息交流、反馈、发布的角色。

本章小结

食品产业是与人类共存的产业，食品国际贸易是世界贸易中的重要组成部分。食品国际贸易中的食品安全问题，不仅关系到世界消费者的健康问题，还关系到贸易国财富的积累和政治、社会的稳定，食品安全问题对于世界各国都是影响国家战略的重大问题。近年来，暴发了二噁英、疯牛病、禽流感、苏丹红等重大食品公共安全问题，食品安全问题成为世界各国政府与民众共同关注的重大问题，技术性贸易壁垒成为在食品国际贸易中保障食品安全的重要机制。应用信息技术而形成的各个层次的食品安全监控网络应运而生，为食品国际贸易进行提供了信息保证，公平、开放的食品安全监控网络将有助于食品国际贸易更加公平、开放。

思　考　题

1. 如何全面认识食品安全的内涵？
2. 哪些食品是 WTO 争端中的主要焦点？
3. 如何理解技术性贸易壁垒是食品国际贸易中保障食品安全的重要机制？
4. 列举 3 个近年来发生的重大国际食品安全事件，并简要说明所产生的危害。
5. 简述食品安全信息在 INFOSAN 和 RASFF 中交流。
6. 简述食品安全与国家利益间的关系。
7. 查阅资料，以法国为例来说明发达国家食品安全体系的主要特征，以及对发展中国家的借鉴意义。

参 考 文 献

[1] 许世卫．食品安全发展现状与对策，科学发展报告．北京：科学出版社，2003
[2] 姚卫蓉等．食品安全指南．北京：中国轻工业出版社，2005
[3] 唐晓纯等．食品安全预警体系框架构建研究．食品科学，2005（26）
[4] 吴苏燕．食品安全问题与国际贸易．国际技术经济研究，2004（7）
[5] 赵荣玲等．食品安全及其对经济的影响．科学决策月刊，2007（8）
[6] 程义峰等．食品安全：我们为什么紧张．三联生活周刊，2004（22）
[7] 刘志澄．WTO 与中国农业．农业经济问题，2002（5）

第七章　食品国际贸易与安全的政策法规和管理机构

第一节　WTO 有关食品贸易的法规

食品国际贸易是国际贸易中的一个分支，WTO 成员国之间的食品国际贸易必须在遵守 WTO 关于国际贸易的总规则的同时，遵守与食品贸易相关的规则。

一、GATT/WTO 规则

GATT（关税与贸易总协定）最基本的原则是非歧视性贸易原则（最惠国条款和国民待遇）以及透明度原则。WTO 继承了 GATT 关于货物贸易透明度的有关规定，并将该原则扩展到投资、服务贸易以及与贸易有关的知识产权保护方面。

国民待遇的原则要求外国贸易伙伴和国内贸易伙伴享有同等待遇。从食品国际贸易的角度来分析，要求对进口食品和本国食品采取同样的检查标准，而不能无故抬高进口食品的标准，而放松国产食品的标准。而透明度原则则要求各国的贸易政策以及法律、法规和标准均要向 WTO 和各成员国通报，并且还要求各国在制定新的法规和标准时，向 WTO 及各成员国通报和征求意见，并应尽量吸收这些意见进行修改。在通报中需要详细说明的是在与国际标准不一致的情况下，必须运用危险性分析的手段来提供科学依据，而不是想当然而为之。

WTO 的成员国在进行贸易时，任何进行的国际贸易包括食品贸易都要以这两个基本原则为准则。

二、SPS 协定

SPS 协定，即《卫生和植物卫生措施应用协定》（Agreement on the Application of Sanitary and Phytosanitary Measures，SPS 协定）。SPS 协定首先声明，各成员国有权采用保护人类、动物和植物生命或健康所必需的卫生和植物卫生措施，包括保护人和动物生命免受来自食品、饮料中添加剂、污染物、有毒物质或致病性生物的危险，保护人类生命免受来自植物或动物携带的疾病的危险；保护国家免受来自害虫进入、存留或传播所造成的损害。

这些 SPS 措施（法律、法规、标准、规范）包括最终产品的标准、检疫措施、加工要求、出证、监督检查、测试和与健康有关的标识。而旨在保护环境本身、消费者利益（与健康无关的）及动物权益的措施则不包括在 SPS 措施之中。在权益和义务方面，SPS 协定规定各国有权限制贸易来保护健康，但所采取的措施必须是基于科学原则的、非歧视性的和不对贸易产生隐藏的限制性（第 2 条）。

SPS 的其他原则主要包括以下几点。

（1）SPS 协定的协调一致原则　鼓励“成员国应尽其所能，积极参与有关国际组织及其附属机构的工作，特别是食品法典委员会（CAC）、国际兽医办公室（OIE）及国际植物保护条约（IPPC）框架下的国际和地区组织的工作，以推动这些组织根据卫生和植物卫生措施的各方面内容，制定并定期审议有关标准、准则和建议”（第3条）。这里明确指出在食品安全方面（即保护人的生命和健康方面）应以CAC标准为协调各国食品标准的依据；而在保护动物和植物的生命和健康方面，则分别以OIE和IPPC的标准为基础。如果一个成员国在贸易中不采用国际标准，则必需提供科学依据。

（2）等同性原则　进口国应接受出口国的SPS措施，即使两者的具体措施可能不同（第4条），只要在保护水平上具有等同性即可。在成员国间应通过双边或多边协商就某些SPS的等同性达成协定。

（3）SPS措施的制定必须采用危险性评估的方法　在制定适宜的保护水平时，应考虑经济损失和成本效益，及减少对贸易的负面影响（第5条）。

（4）透明度原则　要求成员国向WTO和其他成员国通报其新的SPS措施和现有SPS措施的变化；不符合国际标准的措施；以及对贸易有显著影响的措施，并考虑所收到的反馈意见。为此，成员国必须在政府部门中设立一个通报点，与之相应的是成员国还需要在政府部门中设立一个询问点来回答WTO或其他成员国对本国SPS措施的任何问题。

（5）在标准9、10和14中分别涉及技术援助　主要是帮助发展中国家实施SPS协定，包括技术、研究、机构设置、建议、资助、培训及设备等，并允许最不发达国家有5年延缓期来达到SPS协定的各项要求。

三、TBT协定

TBT协定，贸易技术壁垒协定（Agreement on Technical Barriers to Trade，TBT协定）。TBT协定源于1970年的“东京回合”，而新的TBT协定则于WTO成立之日（1995年）起生效。

TBT协定的基础是各成员国有权采纳技术法规、标准及一致性评估程序的权利，但不采纳非必要的贸易壁垒。TBT协定所涉及的技术法规和标准及一致性评估包括除与健康和生命有关的SPS措施以外的一切管理措施。但在TBT协定所认定的国际标准制定组织中除国际标准化组织（ISO）、国际电讯联盟（ITU）和国际电子技术委员会（IEC）外，还包括食品法典委员会（CAC）。TBT协定的原则与SPS协定的基础相同，即非歧视性、不设置非必要的贸易壁垒、协调一致、等同性、相互承认和透明度。

在不设置非必要的贸易壁垒的原则中，协定2.2条规定“技术法规除为实现正当目标所必须的条款外，不应有额外限制贸易的条款。这里所说的正当目标是指国家安全、防止欺骗、保护人身健康和安全、保护动植物的生命和健康、保护环境。”这里主要强调的是不能以本国的技术法规和标准为手段来设置非必要的“贸易技术壁垒”。也就是说，贸易中的技术壁垒是客观存在的，而且不能是非必要的。上述的SPS措施应视为是为达到正当（合法）目标所设置的措施，不属于非必要的贸易技术壁垒。过去和目前国际上所发生的许多贸易争端中，关键点均在于判定是否属于“必要的贸易壁垒”。

四、WTO规则与CAC标准的关系

在WTO中有一系列负责解决贸易争端的机构和规则。国际食品标准在国际食品中的重要作用如上所述，在SPS和TBT协定中均明文规定食品法典（CAC）标准为协调各国食品标准的基准。换言之，WTO在解决国家间食品贸易争端时是以CAC标准为仲裁标准的。如果说在WTO建立之前，CAC标准只是FAO/WHO主持的推荐标准，各国可以采纳也可以不予理会；那么在WTO建立以后，CAC标准尽管在性质上仍然是推荐性的，非强制性的，但所有参与食品国际贸易的国家都十分重视CAC标准，其中包括积极参加CAC的各项活动和认真研究CAC标准，因为任何国家都不希望在可能的贸易争端中打输官司，也不愿意本国的信誉和经济造成损失。例如在美国、加拿大与欧盟关于使用激素的牛肉争端中，以及澳大利亚与美国、加拿大关于鲑鱼的争端中，双方均需负担长期国际官司的昂贵费用，输方还必须支付上百亿美元的赔偿。事实上，无论是发达国家还是发展中国家，都有与CAC标准不一致的问题。其原因包括科学水平、经济水平、文化传统以及信息获得等诸多因素。这种"不一致"可能表现在营养标准方面，如食品中允许使用的营养强化剂的品种、使用范围和最高用量；婴儿配方食品中的蛋白质含量范围；营养标识的要求等。但这种"不一致"更多地表现在安全指标方面，如重金属、农药、霉菌毒素的最高允许含量（MRL）；允许使用的食品添加剂品种、使用范围和最高用量；允许的细菌总数和大肠菌群指数等。作为一个国家，如果要避免发生贸易争端或在争端中"输掉官司"，就必须深入研究国际游戏规则，特别是CAC标准。由于人才、资源、技术和信息等方面的限制，发展中国家与发达国家相比往往处于不利地位，既有认识上的问题，也有能力方面的问题。图7－1所示为食品国际贸易规则之间的相互关系。

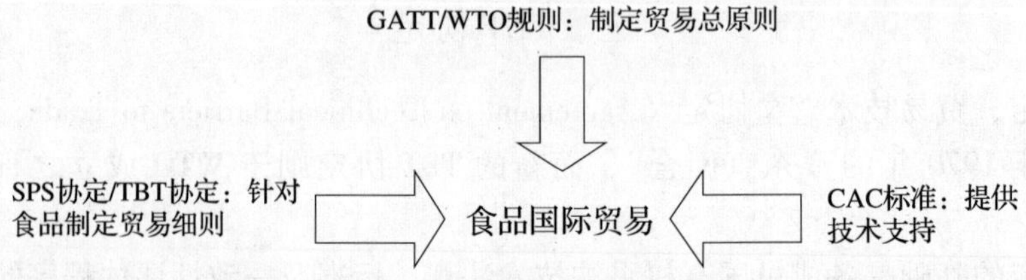

图7－1　食品国际贸易规则之间的相互关系

第二节　发达国家的食品安全政策法规

食品安全问题已经成为世界性的难题，并且对食品国际贸易的影响日益广泛。美国、欧盟和日本对食品安全控制是值得世界各国借鉴的，良好的食品安全控制又为这些国家（地区）成为食品国际贸易大国（地区）奠定了基础和优势。因此，食品安全政策法规对各国（地区）的食品国际贸易有着直接而深远的影响。

一、美　国

美国在建国之初就开始了食品安全方面的立法，一个世纪之前就制定了保证肉制品安全的《联邦肉类检验法》，40多年前就对食品中化学残留问题进行了立法。自1938年，国会颁布《食品、药品和化妆品法》后，有关部门进一步加强了食品安全的监管工作，此后出台的与食品安全有关的法律都以该法确立的基本框架为前提，或者对某种食品的管理作出专门规定，如《禽产品检验法》和《蛋类产品检验法》，或者对该法的部分条款进行修改，这些法律法规几乎涵盖了所有食品类别，为食品安全制定了具体详细的检测标准和监管程序。"9.11"事件后，美国又相继制定了《动物健康保护法》、《公共卫生安全和生物恐怖应对法》，在法律中规定了一系列食品的反恐措施，如建立国内外食品厂商登记制度等。

从世界范围来看，美国的产品召回制度是适用范围最广，也是最健全的。食品召回制度是指食品的生产商、进口商或经销商在获悉其生产、进口或经销的食品存在可能危害消费者健康安全的缺陷时，依法向政府部门报告，及时通知消费者，并从市场和消费者手中收回有问题产品，予以更换、赔偿的积极有效的补救措施，以消除有缺陷食品危害风险的制度。美国的产品召回制度始于1966年，首先是汽车行业，此后在多项产品安全和公共健康的立法中引入了缺陷产品召回制度。美国食品召回在两种情况下发生：一种是企业得知产品存在缺陷，主动从市场上撤下食品；另一种是FSIS或FDA强制要求企业召回缺陷食品。无论哪种情况，召回都是在FSIS或FDA的监督下进行的，FSIS或FDA在食品召回中发挥着关键作用。

FSIS主要负责监督肉、禽和蛋类产品的召回，FDA主要负责FSIS管辖以外的产品，即肉、禽和蛋类制品以外食品的召回。美国FSIS和FDA对缺陷食品可能引起的损害进行分级，并以此作为依据确定食品召回的级别。美国的食品召回有三个级别：第一级最为严重，消费者食用了这类产品一定会危害身体健康甚至导致死亡；第二级危害较轻，消费者食用后可能不利于身体健康；第三级一般不会有危害，消费者食用后不会引起任何不利于健康的后果，如贴错产品标签，产品标识有错误或未能充分反映产品内容等。随着这项制度的深入，食品召回有增加的趋势，但这并不代表食品质量在下降，而是说明人们对食品质量有了更高标准的监督与管理。

二、欧　　盟

欧盟的食品安全法规体系主要以欧盟委员会1997年发布的“食品法律绿皮书”为基本框架，基本涵盖了“从农田到餐桌”的整个食物链（包括农业生产和工业加工的各个环节）。2000年1月12日，欧盟又发表了“食品安全白皮书”，将食品安全作为欧盟食品法的主要目标，形成了一个新的食品安全体系框架。2002年1月28日，建立“欧盟食品安全管理局（European Food Safety Authority，EFSA），颁布了第178/2002号法令，这也是欧盟食品安全方面的主要举措。到目前为止，欧盟已经制定了13类173个有关食品安全的法规标准，其中包括31个法令，128个指令和14个决定，其法律法规的数量和内容不断更新与完善。在欧盟食品安全的法律框架下，各成员国如英国、德国、荷兰、丹麦等也各自形成了一套法规框架，这些法规并不一定与欧盟的法规完全吻合，主要是针对成员国的实际情况制定的。

2000年1月发布的欧盟食品安全白皮书长达52页，包括执行摘要在内的9章内容，用116项条款对食品安全问题进行了详细阐述，制定了一套连贯和透明的法规，提高了欧盟食品安全科学咨询体系的能力。白皮书提出了一项根本改革的方案，就是食品法以控制“从农田到餐桌”全过程为基础，包括普通动物饲养、动物健康与保健、污染物和农药残留、场主和食品生产者的责任，以及各种农田控制措施等。在此体系框架中，法规制度清晰明了，易于理解，便于所有执行者实施。同时它要求各成员国权威机构加强工作，以保证措施能可靠、合理地执行。

白皮书中的一项重要内容是建立欧洲食品管理局，主要负责食品风险评估和食品安全议题交流；设立食品安全程序，规定了一个综合的涵盖整个食品链的安全保护措施；并建立一个对所有饲料和食品在紧急情况下的综合快速预警机制。欧洲食品管理局由管理委员会、行政主任、咨询论坛、科学委员会和8个专门科学小组组成。另外白皮书还介绍了食品安全法规、食品安全控制、消费者信息、国际范围等几个方面的内容。白皮书中各项建议所涉及的标准较高，在各个层次上具有较高透明性，便于所有执行者实施，并向消费者提供对欧盟食品安全政策的最基本保证，是欧盟食品安全法律的核心。

欧盟178/2002号法令主要拟订了食品法律的一般原则和要求、建立EFSA和拟订食品安全事务的程序，是欧盟的又一个重要法规。178/2002号法令包含5章65项条款。范围和定义部分主要阐述法令的目标和范围，界定食品、食品法律、食品商业、饲料、风险、风险分析等20多个概念。一般食品法律部分主要规定食品法律的一般原则、透明原则、食品贸易的一般原则、食品法律的一般要求等。EFSA部分详述EFSA的任务和使命、组织机构、操作规程；EFSA的独立性、透明性、保密性和交流性；EFSA财政条款；EFSA其他条款等方面。快速预警系统、危机管理和紧急事件部分主要阐述了快速预警系统的建立和实施、紧急事件处理方式和危机管理程序。程序和最终条款主要规定委员会的职责、调节程序及一些补充条款。

此外，欧盟其他的食品安全法律法规还有《通用食品法》、《食品卫生法》、《添加剂、调料、包装和放射性食物的法规》等。还有一些由欧洲议会、欧盟理事会、欧委会单独或共同批准，在《官方公报》公告的一系列EC、EEC指令，如有关动物饲料安全、动物卫生法、化学品安全、食品添加剂与调味品法、与食品接触的物料、转基因食品与饲料、辐照食物法律等。

三、日　本

日本是一个法制比较完善的国家，其法律条款的修订非常普遍，一旦发现某些条款与现实相左或不相适应，即以省令和告示的形式对该条款加以修订。日本食品安全管理的主要法律如下：

（1）《食品卫生法》　日本的《食品卫生法》是其食品安全管理的重要法律依据。该法制定于1947年，后来根据需要经过几次修订，由36条条文组成。其特点有：涉及众多的对象；将权力授予厚生劳动省；赋予地方政府管理食物的重要职能，厚生劳动省与地方政府共同承担责任；以HACCP为基础的一个全面的卫生控制系统。2006年5月29日，日本将《食品卫生法》做了进一步修改，添加了肯定列表制度的内容，设定了进口食品、农产品中可能出现的799种农药、兽药和饲料添加剂的5万多个暂定限量标准，对涉及264种产品种类同时规定了15种不准使用的农业化学品。对于列表外的所有其他农业化学品或其他农产品，则制定了一个统一限量标准（0.01mg/kg）。

（2）《食品安全基本法》　疯牛病事件之后，为了重新恢复消费者的信心，日本政府修订了其基本的食品安全法律。日本参议院于2003年5月16日通过了《食品安全基本法》草案，该法是以保护消费者为根本前提，确保食品安全为目的的一部法律，是保障日本食品安全的基本法，为日本的食品安全行政制度提供了基本原则和要素。要点如下：确保食品安全；地方政府和消费者共同参与；协调政策原则；建立食品安全委员会，负责进行风险评估，并向风险管理部门（农林水产省和厚生劳动省）提供科学建议。

（3）其他　除《食品卫生法》、《食品安全基本法》外，日本与食品安全相关的主要法规还有《食品卫生法实施规则》、《食品卫生法实施令》、《产品责任法》（PL法）、《植物检疫法》、《计量法》等，与进出口食品有关的还有《输出入贸易法》、《关税法》等。迄今为止，日本共颁布了300多项与食品安全相关法律法规。

第三节　发达国家的食品安全管理机构

从实际出发，学习与借鉴发达国家的食品安全管理机构建设与运行的经验，对发展中国家是有益的。

一、美　国

美国食品被认为是世界上最安全的食品之一，民众对食品放心度普遍较高，这在很大程度上归功于美国食品安全相关部门对食品从“农田到餐桌”整个流程科学监控所做的努力，以及从1906年起逐步建立形成的一套完备的食品安全法律体系。但是法律法规的实施离不开联邦政府各管理部门互为补充、相互依存、复杂有效的食品安全监管体系。美国涉及食品安全监管的机构非常复杂，主要机构达20多个，其中最主要的有美国联邦卫生与人类服务部所属的食品与药物管理局（FDA）、美国农业部所属的食品安全检验局（FSIS）、动植物卫生检验局（APHIS）以及联邦环境保护署（EPA）。

（1）美国食品与药物管理局（FDA）　美国食品与药物管理局（FDA）是美国最老牌的消费者保护机构之一，主要通过实施《联邦食品、药品和化妆品法》及其他一些相关的公共健康法来保护美国消费者的健康和安全，其职责范围涉及监督管理产品的制造、进口、运输、贮存和销售等领域。在美国食品安全体系中，FDA主要负责管理除食品安全检验局（FSIS）所辖范围之外的所有国产和进口食品，包括瓶装水和酒精含量小于7%的葡萄酒等。

（2）美国食品安全检验局（FSIS）　美国食品安全检验局（FSIS）是美国农业部负责公众健康的机构，其主要职责是确保州际贸易中进口和国产肉、禽及某些蛋制品的安全，其中包括对动物屠宰前和屠宰后的检验、对畜禽屠宰厂和加工厂的检验、监督和检验加工的蛋制品等。该机构的任务还包括，收集和分析食品样品，进行微生物和化学污染物的监测和检验；制定食品添加剂和其他食品配料的生产标准；制定工厂卫生标准，确保所有进口的外国肉、禽加工符合美国标准；负责肉、禽加工者对其加工的不安全产品自愿召回；为肉、禽加工食品安全研究提供资助等。

（3）动植物卫生检验局（APHIS）　动植物卫生检验局（APHIS）主要负责监督和处理可能发生在农业方面的生物恐怖活动，外来物种入侵、外来动植物疫病传入、野生动物及家畜疾病监控等，从而保护公共健康和美国农业及自然资源的安全。

（4）联邦环境保护署（EPA）　联邦环境保护署（EPA）负责管理饮用水以及由植物、海产品、肉和禽类制造的食品；制定饮用水安全标准；管理有毒物质和废物，预防其进入环境和食物链；帮助各州监测饮用水的质量，寻求预防饮用水污染的途径；鉴定新的杀虫剂的安全性，制定食品中杀虫剂的残留量标准，制定杀虫剂安全使用指南。

二、欧　盟

欧盟委员会根据以往的经验发现，由于各成员国法律规章的不同，各成员国自身的监督机构建设和监督职能执行存在着差异，这使消费者在接受本国食品安全标准与欧盟制定的统一标准时有所差别。为使欧盟食品安全政策在各个成员国贯彻执行，欧盟委员会建立了一个国际性的控制与监督系统，对各成员国的食品生产链中的各个环节进行监督控制，并为此积极筹备立法予以确认。这一系统主要由欧洲食品安全局、欧盟食品与兽医办公室组成。

欧洲食品安全局是在2002年1月28日通过的欧洲议会和理事会第178/2002法规的基础上成立的。2003年欧洲食品安全局已发展成为真正独立的欧洲联盟机构，主要任务是对欧盟内部所有与食品安全相关的事务进行统一管理，负责与消费者进行直接对话，建立成员国食品卫生和科研机构的合作网络，向欧盟委员会提出意见等。

欧盟食品与兽医办公室是欧盟委员会指定负责监督各成员国执行欧盟相关立法的情况及第三国进口到欧盟的食品安全情况。该办公室由欧委会的健康和消费者保护总司管辖。经1999年改革后，随着立法的不断发展，欧盟食品与兽医办公室的监督范围不再局限于与家畜类动物有关的食品，而是扩大到从“农田到餐桌”食品生产的每个过程，如对饲料和非动物源食品，甚至对有的收费标准也要监督。欧盟食品与兽医办公室可以用听证会和现场调查的方式对成员国和第三国进行调查，并将结果、意见报告给相关各国、欧盟委员会和公众。每年该办公室都有计划地到相关国家进行实地考察。

欧盟各成员国纷纷建立了统一的食品安全监管机构，并将风险管理与风险评估分别置于不同的机构进行，以保证以科学为基础的风险评估不受行政干扰。德国、法国、丹麦、瑞典等成员国以欧盟指令为指导，把保护消费者健康和权益放在首要位置，同时也为了促进本国食品的国际贸易，建立了统一的国家食品安全控制体系。

三、日　本

日本食品安全监管机制与我国较为类似，涉及农业、卫生、环境和商业等多个部门，但多年以来一直以厚生劳动省和农林水产省为主要管理部门。2003年7月成立了日本食品安全委员会，由其统一负责食品安全事务的管理和风险评估工作。

日本食品安全委员会是主要承担食品安全风险评估和协调职能的直属内阁机构，主要职能包括实施食品安全风险评估，对风险管理部门进行政策指导与监督，以及风险信息沟通与公开。该委员会的最高决策机构由7名委员组成，他们都是民间专家，由国会批准并由首相任命。委员会下辖专门委员会，分化学物质评估组、生物评估组、新食品评估组等三个评估专家组。此外，委员会还设立事务局负责日常工作，其雇员多数来自农林水产省和厚生劳动省等部门。

日本法律明确规定食品安全的管理部门是农林水产省和厚生劳动省。随着风险评估职能的剥离而专职风险管理，两部门对内部机构进行了大幅调整。农林水产省成立了消费安全局，下设消费安全政策、农产安全管理、卫生管理、植物防疫、标识规格、总务等6个课，以及1名消费者信息官。

厚生劳动省将原医药局改组为医药食品局，下辖的食品保健部改组为食品安全部。为加强进口食品安全管理，除增设食品药品健康影响对策官、食品风险信息官等职位外，还增设进口食品安全对策室。农林水产省和厚生劳动省在职能上既有分工，也有合作，各有侧重。农林水产省主要负责生鲜农产品及其粗加工产品的安全性，侧重在这些农产品的生产和加工阶段；而厚生劳动省负责其他食品及进口食品的安全性，侧重在这些食品的进口和流通阶段。

根据日本《食品卫生法》，地方政府主要负责以下工作：制定本辖区的食品卫生检验和指导计划；对本辖区内与食品相关的商业设施进行安全卫生检查，并对其提供有关的指导性建议；颁发或撤销与食品相关的经营许可证。地方政府也进行食品检验，但主要是由当地的保健所或肉品检查所等食品检验机构，对其相应权限范围内的产品进行检验。

第四节　食品国际贸易的协调机构

在任何贸易关系中所涉及的当事方必然有着不同的经济利益，而贸易的国际化让许多不同文化背景和价值观的当事方纳入到同一个贸易平台。由于各种复杂的原因，国际贸易纠纷的产生在所难免，食品国际贸易也不例外。为了维护贸易相关当事方的合法与正当权益，保障国际贸易活动的正常进行，促进国际社会经济关系的健康发展，各国政府与相关国际组织等积极鼓励有关当事方通过适当途径和方式解决国际贸易争议，各种国际贸易的协调机构也应运而生。

协商、调解、仲裁和诉讼是解决国际贸易争议的主要方式和步骤。协商主要是由贸易双方在争议发生后，通过各种联系方式，相互协商以寻求解决争议途径的一种方式；调解是指双方当事人自愿将争议提交给一个独立的第三方作为调解人居中调解，以促进当事人互谅互让，从而达成协议以解决争议；仲裁是指双方当事人自愿将他们之间发生的争议交由各方所同意的第三者进行审理和裁决，以求争议的最终解决；诉讼指一方当事人向法院起诉，控告另一方的违约违法行为，要求法院依法给予补偿或惩处另一方当事人。在实践中，协商当事方可能会将法律顾问或委托律师引入协商过程，一般不需要专门的协调机构参与，而国际贸易争议解决方式中的调解和仲裁一般都是由相关协调机构进行的。食品国际贸易作为国际贸易中的一个分支，出现食品贸易争议同样可以通过以下机构进行协调。

一、中国国际经济贸易仲裁委员会

中国涉外仲裁制度的建立始于20世纪50年代。在20世纪50年代初，虽然面临着严峻的经济形势和封锁的国际环境，但已开始积极发展与已建交的前苏联、波兰、芬兰、瑞典等国之间的贸易，也不断开拓与英国、意大利等西方国家之间的民间贸易。为了适应我国对外贸易发展的需要，公正地解决我国外贸公司和其他经济组织在对外贸易中所发生的纠纷，中央政府决定由1952年刚刚成立的中国国际贸易促进委员会（简称贸促会）筹备对外贸易仲裁工作。此时的中国涉外仲裁属起步创业阶段，主要在于不断积累经验。另外，受中华民族“和为贵”的传统观念影响，当时我国的涉外仲裁主要是以调解的方式解决对外贸易争议。

1980年2月，为适应改革开放形势的需要，国务院将对外贸易仲裁委员会改称为对外经济贸易仲裁委员会，受理案件的范围扩大到有关中外合资经营企业、外国来华投资建厂、中外银行相互信贷等各种对外经济合作方面所发生的争议。1987 年，我国加入了《关于承认和执行外国仲裁裁决公约》，涉外仲裁机构作出的仲裁裁决可以在公约成员国得到承认并执行，标志着我国的涉外仲裁制度真正得以确立。1988 年 6 月，国务院又批准将对外经济贸易仲裁委员会改名为中国国际经济贸易仲裁委员会（China International Economic and Trade Arbitration Commission，CIETAC），受案范围也扩大到国际经济贸易中产生的一切争议。同时为了适应经济特区和沿海地区对外经济贸易发展的需要，经国务院批准，仲裁委员会于 1989 年 1 月和 1990 年 4 月分别在深圳和上海设立仲裁委员会分会。自 2000 年 10 月 1 日起，中国国际经济贸易仲裁委员会同时启用“中国国际商会仲裁院”的名称。

20 世纪 90 年代，我国涉外仲裁事业迅速发展。1991 年起，受案结案数量逐年大幅度上升，1991 年受案 274 件，1992 年受案 267 件，1993 年受案 486 件，1994 年受案 829 件，1995 年受案达到 902 件。1995 年以后，虽然每年的受案量没有超过 1995 年，但仍保持着世界第一的纪录。自 1991 年至 2000 年十年间共受案 6000 多件，是仲裁委员会自成立至 1990 年 35 年总和的 6 倍。仲裁的当事人涉及美国、加拿大、巴西、阿根廷、澳大利亚、新西兰、英国、法国、荷兰、德国、瑞士、意大利、瑞典、丹麦、芬兰、西班牙、葡萄牙、前南斯拉夫、保加利亚、波兰、匈牙利、俄罗斯、日本、泰国、菲律宾、新加坡、马来西亚、朝鲜、韩国及中国香港地区、澳门地区和台湾省等 47 个国家和地区。从 1994 年起，中国国际经济贸易仲裁委员会已被列入世界主要仲裁机构的行列，随着仲裁规则进一步与世界接轨和各项改革措施的实施，将在国际商事仲裁领域扮演越来越重要的角色。2000 年以来，中国国际经济贸易仲裁委员会仲裁业务案件见表 7 - 1 和图 7 - 2。

表 7 - 1　　2000—2007 年 CIETAC 仲裁业务案件统计表

年　份	受　案			结　案
	总数	涉外	国内	
2000	633	543	90	738
2001	731	562	169	712
2002	684	468	216	694
2003	709	422	287	704
2004	850	462	388	700
2005	979	427	552	958
2006	981	442	539	967
2007	1118	429	689	1051

资料来源：http://www.cietac.org.cn，中国国际经济贸易仲裁委员会网站，2009 年 1 月 3 日。

中国的涉外仲裁规则即中国国际经济贸易仲裁委员会仲裁规则，最早是 1956 年制定的《中国国际贸易促进委员会对外贸易仲裁委员会仲裁程序暂行规则》，其后进行过多次修订，最重要的是 1988 年、1994 年、1998 年和 2000 年的四次修订。此外，1995 年 9 月 1 日实施的《中华人民共和国仲裁法》的制定，既充分借鉴了我国仲裁特别是涉外仲裁的经验，又充分参考了国际上的通行做法，适应了国际商事仲裁发展的潮流，是一部现代化、国际化的仲裁法，是中国仲裁走向世界的一个新的里程碑，为我国的仲裁事业发展提供了有力的法律保证。

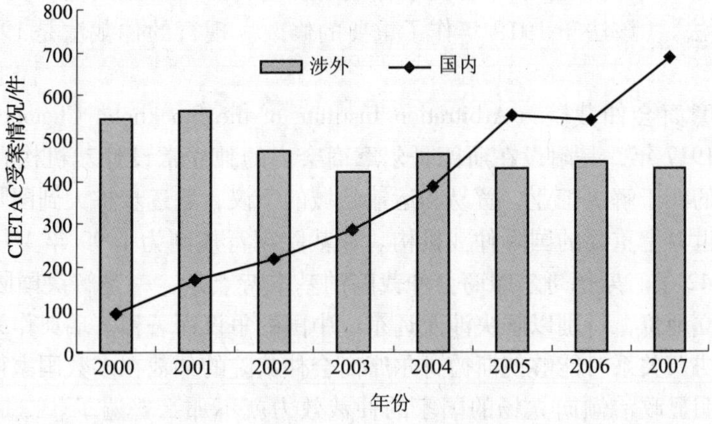

图 7－2　2000—2007 年 CIETAC 受案情况统计图

资料来源：http://www.cietac.org.cn，中国国际经济贸易仲裁委员会网站，2009 年 1 月 3 日

二、国际商会仲裁院

成立于 1923 年，总部设在法国巴黎的国际商会是非政府性质的国际间的商会组织，宗旨是促进国际商事活动的进行。国际商会仲裁院（The International Court of Arbitration of International Chamber of Commerce，ICC）成立于 1923 年，是附设于国际商会的最具代表性的、最有影响的国际仲裁机构。仲裁院目前由来自 55 个国家的 65 名委员组成。仲裁院的主要作用是实施《调解与仲裁规则》，提出对《调解与仲裁规则》的修改方案。对修改方案的决定方式，是以多数票通过制，如果不能形成多数，则仲裁院主席具有决定性投票权。现行《调解与仲裁规则》是 1998 年修订并实施的。

国际商会把调解规则和仲裁规则放在了一起。但调解规则系“任择性”规则，其含义为“调解是一个独立于仲裁的程序，调解规则完全是选择性的，除非当事人有相反的约定”。国际商会的仲裁规则并不要求在仲裁开始之前必须进行调解，其调解规则也不要求调解失败后必须进行仲裁。国际商会的仲裁规则在整个国际仲裁领域具有重要地位，在某种程度上，可视为仲裁规则之典范。特别是 1998 年新修订的规则，更是日臻完善。

目前，每年参加国际商会仲裁活动的仲裁员和当事人来自世界的 100 多个国家和地区，跨越各种政治、经济、法律、文化以及语言等背景。仲裁院主要受理国际性的商事争议，但根据其内部规则，也可以在仲裁协议载明的前提下受理非商事性质的争议。国际商会仲裁院是国际化程度最高的仲裁机构，是国际知名的仲裁机构之一，在受案数量上是仅次于中国国际经济贸易仲裁委员会的国际商事仲裁机构。近几年来，每年受理国际仲裁案件数量超过 500 件，其仲裁特点是：案件争议金额巨大，非一般仲裁机构可以比拟；当事人来源广泛，遍及世界各地；不设仲裁员名册，仲裁员来自世界各地；仲裁地点不限于巴黎，可以设定于世界任何一个地点；仲裁程序集中管理，统一于国际商会仲裁院巴黎总部；仲裁规则先进，仲裁经验丰富，仲裁声誉盛隆。

三、斯德哥尔摩商会仲裁院

瑞典的仲裁具有十分悠久的历史，以仲裁的方式解决民商事纠纷非常流行。早在

14 世纪中叶，在瑞典的法律中即有关于仲裁的规定，而作为正式的仲裁法律是 1887 年颁布的《仲裁法》，该法于 1919 年作了重要的修改。现行的仲裁法是 1927 年生效的仲裁法。

斯德哥尔摩商会仲裁院（Arbitration Institute of the Stockholm Chamber of Commerce，SCC）成立于 1917 年，是附设在斯德哥尔摩商会内的独立常设仲裁机构。初期主要从事国内仲裁，目的在于解决工业、贸易和运输领域的争议，后逐步扩大到国际领域，目前该仲裁院已成为世界上重要的国际仲裁机构。仲裁院现行规则为 1999 年 4 月 1 日生效的仲裁规则，共计 42 条。斯德哥尔摩商会仲裁院的基本特点是：一是解决国际争议的优势在于其国家的中立地位，特别以解决涉及远东或中国的争议而著称。瑞典作为中立国家，在与国际社会的协调关系时能够使斯德哥尔摩商会仲裁院的仲裁在多数国家得以实现，与之相比其他具有明显政治倾向立场的国家的仲裁效力就不那么普遍了。二是没有仲裁员名单，当事人可自由指定任何国家，任何身份的人作为仲裁员。一般选择自己国家的公民作为仲裁员，不同国家的可各选一名，共同选择第三名仲裁员，组成三人仲裁庭。这样当事人在仲裁开始就比较符合自己意志，从而为仲裁效力作出了保证，提高了仲裁的速度和效力。三是该仲裁院设立的目的本身就在于解决工业、贸易和运输领域的争议，在国际社会得到了广泛认可，便于在各个国家执行。

瑞典经济发达，在国际政治关系中采取中立的立场，这也是其仲裁事业得以持续发展的重要原因。无论何种社会制度的国家，容易对瑞典的仲裁产生信任，西方发达国家的著名公司在与发展中国家的公司商谈贸易或投资合同中的仲裁条款时，选择瑞典的仲裁机构往往都能被双方当事人所接受。在改革开放初期或以前，我国与一些西方国家签订的国际贸易特别是成套设备的合同和技术转让合同时，也常常将瑞典的斯德哥尔摩仲裁院作为双方约定的仲裁机构。中国国际经济贸易仲裁委员会与斯德哥尔摩商会仲裁院一直保持着友好合作关系。早在 1984 年 10 月 30 日，两个仲裁机构即签订了双边合作协议，在扩大两国有关组织和企业间的在贸易、经济、科学、技术和其他业务方面的联系和接触，加强双方仲裁机构的执行效力，促进以仲裁及其他的方式解决发生在中瑞之间的商事纠纷等方面发挥了重要作用。

四、美国仲裁协会

美国仲裁协会（American Arbitration Association，AAA）成立于 1926 年，总部设在纽约，是美国最主要的国际仲裁常设机构，也是世界上最大的民间仲裁机构之一，由 1922 年成立的美国仲裁会和 1925 年成立的美国基金会合并而成，后来其他相关组织也并入美国仲裁协会，如美国贸易协会。该机构系独立的、非政府的和非营利的，在美国除纽约之外其他 24 个城市设有分会，拥有 6 万多名仲裁员，500 多名专职人员。领导机构称董事局，由有关行业和社团组织中的知名人士组成并由从事法律和仲裁的专业人士负责管理工作。现行的规则是 2000 年 9 月 1 日生效的美国仲裁协会国际仲裁规则，其全称为“商事争议解决程序（包括仲裁与调解规则）”。

美国仲裁协会的宗旨是，进行有关仲裁的研究，完善仲裁技术和程序，进一步发展仲裁科学，提供仲裁便利。受案范围为全美各地的以及外国的各种当事人提交的除法律和公共政策禁止仲裁事项以外的任何国际争议。美国仲裁协会也十分重视调解，该机构每年处理的调解案件可达千件，纠纷涉及的领域有贸易、投资、保险、证券、金融、房地产、知识产权、计算机等。根据美国仲裁协会仲裁规则，调解不是必经程序，只是供当事人选择的一个步骤。如果当事人对尚未结束的仲裁案表现出调解的意愿，则可进入调解程序，当事人可指定富有经验的调解员来进行这项工作。调解程序不再额外收取当事人的费用。据统计，美国仲裁协会调解案的成功率非常高，达 80% ~90% 。

五、伦敦国际仲裁院

伦敦国际仲裁院（London Court of International Arbitration，LCIA）历史悠久，其前身是成立于 1892 年 11 月 23 日的伦敦仲裁会。1903 年 4 月 2 日改名为伦敦仲裁院，自 1981 年起始采用现名，是国际上最早成立的常设仲裁机构。过去伦敦国际仲裁院由一个联合委员会管理，该委员会由伦敦市政府和伦敦商会各派 12 名委员组成。1975 年伦敦仲裁院与英国皇家特许仲裁员协会合并，伦敦国际仲裁院由伦敦市政府、伦敦商会和英国皇家特许仲裁员协会三家共同组成的联合管理委员会管理。其主要职能是为解决国际商务争议提供服务，受理当事人依据仲裁协议提交的任何性质的国际争议。

伦敦国际仲裁院现行的仲裁规则是 1998 年 1 月 1 日生效的规则。新的规则是在英国 1996 年《仲裁法》颁布之后出台的，受该法影响自不待言，而国际经济形势的发展变化、当事人的有益建议、自身发展的需要等也是导致修改规则的重要因素。该院在仲裁庭组成方面确立了一项重要规则，在涉及不同国籍的双方当事人的商事争议中，独任仲裁员和首席仲裁员必须由 1 名中立国籍的人士担任。1987 年，该院增设了来自 30 多个国家的具有丰富经验的仲裁员组成的“伦敦国际仲裁员名单”。此外，新规则也注重将英美法系和大陆法系的优秀内容加以有机的结合。中国和英国的仲裁、调解界一直保持着良好的友好交往。特别是 20 世纪 90 年代以来，我国的仲裁、调解机构几乎每年都与上述单位有业务交流和人员互访。

六、伦敦谷物及饲料贸易协会

伦敦谷物及饲料贸易协会（Grain and Feeding Trade Association，CAFTA）成立于 1971 年，会址设在英国伦敦。协会的宗旨是促进谷物、动物饲料、豆类和大米等方面的国际贸易。该协会是由建立于 1878 年的伦敦谷物贸易协会和建立于 1906 年的动物饲料贸易协会合并而成。现有来自世界 70 多个国家的 700 余名协会会员。其成员为来自世界各地的进口商、出口商、生产商、经销商、原料加工商、货运代理、经纪人、仲裁员、律师和金融方面人士等。

该协会的主要工作是，制定谷物和动物饲料贸易的标准合同、制定仲裁规则、管理仲裁程序，并希望建立一个以其标准合同为依据，按照其仲裁规则进行仲裁的世界性的行业体系。协会制定的 80 多个 FOB、CIF 等标准合同，为世界上近 80% 的谷物贸易及占有相当比例的动物饲料贸易所采用。

该协会也是一个著名的仲裁机构，有自己的仲裁规则和仲裁员名单。实行严格的名单制，即只有名单中人士才有资格担任个案的仲裁员。协会的仲裁规则比较特殊，“No. 125”和“No. 126”两种仲裁规则并存，前者采用“两裁终局”，后者系简易仲裁程序。近几年，协会每年的受案量都在 300 件左右。

七、日本商事仲裁协会

日本商事仲裁协会（The Japan Commercial Arbitration Association，JCAA）成立于1950年3月14日，是根据日本民法典第34条而成立的社团法人。该协会的宗旨是通过以仲裁和调解的方式解决商事争议，促进国内外经贸发展。协会总部设在东京，在其他城市如大阪、神户、横滨和名古屋等设有分会。日本商事仲裁协会现行的仲裁规则是2008年1月1日修订生效的规则。

2002年3月7日，日本商事仲裁协会与中国国际经济贸易仲裁委员会在北京签署了仲裁合作协议。双方认为，同处于亚洲的两个仲裁机构在文化背景上、解决争议的习惯上都有相似之处，而且同为亚洲机构，在亚洲本土仲裁可以降低成本。

八、韩国商事仲裁院

韩国商事仲裁院（The Korean Commercial Arbitration Board，KCAB）成立于1966年，是韩国唯一的受理国际民商事纠纷案件的仲裁机构，其职责是专门为解决韩国企业乃至外国企业在国际交易中发生的商事纠纷，主要经营收入用于帮助韩国贸易协会会员企业从事各种商务活动。韩国商事仲裁院现行的仲裁规则为2006年6月修订发布的《韩国商事仲裁院商事仲裁规则》。早在1992年12月15日，中国国际经济贸易仲裁委员会与韩国商事仲裁院签订了合作协议。该协议载明："除非当事人之间另有约定，仲裁地点应为被诉人营业地所在国。若被诉人为中国自然人或法人，应在中国国际经济贸易仲裁委员会根据其规则在北京仲裁；若被诉人为韩国自然人或法人，应在韩国商事仲裁院按照其仲裁规则在首尔仲裁。"此外，韩国商事仲裁院已与40多个仲裁机构签订了仲裁合作协议。

九、香港国际仲裁中心

香港国际仲裁中心（Hong Kong International Arbitration Center，HKIAC）成立于1985年，是按照香港公司法注册的民间机构，现受香港特区政府、有关专业机构、有关企业的支持和赞助而进行工作。其管理机构是由不同国籍的法律界、工商界的专业人士组成的理事会。其主要职能是为通过仲裁解决商事争议提供管理方面的服务，包括就国际或者香港内仲裁提供一般性意见和帮助，回答应该在香港进行仲裁方面的咨询，特别是在香港进行国际仲裁方面的法律与程序问题，并就仲裁条款的适当形式提供咨询意见；受理两类仲裁案件：国际商事仲裁案件和香港的区内仲裁案件，但这两类案件分别适用不同的仲裁规则。国际商事仲裁案件适用联合国国际贸易法委员会的仲裁规则；香港的区内案件适用香港国际仲裁中心制定的，于1993年4月1日实施的"本港仲裁规则"。该规则明确指出："本港仲裁规则不适用于国际性合同或争议（意指当事人来自不同国家）的仲裁"。此类仲裁案应使用香港国际仲裁中心的仲裁程序（包括联合国国际贸易法委员会规则）或当事人选择的其他类似规则。当事人有很大的自由自行约定和设计仲裁程序。大致上香港国际仲裁中心每年受理200余件商事仲裁案件。1991年6月25日，中国国际经济贸易仲裁委员会即与香港国际仲裁中心签订了合作协议。该协议载明：两个仲裁机构"愿意发展有效率的解决商事争议的方法，并协助当事人在发生商事争议时解决他们的争议"。1997年7月1日香港回归后，香港国际仲裁中心的地位受到其他仲裁机构的挑战。随着中国加入世贸，香港国际仲裁中心开始致力于在中国内地推广其仲裁服务，争取更多的内地公司到香港国际仲裁中心仲裁案件。香港国际仲裁中心虽成立较晚，但借助于香港地理优势很快发展为亚洲领先的国际仲裁中心。

十、世界知识产权组织仲裁和调解中心

世界知识产权组织仲裁和调解中心位于瑞士日内瓦，建立于1994年，主要为解决私诉当事人之间的国际商务争端提供仲裁和调解服务。该中心所采用的由主要专家在跨国界争端解决进程中制定的争端解决程序，被公认是解决涉及知识产权技术（包括商标、专利、版权、专有技术、计算机软件等问题）、娱乐业和其他方面争端的极其适宜的手段。根据该中心的仲裁规则，案件的行政管理由世界知识产权组织（World Intellectual Property Organization，WIPO）的国际局负责。一方当事人如欲向WIPO提起仲裁，应向国际局和对方当事人提出书面仲裁通知。世界知识产权组织成立于1970年4月26日，它是根据1967年7月14日在瑞典斯德哥尔摩签订的“成立世界知识产权组织公约”而设立的。1974年该组织正式成为联合国17个专门组织之一。

需要指出的是，上述各类仲裁机构的仲裁规则既有相同之处，也有一定的区别。相同之处表现为：① 仲裁申请的形式相同，仲裁申请必须采取书面形式；② 管辖权异议或者抗辩相同，各仲裁规则都赋予被申请人以管辖权的异议权或者抗辩的权利，并要求被申请人在答辩书中提出；③ 仲裁审理的方式相同，除当事人协议选择外，仲裁审理须采取开庭审理方式；④ 实体法的适用规则相同，除当事人选择外，由仲裁庭确定适用的实体法。⑤ 仲裁裁决的作出及法律效力相同，仲裁裁决的作出采用少数服从多数的原则，无法形成多数意见，则按照首席仲裁员的意见作出仲裁裁决，仲裁裁决一经作出，立即生效的原则。

而不同之处则表现在：① 提交仲裁申请书的程序不同，直接将仲裁通知书递交或者寄交对方当事人，将仲裁申请书或者仲裁通知书及证据材料交给仲裁机构，由仲裁机构转交或者发出仲裁通知书；同时将仲裁通知书或者申请材料送交仲裁机构和对方当事人等。② 仲裁庭的组成不同，表现在仲裁庭成员的人数不同，以及指定仲裁员的方式不同（当事人共同指定、当事人各自指定、仲裁机构指定等有三种普通仲裁员的不同指定方式。由仲裁员共同指定、仲裁机构指定、原则上由仲裁机构指定但当事人另有约定的除外，原则上由当事人共同指定但在仲裁规则规定时间内未指定除外等对不同首席仲裁员的指定方式）。③ 临时保全措施的采取不同，主要是仲裁庭决定对争议标的采取临时保全措施；请求司法机关给予协助，采取临时保全措施等。

本章小结

本章主要介绍了境外和相关国际组织有关食品安全与贸易的政策法规和管理机构。我国虽然与国外有着不同的国情，但国际经验具有普遍的借鉴意义。对中国而言，在借鉴美国、欧盟和日本等发达国家（地区）的食品贸易及食品安全政策法规，完善自身政策法规体系的同时，更要仔细研究政策法规的深层含义，明确其政策法规的适用范围和要求，既有利于保证我国食品国际贸易的顺利进行，又有利于在出现食品国际贸易争端时，利用WTO的相关规定，争取和保护自己的合法权益。另外，食品国际贸易纠纷是国际贸易中

的焦点，协调机构在食品国际贸易争议的解决过程中发挥着不可或缺的作用。了解国际主要大仲裁机构的仲裁规则等，既有利于推动我国仲裁事业的发展，也有利于我国食品国际贸易的繁荣与发展。

思 考 题

1. 国际食品贸易中，应如何合理适用 SPS 协定和 TBT 协定保护自身利益？
2. 简述本国食品标准与 CAC 标准比对研究的意义。
3. 简述食品安全法规对国际食品贸易的影响。
4. 简述 GATT/WTO 协定、SPS 协定和 TBT 协定之间的关系。
5. 美国食品安全监管机构有哪些？列举美国食品安全相关法规。
6. 简述欧盟、日本食品安全法规的主要构成与特色。

参 考 文 献

[1] 蒋振中. 国际经济学原理. 上海：上海财经大学出版社，1997
[2] 吴强. WTO 框架下农产品贸易争端研究. 北京：中国农业出版社，2004
[3] 秦富等. 欧美食品安全体系研究. 北京：中国农业出版社，2003
[4] 林雪玲等. 日本食品安全法规及食品标签标准浅析 [J]. 世界标准化与质量管理，2006 (2)

下篇

中国食品国际贸易

第八章　当代中国食品国际贸易的发展

第九章　食品国际竞争力比较与未来技术创新重点领域

第十章　技术性贸易措施对食品出口的影响与进出口食品安全性

第十一章　食品国际贸易的政策法规与管理体系

第八章　当代中国食品国际贸易的发展

研究中国食品国际贸易的发展应首先了解其发展的轨迹，重点把握当代中国食品贸易的基本特征、市场结构与发展趋势，这就是本章研究的主要内容，也是本书下篇深入展开中国食品国际贸易的逻辑起点。

第一节　新中国成立后中国食品对外贸易的发展概况

新中国成立以来，我国食品对外贸易的发展大致可分为四个阶段。由于食品对外贸易包含的内容非常广泛，这里重点以粮食对外贸易展开说明，从中了解中国食品对外贸易发展的基本历程。

一、第一阶段（1949—1979 年）

1949 年，中国粮食总产量只有 1.132 亿 t，1978 年达到 3.048 亿 t，29 年间粮食总产量年均递增 3.5%。这一时期，中国主要通过改革土地所有制关系，引导农民走互助合作道路，解放了生产力。同时在改善农业基础设施、提高农业物质装备水平、加快农业科技进步等方面取得了显著成效，粮食生产的持续发展为对外贸易奠定了基础。

从新中国成立至改革开放之前，我国粮食对外贸易作用因时而异。20 世纪 50 年代，中国粮食出口稳步上升，总量达到 2228.1 万 t，年均出口粮食为 228.1 万 t。1959 年粮食出口为 415.75 万 t，达到了这一时期的最高峰。出口粮食的主要品种是南方大米和东北大豆。这一阶段的粮食出口主要是换取外汇和机器设备，以服务于工业资本的原始积累。比如，1953 年总计出口粮食 32 亿斤，其中 20 亿斤大豆出口到前苏联，主要是与前苏联等国家交换机器的；5.4 亿斤粮食的出口则主要是与锡兰（今斯里兰卡）交换橡胶，还有不足 7 亿斤的粮食则向其他国家出口。而这一时期中国的粮食进口微不足道，主要是为了调剂国内品种，填补少量的小麦消费缺口，主要的贸易伙伴是前苏联、东欧和锡兰等国家和地区。由此可见，20 世纪 50 年代中国对国际食品市场的依赖度较小，粮食进出口比为 1:26.67，粮食出口大于进口，是世界粮食贸易的重要参与者。

20 世纪 50 年代末 60 年代初，中国农业发展遭受了严重的自然灾害，国内粮食供给严重不足。为缓解农村饥荒和城市居民口粮缺口，从 1961 年开始，政府制订并执行了大规模的粮食进口计划，中国开始成为国际粮食市场上的重要成员。这一时期的总体格局是粮食进口大于出口，粮食进出口比是 2.04:1。20 世纪 60 年代我国累计进口粮食达到 4400.62 万 t，比 20 世纪 50 年代增加 4317.09 万 t。在进口粮食中，小麦进口累计达 4328.51 万 t，年平均进口水平约为世界小麦总进口水平的 10%，大多数年份占据着世界粮食进口第一或第二位；小麦年平均进口量占进口粮食总量的比重超过 98%，比例最高的 1969 年则高达 98.8%。从进口粮食的来源地看，开启了中国和加拿大的大宗食用小麦和大麦贸易的先河，澳大利亚、美国和阿根廷成为中国进口粮食的最大供给者。与此同时，粮食出口大幅度下降，累计出口粮食2155.19万t，出口粮食最高年份的1967年也只有299.44万t，主要品种仍然是大米，而且出口主要是为了换回进口粮食所需要的外汇。

20世纪70年代，中国粮食进出口贸易绝对水平都呈上升之势，累计出口2495.5万t，进口6444万t，进出口比为2.58∶1。其中进口小麦累计达5311万t，占进口粮食总额的82.42%。美国在1973年和1974年向中国出口了大量小麦，约占美国小麦出口量的7%。这一时期中国粮食出口的品种主要是大米，偶尔有数量有限的粗粮出口到香港和日本（年均不到10万t）。总之，20世纪60~70年代中国粮食对外贸易的特点是以进口为主要特征。

二、第二阶段（1979—1995年）

改革开放后，由于在农村推行了土地联产承包责任制，实施了较大幅度地提高粮食收购价格等一系列重大政策措施，极大地调动了广大农民的生产积极性，我国农业迅速发展，粮食生产快速增长，扭转了中国粮食长期严重短缺的局面，净进口粮食占国内粮食生产的比重呈逐步下降的趋势，1978—1984年为3.2%，1985—1990年为1.2%，1991—1995年为0.4%，但粮食进口大于出口仍然是这一阶段的主要特征。

1980—1984年间，中国粮食进口激增，其特点是先小幅攀升，而后逐步下降，在1982年达到顶峰，进口量为1576.3万t，达到新中国成立以来的最高水平，而粮食进口的品种中小麦比重较大。而粮食出口量较小，平均每年出口粮食137.84万t，1982年仅为68.6万t。

1985—1995年间，中国粮食生产与其他食品生产继续快速发展。1995年，中国粮食总产量达到4.666亿t。这一时期的主要特点有：一是在继续发展粮食生产的同时，积极进行农业生产结构调整，发展多种经营，食品品种多样化发展较快，猪牛羊肉、水产品、禽蛋、牛乳和水果等产量大幅提高，带动了食品国际贸易的发展，食品及主要供食用的畜禽等出口额为756亿美元，进口额为340亿美元，成为食品净出口国。二是粮食进出口总量逐步实现平衡，期间虽然每年度粮食进口量波动较大，但出口量在波动中增加，至1993年基本实现粮食进出口的总量平衡。三是在进出口品种方面，进口品种相对单一，而出口品种逐步多样化。1985—1994年间，中国小麦的进口总量为10323万t，占粮食进口总量的89%，在1989年之后小麦进口的比重有所下降，但仍居中国粮食进口量首位。“大米换小麦”的格局被打破，玉米的出口大量增加，成为中国最主要的粮食出口品种，1994年玉米的出口量达到粮食总出口量的76%。大豆虽然在总量上表现为出口，但后期出口数量明显减少，而且逐渐逆转为明显的进口倾向。中国小麦在1994年首次出口，出口量为10.7万t。1980—1995年我国谷物、大豆对外贸易的有关情况见表8-1。

表8-1　　1980—1995年中国谷物、大豆对外贸易量　　单位：万t

年份	谷物						大豆	
	大米		小麦		玉米			
	出口	进口	出口	进口	出口	进口	出口	进口
1980	112	—	—	1097	—	—	10	—
1984	119	—	—	1000	95	6	84	0
1988	71	31	—	1455	391	11	148	15
1990	33	6	—	1253	340	37	94	0
1995	5	164	—	1159	11	518	38	29

资料来源：根据中国海关总署有关资料整理形成。

三、第三阶段（1995—2000 年）

20 世纪 90 年代后期，中国粮食出口大于进口，发展趋势从抑制比较优势到发挥比较优势。1995 年至 1997 年，中国粮食出口增速较快，而进口迅速下降，连续三年粮食对外贸易表现为净出口。随后粮食进出口总量连续两年基本实现平衡。1995 年后进口方面最显著的变化是小麦的进口数量和比重都急剧下降，占粮食进口总量的比例由 1995 年的 58% 骤减至 1999 年的 6%，而大豆的进口则显现出相反的趋势。进入 21 世纪以来，这种趋势更加明显，大豆进口取代小麦在粮食进口中的主导地位，从 1996 年开始，大豆由净出口转变为净进口，且净进口量逐年加大。1997 年大豆进口量为 279 万 t，占当年粮食进口量的 40.8%，成为粮食进口的第一大品种。

玉米、大米和大豆依然是主要的粮食出口商品，年平均出口量占我国全部粮食出口量的 98%，但出口结构发生了显著变化。从 1997 年开始，中国大米再次由净进口变成了净出口，但出口呈缓慢的增长趋势；玉米出口的数量攀升，2000 年达到历史最高水平的 1047 万 t；小麦进口格局逐步出现逆转，在粮食出口中的比重有所上升（见表 8－2）。

表 8－2　　1996—2000 年中国谷物、大豆对外贸易量　　单位：万 t

年份	谷物						大豆	
	大米		小麦		玉米			
	出口	进口	出口	进口	出口	进口	出口	进口
1996	26	76	—	25	16	44	19	111
1997	94	33	0	186	661	—	19	279
1998	375	24	0	149	469	25	17	320
1999	270	17	0	45	430	7	20	432
2000	295	25	19	92	1047	0	21	1042

资料来源：根据中国海关总署有关资料整理形成。

四、第四阶段（入世以来）

2001 年 12 月，中国加入 WTO，正式成为 WTO 成员国，中国粮食对外贸易进入了新的历史发展时期。2002 年是我国进入 WTO 的第一年，出口粮食 1462.8 万 t，比上年增加 606.3 万 t；进口 1406.8 万 t，比上年减少 319.9 万 t，并没有出现大规模进口粮食的预期。2003 年以后，中国粮食进口量连续四年大幅攀升，2007 年进口量达 3297 万 t，5 年内平均增长速度为 14.17%。而粮食出口量在 2003 年实现与进口量基本持平后逐年下滑。2007 年粮食净进口达到 2265 万 t，超过了 1995 年的历史最高水平 1943 万 t。2002—2007 年间，粮食贸易量基本保持在 3800 万 t 以上，平均每年出口粮食 1110.7 万 t，进口 2739.05 万 t，对外贸易总量大幅增加（见图 8－1）。各粮食品种在进出口数量方面表现出不同的态势，以平衡供求是入世以来中国粮食贸易的重要特征（见图 8－2 和图 8－3）。主要进出口品种的情况简要介绍如下。

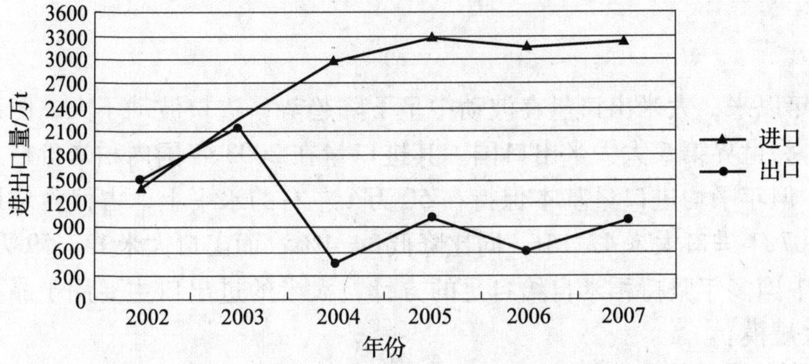

图 8－1　2002—2007 年中国粮食进出口量

资料来源：根据《2007 中国粮食发展报告》的有关数据整理形成

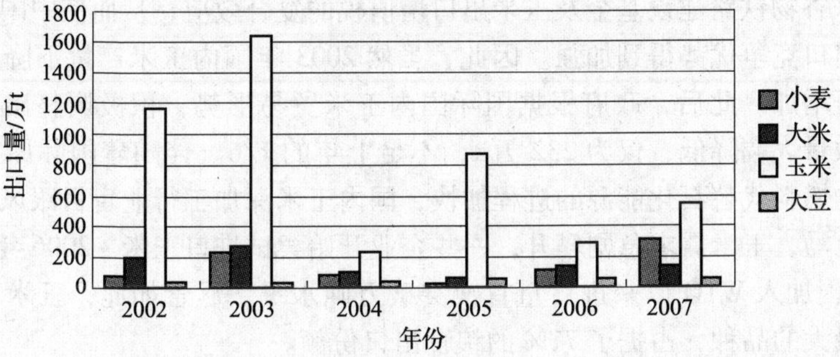

图 8－2　2002—2007 年中国主要粮食出口品种

资料来源：根据《2007 中国粮食发展报告》等有关数据整理形成

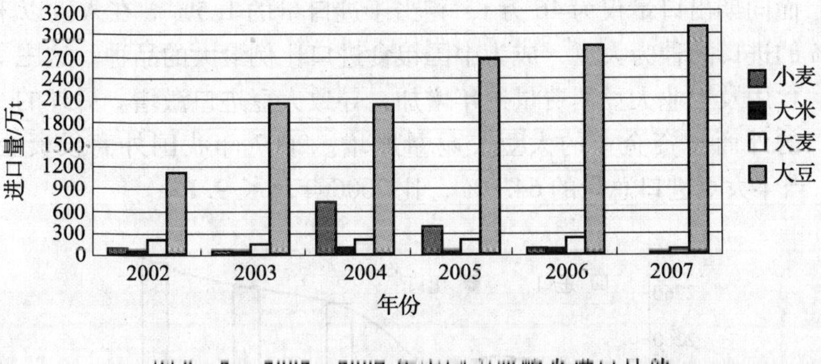

图 8－3　2002—2007 年中国主要粮食进口品种

资料来源：根据《2007 中国粮食发展报告》等有关数据整理形成

（一）小麦

2002 年中国小麦首次销往印度尼西亚，这是新中国成立以来磨粉食用小麦首次出口。2002—2007 年间，小麦出口量虽然出现反复，但在 2007 年无论是出口量还是净出口量双双达到历史最高峰，分别为 303 万 t 和 293 万 t。2004 年中国小麦进口剧增，进口量为 725 万 t，高达 2002 年进口量的 10 倍。小麦进口增长的主要原因是国内部分小麦产品的品种、质量难以满足国内市场需求，针对这种情况，我国积极调整小麦生产结构，此后国内市场的供需不平衡现象得到改善，进口量持续下跌，2007 年仅为 10.1 万 t，为入世以来的最低点。

（二）大米

自2003年以来，大米出口量在波动中呈下降趋势，进口波动不大，但我国仍然保持大米净出口，为世界第5大大米出口国。其进口量在2003年国内稻米价格上涨之后，虽有小幅上升，但年平均进口量基本保持在50万t左右的水平上，占粮食总进口的平均比例为2%。2007年进口大米47.15t，同比降低34.4%；而出口大米132.59万t，同比提高7.1%。由于中国多年坚持稻米自给自足的方针，大米的进出口主要用于品种调剂，所以并未形成较大规模。

（三）玉米

2002年我国玉米出口数量开始大幅增加，2003年玉米出口达到创纪录的1639万t，为当年仅次于美国的世界第二大玉米出口国，原因是国际市场上玉米价格大幅上涨，加之国内免征大宗谷物铁路建设基金及玉米出口增值税的复合效应，从而使中国玉米出口报价相对较低，出口竞争优势得到加强。因此，虽然2003年国内玉米产量下降，而出口数量较之上年显著增加。此后，政府根据国际国内玉米贸易形势，积极调整出口政策，2004年玉米出口数量大幅降低，仅为232万t，不足上年的1/6。伴随着国际原油市场的非理性炒作，生物燃料代替石化能源的进程加快，国内玉米深加工行业盲目跟风，玉米深加工新项目纷纷上马，玉米需求急剧攀升，一些企业开始尝试进口玉米。2006年进口玉米6.5万t，这是我国加入WTO以来进口量首次突破万吨水平。尽管如此，玉米一直是中国粮食出口比例最大的品种，占据了71%的粮食出口份额。

（四）大豆

大豆进口由2002年的1131万t上升至2007年的3082万t，平均每年进口2299.35万t，年增长速度为26%，如图8-4所示。中国海关统计显示，2007年中国大豆进口量再次刷新历史纪录，而同期出口量仅为46万t，相当于进口量的1.5%。在入世以来的粮食进口贸易中，84%的进口品种为大豆，成为中国粮食进口比例最大的品种。这主要是由于国内榨油消费量、食用及工业大豆消费量逐年增加，导致大豆进口激增。另外的一个重要原因是，依赖进口的外商投资企业的大豆交易量剧增。2007年我国外商投资企业进口大豆2000万t，占当年大豆进口总量的64.9%，比2006年增长9.1%。

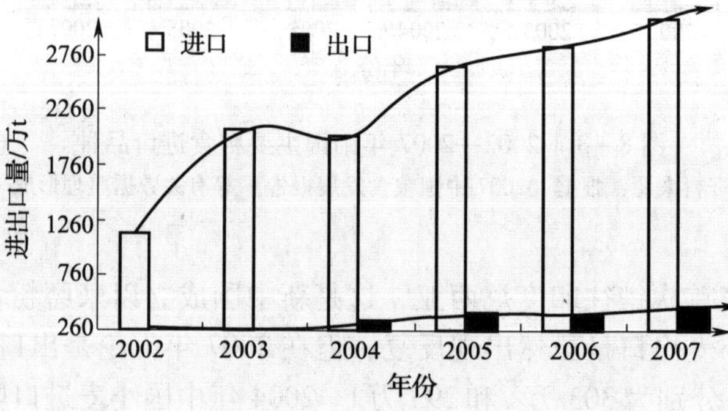

图8-4　2002—2007年中国大豆进出口贸易总量

资料来源：根据中国海关进出口数据整理形成，数据来源于 http://www.at158.com

第二节　当代中国食品贸易的基本特征

入世后，随着经济社会的发展与产业结构的调整，中国的食品对外贸易发生了巨大而深刻的变化。本章节主要以农产品国际贸易为例，从宏观的层面上分析当代中国食品贸易的基本特征，有关中国食品贸易的市场结构将在本章的第三节展开分析介绍。

一、贸易总量迅速扩大

根据国家商务部的统计口径，从1995年到2004年，中国农产品贸易数量经历了先缩小后扩大的凹形变化过程，特别是中国加入WTO以后，农产品贸易规模逐步扩大。截止至2004年，中国农产品贸易总额已经从1995年的265亿美元扩大到512亿美元，增长了93%。中国农产品贸易额在世界农产品贸易额中所占比重从1980年的1.8%上升到2003年的3.8%。根据WTO数据，截止至2005年，中国已成为世界第4大农产品进口国，进口额占世界的5%，仅次于欧盟、美国和日本；第5大农产品出口国，出口额占世界的3.4%，名列欧盟、美国、加拿大和巴西之后。在中国农产品贸易额中，从1984年到2004年食品贸易额比重基本稳定，平均值为50%，这表明食品贸易在中国农产品贸易中占有重要地位。1998—2003年中国食品贸易进出口的有关数据见表8－3。相对于世界农产品贸易额在世界总贸易额中所占份额不断下降的趋势，中国农产品贸易额在其贸易总额中所占比重下降得更为剧烈，从1980年的28.5%急剧下降到2004年的5.8%。

表8－3　**我国食品贸易历年进出口量统计**　单位：亿美元

年份	总量	出口	进口	净出口
1998	188.5104	121.6173	66.89305	54.7243
1999	183.9302	117.1535	66.7767	50.37683
2000	225.604	135.5664	90.0376	45.52883
2001	235.6207	142.0963	93.52435	48.57198
2002	260.3754	161.4931	98.88229	62.61085
2003	341.7661	192.2377	149.5284	42.70922

资料来源：唐晓燕．我国食品贸易竞争力的国际比较．中国食物与营养，2007（4）。

二、在世界食品贸易中的地位逐渐上升

前已述及，20世纪80年代以来，我国食品出口值增长趋势比较稳定，食品出口值占世界食品进口总值的比重总体而言呈现上升趋势（参见图8－5）。1985年我国食品出口值占世界食品进口市场的份额仅为1.61%，1994年上升到3.15%；尽管20世纪90年代中后期有短暂下降，但2000年以来所占份额则继续稳定上升，2000年为3.55%，2004年则达到4.35%。这表明我国作为世界食品市场的供应国地位在逐渐上升，是世界食品市场上比较重要的食品供给国。

我国已成为世界水产品市场的主要供给国。1994年我国水产类产品出口值占世界水产类产品进口值的比重只有5.40%，2000年上升到7.35%，而2004年则达到12.25%。

尽管果蔬类产品也是我国主要的出口食品，但在世界市场的地位次于水产品。由于谷物出口的不稳定，我国在世界谷物市场的地位也有所波动，所占份额在高的年份接近4%，低的年份还不到1%。咖啡、茶等饮品类作为我国出口值较大的一类食品，尽管在世界市场中的份额不大，但总体表现为上升趋势。1994 年我国咖啡、茶等出口值占世界该类产品进口值的比重是1.56%，2004 年已达到2.46%。20 世纪 90 年代中期以来，我国肉类产品的出口在世界市场中的地位下降，我国并不是世界市场上肉类产品的主要供应国（见表8－4）。

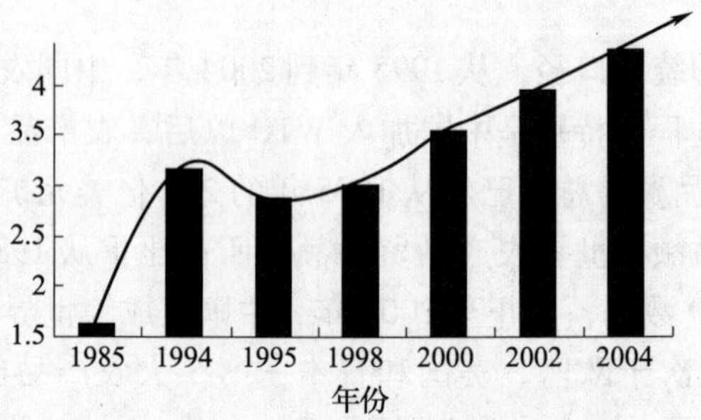

图8－5　1985—2004 年中国食品出口值占世界食品进口总值的比重

资料来源：资树荣. 我国食物贸易发展研究：基于消费需求的因素分析. 西安交通大学学报（社科版），2006（2）

表8－4　我国主要出口食物在世界食物进口市场中的地位　单位:%

食物＼年份	1994	1995	1998	2000	2002	2004
肉类	1.53	2.32	1.99	1.59	1.41	1.21
水产品	5.4	6.24	5.69	7.35	9.11	12.25
谷物类	3.13	0.15	2.85	3.35	3.04	1.22
果蔬类	3.09	2.9	2.48	2.62	2.99	3.48
咖啡、茶等	1.56	1.41	1.48	1.73	1.93	2.46

资料来源：资树荣. 我国食物贸易发展研究：基于消费需求的因素分析. 西安交通大学学报（社科版），2006（2）。

三、由贸易顺差向逆差转变

2004 年前的20 多年中，中国农产品贸易一直是出口大于进口，是中国外贸顺差的重要来源。1992—2003 年间，农产品贸易累计顺差额达到513.3 亿美元，占中国外贸顺差总额2426.5 亿美元的21.2%。特别在1992 年，中国农产品顺差额占整个外贸顺差总额的比重高达60.2%。但自加入 WTO 后，中国农产品的顺差额呈现递减趋势，并在2004 年首次转变为逆差，逆差额高达46.4 亿美元。2005 年以来，中国农产品贸易逆差虽然有所反复，2005 年、2006 年和2007 年分别为14.7 亿美元、9.6 亿美元和40.9 亿美元，但贸易逆差的总体态势并没有改变。按照这种趋势，中国在可见的未来将有可能持续保持农产品贸易逆差状况。

入世后的5 年（2001—2005 年），中国农产品出口额年均递增14%；而农产品进口额年均增长25%，中国由农产品净出口国转变为净进口国。主要的原因是加入 WTO 后，中国在农产品贸易方面不断履行相关承诺，农产品进口关税大幅削减，配额数量不断增加并逐步取消，市场准入条件放宽。在这一背景下，从2001年到2006年中国农产品进口额连年增长，期间实现由贸易顺差向贸易逆差的转变，如表8－5所示。

表8－5　　2001—2006年中国农产品进口状况　　单位：亿美元

年份	2001	2002	2003	2004	2005	2006
进口额	118.1	124.2	189.3	280.3	286.5	319.9
进口增速	5.9%	5.2%	52.4%	48.1%	2.2%	11.7%
农产品进口占总进口比重	4.8%	4.2%	4.6%	5.0%	4.3%	4.0%

资料来源：史朝兴. 中国农产品进口的现状、格局和趋势. 经济问题探索，2007（9）。

四、进出口产品的特征明显

由于具有丰富的劳动力资源，我国劳动力密集型农产品生产和出口具有比较优势。在加入WTO后，我国这些产品的比较优势逐步得到发挥，出口比重稳步提高。水产品、园艺产品（主要是蔬菜水果及其加工制品）已成为中国对外出口的主要农产品。2005年劳动力密集型农产品占我国农产品出口额的55%，其中水产品及其加工产品的出口额达到75.3亿美元，出口份额从1995年占总出口的20%增加到2005年的27.7%；园艺产品出口额达到74.5亿美元，所占比例也小幅度提升，从1995年的23.6%提高到2005年的27.4%。

而资源密集型产品在农产品进口中占主导地位。中国人口众多，土地相对稀少，水资源比较短缺，密集使用水土资源的农产品生产和贸易不具有比较优势，因此在贸易自由化程度逐步提高的环境中，资源等密集型产品的进口额显著增加。随着中国经济的发展，人民生活水平的提高，对畜产品和食用油的需求也逐步提高，因此我国对饲料（如豆粕）和油料（如大豆）等原料性农产品的进口需求也将日益增加。2005年大豆、棉花等资源性农产品进口额高达180多亿美元，占全部农产品进口额的63%。特别是大豆的进口数量从1997年的626万t增加到2005年的2659万t，超过了国内产量的62.6%，进口量年增长速度达19.8%，稳居中国农产品进口首位。纵观我国农产品贸易态势，棉花等土地密集型产品的进口是必然的，中国土地匮乏，资源性产品在国际农产品市场并无比较优势，通过进口来弥补国内需求缺口是必然趋势。

五、出口食品安全水平有了明显提升

2007年8月22日，国家卫生部向世界卫生组织通报了中国食品安全状况。通报指出，自2004年至2006年3年内，中国分别向美国出口食品89459、81754和94442批，合格率各为99.0%、99.0%和99.2%，出口日本食品合格率分别为99.8%、99.9%、99.8%，出口欧盟的食品合格率分别为99.8%、99.9%和99.9%。2007年上半年，中国出口食品总体合格率为99.75%，其中，中国出口美国食品合格率为99.1%，出口日本食品合格率为99.8%，出口欧盟食品合格率为99.8%。从上述统计数据可见，中国出口食品的合格率均保持在99.0%以上。

近年来，中国不断加强出口食品的安全管理，对出口食品形成了一整套较为严密的管理体系，初步实现从种植养殖基地到出口全过程的检验检疫和监督管理。具体措施包括：对出口食品原料种植养殖基地实施检验检疫备案管理；对出口食品生产企业实施卫生注册制度；严格生产过程监控，规范出口食品标签或标识，以便质量追溯和召回；出口食品逐批检验；根据进口国及地区要求，出具官方证书；实施“违规企业名单”制度，目前已有55家企业被列入“违规企业名单”。此外，进出口食品检验检疫能力不断提升，全国出入境检验检疫机构共建有163个食品检验检疫实验室，直接从事进出口食品检验工作的专业人员达6000多人。食品实验室技术先进，设备齐全，绝大多数拥有液质联用仪、气质联用仪、离子色谱质谱联用仪（ICP－MS）、高分辨质谱仪、同位素质谱仪、定量荧光PCR等先进仪器，具有很强的检测能力。同时，出口食品的结构不断优化，获得无公害农产品、绿色食品、有机食品认证的优质农产品市场占有率稳步提高，已成为出口农产品的主体，占到出口农产品的90%。近5年来，我国的绿色食品已得到40多个贸易国的认可，出口贸易额以年均40%以上的速度增长。

第三节　当代中国食品贸易的市场结构

2001年底入世后，我国的食品对外贸易进入了新的发展阶段。2002—2007年间，我国食品贸易总额由302亿美元增加到781亿美元，年均递增18.7%。与此同时，我国食品贸易的主要对象国（地区）分布发生了重大变化。在过去十多年，我国食品进口市场的集中度水平呈“先降后升”的态势，前10个进口来源地占中国农产品进口总额的比重由2000年的72%增加到2007年的78%。美国一直是中国农产品进口的第一大来源地，基本保持在22%～29%的水平间。与此同时，出口市场结构也发生了明显的变化。目前，中国食品出口到200多个国家和地区，2006年按贸易额排序前10位的国家和地区依次是：日本、美国、韩国、中国香港、俄罗斯、德国、马来西亚、荷兰、印度尼西亚、英国（见图8－6），市场的集中度水平呈持续下降趋势，前10个主要去向地的出口额占我国食品总出口额的比重由1995年的81%下降到2007年的70%。

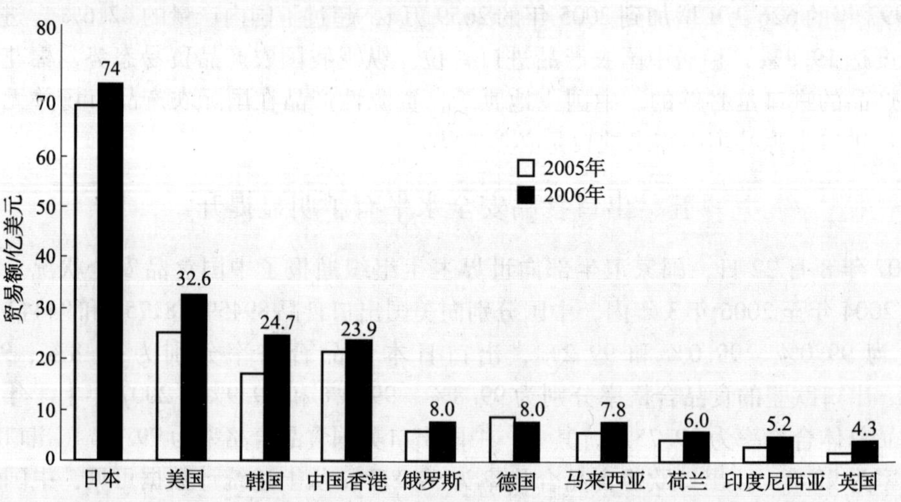

图8－6　2006年中国出口食品贸易额前10位的国家和地区的变化情况

资料来源：国务院新闻办公室．中国的食品质量安全状况白皮书，2008年7月17日

一、粮食市场结构

我国粮食进出口市场比较集中，加拿大、美国、澳大利亚、东盟（主要是泰国）是最主要的进口来源地；而日本、韩国以及东盟的马来西亚、印度尼西亚则是中国粮食最主要的出口市场。在我国，一般将水稻、小麦、玉米、大豆被称为四大粮食作物。因此，以上述四大粮食作物作为主要研究对象，分析我国粮食对外贸易的市场结构。

（一）玉米

玉米出口贸易在中国粮食贸易中居于重要地位，出口市场分布相对集中，主要销往韩国、朝鲜、马来西亚和印度尼西亚等亚洲国家。据海关总署统计，2006 年我国累计出口玉米 0.307 亿 t，对上述四国的玉米出口量占出口总量的 80% 左右，如表 8－6所示。

表 8－6　1997—2006 年中国玉米出口与年度消费数量统计　单位：万 t

年　度	出口量	年度总消费	出口占年度总消费比重/%
1997/1998	617.3	11638.3	5.3
1998/1999	334.0	11587.0	2.9
1999/2000	993.5	12266.5	8.1
2000/2001	725.6	11946.6	6.1
2001/2002	861.1	12349.1	7.0
2002/2003	1524.3	13311.3	11.5
2003/2004	755.3	12635.3	6.0
2004/2005	759.0	13442.0	5.6
2005/2006	378.8	14118.7	2.7
合计	7340.1	124664.0	2.7

资料来源：FAOSTAT。

从 2005 年开始，我国玉米进口数量较大幅度递增，玉米贸易由单向出口朝进出口双向贸易过渡，且趋势日渐明显。2006 年我国累计进口玉米 6.5 万 t，比上年增加 15.7 倍，进口玉米主要来自美国，如表 8－7 所示。

表 8－7　2002—2007 年中国玉米进口与生产数量统计　单位：kt

年　度	2002/2003	2003/2004	2004/2005	2005/2006	2006/2007
进口量	5	5	0	64	500
生产量	12.13	11.58	13.030	13.94	14.13
年度国内消费	11.93	12.01	12.51	13.25	13.75
年度总需求量	13.43	12.77	13.27	13.63	14.05
年度结余量	－1.30	－1.19	－0.24	0.31	0.12

资料来源：国家粮油信息中心。

（二）大豆

1995年前中国还是大豆净出口国。最近几年来，国内大豆消费需求日益旺盛，国产大豆远远不能满足国内消费需求。2000年中国大豆进口量首次突破100万t；2006年，我国大豆净进口2800万t，是国内产量的1.77倍，进口依存度高达64%。从单一国家的情况分析来看，中国已经成为世界上大豆第一进口大国，而其他国家进口量均在百万吨左右。海关数据显示，2007年分别从美国、巴西、阿根廷进口大豆1144.1万t、1069.9万t、622.1万t，分别占我国大豆进口总量的39.8%、37.2%、21.7%，总计达到98.7%。此外，从进口巴西大豆量显著下降，而进口美国大豆量明显增加，成为近年来我国大豆贸易的另一个重点特点。

2006/2007年度，我国总计出口大豆44.7万t，较2005/2006年度增长26.1%，销往全球40多个国家和地区，其中韩国、日本、美国、朝鲜和越南是我国大豆出口的主要贸易伙伴，这五个国家的大豆进口量占我国大豆出口总量的96.4%。其中，韩国、日本是进口我国大豆最多的国家，2006/2007年度我国分别向韩国、日本出口大豆16.8万t和14.3万t，分别占我国大豆出口总量的37.6%和32%；向朝鲜、越南和美国共出口大豆12万t，占我国出口总量的26.8%。近年来大豆出口大幅增加的主要原因是我国大豆系非转基因大豆，弥补了国际对食用非转基因大豆强劲需求。

（三）小麦

我国是世界上最大的小麦生产国也是最大的小麦进口国之一，长期以来小麦一直是我国食品进口的主要品种。我国小麦进口市场比较集中，1984以前进口的主要来源地是加拿大、美国、澳大利亚等国；1985年以后法国、阿根廷等国也占据一定比例的进口份额。美国市场年际波动较大，其所占份额最高达到50%以上，最低仅占1%，而总体上从美国进口的小麦占我国小麦总进口量的比重有所下降。2007年中国进口小麦83425t，其中来源于美国的小麦有16229t，占全部进口数量的19.5%。相对而言，我国从加拿大进口小麦的比重则逐步增加，2006达到了15%。

从出口来看，2002年中国首次成为小麦净出口国，并开始成为东南亚和东亚地区的主要供应商之一。海关总署公布的小麦出口数据表明，2007年中国出口小麦233.7万t，比上年增加109.7%，主要出口到印度尼西亚、越南、韩国等。其中，印度尼西亚53.5万t，越南22.9万t，韩国98.6万t，分别占我国小麦出口总量的22.9%，9.8%和42.2%。近年来出口到日本的小麦数量有增加的趋势，2007年为1.7万t，比上年增加了222.2%。

（四）大米

中国是大米最大生产国，水稻生产量占世界总产量的30%以上。我国大米出口曾在国际市场上占有重要地位，但由于国内粮食供求关系的变化，加之受大米品质的影响，出口量不断减少，在国际大米市场上的地位有所动摇。20世纪80年代中期以来，这种下降趋势更为明显，出口优势逐渐被泰国、越南、巴基斯坦等国所取代。1986年我国大米出口95.6万t，占世界总出口量的7.6%；1994年大米出口量减为51.3万t，占世界的份额降至3%左右。入世后，中国大米出口波动较大，2007年中国出口大米85.1万t，仅为2002年出口量的43%。我国大米出口市场比较分散，且由于经济和政策的原因，出口市场极不稳定。1998年中国大米出口到49个国家或地区，2003年更是多达87个国家或地区。目前中国大米主要出口到第三世界国家，如古巴、朝鲜、巴西、伊拉克以及东欧、非洲一些贫困国家，仅有少部分出口至日本、韩国等经济发达国家。2003—2007 年中国大米出口情况见图 8－7。

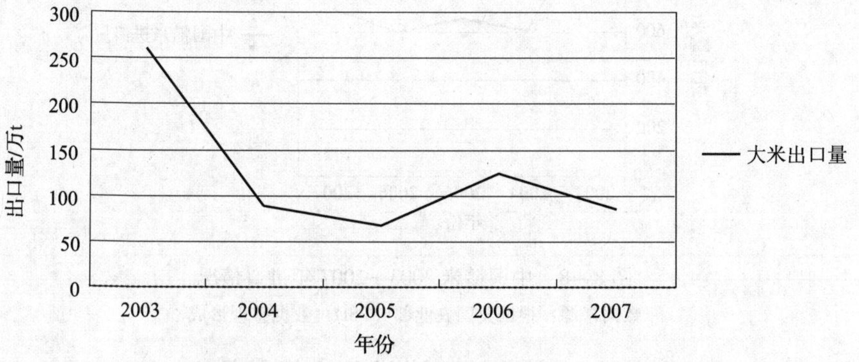

图 8－7　2003—2007 年中国大米出口情况

资料来源：http://www.dongbeidami.net

中国粳米主要出口到日本、韩国以及中亚、中东、欧洲、南美和部分非洲地区，其中韩国、朝鲜、日本、俄罗斯、罗马尼亚、保加利亚和古巴等是中国粳米出口的主要国家；而籼米主要出口到东南亚和非洲地区，其中印度尼西亚、菲律宾、科特迪瓦、坦桑尼亚、尼日利亚、利比亚和几内亚等是中国籼米出口的主要国家。表 8－8 是 2002—2004 年中国稻米出口分品种情况。

表 8－8　　中国稻米出口分品种情况

年　份	籼米		粳米	
	绝对量/万 t	比例/%	绝对量/万 t	比例/%
2002	98.07	49.98	98.14	50.02
2003	122.11	47.28	136.15	52.72
2004	25.66	29.19	62.26	70.81

注：绝对量中已包括将出口稻谷和糙米折算后的量。《海关统计年鉴》从 2002 年起将籼米和粳米分开统计，以前年份的籼米、粳米出口数据无法获得。

资料来源：中国农业科学院农业经济与发展研究所　研究简报，2006（19）。

相对出口而言，中国大米的进口处于次要和从属地位，主要是为了品种调剂。2002 年中国加入 WTO 后，大米进口采取关税配额的管理办法，国营贸易配额和非国营贸易配额各占 50%。由于在我国大米是一个产需基本平衡的粮食品种，因此大米进口表现为非国营贸易项下的品种调剂，每年实际的进口需求在 30 万～40 万 t，共占配额总量的 5%～6%。中国大米进口市场非常集中，主要来源于泰国。2006 年、2007 年分别进口泰国大米 65.3 万 t、45.3 万 t，分别占我国大米进口总量的 84.95% 和 96.97%。图 8－8 所示为中国糙米 2003—2007 年糙米进口情况。

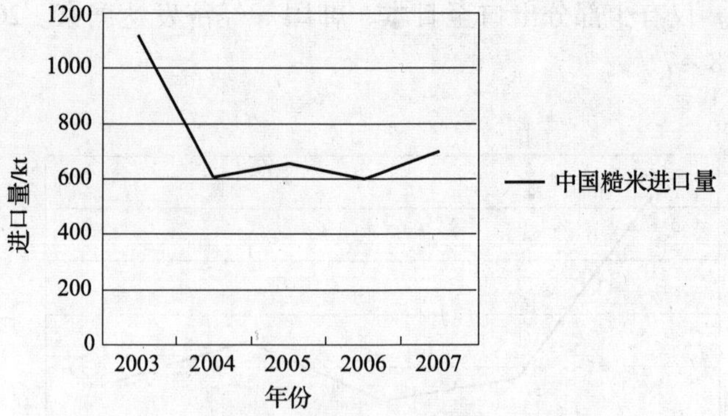

图 8－8　中国糙米 2003—2007 年进口情况

数据来源：根据美国农业部（PSD）数据整理形成

二、畜产品：肉类的市场结构

近年来，世界畜产品的国际贸易量分别约占世界农产品贸易量和商品贸易量的 20% 和 2%。肉类贸易主要在发达国家之间进行，西欧国家（除意大利外）出口能力较强，主要进口地是日本和美国；禽蛋市场上，主要出口地是欧盟、美国、巴西、加拿大，主要进口地是欧盟和日本；乳制品市场上，主要出口地是欧盟和新西兰，主要进口地是东欧、中东及日本。

改革开放以来，中国畜牧业快速发展，生产能力不断提高，畜类产品的生产总量不断迈上新台阶。但长期以来，中国畜产品主要是以满足国内市场为主，国际贸易的参与度较小。20 世纪 90 年代中期以来，随着经济的快速发展，城乡居民生活水平显著提高，畜产品的生产量与消费量逐年上升。表 8－9 反映了 2001—2006 年间中国肉品总产量情况。加入 WTO 后，我国食品贸易政策放开，诸多种类的关税壁垒逐步取消，畜产品开始融入世界畜产品市场。由于畜产品门类较多，在这里主要以肉类展开简要的分析。

表 8－9　　2001—2006 年间中国肉品总产量　　单位：kt

年份	2001	2002	2003	2004	2005	2006
肉品总产量	63339	65865	69329	72448	77431	80514
牛肉	5488	5846	6305	6759	7115	7500
猪肉	41845	43266	45186	47016	50106	51972
羊肉	2927	3167	3572	3993	4355	4697
禽肉	12103	12498	13121	13514	14643	15090

资料来源：2007 年中国畜牧产品年度报告。

从 1992 年至 2001 年的 10 年间，中国肉类进口量平均每年增加 7.7 万 t；出口量平均每年增加 5.6 万 t。出口增长年均增速慢于进口。入世后，中国肉类进口量大于出口量的这一格局没有发生变化。1996—2005 年中国肉类出口对日本、中国香港、俄罗斯三大目标市场的集中度较高，总量各年份均保持在 74% 以上的水平。目前，日本、中国香港、朝鲜、俄罗斯及韩国是中国肉类主要的出口市场。2005 年中国出口肉类产品 19.22 亿美元，向上述五大市场的出口分别占 48.58%、22.06%、5.47%、3.78%、2.89%，共计的市场份额为82.89%（见图8－9）。2005年日本从中国进口肉类29.4万t，占中国肉类出口量的32.94%，为我国肉类贸易第一大伙伴国。香港是中国大陆肉类产品的第二大出口市场，出口额达4.24亿美元，占大陆总出口额的22.06%。我国对朝鲜的出口也超过1亿美元，所占比重为5.47%。但自1996年以来，中国肉类对俄罗斯出口萎缩，俄罗斯作为中国肉类第三大传统出口市场的地位自2004年起被朝鲜取代。从1996年至2005年10年间，我国肉类对外出口集中度由18.16%降至3.78%。此外，从中国进口肉类数额较大的国家还有韩国、新加坡、美国、摩尔多瓦、约旦、马来西亚等。伴随着肉类出口数量上的变化，我国出口深加工肉类的比重逐步上升，初级加工肉类的出口比重从1996年占总出口量的75.22%下降到2005年的38.30%；而深度加工肉类的比重则从24.78%上升到61.70%，由此带动出口竞争力的逐步提升，2006年中国猪肉出口量达到534t，占国际市场总出口量的比重达到10.2%，远远高于2001年139t和4.3%的水平（见表8－10，需要说明的是，由于数据来源与统计口径的不一，表8－10与表8－4中的数据有一定的差异）。

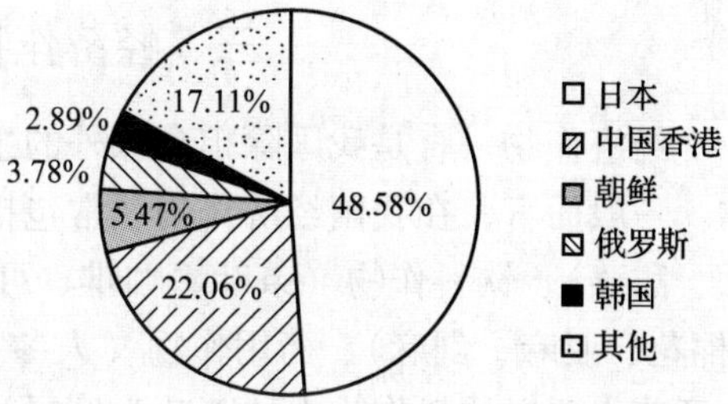

图8－9　2005年中国肉类主要的出口市场

表8－10　2001—2006世界主要猪肉出口国家和地区出口量及在国际市场的份额

国家或地区	2001		2002		2003		2004		2005		2006	
	出口量/kt	世界市场份额/%	出口量/kt	世界市场份额/%	出口量/kt	世界市场份额/%	出口量/kt	世界市场份额/%	出口量/kt	世界市场份额/%	出口量/kt	世界市场份额/%
欧盟	1135	34.8	1158	30.6	1234	30	1463	31.2	1354	26	1410	26.5
美国	707	21.7	731	19.3	779	18.9	989	21.1	1209	23.2	1359	25.5
加拿大	728	22.3	864	22.8	975	23.7	972	20.8	1084	20.8	1080	20.3
巴西	337	10.3	590	15.6	603	14.6	621	13.3	761	14.6	639	12
中国	139	4.3	216	5.7	397	9.4	537	11.4	502	9.6	534	10.2

资料来源：董银果．世界主要猪肉出口国的竞争优势和变动趋势分析。世界农业，2007（11）。

总体而言，由于饮食习惯与文化的差异，我国居民牛羊肉和家禽肉类的消费远低于猪肉消费数量。有关数据显示，中国人均猪肉消费量从1990年的20kg上升到2006年的39.6kg，16年间几乎翻了一番。在中国肉类食品消费结构中，近几年猪肉一直占65%左右的比例，在肉类消费中始终居于领先地位。尽管未来中国猪肉占肉品总产量中的比重可能会逐渐下降，但猪肉作为传统主要肉类的地位是其他肉类无法完全取代。由于国内对肉类需求持续增加，特别是对部分高档肉品需求潜力巨大，对进口需求有日益扩大的趋势。2007年，中国肉类进口达到134.7万t，比上年增长了57%，其中猪肉进口增长了116.22%。中国猪肉的主要进口市场为欧盟、加拿大和美国，2006年之前美国始终是中国猪肉进口的第一市场，而2006年则被欧盟所替代。这一系列历史性的变化使国内肉类消费品市场内容更加丰富，为中国消费者提供了更多选择。

三、经济作物：茶叶的市场结构

经济作物一直是我国除粮食以外的主要农作物，也是种植业结构调整中最具活力的作物。一般而言，在我国经济作物通常包括油料作物（花生、油菜、油桐）、糖类作物（甘蔗、甜菜）、饮料作物（茶叶、咖啡、可可）、香料作物（胡椒、肉桂、生姜）、纤维作物（棉花、亚麻、剑麻）、药用作物（人参、贝因、槟榔）以及烟草和热带作物橡胶等七类。本章节主要以饮料作物中的茶叶为例展开分析。

茶叶是世界性三大无醇饮料（茶、咖啡和可可）之一，是世界公认的健康、天然饮品。新中国成立后，中国的茶叶生产、出口快速发展。2005 年全国茶园面积12617 万 hm^2，居世界第一；茶叶产量 92 万 t，居世界第二。1950 年全国出口茶叶 0.1847 万 t，出口额 811.155 万美元，而2005 年出口量达到28.662 万t，出口额为48400 万美元，分别居世界第三、四位。中国茶叶出口从20 世纪90 代中期的大幅衰退中得到恢复，出口量、出口额及平均单价逐年增加（见表 8－11）。

表 8－11　1950—2005 年中国茶叶出口数量、金额及均价一览表

年份	茶叶总计			红茶			绿茶			特种茶		
	数量/万t	金额/万元	均价/（万元/t）	数量/万t	金额/万元	均价/（万元/t）	数量/万t	金额/万元	均价/（万元/t）	数量/万t	金额/万元	均价/（万元/t）
1950	0.847	811.55	958	0.264	288.88	1087	0.532	497.39	951	0.06	27.28	455
1960	4.261	344.65	908	2.1	153.34	733	1.936	1716.3	887	0.225	20.08	942
1970	4.102	4253.7	1037	2.028	1520.4	750	1.818	2425	1334	0.256	308.38	1205
1980	10.797	25441	2356	4.94	8228	1666	4.872	1447.8	297	5.435	15765	2901
1990	19.868	40658	2046	9.55	15250	1597	7.982	19416	2432	2.336	5991.5	2565
1999	19.961	33842	1695	3.359	4657.8	1387	12.163	18943	1557	4.441	10242	2306
2000	22.766	34737	1525	2.945	3608.6	1225	15.533	21787	1043	4.299	9338.8	2173
2001	24.968	34208	1391	4.093	4127.5	1008	16.316	19953	1223	6.726	15168	2255
2002	25.23	33200	1316	4.08	3881	951	17.04	20300	1191	4.11	9061	2194
2003	25.995	36738	1413	3.777	3631.2	877	18.173	24773	1327	4.045	8994	2224
2004	28.02	43688	1559	3.937	4118	1046	19.621	29439	1500	4.462	10131	2271
2005	28.662	48400	1689	3.58	3990	1115	20.61	33070	1605	4.469	11380	2552

资料来源：（1）中国茶叶进出口公司目录（1949—1993）；（2）中国海关统计（1994—2006）。

中国茶叶出口市场相对分散，目前主要是摩洛哥、日本、欧盟、美国和中国香港地区，对上述5 个市场的出口分别占我国茶叶出口总量的 47.17% 和总额的 53.89%。2007 年，中国茶叶对摩洛哥的出口占出口总额的 19.88%，对日本、欧盟、美国和中国香港地区的出口则分别占 8.76%、6.92%、6.89% 和 4.72%，均在 10% 以下。近年来，中国出口到美国、日本和欧盟等国家的茶叶质量下降而出现食品卫生问题，严重影响了茶叶的出口贸易。

2007 年中国茶叶进口量 5299t，进口额 1281 万美元。进口以红茶为主，2007 年进口红茶 3477t，占茶叶进口量的 65.62%；绿茶进口 1487t，占 28.06%。进口来源地主要是东盟、斯里兰卡、肯尼亚、中国台湾省和印度，从上述 5 个国家（地区）进口合计占茶叶进口量的 88.37% 和进口额的 77.31%。其中从东盟的进口量 1/3，从斯里兰卡和肯尼亚、中国台湾省和印度的进口量分别占 24. 01%、21. 63%、5. 46% 和 3. 65%。

四、园艺作物：蔬菜的市场结构

根据世贸组织的口径，一般将棉、糖、丝、麻等工业原料之外的其他经济作物归为"园艺作物"。按照园艺的定义，园艺作物一般指以较小规模进行集约栽培的具有较高经济价值的作物，通常包括果树、蔬菜、各种观赏植物、香料及药用作物等，主要分为果树、蔬菜和观赏植物三大类。实际上，园艺作物的种类繁多，有些园艺作物与其他作物往往很难作出明确的界定，而且各国各地区的分类习惯也不一致。而中国则习惯上把它们连同烟草、茶、咖啡等作为特种经济作物，归入广义的农作物一类等。由此可见，园艺作物不仅是我国居民菜篮子的主体品种，也是我国农产品出口创汇的主要力量，农民增收的重要作物。经过改革开放 30 年的发展，中国蔬菜产业已具相当规模，成为中国农业的重要组成部分。2007 年中国蔬菜产业产值达 6031. 6 亿元，占农业总产值的 30. 7%，同时占全球蔬菜总产量的比重不断提升。2006 年中国的蔬菜总产量占世界的 50%，在发展中国家中占据首位，而发达国家占世界蔬菜总产量的 17%，其他发展中国家则占 83%（见图 8－10）。在这里，以蔬菜为例展开相关分析。

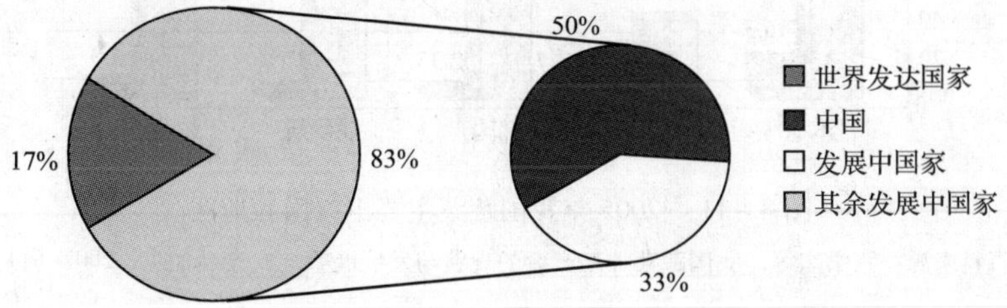

图 8－10　2006 年度中国、世界发达国家、世界发展中国家在世界蔬菜总产量中所占的份额

资料来源：联合国粮农组织统计数据库

中国的蔬菜出口从 20 世纪 90 年代以后逐年增加，特别是 1993 年后，蔬菜出口量逐年增长。2000 年，中国蔬菜出口量 314. 6 万 t，出口额 20. 34 亿美元，占农产品出口总额的 15%；2005 年蔬菜出口 680 万 t，出口额 44. 8 亿美元，占全国农产品出口额的 16. 2%。2000—2006 年，我国蔬菜出口额由 20. 81 亿美元增长到 54. 24 亿美元，年均增幅为 17. 3%。在我国的蔬菜出口中，鲜冷冻蔬菜占蔬菜总出口量的 50% 以上，其次为加工保鲜蔬菜和干蔬菜。目前，我国对外出口的新鲜蔬菜品种主要有大蒜、大葱、洋葱、小辣椒、扁豆、土豆、豌豆、毛豆、生姜、食用菌、南瓜、山野菜等。我国蔬菜出口最大的市场是亚洲，出口量和出口额均占蔬菜出口的 70% 以上。其中，日本又是最主要的市场，是我国蔬菜出口最主要的贸易伙伴。2005 年，我国对日本出口蔬菜 170. 58 万 t，占蔬菜总出口量的 25%；出口额为 16. 27 亿美元，占出口总额的 36%。同时对美国、韩国和俄罗斯的蔬菜出口增长迅速，2005 年，中国蔬菜对美国出口 33. 66 万 t，出口额 3. 35 亿美元；对韩国出口 58 万 t，出口额 2. 95 亿美元；对俄罗斯出口 47. 34 万 t，出口额 1. 61 亿美元（见图 8－11）。

自 1998 年以来，中国的蔬菜进口贸易呈下降趋势。1999 年的进口量为 86. 1 万 t，进口额为 6. 7 亿美元；而 2005 年蔬菜的进口量和进口额分别为 9. 7 万 t 和 0. 82 亿美元，分别为1999年的11.27%和12.24%。进口蔬菜以鲜蔬菜为主，但进口量逐步下降，而加工保藏蔬菜和干的食用菌进口量则逐步增长。1999年我国鲜蔬菜进口量为2.05万t，加工保藏蔬菜进口量为1.23万t，干的食用菌进口量为55t；2002年上述三类蔬菜进口量分别为1.9万t、5.3万t和0.5万t，反映了我国居民对进口蔬菜需求结构的改变。美国为我国进口蔬菜的主要来源国，1999年我国从美国进口蔬菜类5.29万t，占我国蔬菜类进口总量的68.1%。2002年中国蔬菜进口的主要国家是：美国4.9万t，新西兰0.9万t，比利时0.2万t。2006年我国从美国进口蔬菜和蔬菜产品5361万美元，比上年同期增长36.6%，主要是冻蔬菜、脱水蔬菜、干蔬菜和蔬菜汁，其中以冻蔬菜数量为最大，进口量为5326t，金额4052万美元。

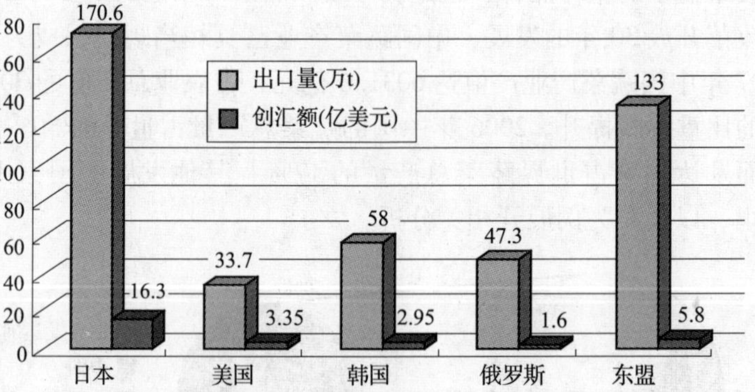

图8－11　2005年我国蔬菜主要出口国和地区

资料来源：张学杰等. 我国蔬菜加工产业的现状与发展展望. 农产品加工，2007（11）

本章小结

本章主要介绍了新中国成立后中国食品对外贸易的发展概况，在此基础上重点分析了当代中国食品贸易的基本特征与市场结构。了解本章的内容是深入学习中国食品国际贸易的起点，更是应用国际贸易理论思考我国食品贸易存在的主要问题，分析未来发展战略的基础。在本章的学习过程中要着重了解入世以来中国粮食、蔬菜、畜产品、茶叶等食品的贸易发展状况和市场格局。

思考题

1. 分析1949—1979年我国粮食对外贸易的主要特征与历史背景。
2. 分析入世后中国食品对外贸易发展的基本特点。
3. 研究大豆贸易在我国农产品贸易中的重要地位与未来我国大豆贸易未来的趋势。
4. 阐述21世纪以来我国蔬菜对外贸易的市场格局。
5. 研究中国与欧盟猪肉贸易的主要特点。
6. 分析未来中国食品对外贸易的发展趋势。

参考文献

[1] 陈绍军等. 食品进出口贸易与质量控制. 北京：科学出版社，2002

［2］刘合光．中国农产品贸易格局与前景展望．农业展望，2007（3）

［3］孙克强等．绿色贸易标准与经济发展．南京：河海大学出版社，2004

［4］［日］2003年贸易投资白皮书，东京JETRO，2003

［5］日本矢野恒太纪念会，世界国势图会，2001/2003年，东京

［6］冯海发．论我国农产品国际贸易的发展及其前景．经济问题，1996（12）

［7］王思等．20世纪中国农业与农村变迁研究：跨学科的对话与交流．北京：中国农业出版社，2003

［8］陈永福，钱小平等．中国农产品贸易变动的实证分析．北京：中国农业出版社，2006

［9］毛凤霞等．新贸易格局下我国农产品竞争力研究．国际贸易问题，2007（6）

［10］张学杰等．我国蔬菜加工产业的现状与发展展望．农产品加工，2007（11）

［11］瞿商．中国粮食进出口贸易的回顾和分析．粮食问题研究，2004（1）

［12］邵继勇．食品安全与国际贸易．北京：化学工业出版社，2006

［13］傅龙波等．中国粮食进口的依赖性及其对粮食安全的影响．管理世界，2001（3）

［14］温思美等．谷物国际贸易格局及趋向分析．世界农业，2003（6）

［15］瞿商．中国粮食对外贸易和性质的历史分析．中国经济史研究，2006（3）

［16］董银果．世界主要猪肉出口国的竞争优势和变动趋势分析．世界农业，2007（11）

［17］唐晓燕．我国食品贸易竞争力的国际比较．中国食物与营养，2007（4）

［18］翁鸣．我国农产品国际贸易格局形成．粮油市场报，2008年8月26日

［19］李静．世界3大产肉国主要肉类生产情况对比．中国肉类行业食品安全调研报告，中国肉类协会发布

［20］朱庆芳．影响消费需求的主要问题及对策．中国现代化研究论坛，2006（8）

［21］周津春．发达国家与发展中国家食品消费的对比及对我国的启示．调研世界，2006（8）

［22］赵晋平．2006年中美农产品贸易分析，http：//www．global56．com，2007年3月8日

［23］朱再清等．中国肉类出口格局及在世界肉类贸易中的地位．农业经济问题，2008（2）

［24］王川等．我国居民主要食品的食用消费研究．中国食品与营养，2006（8）

［25］胡晓鹏．经济全球化与中国食品加工业的产业安全．国际贸易问题，2006（2）

［26］国家统计局．国际统计年鉴．北京：中国统计出版社，2000－2006

［27］胡晓鹏．中国食品加工业国际竞争力的实证研究．农业经济问题，2005（1）

［28］史朝兴．中国农产品进口的现状、格局和趋势．经济问题探索，2007（9）

［29］资树荣．我国食物贸易发展研究：基于消费需求的因素分析．西安交通大学学报（社科版），2006（2）

第九章　食品国际竞争力比较与未来技术创新重点领域

本书在上篇第二章专门介绍了国际贸易理论中的比较优势理论。比较优势理论是国际贸易中分析和比较产业（产品）国际竞争力的重要方法。本章主要运用比较优势理论中的相关指标分析比较中国食品的国际竞争力，基于技术创新的角度剖析近年来我国食品竞争力变化的相关原因，并就未来技术创新的重点展开讨论。

第一节　国际竞争力比较分析的主要指标

在国际贸易中，运用比较优势理论分析，一般可使用以下三个指标来比较不同国家同一产品比较优势或国际竞争力。

一、国际市场占有率

一个产业国际竞争力大小，最终将表现在该产业的产品在国际市场上的占有率。一般而言，产品在国际市场的占有率反映该产品所处产业的国际竞争力。因此，某产品的国际竞争力可以通过计算国际市场占有率（International Market Share，MS）来进行比较。产品的国际市场占有率的计算公式为：

$$MS_{ij} = X_{ij}/X_{wj} \tag{9-1}$$

式中，MS_{ij}表示 i 国 j 产品的国际市场占有率，X_{ij}表示 i 国 j 产品的出口总额，X_{wj}表示世界市场 j 产品的出口总额。MS_{ij}值越高，表示该产品所处的产业国际竞争力就越强，反之则越弱。

采用此种指标比较产品国际竞争力的最大优点就是概念清楚且计算简单，但在分析与解释上受到相当的限制。例如，假设我国与日本 A 产品对全球市场之占有率皆为 10%，或我国 A 与 B 产品出口占我国总出口值皆为 10%，此并不一定代表我国与日本的出口竞争力相同或我国的 A 与 B 产品的出口竞争力相同，因为该指标缺乏考虑各国经济规模大小以及各产品在全球市场的重要性。由此可见，MS_{ij}无法全面地比较同一国家不同产品或不同国家相同产品的出口竞争力。

二、显示性比较优势指数

显示性比较优势指数（Revealed Comparative Advantage Index，RCA）是美国经济学家贝拉·巴拉萨（Balassa Bcla）于 1965 年测算部分国际贸易比较优势时采用的一种方法，可以反映一个国家（地区）某一产业贸易的比较优势。它通过该产业在该国出口中所占的份额与世界贸易中该产业占世界贸易总额的份额之比来表示，剔除了国家和世界总量波动的影响，可以较好地反映一个国家某一产业的出口与世界平均出口水平比较来看的相对优势。具体计算公式如下：

$$RCA_{ij} = (X_{ij}/X_{tj}) \div (X_{iw}/X_{tw}) \tag{9-2}$$

式中，X_{ij}表示国家j产品i的出口值，X_{tj}表示国家j的总出口值，X_{iw}表示世界市场i产品的出口值，X_{tw}表示世界总出口值。

一般而言，RCA 值接近 1，表示中性的相对比较利益，无所谓相对优势或劣势可言；RCA 值大于 1，表示该商品在该国的出口比重大于在世界的出口比重，该国此产品在国际市场上具有比较优势，有一定的国际竞争力；RCA 值小于 1，则表示该国此产品在国际市场上不具有比较优势，国际竞争力相对较弱。进一步分析，如果一国产品的 RCA 指数大于 2.5，则表明该国该产品具有极强的国际竞争力；介于 2.5 ~ 1.25 之间，表明具有很强的国际竞争力；介于 1.25 ~ 0.8 之间，则认为该国该产业具有较强的国际竞争力；RCA 小于 0.8，则表明国际竞争力较弱。

显示性比较优势指数的特点是不直接分析比较优势或贸易结构的决定因素，而是从商品的进出口贸易的结果来间接地测定比较优势。通过经验分析可以摆脱各种苛刻的理论假设，因而较适合于现实的国际贸易结构分析。然而显示性比较优势指数也有它的局限性，当一个产业的产业内贸易盛行时，以显示性比较优势指数所衡量的该经济体和产业的比较优势不具有客观性，更不能用来预测一个贸易发展的模式。另外，RCA 指数还忽视了进口的作用。

三、贸易竞争优势指数

贸易竞争优势指数（Trade Special Coefficient，TC）是指贸易差额系数，是指一国某种产品的净出口值与该产品进口值和出口值合计的比值。商品的竞争力指数越接近 100%，竞争力越强；反之，越接近 -100%，则竞争力越弱。TC 的计算公式如下：

$$\text{贸易竞争力指数 TC} = (X_i - M_i)/(X_i + M_i) \tag{9-3}$$

式中，X_i 代表i产品的出口额，M_i 代表i产品的进口额。无论进出口的绝对量是多少，贸易竞争优势指数的取值范围是 $-1 \leqslant TC \leqslant 1$。如果 TC 小于 0，即出口小于进口，反映对$i$产品该国是一个净进口国，$i$产品出口竞争力较弱；反之则说明$i$产品出口竞争力较强；而 TC 为零则表明此类商品为产业内贸易，竞争力与国际水平基本相当。一般的规律特征是，TC 取值为（-1，-0.6）、（-0.6，-0.3）、（-0.3，0）时，则分别表明，该产品具有极大的竞争劣势、较大的竞争劣势和微弱竞争劣势；TC 取值为（0，0.3）、（0.3，0.6）、（0.6，1）时，则分别表示该产品具有微弱竞争优势、较强竞争优势和极强竞争优势。

贸易竞争优势指数也称“贸易竞争力指数”、“贸易专业化系（指）数”（Trade Specialization Coefficient，TSC）。

第二节　主要出口食品的国际竞争力比较

国内学者主要用进出口数据对各国食品贸易的国际市场占有率、显示性比较优势指数、贸易专业化指数等有关指标对我国主要出口食品的国际竞争力进行实证分析。本章节主要综合应用近年来的有关研究成果等对我国主要出口食品的国际竞争力展开介绍。

一、MS 层面

华南师范大学唐晓燕计算的各国食品贸易国际市场占有率见表 9 - 1。从表 9 - 1 可以看出，在1998—2003年间的国际食品市场上，美国作为全球最大的食品出口国在国际市场上的占有率始终保持10%以上的高的水平，显示了很强的竞争力。这是由美国食品质优价廉的基本特点所决定的。由于受“非典”的影响，2003年世界各国食品的国际市场占有率均有不同程度的下降。1998—2003年间，德国、法国、荷兰食品的国际市场占有率都保持在5%以上，意大利、英国、比利时、西班牙、加拿大也都保持在4%左右，中国、澳大利亚保持在3%左右，丹麦为2.13%。

从变动趋势来看，1998—2003年间，德国、意大利、比利时、荷兰、西班牙的食品在国际市场上的占有率呈现“U”型变化，由于1999年受比利时发现的“污染鸡事件”和随之发现其中的二噁英含量超过标准140倍所产生的影响，上述四个国家的食品在国际市场上的占有率在2000年或2001年陷入低谷之后逐步回升。法国、英国、丹麦则基本维持缓慢下滑的趋势，美国、澳大利亚食品的国际市场占有率保持基本稳定，受“非典”的影响，尽管加拿大前4年保持缓慢上升趋势，但在2002年和2003年有较大幅度下降。

在表9-1所列的12个国家中，中国的食品在国际市场上的占有率水平是相对偏低，但一直处于缓慢上升趋势，在2000年更是超过了澳大利亚。

表9-1　有关国家食品的国际市场占有率

国家＼年份	1998	1999	2000	2001	2002	2003
中国	0.0276806	0.02703	0.0309252	0.0323008	0.0346072	0.031450
德国	0.060642	0.058563	0.052366	0.059386	0.060440	0.052766
法国	0.091586	0.091852	0.081910	0.078069	0.079756	0.07345
意大利	0.035861	0.036359	0.033469	0.035014	0.036638	0.032682
英国	0.039968	0.038178	0.035551	0.030377	0.031763	0.028404
比利时	0.042438	0.042793	0.040305	0.041668	0.041481	0.038456
丹麦	0.025133	0.024090	0.023062	0.023684	0.023877	0.021263
荷兰	0.082988	0.086486	0.079879	0.085383	0.098113	0.080291
西班牙	0.038916	0.035202	0.035624	0.038639	0.040562	0.037173
美国	0.130261	0.126752	0.132573	0.132068	0.121778	0.103495
加拿大	0.038537	0.038345	0.040261	0.043712	0.040349	0.032841
澳大利亚	0.028318	0.030859	0.030087	0.030287	0.030325	0.022567

资料来源：唐晓燕．我国食品贸易竞争力的国际比较．中国食物与营养．2007（4）。

二、RCA层面

根据联合国粮农组织（FAO）提供的有关统计资料，北京师范大学的韩晶对2000—2006年间我国主要食品中的谷物、肉类、小麦、大米、玉米、大豆、油菜籽油、棉花、水产品及蔬菜和水果等10大类产品的显示性比较优势指数进行了测算，测算结果见表9-2。结果表明，2000—2006年我国上述10大类产品的总体比较优势呈明显的下降态势，RCA值由2000年的1.65迅速下降到2006年的0.65，已经小于0.8，总体上表明我国上述10大类产品的国际竞争力较弱。

表9-2 2000—2006年我国10大农产品显示性比较优势指数（RCA）

产品＼年份	2000	2001	2002	2003	2004	2005	2006
农产品	1.65	1.59	1.26	1.07	0.96	0.79	0.65
谷物	2.31	2.06	1.99	1.96	1.52	1.18	0.84
肉类	1.59	1.53	1.41	1.26	1.01	0.96	0.75
小麦	0.04	0.02	0.004	0.01	0.00	0.00	0.00
大米	3.01	2.91	2.53	2.01	1.63	1.42	1.25
玉米	3.15	2.97	2.68	2.24	1.51	1.46	1.28
大豆	2.61	2.35	1.52	1.22	1.08	0.93	0.78
油菜籽油	2.41	0.41	1.90	2.24	2.20	2.45	1.01
棉花	0.42	0.64	0.12	0.87	2.43	1.79	0.10
水产品	3.04	2.23	2.32	3.83	3.31	3.08	3.01
蔬菜和水果	1.46	1.39	1.30	2.06	1.88	1.70	1.40

资料来源：根据联合国《统计月报》2007年3月、《中国统计年鉴》（2007年）数据，转引自韩晶《我国农产品贸易比较优势与提升对策》，《中国国情国力》，2008年第9期。注：“谷物”指按国际贸易标准分类的第041（小麦混合粉）、043（大麦）、044（玉米）、045.1（黑麦）、045.2（燕麦）、045.9（未列入别处的谷物）和046（面粉和混合面粉）。

一般而言，如果一种产品的RCA指数下降，可能是由两方面的原因引起的。一是由于X_{ij}/X_{iw}下降，即该商品的出口在世界同类商品的总出口中所占份额下降；二是因为X_{tj}/X_{tw}上升，即出口总额占世界出口总额的比重上升。鉴于此，图9-1所示为我国在2000—2006年间出口总额占世界出口总额的比重。

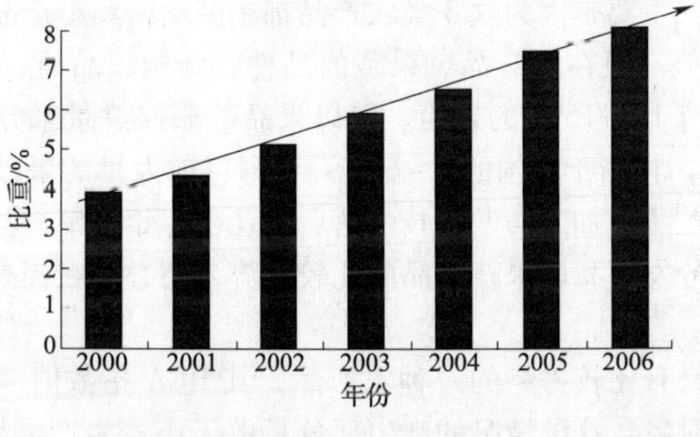

图9-1 2000—2006年间我国出口总额占世界出口总额的比重

资料来源：根据中国商务部网站（http://www.mof com.gov.cn）数据整理形成

从2000年到2006年，除蔬菜和水果、水产品以外（见图9-2），我国的食品RCA都呈现出了大幅下跌，其下降幅度明显大于同期我国出口总额占世界总额比重的上升幅度。这说明“入世”以后，我国主要粮食作物的出口额占世界各类农产品总出口额的比重下降幅度很大，其比较劣势越来越明显。

根据计算的RCA数值，我国上述10大类产品比较优势在2000—2006年间呈现如下特点：

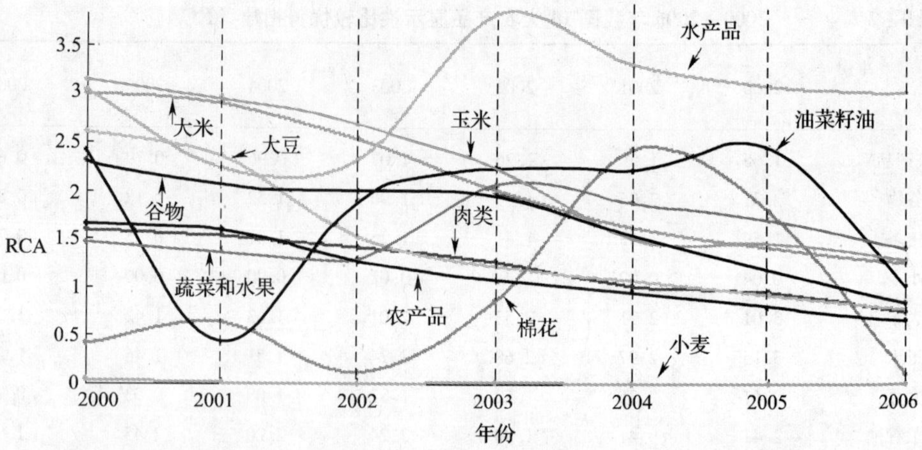

图 9－2　2000—2006 年我国 10 大农产品显示性比较优势指数变化状态

资料来源：根据联合国《统计月报》2007 年 3 月、《中国统计年鉴》（2007 年）的数据整理形成

谷物和大豆的显示性比较优势指数从 20 世纪 90 年代就开始逐步下降，入世后下降速度更快。到 2006 年，谷物和大豆的显示性比较优势指数已经低于 1。这种变化反映出我国十几年来土地密集型农产品比较优势逐渐丧失。从目前实际状况来分析，如果不采取适当的措施，我国谷物和大豆这两类农产品的比较优势将有可能完全丧失，相关产业国际竞争力将进一步下降，产业安全和农民利益将受到不同程度的影响。

大米和玉米的显示性比较优势指数虽然也呈下降趋势，反映出我国这两种农产品的比较优势正在下降，但到 2006 年为止大米和玉米仍维持一定的竞争力水平，表现出我国大米和玉米生产较其他谷物具有更高的劳动、土地比例。

水产品、蔬菜和水果是我国农产品中具有较强比较优势的产品，其显示性比较优势指数一直相对比较稳定。主要是因为这 3 类农产品都是劳动密集型产品，可以充分发挥我国劳动力资源丰富的优势。但在水产品、果蔬的品种、结构、品质、加工技术及设备等方面，与国外相比仍具有 10 ~ 15 年的差距。仅以果品贮藏保鲜量来分析，在国外其占总产量的比重在 60% 以上，相当于我国的 5 ~ 6 倍。我国目前大量的果品如柑橘，甜度低而酸度过大，不耐运输和贮藏，加工与贮藏技术落后，几乎年年滞销，甚至积压霉烂，果农苦不堪言。因此，要充分发挥我国果蔬产品的比较优势，还必须在提高技术水平、改革流通体制等环节上下功夫。

小麦一直是我国具有比较劣势的一种农产品，其 RCA 指数值一直在 0 左右，长期以来一直是国家保护的对象。这种情况的产生部分是由于小麦生产需要密集使用土地要素，而我国土地资源相对贫乏。如果在短期内不出现重大技术飞跃，其比较劣势仍难以扭转，我国仍不得不依赖进口。

油菜籽油和棉花的情况比较复杂，其 RCA 数值波动较大。出现这种情况的部分原因是由于我国油菜籽油和棉花的生产原来主要面向国内市场需求，仅有小部分出口。近年来，根据世界市场的价格变化和贸易需求，政府不断调整政策引导出口，油菜籽油和棉花的出口额随之出现大幅波动，相应地表现为 RCA 数值的较大波动。

上述结论与唐晓燕的实证分析的结果基本一致。唐晓燕的分析认为，虽然我国食品的国际市场占有率是上升的，但显示性比较优势指数却下降，这与加入世贸组织以来我国技术含量高的机电和高新技术产品成为拉动对外贸易快速增长的主要商品，传统大宗商品出口增长缓慢的现实基本相符。与其他国家比较起来，我国的食品贸易 RCA 指数明显偏低（见表9－3），国际竞争力较弱，并有逐年下滑的趋势。一直以来，我国的食品行业是劳动密集型产业，是传统的优势出口商品，然而现在科技水平的提高对食品行业提出了新的挑战。劳动力成本只是决定产业是否具有竞争力的一个方面，与此联系的另一方面就是劳动力成本与生产效率高低的相对程度以及劳动力素质水平。随着中国食品工业工资水平的提高，这种成本优势也会逐渐减弱，比如近年来沿海发达城市商务成本急剧提高，工人工资与保障水平的大幅提升就是最为明显的例子。可以预测，如果我国在食品加工业方面还是一味强调劳动密集，而不在提高劳动力素质上下功夫，不加速技术创新，劳动生产率的落后最终会使我国的食品产业面临与纺织服装行业相似的困境。因此，我国食品加工业的发展必须关注劳动力素质的提升和技术创新，只有这样才能将劳动力在量上的优势发挥出来。

表9－3　　我国食品贸易显示性比较优势的国际比较

国家＼年份	1998	1999	2000	2001	2002	2003
中国	0.8275	0.7907895	0.8	0.7521127	0.688889	0.541975
德国	0.6125	0.614474	0.611765	0.643662	0.636111	0.532099
法国	1.56875	1.609211	1.611765	1.495775	1.558333	1.433333
意大利	0.80125	0.880263	0.897059	0.887324	0.933333	0.844444
英国	0.80125	0.80000	0.802941	0.690141	0.734722	0.703704
比利时	1.28125	1.302632	1.320588	1.290141	1.1875	1.080247
丹麦	2.81625	2.731579	2.898529	2.838028	2.691667	2.381481
荷兰	2.13	2.256579	2.208824	2.291549	2.605556	2.060494
西班牙	1.90875	1.922368	1.992647	2.052113	2.091667	1.849383
美国	1.04875	1.043421	1.094118	1.119718	1.1375	1.079012
加拿大	0.9875	0.917105	0.938235	1.042254	1.036111	0.908642
澳大利亚	2.7825	3.138158	3.036765	2.960563	3.022222	2.380247

资料来源：唐晓燕．我国食品贸易竞争力的国际比较．中国食物与营养，2007（4）。

三、TC 层面

西安交通大学毛凤霞等利用贸易竞争力指数（TC）对我国的农产品国际竞争力展开了分析。从表9－4可以看出，我国农产品的 TC 指数自1998年开始呈现下降趋势，到2004年 TC 指数已是负值。这表明我国农产品的国际竞争力整体上呈下降趋势，即使是我国具有比较优势的蔬菜产品，TC 值由1995年的0.1988下降到2002年的0.1933，说明蔬菜国际竞争力也在减弱。主要的原因就在于，一是我国蔬菜生产成本有上升趋势，尤其是劳动力成本上升；二是与一些蔬菜生产的发达国家相比，我国蔬菜生产技术仍有差距，集中反映为单产水平不高，1999年我国蔬菜单产量相当于荷兰的30.82%、美国的65.68%、西班牙的57.33%；三是发达国家蔬菜质量安全标准提高较快，我国蔬菜产品遭遇国外技术壁垒阻拦的情况时有发生；四是我国行业组织尚不完善，缺乏自主的蔬菜国外销售渠道，国外中间商赚得相当一部分利润，国内企业之间恶性竞争也减低了销售利润；五是我国进口部分高档、特殊类型蔬菜的需求呈上升趋势。

表9-4　　我国农产品进出口状况及结构变化

年　份	1998	1999	2000	2001	2002	2003	2004	2005
农产品出口额/亿美元	138	134.7	156	160.7	181.4	214.3	233.9	275.8
农产品出口额占我国出口总额的比重/%	7.1	7.3	6.3	6	5.57	4.3	3.9	3.6
农产品进口额/亿美元	83.2	81.6	112	118.3	124.4	189.3	280.3	287.1
农产品进口额占我国进口总额的比重/%	6.0	4.9	5.0	4.9	4.22	4.1	5.0	4.3
农产品贸易差额/亿美元	54.8	53.1	44	42.4	57	25	-46.3	-11.4
TC 指数	0.248	0.245	0.164	0.152	0.186	0.061	-0.09	-0.02

资料来源：毛凤霞、冯宗宪：新贸易格局下我国农产品竞争力研究，《国际贸易问题》2007（6）。

唐晓燕对1990—2005年间全球主要食品进出口贸易国家的TC指数进行了比较。从TC指数来考察，美国的TC指数水平较低，由1990年的0.17下降到2005年的-0.08。主要原因是美国在大量出口食品的同时，也大量进口食品，1990年美国食品贸易顺差为123.67亿美元，是世界食品净出口国，1996年达到历史最高水平232.50亿美元，此后逐年下降。2002美国出现食品贸易逆差，2005年的逆差达到111.75亿，由食品净出口国转变成为净进口国。与美国相比，德国的TC指数水平更低，始终为负值，1990年为-0.28，2005年为-0.13，其原因在于虽然食品出口规模并不小，但是德国的食品贸易始终处于逆差，是一个典型的食品净进口国。2001年以前，加拿大的TC指数水平是低于中国的，但是此后加拿大的TC指数水平超过中国，到2005年为0.16，高于中国0.07的水平。

四、总体评价

总体上看，自20世纪90年代以来我国农产品的贸易顺差逐渐减少，但并非所有的农产品都已失去国际竞争优势。有关分析报告显示，我国具有国际竞争力的优势农产品主要包括蔬菜及水果、糖及糖制品、蜂蜜、咖啡、茶、可可、调味品及其制品等。以我国优势农产品为基础发展形成的若干个食品加工业已在全球具有举足轻重的地位。如中国浓缩苹果汁制品出口量已接近全球贸易总量的25%（见图9-3），如扣除欧盟内部贸易量后的出口市场份额已高达50%。明显的成本优势使得国内浓缩苹果汁出口量连年激增，也使全球浓缩苹果汁生产集中度不断提高（见图9-4）。而生产集中度不断提高的趋势必将推动浓缩苹果汁全球贸易总量的进一步上升。目前，中国蘑菇加工制品的出口市场份额稳定在13%左右，若扣除欧盟内部贸易量，出口市场份额约为40%（见图9-5）。中国番茄制品加工业企业基于国内原料种植优势而积极拓展海外市场的努力始于20世纪90年代末期，在过去的五年中，中国的番茄制品加工出口量始终保持着年均30%的高速增长。目前以中基和屯河为代表的番茄制品加工企业占据着国内番茄加工制品70%以上的出口市场份额（见图9-6）。浓缩苹果汁、蘑菇、番茄加工制品三大优势农产品加工业在未来仍将保持较快的发展，而番茄加工制品出口势头更为强劲。

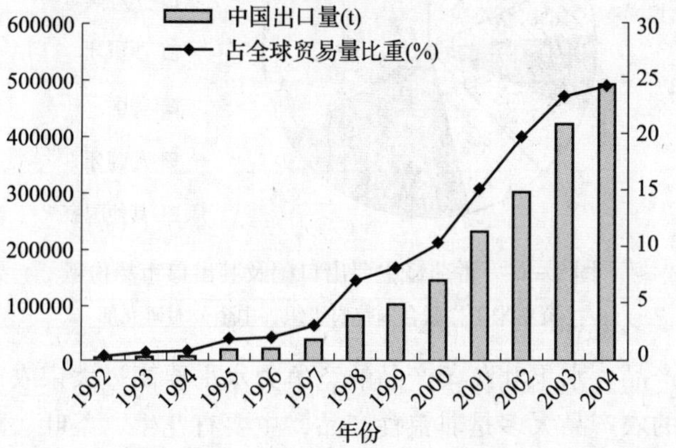

图9-3　国内浓缩苹果汁出口量及其占全球贸易份额的变化趋势

资料来源：联合国粮农组织，中金公司研究部

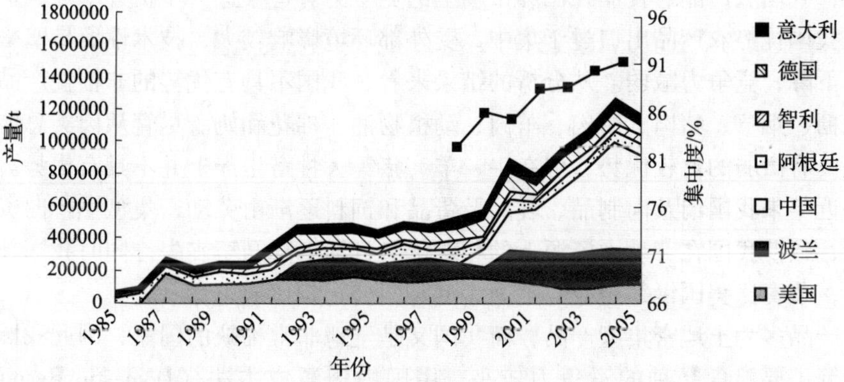

图9-4　全球主要浓缩苹果汁生产国与生产集中度

资料来源：联合国粮农组织，中金公司研究部

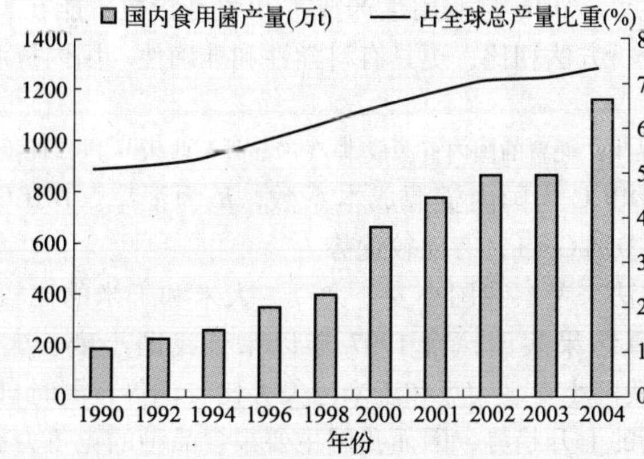

图9-5　我国食用菌产量及其全球市场份额

资料来源：联合国粮农组织，中金公司研究部

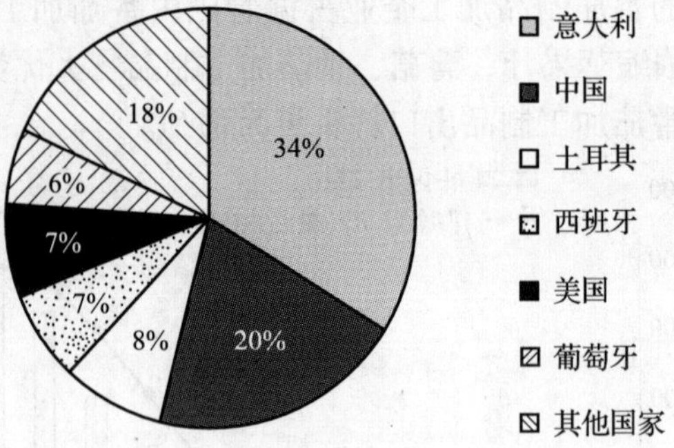

图9-6　番茄酱主要出口国及其出口市场份额

资料来源：联合国粮农组织，中金公司研究部

总之，我国畜产品、水果和蔬菜产品的竞争力水平要高过大宗农产品的竞争力，在国际市场上具有优势的农产品大多是非粮食产品，主要有花生、茶叶、蔬菜和水果、水产品等。尤其是蔬菜和水果、水产品均属于这类产品，竞争优势十分明显。如果采用适当的保护措施，有进一步发挥比较优势潜力的可能。

然而，我国农产品、食品在国际市场上的竞争力有待于进一步提升却是一个不争的事实。由于我国优势农产品出口过于集中，受外部环境影响较大，技术性贸易壁垒导致这类产品出口下降，竞争力减弱。从分析的结果来看，我国不具有优势的非粮食产品主要包括饲料、食糖、烟草、猪肉、牛肉、羊肉、动植物油、棉花和奶。尽管从肉类总体的角度来看，我国具有微弱的比较优势，但在牛、羊、猪等大牲畜生产上并不具有优势。一个重要的原因是近年来我国肉及肉制品、乳品及蛋品和饲料逐渐由劳动密集型生产向资本密集型生产转变，致使我国在劳动力资源上的相对优势日渐下降乃至丧失，同时我国技术的层次较美国低，节奏比美国慢，企业与美国大型跨国公司相比缺乏竞争力。

粮食产品多为土地密集型产品，而我国又是土地非常稀缺的国家，因此我国小麦、玉米、大豆等主要粮食品种的竞争力较小。用国内资源成本法（Domestic Resource Costs，DRC）来分析我国农产品的比较优势更能够说明问题。DRC是考察一国国内资源用于某产品生产时，每一边际资源的投入，可以获得或节省多少单位的外汇量，以衡量本国生产该产品是否具有比较优势。DRC是兼用生产成本和贸易指数，能在一定程度上揭示生产成本的优势，与其他分析方法相比，更具有科学性和准确性。国内资源成本法的计算公式如下：

$$\mathrm{DRC} = \text{产品生产耗费的国内资源成本} / (\text{产品外汇收入} - \text{进口性投入成本}) \qquad (9-4)$$

$DRCC = DRC/R$，DRCC为国内资源成本系数，R为汇率。$DRCC > 1$，无比较优势；$DRCC = 1$，利益均衡；$DRCC < 1$，有比较优势。

运用国内资源成本法来考察我国小麦、大豆、大米和玉米的比较优势。据《2004中国粮食发展报告》计算结果表明，自1997年以来，我国小麦、大豆、大米和玉米的DRCC大于1。因此，我国小麦、大豆和玉米已失去比较优势；同时自2001年起我国主要粮食品种的成本处于新的上升趋势，因而我国主要粮食品种的竞争力已无优势可言。

因此，深入分析近年来我国食品比较优势的演进趋势，把握食品竞争优势的变化特征与规律，对思考、制定食品产业的发展规划与相关政策是有益的。

第三节　基于技术创新角度的原因剖析

影响食品国际贸易竞争力的因素是多方面的。遭遇发达国家的技术性贸易壁垒是中国食品国际贸易竞争力客观、外在的体现，而技术水平的落后则是内在的因素，也是我国农产品出口多层次、大范围遭遇国外技术性贸易壁垒最直接、最主要的原因。本书主要从食品加工业技术创新的角度对影响中国食品国际贸易竞争力的有关因素展开初步的分析。

一般而言，我国食品工业主要包括农副食品加工业、食品制造业、饮料制造业、烟草制造业等 4 个产业部门。本章节简单地从创新投入、创新产出、创新主体等方面来评价分析食品行业的技术创新水平。

一、创 新 投 入

R&D 经费投入占销售收入比重是国际上衡量技术创新投入的最主要的指标之一。2005 年，农副食品加工业、食品制造业、饮料制造业、烟草制造业等 4 个产业部门中 R&D 经费占产品销售收入比重分别为 0.20%、0.40%、0.70%、0.30%。有定性研究结论认为，R&D 经费支出占企业产品销售额 1% 以内的企业难以生存，达到 2% 可以勉强维持，占 5% 以上的企业才有竞争力。经验观察表明，大凡在国际竞争中取得突出成绩的大型跨国公司和企业集团都非常重视 R&D 投入。一些国际著名企业的 R&D 投入占产品销售收入的比重已达到 10% 以上。根据国际经验来判断，假设中国所有食品工业企业看作一个特大型企业的话，目前的状态是勉强维持生存，几乎难有大的发展。这是导致食品工业技术创新水平不高的最主要症结所在。

科技人员占从业人员比重是从人力资源角度评价技术创新的重要指标。2005 年我国农副食品加工业、食品制造业、饮料制造业、烟草制造业这一指标分别为 1.8%、2.6%、3.9% 和 4.2%，尽管比前几年有所提高，但与当年整个工业行业 4.5% 的水平比仍然有较大的差距。

二、创 新 产 出

专利是衡量创新产出能力的最重要指标。2001—2005 年间，我国整个食品工业大中型工业企业专利申请数年均增速为 12.37%，低于整个农产品加工业平均水平 8.88 个百分点（见图 9-7）。进一步分析，食品制造业专利申请数年均增速徘徊在非常低的水平上，农副食品加工业和饮料制造业专利申请数的年均增速也低于农产品加工业的平均水平。

新产品销售收入占产品销售收入比重也是衡量创新产出水平的重要指标，反映的是新产品的总体规模。2005 年农副食品加工业、食品制造业、饮料制造业三个行业的新产品销售收入占产品销售收入比重均低于农产品加工业平均水平，这非常清楚地说明，主要依靠惯性而不是依靠创新发展是这三个行业的共同特征。相对而言，烟草制造业新产品销售收入占产品销售收入比重较高，达到了 10.8%，超过农产品加工业平均水平 2.17 个百分点（见图 9-8）。

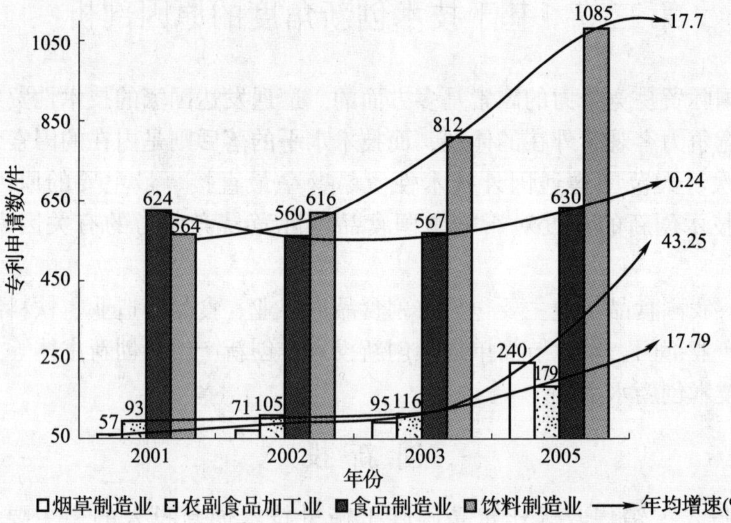

图 9－7　食品工业内部大中型工业企业专利申请数

资料来源：吴林海等．中国农产品技术创新发展战略研究．农业部课题，2008 年 7 月

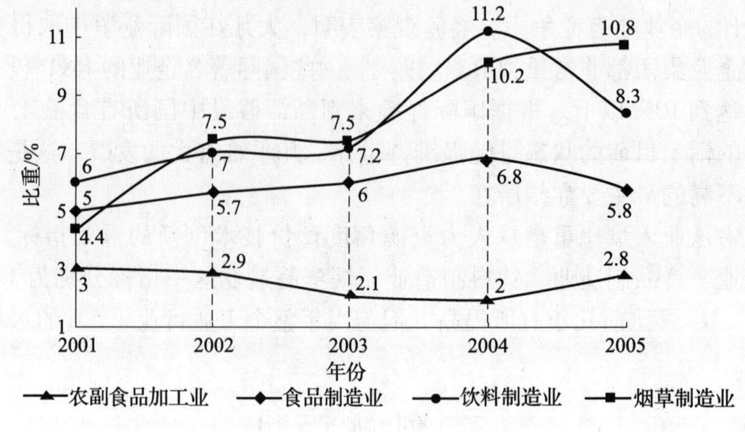

图 9－8　食品工业内部大中型工业企业新产品销售收入占产品销售收入比重

资料来源：吴林海等．中国农产品技术创新发展战略研究．农业部课题，2008 年 7 月

三、创 新 主 体

我国食品产业集中度低，企业规模小，严重制约了食品行业生产集中度的提高。我国目前还没有年销售收入达到 100 亿美元的食品企业，而世界很多大型食品加工企业年销售收入都在 100 亿美元以上，其中食品加工企业 50 强中最小的 家农业食品集团年销售收入也达 38 亿美元。世界前 50 家食品企业的产值是我国食品企业总产值的 4 倍。

有技术开发活动的企业占企业总数的比重这一指标主要从总体上反映企业技术创新活动的活跃程度。2005 年，分别有 31.79% 的大中型食品制造企业和 21.10% 的大中型农副食品加工业进行了技术开发活动，均低于整个工业行业 38.72% 的比例。

四、加 工 深 度

食品工业总产值与农业总产值之比是衡量一个国家农业现代化水平和食品工业水平的标志，现代农业发达国家该比值一般在（2~3）∶1 的水平上。2003 年，我国食品工业总产值与农业总产值之比达到了 0.43∶1；2005 年则递增到 0.52∶1（见图 9－9）。食品工业总产值与农业总产值之比虽然有了新的提高，但与国外差距仍然非常明显。从食品工业增加值与农业增加值的比较中同样非常明显地体现这个差距（见表 9－5），2005 年中国食品工业增加值与农业增加值比例为 0.22，只有美国、日本、德国 18.33% 的水平。食品工业是发达国家国民经济的主导产业，美国、法国、日本均是如此，食品工业的产值占这些国家国民经济总产值的 20% 以上，是第一大产业；而我国只占 7%。目前，我国粮食、油料、水果、肉类、蛋类、水产品等产量均居世界第一，但粮食的深加工量仅占其总产量的 8%，苹果为 4.7%，柑橘为 5%，肉禽类为 4%，远远低于发达国家 70% 以上的水平。美国玉米深加工产品达到 4000 多个品种，而我国只有 100 多个品种；日本食用油脂达 400 多种，我国仅为 20 种左右。据专家测算，价值 1 元的初级农产品，经加工处理后，在美国可增值 3.72 元，日本为 2.2 元，我国只有 0.32 元。总体分析，我国农产品加工增值仅为 20% ~100%，而发达国家粮食加工可增值 1 ~4 倍，禽畜和薯类加工增值 1 ~3 倍。

表 9－5　　食品工业增加值与农业增加值比例的国际比较

国家＼年份	1980	1990	1995	1997	2003	2005
巴西	0.39	—	0.22	—	—	0.26
日本	0.66	—	1.13	1.22	—	1.25
德国	0.79	—	1.35	1.25	1.22	1.21
美国	0.80	—	1.05	1.16	1.20	1.22
中国	0.14	0.12	0.09	0.17	0.21	0.22

资料来源：世界发展报告、中国食品工业年鉴。

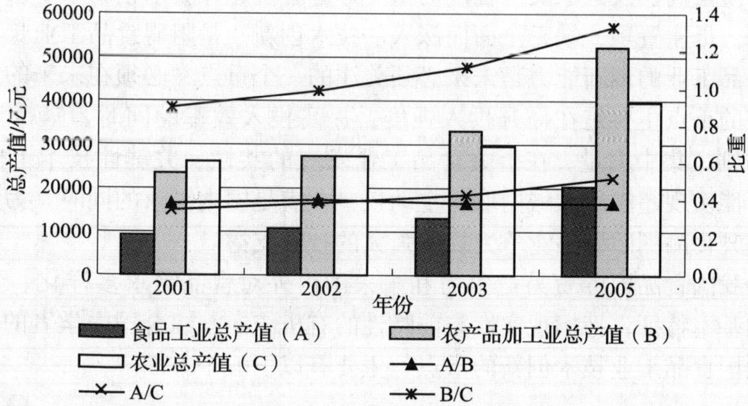

图 9－9　食品工业占农业总产值比重

资料来源：吴林海等．中国农产品技术创新发展战略研究．农业部课题，2008 年 7 月

五、关键技术

我国食品工业整体技术和装备水平比发达国家落后20年左右。食品加工装备制造业产品稳定性、可靠性和安全性较低，能耗高，成套性差；关键技术自主创新率低，一些关键领域对外技术依赖度高，不少高技术含量和高附加值产品主要依赖进口，部分重大产业核心技术与装备基本依赖进口；定向分离与物性修饰、非热杀菌、多级浓缩干燥等食品工业技术，以及连续冻干设备、超低温单体冷冻设备等一批共性关键重大技术与大型成套装备亟待突破。

国内外的经验表明，在中国这样一个土地和其他自然资源相对短缺的国家，完善的科研体系、农业基础设施的建立、制度创新、价格改革与市场开放对提高国家农业和农产品加工业生产力具有重要作用。但在所有这些因素中，技术进步与技术创新是促进中国农业生产和农产品加工业与食品工业水平提高的最重要因素。然而，中国农产品加工业技术创新水平不高是一个不争的事实。我国农产品加工业的科技进步率只有35%左右，而发达国家的这一比率一般都在60%～80%。以食品工业为主的农产品加工业是国民经济中唯一集农业（第一产业）、制造业（第二产业）、现代流通服务业（第三产业）于一体的战略性、全局性的国民经济支柱产业，理应加强科技投入，但改革开放30年来，科技投入不足的问题始终没有解决（见表9－6）。

表9－6　世界农业科技投入强度概况

国家类别	发达国家（20世纪90年代）	发展中国家（20世纪90年代）	美国（2002年）	中国（2005年）
农业科技投入强度	2.37%	1.04%	超过3%	0.49%

资料来源：吴林海等．中美农业科技资金投入比较及对策分析．《中国科技论坛》，2007（12）。

第四节　基于国际竞争力提升的食品技术创新重点选择

食品工业承载着提高人民生活水平、带动农业发展、实现工业强国的希望和重托，是反映人民生活质量高低及国家文明程度的重要标志。但总体技术创新水平大大低于整个工业的总体水平。毋庸置疑，缺乏全面而深入的技术创新，是阻碍食品工业长足发展的关键因素。提升食品工业的创新能力是未来必须关注的一个重点，必须在未来的发展中给予彻底解决。解决的重点主要是在提升投入强度，提高投入效率的同时，坚持“有所为，有所不为”的原则，集中力量，在事关食品工业发展的共性、关键性技术上取得突破，并在若干个有可能实现超越的领域内取得主动权，在满足国内需求的同时，为实现食品贸易持续发展和提升食品国际贸易竞争力提供强大的技术支撑。

基于提升我国食品国际贸易竞争力和未来国内外对食品需求多样化、营养化、安全化、个性化的基本特征，把握现实性与前瞻性的有机统一，综合国内学者的研究成果，未来一个阶段我国食品工业技术创新的重点，主要有以下五个方面。

一、农产品生态环保的技术

能源和环境问题是决定我国可持续发展的重要战略因素，也是当前制约我国国民经济发展的关键之一。最近20多年来国内外对能源利用以及相关科学问题的研究正呈现着加速发展的趋势。节能技术的研究工作在传热传质过程机理、强化传热、热力学分析、过程能量综合、能量利用系统优化等理论研究基础上取得了长足的进步和发展。因此，必须发展高效、节能、低污染的农产品与食品加工新技术。

（一）生物资源转化和高效利用技术

农林废弃物如秸秆、麦草和动植物下脚料如内脏、骨血、乳清、稻壳、油脚、麸皮等资源的充分利用和高效转化也是决定农业增效和农民增收的重要方面，对推动农村经济发展具有重大意义。重点研究和攻克生物质气化技术、生物质转化技术和酶工程技术，以有机碳水化合物、脂质及农业废弃物为原料开发生物煤气、生物氢、生物柴油、燃料酒精、生物可降解塑料、生物相容材料等，大力促进农副产品和农业废弃物资源梯度开发和高效利用，提高农业效益，长效地解决我国“三农”问题。

（二）农业环保材料、肥料的纳米技术

研制适用于农业用水及农业污水净化、土壤污染修复的纳米农业环保材料及其相关应用技术。针对污染农田或农业污水的主要无机、有机污染物，如重金属污染、稀土元素污染、化肥、农药污染，开发高效、低毒、廉价的纳米污染物去除剂。针对污染农田或农业污水的病原微生物，研制纳米除菌材料。开发农业、畜牧水产养殖业用水的纳米材料净化剂、净化技术和设备。研究纳米农业环保材料、纳米肥料用于农业领域后，对农田环境、农田生态系统可能带来的影响及应对措施。长效、缓释纳米氮、磷、钾肥、微量元素肥及其施用技术的研制及应用，氮、磷、钾肥、微量元素肥的纳米载体、纳米吸附剂、纳米稳定化剂的研制与应用，纳米光合作用及其他作物生理机能促进剂研制与应用。

（三）农产品生产环境控制与质量分子检测、纳米土壤修复技术与肥料低损耗技术

农产品生产环境控制与质量分子检测技术以保障农产品质量安全为目标，从农产品生产环境控制和农产品质量检测两个环节入手，针对农产品生产环境中的化学污染物，重点开展化学污染物源头控制和生物修复的前沿技术研究，为保障农产品质量安全提供洁净的生产环境。

针对植物营养、土壤生态、土壤酸碱度、土壤板结程度、土壤动植物生理的不同，研制能调节土壤生态系统、调节土壤酸碱度、保护土壤营养、保水保墒、清除有机和无机土壤污染物、降低和修复土壤板结程度的纳米土壤修复剂，研究能适合我国各个地区的大宗粮食和油料作物、各种水果蔬菜、各种特优经济农作物的高效、高吸收、高营养、低损耗的纳米肥料。

（四）食品工业低能耗干燥技术

主要是微波干燥技术，目前国外微波干燥技术已在轻工业、食品工业、化学工业、农业和农产品加工等领域得到应用。余热回收技术在低能耗干燥技术中已广泛应用，目前开展了吸收式和吸附式热泵、制冷系统的研究，并在民用领域等大量应用，但理论研究还不成熟。但是余热回收技术在食品领域的前景突出，特别是新型热泵技术和过热蒸汽利用技术目前引起了各个国家的重视。

二、提高农产品与食品产量的技术

这一方面的技术非常重要，这既是中国的国情所决定，也是中国通过食品国际贸易对

世界食品供应作出贡献的技术需求。

（一）动植物纳米育种、酶工程与生物转化技术

将纳米技术与现代生物育种技术相结合，利用分子生物学和生物信息学的研究成果，在原子水平上操纵和改变DNA链上载有对遗传信息有重要影响和决定作用的氨基酸序列或者对氨基酸序列进行修饰、增减，高效、快速、准确地选育出具有优良性状的甚至全新的动物和农作物新品种。

酶工程技术被公认为是农业产后制造领域涉及面最广、发挥作用最大的生物技术，在新型食品制造、资源转化、综合利用、食品配料、饲料添加剂、酿造过程及传统工艺改造等方面正发挥越来越重要的作用。重点研究具有重要应用价值的生物酶催化剂的筛选和酶分子的定向进化和改造，酶催化体系与耦联再生，连续酶反应和分离一体技术，耦合物理场的酶反应动力学与催化规律，酶固定化和生物反应器，非水相酶催化与介质工程，不对称生物催化、还原与手性拆分。通过酶工程技术更大范围地发掘优良蛋白质资源、开发新糖源，用酶技术改造传统化学工艺，开展酶法制油与可控条件下的酶法水解和合成等创新技术的研究。通过酶法转化和生物合成，开发手性化合物、新型淀粉、蛋白质和糖源，重要日用和化工糖醇，食品添加剂与饲料酶，生理活性物质及药物等重大产品。

（二）微生物与现代发酵工程技术

发酵工程技术在大规模转化农产品、大幅度提高产品附加值方面发挥着越来越重要的作用。重点开展优良微生物资源发掘，筛选高发酵性能和优良生产性状的发酵菌种，定向选育具有特殊生理功能和保健作用的益生微生物，开展益生菌高密度培养、超浓缩发酵剂制备及益生菌定植和保护，益生元和载体适配技术的研究。通过基于微生物代谢工程、自动控制、人工智能和系统工程等方法研究和系统集成，重点攻克大规模发酵过程的实时调控和过程优化的工程技术难题，实现农产品资源的高效转化，开发氨基酸、有机酸、糖醇、辅酶和维生素等食用、医药和化工新产品，满足国民经济发展需求。

（三）食品高效分离提取技术

高效提取分离技术从20世纪80年代后迅速兴起，是目前食品加工技术中的一个重要技术领域。就全球而论，虽然高效提取分离技术的研究和开发已经取得了极大的成功，但是由于其应用领域的广泛性和复杂性，在生物产品、植物活性成分、食品风味成分等复杂物料面前，依然存在很多问题。无论是膜分离、色谱技术、超临界萃取还是分子蒸馏技术，对于复杂的食品体系，如果要将有效成分充分分离并应用，单一技术无法达到满意的提取或者分离效果，对于热敏性、易失活、含量较低、易挥发、易氧化的成分，现有技术也很难达到高效提取分离效果。鉴于此，近几年来，一些新的提取分离技术或集成技术应运而生。

（四）食品级基因工程技术平台与重组微生物发酵技术

基因工程技术自问世以来，在多个领域取得了令人瞩目的发展，在食品领域也正显示出广阔的前景。食品级基因工程技术是利用分子生物学操控技术和DNA重组技术，以食品安全（非抗性标记、质粒骨架、宿主及诱导物安全）和高效分泌表达为核心构建的技术平台。重点开展以乳酸菌、芽孢杆菌（枯草和地衣芽孢杆菌）和酵母菌为代表的食品级基因重组菌的构建研究，以信号肽和高效启动子筛选、组装为前提的高效、分泌表达策略的研究，以及以重组菌优化培养、高密度发酵和表达调控为手段的发酵技术研究。构建以外源基因高效分泌表达和完全符合食品安全为核心的食品级基因工程技术平台，为食品酶、饲用酶制剂、生物添加剂、功能性食品配料和食品大分子等高效安全表达提供技术支撑，推动基因工程技术在食品加工领域取得真正突破。

三、提升农产品与食品质量的技术

（一）农产品及营养素纳米化加工

纳米材料和纳米技术是当今新材料新加工研究领域中最富有活力、对未来经济和社会发展有着十分重要影响的研究对象，也是纳米科技中最为活跃，最接近应用的重要组成部分。正在研究的纳米级食品和食品配料或者食品用材料已经显示了重要的应用价值和发展前景。例如，纳米氧化剂、抗菌剂保鲜包装材料可提高新鲜果蔬等食品的保鲜效果和延长货架寿命。纳米银粉可加速氧化果蔬释放出的乙烯，减少包装中乙烯含量，从而达到良好的保鲜效果。具有缓释功能的纳米营养素微粒，进入人体后比通常营养素在体内滞留时间延长2~3倍，从而有利于人体的吸收，它的生物利用率是普通营养素的1.8~2.2倍。

（二）食品非热加工技术

传统的高温杀菌灭酶等热加工会使食品中的热敏性物质和营养素大量损失，造成食品的营养、色泽、风味、质构等发生劣变。近几十年来，国际上相继研究开发了超高压、高强度脉冲电场、辐照、脉冲磁场、脉冲强光以及高能射线等食品非热加工技术。发达国家超高压技术已应用于食品工业，高强度脉冲电场、辐照、脉冲磁场、脉冲强光以及高能射线等非热杀菌灭酶技术与设备的研究已经进入中试甚至产业化应用试验阶段。食品非热杀菌灭酶技术能有效保持食品原有的色泽、风味、营养等品质，已成为热敏性和生鲜食品加工的主要发展方向。

（三）食品包装新材料和智能化包装新技术

延长新鲜食品或者加工食品的保藏性和货架寿命是食品研究者孜孜不倦追求的目标。特别是近几年，面对环保问题、材料可再生循环使用问题、能源问题，以及被频频揭露的添加剂问题，食品加工的绿色、安全显得尤其重要。针对这些现象，包装材料的绿色安全可循环利用及包装技术的智能化显得尤其突出。

利用玉米、秸秆等农副产品为原料开发的绿色可循环利用的保鲜包装材料能完全降解，不会造成任何环境污染；采用蛋白质、脂肪和碳水化合物等制造可食包装材料，可直接用于加工食品或者新鲜果蔬的保鲜；具有吸湿、自动调节气体浓度、抑菌、微生物和转基因检测的活性包装能很好解决目前很多食品防腐剂超标的问题；一些新型包装材料还可检测出沙门氏菌、弯曲杆菌、大肠杆菌和李斯特菌等病原菌，确保食品安全。包括RFID技术在内的自动资料收集、加工处理技术应用，显示出包装领域和流通领域结合的趋势，进一步确保食品供应的安全。

（四）生物酶催化技术与大宗食品配料和功能食品添加剂制造技术

针对目前有机食品和绿色农产品加工对高效安全食品添加剂的迫切需求，开展利用生物酶催化合成绿色食品添加剂和重要配料的催化方法和技术系统的研究，特别是具有前沿性的反向酶工程合成技术、非水相酶催化合成技术、界面酶催化合成技术、耦合物理场酶合成技术等。重点研究不同体系中生物酶催化技术，副产物的控制技术，产物连续分离技术，工业化连续生产技术以及产物的性质和应用体系。

（五）微生物细胞转化技术与活性物质的生物合成技术

重点研究微生物细胞合成食品工业重要生理活性物质，如微生物多糖、功能性色素、维生素、嘌呤、寡核苷酸等。研究真菌细胞代谢调控技术和液体深层发酵技术，益生菌遗传工程改良技术；利用乳酸菌、枯草芽孢杆菌等食品级微生物获得宽抑菌谱以及高 pH 和热稳定性的细菌素；研究用食品微生物开发针对不同病毒和细菌的可食性疫苗、抗体食品等免疫增强型物质。

四、保障农产品与食品安全的技术

随着中国经济的发展与人民生活水平的提高，食品的数量与种类日益丰富。过去我国在食品加工中安全限量及控制标准方面所进行的工作较少，并且检测的灵敏度不高。迄今为止，我国的食品有害物检测分析技术还主要依靠色谱、波谱等理化分析手段，仪器化程度要求高，样品前处理繁杂、分析时间长、成本高，无法对大量待检样品进行快速检测，目前急需特异灵敏、廉价高效、简便快捷、多残留的检测分析技术。开发食品中主要有害物的酶标、金标和多残留免疫检测技术及仪器，建立食品有害物监控追踪技术体系，为保障食品安全和消费者健康、促进贸易和经济发展提供技术支撑。

（一）免疫分析技术

该技术主要有放射免疫技术（RIA）、酶联免疫吸附技术（ELISA）、免疫金标技术、免疫生物传感器技术和时间分辨荧光免疫分析技术等，它是以抗原、抗体特异性识别和结合反应为基础，将不同目标物以半抗原的形式与载体蛋白质共价偶联制备人工抗原，免疫动物分别获得目标物的特异性抗体，用探针标记抗体或半抗原，将不同抗原或抗体分别固定于固相载体，利用目标分析物、标记物和对应抗体或抗原竞争结合的原理，检测反应前后标记探针理化表征的变化，实现对目标农药、兽药和生物毒素等的检测。该方法具有特异性强、灵敏度高、方便快捷、不需要贵重仪器、成本低廉、一次能检测大量样品和安全可靠等特点，是当今食品有害物快速检测技术的主要发展方向之一。

（二）多组分免疫分析与胶体金标免疫检测技术

多组分免疫分析技术（MIA）是指在同一份样品中，同时测定两种或两种以上的相关分析物的免疫分析技术。它可以通过一次实验同时检测多种甚至一类药物的残留量，该技术有利于对食品中多种药物残留进行检测，特别是对混配药物接触分析以及对其联合作用及体内代谢动力学的探讨和研究具有重要作用，因此发展非常迅速。

胶体金标免疫检测技术是以胶体金作为示踪标记物，应用于抗原抗体反应的一种新型免疫检测技术。除抗体蛋白外，胶体金还可以与其他多种生物大分子，如 SPA、PHA、ConA 等结合，已成为继荧光素，放射性核素和酶之后，在免疫标记技术中较常用的一种非放射性示踪剂。胶体金标技术在大分子（如蛋白质）检测方面具有独特的优势，但在小分子检测上还存在很多问题，检测精度较低、稳定性较差，同时这种试纸条生产技术复杂、成本高、价格昂贵，因此，研制开发性能稳定、价格低廉的小分子物质胶体金标免疫检测技术是该技术的发展方向。

（三）SPR 检测技术

表面等离子共振（SPR）是一种物理光学现象。当入射光以临界角入射到两种不同介质界面（如镀在玻璃表面的金属银或金的薄膜）时，可引起金属自由电子的共振，电子吸收光能量，从而使反射光在一定角度内大大减弱，其中使反射光完全消失的入射光角度称为共振角（SPR角）。SPR对附着在金属薄膜表面的介质折射率非常敏感，当表面介质的属性改变或者附着量改变时，共振角将不同。因此，可通过表面等离子共振角的动态变化获取生物分子相互作用的信息。这种方法无需添加任何标记物，适用于混浊、不透明或者有色溶液的检测，能实时、连续监测反应动态过程，检测方便、快捷、检测灵敏度高、抗电磁干扰性能强，受到普遍关注。

（四）分子印迹固相萃取技术

分子印迹聚合物（MIPs）是以某种化合物的分子结构为模板合成的聚合物。MIPs可以选择性地吸附印迹分子，成为建立各种选择性分离或检测方法的基础。目前国内外对分子印迹技术的研究正方兴未艾，研究及应用文献较多。固相萃取具有回收率和富集倍数高、有机溶剂用量少、对环境友好、无相分离操作、易于收集级分、能处理小体积试样、操作简单和易于实现自动化等优点，目前已成为最常用的样品前处理方法之一。但由于传统的固相萃取多采用C18键合硅胶、PS－DVB以及石墨化炭黑等非选择性萃取吸附剂，选择性较差，因此传统的固相萃取方法得到的萃取液往往还需进行净化处理。MIPs是人工合成的聚合物，其对特定分子具有特异的选择性，因此以MIPs作为固相萃取吸附剂必可提高萃取选择性。MIPs具有制备容易、成本低廉、对加热、有机溶剂及强酸强碱稳定等优点，分子印迹固相萃取已成为固相萃取研究的热点之一。

（五）免疫亲和微球、多重PCR技术

免疫亲和微球技术就是利用微米级的微球代替传统的酶标板，将一定量的已经吸附目标物的免疫微球置于反应器中，依照竞争ELISA的方法原理和程序进行检测的技术。该技术具有准确灵敏、操作简单、测定快速、费用较低的特点，克服了现有免疫检测技术存在假阳性率高、时间长、过程繁杂及依赖于大型仪器的问题，免疫亲和微球和微柱与分子印迹固相萃取一样，也是一种快速检测的重要前处理手段，已成为国内外研究热点。

随着分子生物学的迅速发展，遗传分子标记越来越成为病原性微生物鉴定检测的强有力工具。在美国、加拿大及欧洲等国家采用快速、专一、灵敏的基于聚合酶链反应（PCR）技术检测李斯特弧菌等病原菌的各种方法已经得到发展并广泛应用食品、环境及临床医学领域。常规PCR技术，每个反应只检测一种特定的菌，费时、低效、成本高。而在常规PCR基础上改进并发展起来的多重PCR，能在同一反应中用两种以上的引物同时扩增出多条目的DNA片段，同时完成几个特定菌种的检测与鉴定，具有操作简单、省时省力、高效、灵敏、特异的优点，是PCR技术发展的趋势。

五、规范农产品与食品加工生产标准化的技术

（一）农产品加工重大安全标准的研究与制定

在分析国内外农产品加工标准发展现状及趋势的基础上，结合农产品原料加工特性，针对重要粮油、果蔬、畜产加工对原料的要求，研究、制修订一批分级标准、加工用原料标准、质量规格标准、基础标准等当前制约我国农产品加工业发展的重大标准。

（二）食品加工国际标准的跟踪研究

危害分析与关键控制点（HACCP）已成为世界公认的最有效的质量控制体系之一。经过多年的努力，HACCP体系在我国迅速发展，分别在果汁、冷却肉、液态奶、大豆分

离蛋白等加工领域得到了推广和应用。同时通过对 CAC、ISO 等国际标准组织和欧美等发达国家标准体的研究，初步建立了由过程要素、产品门类、标准层次三维空间构成的食品加工业标准体系和框架，建成了“国家农产品加工标准数据库”，实现资源共享。但与发达国家相比，我国食品工业在质量控制技术与标准研究方面还存在很大差距，极大地限制了我国食品的国际竞争力。为此，急需开展食品质量控制技术与国际标准跟踪研究，建立食品加工与贮藏过程中有害物的跟踪与控制体系以及食品国际标准跟踪信息平台，及时掌握、了解国际标准的发展动态，为我国食品加工企业组织生产、标准制定和政府决策提供参考。

（三）农产品安全风险评估、溯源与预警技术

针对我国风险评估基础数据缺乏、风险评估技术还未能全面应用等问题，重点开展农产品毒理学安全性评估技术、农产品污染物暴露评估技术研究，建立和完善我国农产品病原微生物、农兽药残留、化学污染物（含生物毒素）、新资源等风险评估技术，建立农产品安全风险评估模型，培育风险评估基地。考虑到目前我国农产品安全溯源与预警体系不完善的实际，重点开展食物中毒诊断与处理技术、农产品溯源与危害物溯源技术、农产品安全突发事件的预警技术研究，建立国家农产品安全溯源及预警监控网络体系。

同时，要积极提升农产品与食品加工技术装备。农产品加工业快速发展离不开先进的农产品加工装备。目前，我国的农产品加工装备达到或接近世界先进水平的加工机械仅占5% ~10%，整个行业落后 20 ~25 年。研制农产品精深加工设备，提升农产品加工技术装备的现代化水平显得极为重要。重点是粮食和薯类产品资源精深加工关键设备、油料和油脂精深加工设备、纤维资源精深加工设备、果蔬特产精深加工设备、畜禽和水产品精深加工设备和饲料精深加工设备等。针对目前我国农产品及食品物流处于相对落后的状态，物流运作过程中发生的因人为失误或技术缺陷造成的货物损坏或失效、物流设施损坏及物流信息失真等安全问题较多，不能很好适应食品市场变化的客观现实，要有重点地发展农产品与食品现代物流重大共性技术方面的研究，主要是生鲜农产品现代物流保鲜技术、农产品物流包装与标准化技术、农产品物流过程品质动态监测与跟踪技术等。

本章小结

在国际贸易理论中，比较优势理论是解释国际贸易产生、发展和贸易利益的重要理论，是世界各国根据本国实际制定国际贸易政策的重要依据。通过比较优势可以很好的解读中国食品国际贸易在世界市场中的地位。从国际市场占有率、显示性比较优势指数、贸易专门化指数、贸易竞争力指数等相关比较优势指数来分析，可以发现，与发达国家相比较，我国食品贸易国际竞争力总体上尚处于相对劣势。我国食品加工业技术创新水平与层次不高是形成这一格局的重要原因。加快科技投入，突出重点，突破共性与关键性技术，最大程度地增强自主创新能力，是中国未来提升食品国际贸易竞争力的重要途径，更是解决中国食品安全性问题和突破国外技术性贸易壁垒制约的关键性措施。

思考题

1. 解释国际市场占有率、显示性比较优势指数、贸易专门化指数、贸易竞争力指数等概念的主要含义。

2. 综合应用比较优势理论，以蔬菜为例，分析我国蔬菜产业的国际竞争力。

3. 分析2006—2008年以来我国饮料行业专利情况，并选择一个国家进行比较。

4. 分析近年来我国食品工业科技投入的情况，描述存在的主要问题，提出食品工业加快技术创新的重点。

5. 结合食品科学与工程技术领域的有关技术问题，选择一个方面来探讨解决我国出口蔬菜农药残留的技术方案。

参考文献

[1] 吴林海，陈正行等. 中国农产品技术创新发展战略研究. 农业部课题，2008年7月

[2] 唐晓燕. 我国食品贸易竞争力的国际比较. 中国食物与营养，2007（4）

[3] 韩晶. 我国农产品贸易比较优势与提升对策. 中国国情国力，2008（9）

[4] 翁鸣，陈劲松等. 中国农业竞争力研究. 北京：中国农业出版社，2003

[5] 毛凤霞，冯宗宪. 新贸易格局下我国农产品竞争力研究. 国际贸易问题，2007（6）

[6] 中国金融国际有限公司. 中国优势农产品加工企业投资策略，2006年7月6日

[7] 盘明英. 我国农产品加工业的发展与探索. 经济改革与发展，2006（11）

[8] 孙彤，刘孝国. 我国农产品加工业的问题与对策. 农业科技管理，2006（5）

[9] 胡小松. 我国农产品加工发展趋势，http://www.cte.gov.cn.

[10] 吴林海等. 中美农业科技资金投入比较及对策分析. 中国科技论坛，2007（12）

[11] 俞莉. 中国产业国际竞争力的比较优势. 统计观察，2004（12）

[12] 杨小凯. 当代经济学与中国经济，北京：中国社会科学出版社，1997

[13] 蒋德恩. 显示性比较优势指数的适用条件分析. 国际商务，2006（5）

[14] 胡晓鹏. 中国食品加工业国际竞争力的实证研究. 农业经济问题，2005（1）

[15] 乔娟等. 中国农产品国际竞争力研究. 北京：中国人民大学出版社，2005

[16] 马光霞. 中国农产品进出口贸易分析. 世界农业，2004（3）

[17] 蓝庆新. 我国农产品国际比较优势的实证分析. 财经研究，2003（8）

第十章　技术性贸易措施对食品出口的影响与进出口食品安全性

食品安全是食品贸易顺利进行的最基本前提，是实现贸易自由化和贸易公平最重要的基础。我国食品参与世界贸易范围较广，确保食品进出口安全是我国食品贸易所必须面对的重大而现实的问题。本章主要在实证分析国外技术性贸易措施对中国食品出口影响的基础上，多角度地考察我国进出口食品安全性等相关问题。

第一节　实证分析：技术性贸易措施对中国食品出口的影响

本书前述的有关章节专门介绍了技术性贸易措施，得到一个重要结论：技术性贸易措施既是食品贸易自由化进程中的最大障碍，又是发达国家确保其国内食品安全的重要手段与政策工具。中国作为一个崛起中的大国，尤其作为世界上最大的发展中国家，与世界其他国家间的实力较量和利益博弈，已经成为这个时代关注的焦点。追溯中国食品出口遭遇技术性贸易措施的原因深远而复杂。我国是个资源稀缺性国家，相对于土地密集型农产品，劳动密集型农产品在国际市场上具有一定的比较优势，并且出口的农产品很大部分用于食用，更易受国外的技术性贸易措施的限制*。故本章节主要利用劳动密集型农产品的相关资料说明我国食品出口贸易遭遇的技术性贸易措施以及由此造成的影响。

一、影响的主要形式

国家商务部世贸司发布的《2005 国外技术性贸易措施对我国对外贸易影响调查报告》显示，我国食品土畜产品受 TBT 影响的绝对值虽然不高，但相对于其全年出口的比例却是最高的，其直接损失相当于当年出口额的 26.7%，机会损失与当年出口额之比高达 96.6%，而且相比其他产品受影响的范围面最宽。国家质检总局发布的《中国技术性贸易措施年度报告（2007）》指出，2006 年我国农食产品受国外技术性贸易措施影响的直接损失占全部直接损失 359.20 亿美元的 23.77%，达到了 85.38 亿美元。据统计，入世以来中国农产品出口遭受的技术性贸易措施累计达到 1000 项以上，有近 90% 的农业出口企业受到技术性贸易措施影响，每年损失约 90 亿美元。由此可见，我国农产品和食品行业已成为遭受国外技术性贸易措施最多的产业。中国农产品遭遇的主要技术性贸易措施如下：

（一）有毒物质残留量

其中较多涉及的是农药最高残留限量问题。出于对国家食品安全的考虑，发达国家对

* 农产品可以分为土地密集型、劳动密集型两大类型。土地密集型农产品是指以土地资源为基础的农产品，如粮食。我国是土地资源短缺的国家，土地密集型的农产品在国际市场上不具有竞争优势。劳动密集型农产品是指以劳动力资源为基础的农产品，在生产过程中需要大量劳动力，产品成本中活劳动量消耗占比重较大的产品，如畜产品、水产品、园艺产品、加工食品等。

食品的安全卫生指标十分敏感，尤其对农药残留、放射性残留、重金属含量及抗生素残留的要求日趋严格。我国的茶叶出口具有典型性，具体的有关案例见表 10－1。日本作为世界最大的农产品净进口国，国内农产品的自给率只有 40%，是发达国家中粮食自给率最低的国家，其国内市场大约 60% 的食品、农产品必须依靠进口，农产品安全问题显得尤其重要。而日本 2006 年 5 月实行的《食品中残留农业化学品肯定列表制度》明确设定了进口食品、农产品中可能出现的 734 种农药、兽药和饲料添加剂的 51392 个暂定标准，涉及农产品食品 264 种，大幅抬高了中国对日本出口农产品的食用安全门槛。据日本财务省发布的贸易统计速报显示，2006 年 5 月当月蔬菜进口量就锐减 17%，2006 年生鲜蔬菜全年进口量为 91.85 万 t，比去年减少 14%，肯定列表制度作用十分明显。特别是受药残问题影响，2006 年日本进口中国的菠菜为零，豌豆进口量同比下降达 34%。日本蔬菜进口量的大幅减少，而作为其第一大蔬菜贸易伙伴的中国出口量的减少也可想而知了。农药残留限量问题是我国农产品出口所遭遇的最主要的技术性贸易措施。

表 10－1　　我国茶叶出口受技术贸易壁垒影响的具体情况

时间	主要设限国家或地区	设限的具体情况
1999	欧盟	实施新的药物最高允许残留量标准
2000 年 7 月	欧盟	对进口茶叶实行新的农药残留标准，限制和禁止使用的农药从原来的 29 种增至 62 种，部分农药残留标准比原有标准提高了 100 倍以上，扩大农药残留的检验种类
2001 年底	欧盟	开始执行更为严格的检测标准，个别农药残留量指标比 2000 年以前提高了 200 倍，而且检测项目增加到了 134 个
2002 年	日本	采取了类似原产地保护的措施；提高对出口到日本茶叶农药残留指标要求
2002 年	亚洲、欧洲以及美洲地区	据中国土畜商会提供的材料粗略统计，2002 年，亚洲、欧洲以及美洲等地区对中国农产品设置的技术壁垒多达 20 项左右，产品涉及冷冻蔬菜、鸡肉、鳗鱼、茶叶、蜂蜜、大蒜、肠衣、羽毛与溶剂制品
2002 年	欧盟	对我国肠衣、茶叶等至少 5 类农产品提出了技术性措施
2002 年 2 月	欧盟	对中国茶叶中的农药残留的检测种类扩大到 62 种，农药最大残留量的标准降低了 10～100 倍
2004 年 1 月 1 日	欧盟	正式禁止含有化学活性物质的 320 种农药在境内销售，其中涉及我国正在生产、使用及销售的农药 62 个品种。由于这些农药目前已广泛应用于水果、茶、蔬菜、谷物等生产中，因此，使用这些农药的农产品在出口欧盟时，就可能被退货或销毁

资料来源：海关统计年鉴（1996—2005 年）（2005 年 6 月）。

（二）动植物产品检验检疫规定

以往我国食品出口更多关注出口量的绝对增长，而忽视品质的提高，对我国食品贸易的健康发展带来了诸多问题。如日本以我国蔬菜生产缺乏足够的检验检疫控制为由，从2002年1月起，对从我国进口的18种蔬菜实施逐批次检验检疫的临时性严格措施，阻碍了我国食品贸易的正常贸易，并由此波及到整个农产品安全领域。又如由于我国海洋环境的不断恶化，出口欧盟的贝类产品达不到所规定的卫生标准，欧盟已不再进口中国的贝类产品。2002年1月，欧盟以不符合卫生检验标准，影响人体健康为由，全面禁止我国冻鸡、兔肉等动物源产品，我国由此每年损失达数亿美元。多年来，我国对美出口的水果、水产品等都遭遇不同程度的检验检疫标准及其实施程序等方面的限制。更有甚者，由于不符合卫生检疫要求，而被进口国扣留、查封或销毁，使我国食品质量安全整体形象受到了巨大的冲击。

（三）标签与包装规定

食品标签与包装方面的规定也是发达国家控制食品安全的另一个手段，其中美国是世界上食品标签标准最为完备与严谨的国家。美国从1994年起规定，所有包装食品，除新鲜肉类、家禽、鱼类和果菜外，必须强制使用新的标签。美国FDA还要求所有强化食品必须按规定加附营养标签。2003年，美国全国食品加工者联合会（NFPA）与有关食品加工企业及食品过敏问题研究联盟，共同制定颁布了《食品过敏标示准则》（美国食品行业规定）。根据这项规定，消费者有权了解关于食品可能引起过敏的有关问题，食品加工企业必须在食品标签上清楚而准确地标明食品的成分，特别是易引起过敏反应的成分。1987年以来，中国每年被美国海关扣留的食品批次中，平均有25%左右是由于标签不符合“美国食品标签法”的规定要求，对我国农产品造成了隐形的出口障碍，在一定程度上也给我国出口食品的安全性带来了某些负面影响。

（四）农产品加工规定

欧盟对进口农产品有更高的准入要求，在要求出口国遵守农产品和食品卫生标准的同时，还要符合欧盟的生产技术规范，为了保护欧盟消费者的利益，往往要求零风险进口，即先禁止具有潜在风险的产品进口，然后再考虑其风险大小。欧盟规定，2004年起，向其出口食品的各国出口商要先取得良好制造习惯（GMP）和危害分析与关键控制点（HACCP）证明，否则不允许其产品进入欧盟市场。如德国实施茶叶进口新标准以来，对进口茶叶要求包括生产、加工各个环节的环境条件进行检查。对不符合条件的茶叶应就地封存、销毁或退回原生产国。按此规定，我国茶叶只有达到绿色食品的A级标准才能迈进德国的“绿色门槛”。2001年1月，美国FDA也颁布新法规，对果蔬汁产品实施HACCP管理，这是美国继水产、肉类和乳制品后又一强制实施HACCP管理的产品。美国是中国最大的果汁输出市场，中国浓缩果汁加工量约每年20万t，出口占生产总量的85%，FDA颁布的这一新法规已对中国浓缩果汁向美国的出口产生影响。目前，美国已将此类措施推广到食品、药物等其他领域。所以，中国要实现农产品、食品安全的品牌塑造，必须要从生产的源头抓起，真正实现从“农场到餐桌”的一条龙品质保证。

二、影响的主要农产品

未考虑油料和谷物，按各农产品出口总额占全部农产品总出口额比重统计，2002—2006年间我国农产品总额和出口前七位的产品分别见表10-2和图10-1所示。

表 10－2　　2002—2006 年间中国出口额前七名的农产品　　单位：亿美元

名次	品名	2002 年	2003 年	2004 年	2005 年	2006 年
1	水、海产品	28.74	33.35	40.6	43.5	47.43
2	水产品制品	16.32	19.27	25.97	31.85	42.25
3	蔬菜、水果、坚果制品	17.59	21.67	25.78	30.95	37.81
4	食用蔬菜	18.83	21.8	25.38	30.52	37.15
5	肉类制品	6.96	7.53	8.9	11.8	12.66
6	食用水果及坚果	5.55	7.52	9.17	10.67	12.81
7	咖啡、茶等	5.52	6.24	8.65	9.27	9.89
	全部农产品出口总额	180.19	212.43	230.9	271.84	310.26

资料来源：根据商务部网站中国农产品进出口月度统计报表计算得出。

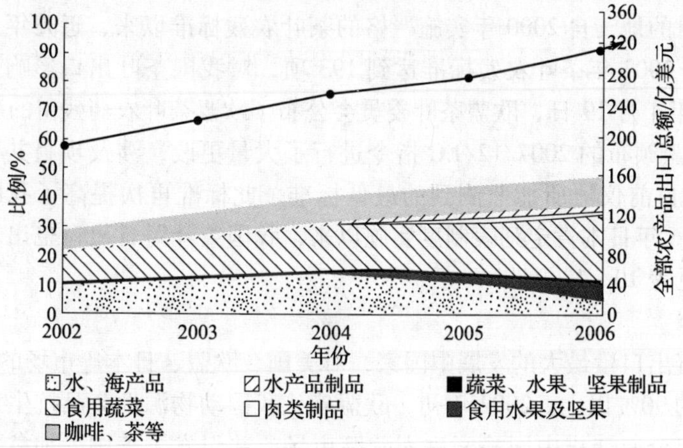

图 10－1　2002—2006 年间中国全部农产品出口总额

资料来源：根据商务部网站中国农产品进出口月度统计报表计算形成

出口额占据我国前七位的农产品同时也可能是遭遇到技术性贸易措施损失较多的产品，如图 10－2 所示。

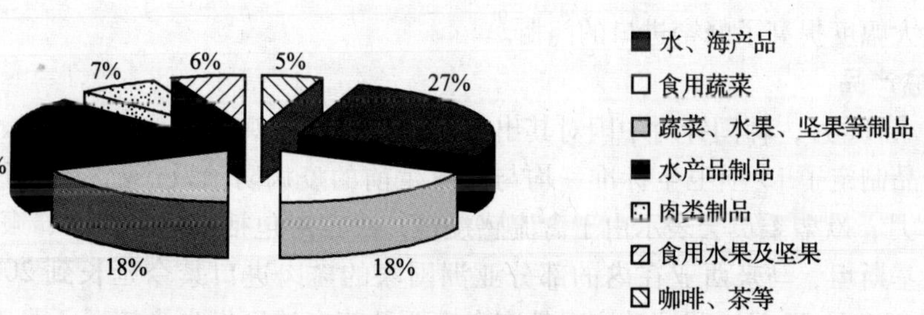

图 10－2　我国遭遇技术性贸易措施损失较多的农产品

资料来源：根据商务部网站中国农产品进出口月度统计报表计算得出

具体而言，我国遭遇的技术性贸易措施的主要农产品品种如下。

（一）蔬菜

日本既是我国蔬菜的主要出口国也是对我国蔬菜出口设置技术性贸易措施最多的国家。2005 年初，日本以检测出中国蔬菜残留农药超标并限制我国蔬菜出口日本市场。

2006年11月30日，日本厚生劳动省向进口商下发了主要针对中国的新鲜紫苏、新鲜姜两大蔬菜品种的检查指令。而日本自2006年5月29日开始实施的肯定列表制度，更大幅度地提高了农产品的进口门槛，对我国蔬菜出口贸易带来严重影响。

（二）水果

自2004年以来，中国果蔬产品在越南一直因农药残留等问题难以打开市场，中国水果甚至需要打上“韩国水果”的标签才能在越南顺利出售。2005年，根据中泰两国签订的《中国水果输泰检验检疫条件的议定书》的要求，中国输往泰国的苹果、梨、柑橘、葡萄和枣等水果必须符合六个条件。2007年2月8日，英国拟将枸杞列为“新资源食品”，我国枸杞出口欧洲面临新的贸易壁垒。

（三）茶叶

茶叶是我国传统大宗出口商品，其出口最大的障碍是农药残留超标。欧盟作为我国茶叶出口的主要目的地，自2000年实施严格的茶叶农残标准以来，近几年又陆续出台新的茶叶农残标准，2003年茶叶农残标准达到193项，对我国茶叶出口影响显著，出口量逐年下滑。2007年4月19日，欧盟茶叶委员会公布了欧盟茶叶农药残留的新标准，对2007年2月26日欧盟颁布的2007/12/EC指令进行了大量更改，涉及项目共有227项，其中207项的限量为目前仪器所能监测到的最低标准，此标准再次提高了我国茶叶出口的门槛。同时自2006年日本肯定列表制度实施以来，我国茶叶对日出口也出现大幅下降（有关典型性案例见表10-1）。

（四）蜂蜜

我国是蜂蜜出口量最大的发展中国家，对美国、欧盟、日本等市场的出口量约占我国蜂蜜出口总额的90%以上。2002年初，欧盟确认我国动物源性产品抗生素（氯霉素）残留超标，而决定全面禁止中国蜂蜜进入欧盟市场，并引发了美国、加拿大等国的连锁反应。虽然2005年初中国蜂蜜恢复了对欧盟国家的出口，但欧盟成员国对中国蜂蜜仍存排斥。中国蜂蜜成为“禁用抗生素”的代名词，德国超市订单中很多大型超市明确表示不允许中国蜂蜜或含有中国蜂蜜的混合蜂蜜上架。日本每年从我国进口的蜂蜜占其蜂蜜进口总量的90%以上，我国对日出口蜂蜜占蜂蜜出口总量的40%以上。而日本执行的肯定列表制度又大幅度提高了蜂蜜进口的门槛。

（五）畜禽产品

2004年11月，韩国针对中国对其出口的新鲜或冷冻鸡、鸭、鹅、火鸡、鹌鹑、野鸡等禽肉产品制定了15项卫生标准，均与家禽生前的疫病防治及产品中的药物残留有关。2005年2月，欧盟委员会表示由于禽流感疫情，决定对包括中国、泰国、柬埔寨、老挝、越南、巴基斯坦、马来西亚在内的部分亚洲国家的禽肉进口禁令延长到2005年9月30日。2006年1月27日，我国政府对外宣布广西壮族自治区发生禽流感，日本政府随即宣布根据《家畜传染病预防法》停止从我国进口家禽肉及家禽肉制品。

（六）水产品

2005年，欧盟再次考察中国的水产品农残监控体系，美国对中国罗非鱼的大量进口也格外关注，而日本将水产品检测项目由800项提高到2600项。同年，欧盟根据2005/34/EC指令，对动物源性产品中检出药物残留问题作了新规定，添加了孔雀石绿、甲孕酮等苛刻的检测指标，使我国淡水小龙虾出口面临新的技术壁垒。2006年10月19日，日本大阪检验所通过自主检查扣留我国产冷冻鱿鱼，而神户检验所通过监控检查扣留我国舟山产冷冻煮章鱼，扣留的原因均是大肠杆菌群呈阳性。自2006年日本实施肯定列表制度以后，我国出口鳗鱼被日本检出违例事件共32件，日本媒体将中国鳗鱼夸大说成“毒鱼”、“浸在药液中的鱼”等。

三、影响的主要国家地区

国内学者通过多年的研究认为，近年来中国农产品出口遭遇的技术性贸易措施主要来源于欧盟、美国和日本等国家地区，占全部技术性贸易措施总量的95%以上。其中欧盟为41%，日本为30%，美国为24%，具体见表10－3。

表10－3　我国农产品出口受阻品种分布　单位：批/次

农产品种类	日本	美国	欧盟*
水产品	153	155	5
蔬菜水果类产品	132	440	21
谷物类产品	54	45	4
油籽；籽仁；工业或药用植物；饲料	37	81	
肉类产品	35		
饮料、酒及醋	18	5	
乳蛋蜂蜜，其他食用动物产品	16	22	1
咖啡、茶、马黛茶及调味香料	12	24	2
杂项食品	6	21	3
糖及食糖	3	10	
坚果及其产品			26
其他	10	13	
合计	476	816	62

注：*欧盟数据仅为2004年1～6月。

资料来源：http://www.mofcom.gov.cn，2005年2月。

2005年、2006年我国农产品前10名的出口市场见表10－4。除了中国香港和台湾地区外，表10－4中的国家或地区近几年几乎都对我国农产品出口实施过技术性贸易措施。据商务部《2005国外技术性贸易措施对我国对外贸易影响调查报告》的数据显示，受到国外技术性贸易措施影响的企业中，81.30%的企业反映受到过美国技术性贸易措施的影响，其次是欧盟（57.72%）、日本（31.71%）和韩国（9.76%）。因此，2005—2006年间，我国农产品出口遭遇技术性贸易措施较多的国家和地区分别是日本、欧盟、美国、韩国和东盟等。这一结论和表10－3基本一致。

表10－4　2005—2006年我国农产品十大出口市场

排名＼年份	2005年	2006年
1	日本	日本
2	欧盟	欧盟
3	韩国	美国
4	美国	东盟

续表

年份 排名	2005 年	2006 年
5	中国香港	韩国
6	东盟	中国香港
7	独联体	独联体
8	中东	中东
9	加拿大	加拿大
10	中国台湾	中国台湾

资料来源：孙龙中等. 技术性贸易措施对我国农产品出口的影响与对策. 国际贸易问题，2008（2）。

国家质检总局发布的《中国技术性贸易措施年度报告（2006）》中数据显示，农产品、食品类在我国八大类出口产品中受国外技术性贸易措施影响最大，其比例明显高于其他类别的产品。从直接损失金额来看，2005 年中国出口到欧盟的农产品因各种技术性贸易措施而遭受的直接损失最大，总额达到 101.5 亿美元，占直接总额的 35.2%。美国和日本的技术性贸易措施给中国出口造成的直接损失仅次于欧盟，分别达到 67.2 亿美元和 29.7 亿美元左右，占直接损失总额的 23.3% 和 10.3%。其中按农产品受影响的合同数量来看，我国农产品出口受影响最大的国家依次是日本、美国、俄罗斯；按受影响的合同金额来看，则依次是日本、韩国、美国。

四、以中国茶叶出口为例的实证分析

表 10－1 具体分析了 1999—2004 年以来我国茶叶出口受国外技术贸易壁垒影响的有关情况，考虑到我国的茶叶出口具有典型性，这一部分以茶叶为主要案例展开定量的实证分析。

（一）相关描述

农药残留标准是发展中国家出口贸易所面临的最具有典型性的技术性贸易壁垒。欧盟的农药残留限量是以欧盟指令的形式发布。2000 年 6 月 30 日，欧委会健康与消费者保护总司的官员发布了新的欧盟指令 2000/42/EC，该指令对欧盟部分农药残留限量标准作了修改。从 2001 年 7 月 1 日起，欧盟对进口的茶叶农药残留限量实行新的 MRLs，共 134 种，部分 MRL 仅为原来的 0.5% ~1%，严格程度人幅度提高（见表 10－5）。

表 10－5　欧盟茶叶农药残留限量标准比较表　单位：mg/kg

中文名	英文名	原标准	新标准
滴滴涕	DDT	0.2	0.2
六六六	BHC	0.2	0.2
三氯杀螨醇	Dicofol	20	0.1
氰戊菊酯	Fenvalerate	10	0.1
氯氰菊酯	Cypermethrin	0.5	0.1
联苯菊酯	Biphenthrin	5	0.1
甲氰菊酯	Fenpropathrin	未限量	0.02
优乐得	Buprofezin	未限量	0.02
乙酰甲胺磷	Acephate	0.1	0.1
甲胺磷	Methamidophos	0.1	0.1
三唑磷	Trazophos	0.05	0.05

资料来源：庄无忌. 最新欧盟茶叶中农药最高残留限量. 农药科学与管理，2000（4）。

2003年欧盟茶叶MRLs标准增加至193种，并且标准更加严格。另外还有320种农药在欧盟市场上是禁售的，这就意味着在茶叶农残检查时还有320种农药残留是禁止检出的。欧盟关于茶叶安全标准的变动将会对中国茶叶的出口贸易产生何种影响，影响程度有多大，本章节试图通过定量分析的方法来阐述这个问题。

（二）引力模型及变量选择

1．引力模型概述

最早将引力模型用于研究国际贸易流量的是Tingergen（1962）和Poyhonen（1963），他们通过实证研究发现两国之间的贸易量与两国经济规模成正比，与两国之间的距离成反比。在此基础上，Linnemann（1966）将人口作为变量引入模型。此后，贸易引力模型中一般都含有表示两国是否拥有共同边界、是否使用共同语言或货币、是否同属一个优惠贸易安排区域等诸多虚拟变量。Soloaga and Winters（2001）利用引力模型对20世纪90年代的区域一体化对区内和区外贸易的影响，以及贸易创造和贸易转移效应进行了卓有成效的分析。当然，引力模型也被部分研究者指责缺乏充分的理论依据。但是在Anderson（1979）、Helpman and Krugman（1985）、Bergstrand（1985，1989）、Deardorff（1995）以及Evenett and Keller（2002）等人的长期努力下，引力模型的理论基础问题得到了根本解决。国内一些学者也开始基于引力模型关注影响贸易量的因素。史朝兴，顾海英（2005）对引力模型的实证研究新进展进行了系统的梳理，并对贸易引力模型在中国对外贸易中的应用进行了介绍。谷克鉴（2001）指出在构造中国贸易引力模型时，一定要考虑过渡经济对中国贸易流量和流向的影响。骆许蓓（2003）则重点讨论了引力模型中的距离因素。盛斌和廖明中（2004）运用引力模型检验了新兴市场经济体出口贸易量的决定因素，并从总量和部门两个层次就中国对40个主要贸易伙伴的出口潜力进行了估算。前人的研究为本文的分析提供了很好的借鉴。

2．模型的设定

本章节中采用的引力模型的形式为：

$$\mathrm{Ln}X_{ij} = \alpha_0 + \alpha_1 \mathrm{Ln}GDP_i + \alpha_2 \mathrm{Ln}GDP_j + \alpha_3 \mathrm{Ln}POP_i + \alpha_4 \mathrm{Ln}POP_j + \alpha_5 \mathrm{Ln}D_{ij} + \alpha_6 COML + \alpha_7 COLY + \alpha_8 \mathrm{Ln}MRL + \alpha_9 d_{2001} + \varepsilon_{ij}$$

式中，因变量X_{ij}为i国对j国的茶叶出口净重量（kg），该变量不受价格因素的影响。关于解释变量的含义、对因变量的理论预期符号及说明见表10-6。

表10-6　解释变量的含义、预期符号及理论说明

变量	含义	预期符号	理论说明
GDP_i	i国的名义国内生产总值（百万美元）	+	反映了一国或地区的出口供给/进口需求能力，经济规模总量越大，潜在的出口能力越大，进而出口额也越大
GDP_j	j国的名义国内生产总值（百万美元）	+	反映了一国或地区的进口需求/出口供给能力，经济规模总量越大，潜在的进口能力越大，进而出口额也越大
POP_i	国家i的人口数（千人）	−	一个国家人口越多，说明该国国内规模越大，越不需要开拓国际市场，出口额越小
POP_j	国家j的人口数（千人）	+	一个国家人口越多，出口额越大
D_{ij}	两国之间的绝对距离（公里）	−	通常代表运输成本的高低，从而成为阻碍贸易的重要因素
$COML$	两国是否拥有共同的语言	+	语言相同，贸易的障碍降低，能促进贸易的增长

续表

变量	含义	预期符号	理论说明
COLY	两国是否有殖民关系	+	拥有殖民关系的国家，相互比较了解，贸易阻力更小，更能促进贸易增长
MRL	农药残留最大限量	+	农药残留限量越大，说明此类食品安全标准越不严格，出口额可能越大
d_{2001}	年份	-	欧盟采用新食品安全法规的年份，一个虚拟变量

GDP_i，GDP_j分别为出口国 i 和进口国 j 的以 1995 年美元计价的实际国内生产总值，D 是 i 国和 j 国之间加权后的距离，d_{2001} 是年份的虚拟变量；*COLY* 是殖民关系的虚拟变量当 i 国和 j 国之间存在殖民关系时取值为“1”，否则为“0”；*COML* 是共同语言的虚拟变量，当 i 国和 j 国之间有共同的官方语言时取值为“1”，否则为“0”；*MRL* 是茶叶进口国 j 实施的氯氰菊酯（Cypermethrin）最大残留限量标准。本章节使用进口国固定效应模型来估计参数。

3．样本范围

本文选取了肯尼亚、斯里兰卡、中国、印度、印度尼西亚、越南、阿根廷、伊朗 8 个国家作为茶叶出口国。之所以将上述 8 个国家作为研究对象中的出口国，主要基于以下的考虑：所选取的 8 个样本国家在世界茶叶贸易中所占的份额达到 89.99%（2003—2005 年的平均值），另外这 8 个国家是 EU 的茶叶的主要进口来源地。进口国为欧盟 14 国，分别为法国、德国、英国、意大利、西班牙、葡萄牙、奥地利、爱尔兰、比利时、丹麦、希腊、荷兰、瑞典和芬兰。

4．数据来源及说明

本章节中使用的数据时间段为：1997—2006 年。各样本国家之间茶叶的双边贸易流量数据均来自联合国统计署的 COMTRADE 数据库；各样本国家的 GDP 采用的是实际 GDP 数据，数据来自于美国农业部 http：//www.ers.usda.gov/Data/Macroeconomics/；人口数据均来自世界银行的 world bank development indicators 数据库；距离变量考虑按照经纬度计算存在的测量错误，本章节中的距离是利用两国国家人口加权后的距离。

$$D_{ij} = \left[\sum_{k \in i} (POP_k / POP_i) \sum_{l \in j} (POP_l / POP_j) D_{kl}^{\theta} \right]^{1/\theta}$$

Head、Mayer（2002）建立并用来计算国家 i 和国家 j 之间距离的基本公式是：

$$D_{ij} = \left[\sum_{k \in i} (POP_k / POP_i) \sum_{l \in j} (POP_l / POP_j) D_{kl}^{\theta} \right]^{1/\theta}$$

式中，POP_k 是 i 国的第 k 个人口集聚区域的人口数，变量 θ 是用来衡量双边距离 D_{kl} 的贸易流量的敏感性，设 θ 等于 -1，这与由双边贸易流量引力模型估计得到的常系数相一致。这个距离的数据来自于 http：//www.cepii.fr/francgraph/bdd/distances.htm。另外，鉴于茶叶双边贸易流量可能出现 0 值而无法取对数的实际情况，在回归是忽略了这样的样本。本章节中使用的茶叶贸易流量的数据为茶叶出口量，即茶叶净重量，而不是茶叶出口额。

从 2001 年 7 月 1 日起，欧盟对进口茶叶农药残留限量实行新的标准。为了计量分析此农药残留限量标准对茶叶出口影响，模型中设定了 d_{2001} 的虚拟变量。2001 年之前的年份取值为“0”，2001 年后的年份取值为“1”。

（三）实证结果及其讨论

欧盟指令 2000/42/EC 最主要的特征之一是提高氯氰菊酯、氟氰戊菊酯的最高残留限量标准。这是发达国家依据自身的技术水平对发展中国家设置的典型的技术性贸易壁垒。高效氯氰菊酯（β - Cypermethrin）是一种拟除虫菊酯类杀虫剂，生物活性较高，是氯氰菊酯（Cypermethrin）的高效异构体，具有触杀和胃毒作用，杀虫谱广、击倒速度快，杀虫活性较氯氰菊酯高，主要适用于防治棉花、蔬菜、果树、茶树、森林等多种植物上的害虫及卫生害虫。从2000年7月1日起，欧盟规定氯氰菊酯、氟氰戊菊酯的现行最高残留限量由原来的0.5mg/kg改为0.1mg/kg。

表10-7　模型的回归结果

Dependent variable：log（value of trade flow）	Coeff.	S. E.
constant	-120.87	97.70
Log（importing country's GDP）	-4.52*	2.75
Log（exporting country's GDP）	-0.98***	0.18
Log（importing country's POP）	12.64	10.26
Log（exporting country's POP）	1.18***	0.18
Log（weighted distance）	2.49***	0.48
Log（cypermethrin standard）	0.48**	0.33
Dummy for common language	1.94***	0.57
Dummy for colonial ties	-0.33	0.59
Dummy for year 2001	-0.27*	0.31
Adj R - squared	0.50	
Number of observation used	685	

资料来源：模型分析结果。

表10-7的实证结果表明，欧盟氯氰菊酯限量对茶叶出口的影响是负面的，这可以从变量cypermethrin standard *MRL*的系数大于0上得到判断。因为系数大于零意味着该国农药残留限量越大，也即茶叶食品安全标准要求越严格，茶叶出口就越少。也就是说，如果欧盟各国制定苛刻的农药残留标准，则对主要茶叶出口国的出口是有严重的负面影响，而且这种影响程度是可以计量的。表10-7模型估计的结果显示，欧盟最大残留限量每提高1%，那么茶叶出口就会降低61.6%。

（四）对中国茶叶出口的影响

目前世界茶叶出口主要集中于亚洲和非洲等一些发展中国家，亚洲前3位出口国依次是斯里兰卡、中国和印度，茶叶出口的世界市场占有率分别为19.2%、18.4%和11.6%（见表10-8）。非洲最大的出口国是肯尼亚，其出口总量（含再出口贸易）34.97万t，市场占有率为22.5%，位居世界第一。亚洲的印度尼西亚、越南、伊朗和孟加拉国也有一定量的出口。中国茶叶出口位居全球第三的位置，这说明中国是世界最主要的茶叶出口生产和出口国之一。表10-8所示为13个国家的茶叶出口总量在世界市场上的占有率高达99.4%。

表10-8　中国茶叶出口与其他国家的比较（2005年）

国　家	世界茶叶出口	
	出口量/万t	市场占有率/%
世界	155.8	100
肯尼亚	34.97	22.4
斯里兰卡	29.88	19.2
中国	28.66	18.4
印度	18.00	11.6

续表

国　家	世界茶叶出口	
	出口量/万 t	市场占有率/%
印度尼西亚	10.10	6.5
越南	8.80	5.6
阿根廷	6.64	4.3
伊朗	6.50	4.2
马拉维	4.30	2.8
乌干达	3.01	1.9
坦桑尼亚	2.33	1.5
孟加拉国	0.90	0.6
土耳其	0.70	0.4

资料来源：国际茶叶委员会的统计数据，转引自牛晓婧，顾国达，张纯．世界茶叶生产与贸易格局的演变及现状分析．世界农业，2007（6）。

图 10－3 的计算结果表明，1997—2005 年间中国茶叶出口至欧盟的数额呈持续下降的态势。2001 年中国出口至欧盟的茶叶仅为 3585.22 万美元，同比 2000 年下降了 25.03%，2002 又比上年下降了 28.68%。中国茶叶出口在欧盟的市场占有率的下降趋势一直延续到 2005 年。中国茶叶出口的大幅下降与欧盟实施的新的食品安全标准有直接的关系。上述实证分析已表明，欧盟最大残留限量每提高 1%，那么茶叶出口量就会降低 61.6%。中国是世界主要茶叶的出口国，近年来的中国茶叶出口不断下降的数据进一步证实了这个结论。2006 年中国茶叶出口至欧盟数额的提高与在欧盟市场占有率的提升，一个合理的解释是自欧盟指令 2000/42/EC 颁布与实施以来，中国茶叶生产商致力于生产技术的改进所致。

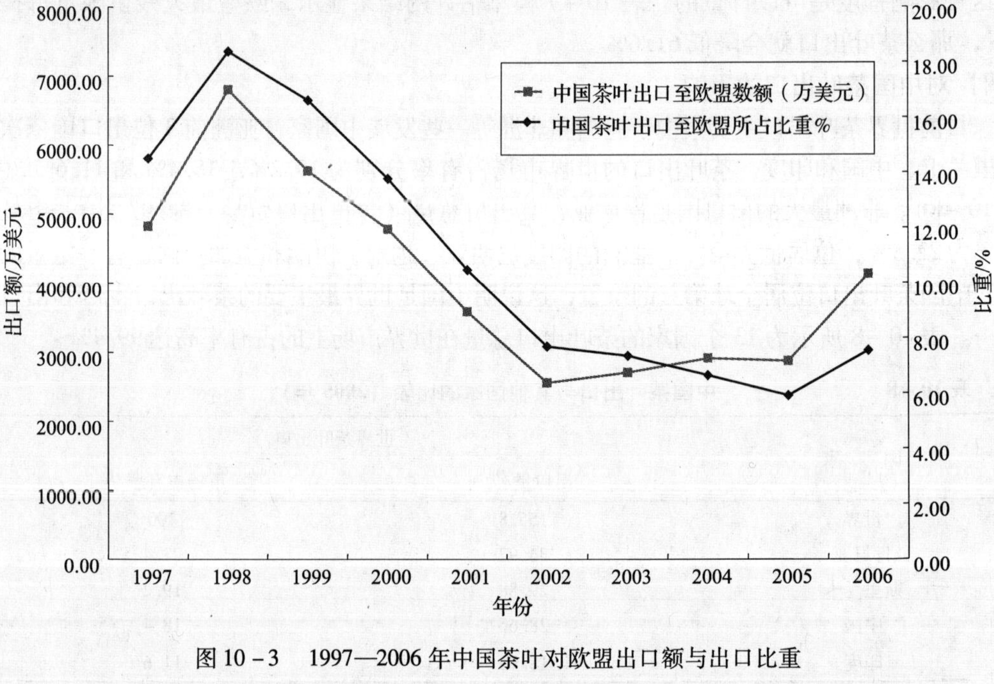

图 10－3　1997—2006 年中国茶叶对欧盟出口额与出口比重

(五) 简短结论与政策含义

由于发展中国家存在的与农药相关的技术匮乏、大多数劳动者比较差的健康状况以及有毒农药的广泛使用，发展中国家民众本身的健康面临巨大的风险。据估计，每年发展中国家大约有350万到500万的人遭受严重的农药污染，还有更多的人虽然面临的污染较轻，但还是在危险水平以上（World Resources Institute，1998）。这些研究及相关报道无疑增加了发达国家对进口发展中国家食品安全的担心。对欧盟来说，如何降低与贸易相关的公共健康问题的风险是其最为关注的问题。但是越来越严格的农药残留标准对发展中国家的贸易产生了严重的负面影响，造成了发展中国家食品乃至农产品出口的大幅下降。

本章节基于拓展的引力模型对欧盟茶叶农药最大残留标准的变动对发展中国家茶叶出口的影响进行了实证分析。实证研究结果显示：欧盟最大残留限量每提高1%，那么出口就会降低61.6%。

中国作为世界第三大茶叶出口国，主要出口市场——欧盟新出台的若干食品安全新标准，对中国茶叶出口造成了重大冲击。中国近年来出现的茶叶出口不断下滑的趋势是很好的例证。中国政府应该积极寻求双边解决的途径和方法，而通过加强政府间的沟通与合作是减少茶叶出口的负面影响的主要政策选择。

欧盟基于“预防原则”为基础采取食品安全标准是否存在充足的科学依据，这是目前主要争论的焦点。本章节的研究结果表明，欧盟的食品安全标准对贸易产生了实质的阻碍。欧盟食品安全的高标准虽然换来了更安全的状态，但是对发展中国家来说无疑是要付出巨大成本的。从促进经济发展的角度来看，发展中国家应该关注此问题。WTO应该督促欧盟采取公认的CODEX食品安全国际标准，这样无疑可以减少由此引发的食品安全贸易争端。

第二节　安全性视角：中国出口食品安全性的考察

需要强调的是，食品出口所遭遇的技术性贸易措施的数量多少并不能完全说明我国出口食品的安全性问题。国外和中国官方发布的权威数据显示，中国出口的食品总体上是安全的。然而，中国出口食品的安全性确实面临诸多的挑战与问题。

一、出口食品安全性总体概况

根据WTO的统计，1999年中国农产品出口在国际贸易中列12位，2004年则升至第5位。从中国劳动密集型农产品对欧盟、美国和日本的出口总量来看，1999年为38.13亿t，2004年已达59.76亿t，年均增长7.3%。2007年中国农产品出口总额已达409.7亿美元。可见，入世以来中国农产品贸易开局良好，但从总的贸易环境和发展态势上看，我国农产品出口增长率相对于世界平均水平仍存在一定差距。近年来我国农产品出口占世界出口总额的比重一直维持在3%左右，而农产品出口占全国总出口额的比重也呈下降的态势，由2002年的5.53%下降到2005年的3.74%（见图10-4所示）。这与我国拥有的庞大农业人口国情显然不符。可以认为，中国所遭遇到的农产品技术性贸易措施无疑是上述现象产生的重要原因。2002年入世初，中国农产品和食品行业的TBT和SPS通报量最多，合计达965件，占TBT和SPS通报总量的67.5%。2004年我国农产品出口230.9亿美元，但技术性贸易措施对其的影响超过70亿美元。2005年以来，这种影响更呈增长。2006年食品土畜行业仍然是受技术性贸易措施影响最大的行业，约有35.98%的出口企业遭受不同程度的影响，直接损失43亿美元。

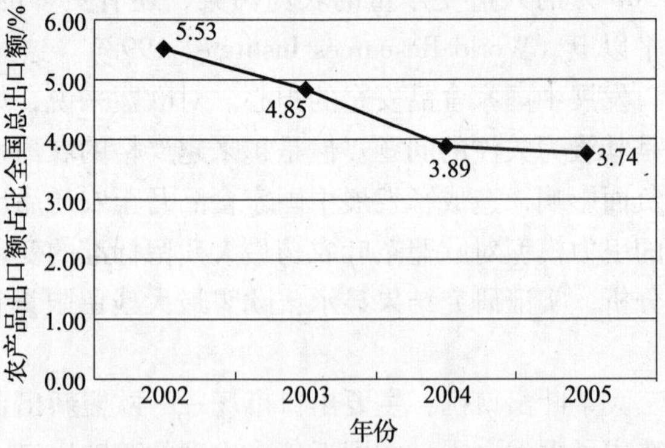

图10－4　2002—2005年中国农产品出口占全国总出口的比重

资料来源：根据中国商务部网站数据整理

2008年10月22日，联合国驻华系统在北京发布了题为《推动中国食品安全》的不定期报告。报告指出，2006年和2007年上半年，美国发现从中国进口的食品分别有0.8%、0.9%不合格。欧盟分别为0.1%、0.2%不合格，而日本2006年为0.59%，与其他出口国相比较低。日本是中国最大的食品进口国，2007年7月20日，日本厚生劳动省公布的日本2006年进口食品监控统计报告显示，日本对中国食品的抽检率最高，达15.7%，但中国输日食品的抽检合格率也最高，达99.42%，超过欧盟（99.38%）和美国（98.69%）。中国香港特别行政区的食品主要来自内地，香港特区食物环境卫生署2007年上半年两次大规模食品抽样检测表明，香港地区食品整体合格率分别为99.2%和99.6%。上述数据与中国政府公布的出口食品安全性数据基本吻合。因此，中国出口的食品总体上是安全的。

然而，中国食品质量确实多少存在着一些问题，要客观承认在食品安全质量标准上与发达国家存在着的较大差距。虽然无法获得完整、系统的统计数据来展开具体的评价，利用一些典型的案例足以说明这一事实。在20世纪80年代末和90年代初，由于菜农违规使用甲胺磷，在供港蔬菜中发生甲胺磷残留量严重超标事件，引发200多人食用后中毒。我国出口美国的浓缩苹果汁，由于FDA检出甲胺磷残留量超标而发生退货事件。另外在出口食品中还先后被检出对硫磷、甲基对硫磷、倍硫磷、毒死蜱、乐果、氧乐果、敌敌畏、氯氰菊酯、马拉硫磷、异丙威、丁酰肼等农药。2002年我国向欧盟出口的水产品受到氯霉素污染，由此引发欧盟对我国动物源性产品全面禁运。2005年因致病微生物问题导致的我国出口食品不合格批次占总不合格批次的31%。滥用添加剂问题困扰我国食品出口，在2005年检出的不合格食品中，违规使用添加剂占不合格总量的13.7%。

二、技术落后：出口食品安全的主要隐患

由国务院发展研究中心农村经济研究部组织编撰并公开发布的《2007年中国食品安全绿皮书》显示，影响我国出口食品安全主要有两大因素：微生物污染和化学性食物中

毒。微生物污染包括细菌性污染、病毒和真菌及其毒素的污染。微生物性食物中毒在影响我国食品安全因素中排名第一。在微生物污染中，细菌性污染是涉及面最广、影响最大、问题最多的一种污染。在食品的加工、储存、运输和销售过程中，原料受到环境污染、杀菌不彻底、储运方法不当以及不注意卫生操作等，是造成细菌和致病菌超标的主要原因。

威胁我国食品安全的次要因素是化学性食物中毒。目前在我国使用的杀虫剂中，有机磷农药产量占70%，在有机磷农药中高毒品种的产量又占70%；兽药安全性较低，滥用和超标使用现象严重；饲料中添加违禁药品的现象仍然比较严重；农业环境污染，直接造成了食品中重金属含量超标，农产品产地环境急需加强治理。2008 年 9 月中旬三聚氰胺奶粉事件曝光后，中国食品安全问题更令世界担忧。2008 年 11 月 28 日出版的美国《科学》杂志发表的《中国调查揭露三聚氰胺高科技掺假》指出，畜饲料添加剂的问题要更棘手，食品和饲料掺假者将会加大赌注，“下一次掺杂技术会更加先进”。我国食品、农产品发展的当务之急是研制既适合中国国情又符合国际规则的农产品质量安全技术，而研发过程控制和产地溯源是农产品质量安全技术最紧迫的任务。本书第九章的分析已指出，遭遇发达国家技术性贸易壁垒是影响中国食品国际贸易竞争力客观、外在的体现，而科学技术的落后则是内在的因素，也是影响我国食品安全最直接、最主要的原因。为此，《2007 年中国食品安全绿皮书》毫不掩盖地指出，中国食品安全科技的整体水平仍处于国际较低的水平，与发达国家相比差距依然很大。

——缺乏食品安全系统监测与评价的背景资料。目前，中国食品中的许多污染情况不够清晰，现有监测和评价体系对食品中众多农药和兽药残留以及生物毒素等的污染状况缺乏长期、系统的监测和评价，对于一些重要的环境污染物，特别是持久性的或典型的环境污染物的污染状况不明，对有关的规律和机理缺乏相关研究。

——未全面采用与国际接轨的风险评价技术和程序。对目前大量使用的农药尚未进行内分泌干扰活性筛选，对生产中广泛应用的植物生长调节剂也未进行安全性研究和评估，对兽药的代谢机理研究不够，对保健食品原料成分缺乏一套有效的安全性评价方法。同时，中国传统的食品发酵工艺中使用了大量未经检验和科学评价的菌种，另外转基因产品安全性评价程序和数据同样缺乏，并缺乏相关的食品安全理论。

——实验室检测设备仍然不足。中国虽然已经建立了数百个可以进行食品安全检验的实验室，但是因为先进的检测设备主要依靠进口，仪器设备过于分散在不同部门和不同地区，不利于进行国家整体的食品安全控制。

——检测方法和标准对项目的覆盖率不够。尽管中国已经建立了近 400 余种有关农药、兽药、食品添加剂、环境污染物、生物毒素等的国家标准和行业标准，但是与国际上通常的检测方法所覆盖的数目相比，仍相差 5 倍以上。

——尚未全面建立覆盖所有地区、根据产品特性而建立的国家食品安全控制体系。中国的监控体系虽然已经实行了 4 年，但是主要针对大规模的出口动物产品相关企业的控制。地区、企业、产品和监测项目的范围等均需要进一步扩大。在体系控制所需的良好农业规范（GAP）、良好兽医规范（GVP）、良好兽药规范（GVDP）等源头治理方面，以及食品企业采用危害分析关键点控制方面，仍需要推广。另外，在产品、卫生、体系控制方面的认证认可工作也需要全面铺开。

三、管理缺失：出口食品安全隐患的机制问题

2006年，全国共有食品生产加工企业44.8万家。其中规模以上企业2.6万家，占企业总数的5.8%，产品市场占有率为72%，产量和销售收入占主导地位；规模以下、10人以上企业6.9万家，占企业总数的15.4%，产品市场占有率为18.7%；10人以下小企业小作坊35.3万家，占企业总数的78.8%，产品市场占有率为9.3%（见图10-5）。

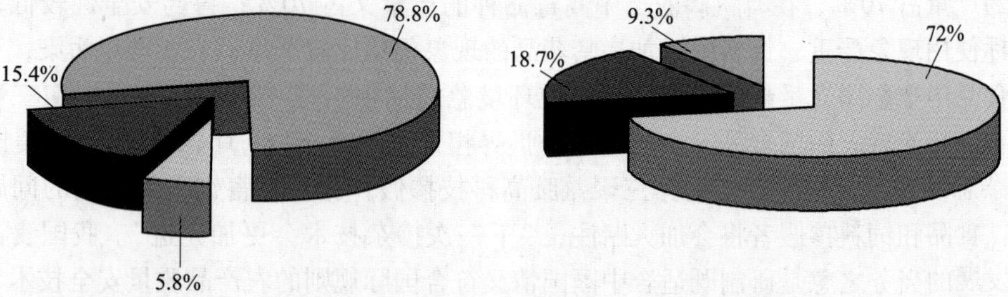

图10-5　中国各类食品企业及产品市场占有率状况

资料来源：国务院新闻办公室. 中国的食品质量安全状况白皮书，2007年7月17日

按照食品的原料和加工工艺的不同，44.8万家食品生产加工企业生产28大类525种食品。政府食品安全、贸易、生产监督管理部门有限资源面对相对无限大的市场主体，在法律、法规、标准不完备，监督管理技术落后，社会责任意识淡薄的背景下，要确保食品安全的万无一失是不可能的。

——法律、法规、标准建设尚不完备。目前中国食品安全法规尚缺乏处罚方面的条款；食品标准从标准的覆盖面、危险性分析原则的应用以及与国际标准接轨方面尚有较大差距；管理体系仍然受部门条块分割的影响，需要加强协同一致；食品安全管理机制、行业自律模式等需要探讨；没有专门的食品安全学科体系和人才培养体系，广大民众的食品安全意识、信用和道德规范有待提高。

——大量的安全质量信息未能共享。目前我国食品安全监控体系和手段很不健全，刚刚开始利用信息化手段进行食品安全的监控管理。如何以现行的法规和标准为依据，应用HACCP原理对各类食品的生产供应链进行系统地分析和研究，识别显著的食品安全危害，确定关键的预防控制环节（点），有效的配置资源，充分利用社会的各种资源，实现对食品安全危害的有效监控等方面仍处于探索阶段。同时，危机确认、应急和预警机制与国外差距很大。缺乏食品安全控制的信息平台，缺乏面向广大消费者、生产者的教育、培训和信息咨询系统以及大规模的食品安全预警机制。

——社会责任意识淡薄。目前中国食品行业还缺乏生产加工环节的强制性安全标准，也缺乏相应的外部力量驻厂监督机制，主要靠企业内部实施食品质量监控。这就为一些企业特别是管理不够规范的中小型食品企业，逃避食品安全责任留下了制度监管漏洞。《中国调查揭露三聚氰胺高科技掺假》指出，“数百万人尝试新的挣钱方法，毫无道德上的自我约束，因此，很可能会出现能逃避现有检测方法的新产品。除非向牛奶中添加三聚氰胺的人因良心发现而失眠，否则中国的食品安全问题还将继续下去。”“中国有2亿农户和超过50万个食品加工厂，其中许多工厂的员工还不到10个”，“许多公司不在乎他们的

声誉”，即使被解散了也还能在其他地方重新开张，“食品掺杂是不可避免的，它将伴随我们许多年。”

应该更深层次地认识到，中国食品出口安全的重要性。联合国驻华系统在北京发布的《推动中国食品安全》的不定期报告指出，“把食品和中国出口继续不恰当的联系势必造成每一项违反食品安全事件的后果更重大”，“发达国家对其贸易体制稍作变化就有可能导致中国出口利润的重大损失，影响就业增长率。”这些应该引起我国食品出口企业与政府相关方面的高度关注。

由于国外技术性贸易措施，中国食品出口受到的损失是不言而喻的。但从安全性角度来分析，国外技术性贸易措施的设置具有一定的合理性。下面有关章节的分析，更能够看到我国食品质量安全标准的差距，更能够反映国外技术性贸易措施的先进性，由此可以更深层次地理解技术性贸易措施是发达国家确保其国内食品安全性基本手段和保障机制的内涵。

第三节　比较的视角：以大豆中残留物质限量标准为例的成因分析

近年来，发达国家针对中国在内的发展中国家出口商品而增设的技术性贸易措施的案例屡有发生，而本书在第五章有关章节中从共性层次上分析了技术性贸易措施盛行的原因，同样适用于对我国食品遭遇国外技术性贸易措施的成因判断，但更需要从我国的实际出发，在个性层次上来冷静分析主要原因，这无疑对我国食品贸易的长远发展有积极的作用。

我国劳动密集型农产品具有相对的比较成本优势，能够以较低的价格参与国际市场竞争。在中国加入 WTO 之后，由于各国对我国食品出口的关税限制随之减少，我国劳动密集型食品出口量较大幅度的增加客观上对发达国家相关产业的发展形成一定影响。为了稳定国内市场，发达国家往往更倾向于运用技术性贸易措施的手段限制我国食品的输出。本书作者的研究认为，从发达国家的政治需要与贸易保护主义的角度来分析中国食品遭遇技术性贸易措施的成因有一定的道理，但未必完全准确，应该更多地从技术、管理与法规等方面来展开深入的分析，这可能对中国破解食品出口难题更加有益与有效。上述章节已在较为宏观的层面上分析了技术落后与管理缺失是影响出口食品安全性的主要隐患，因此这一部分则主要在微观的层次上展开分析。2006 年大豆国际贸易量占大豆产量和消费量的 31.2% 和 31.7%，是世界农产品贸易中的重要品种，本章节主要选择大豆中残留物质的限量标准为具体的案例展开比较分析。

据现有的资料统计，世界各国和国际组织对大豆中农药残留的限量标准主要涉及杀虫剂、杀菌剂、除草剂与植物生长调节剂等四个方面的规定，而且不同的国家或国际组织所规定的项目各不相同。国际食品法典委员会（CAC）规定了 27 种，而欧盟、日本、韩国、澳大利亚、加拿大、美国则分别规定了 130、142、86、20、17、66 种。

一、杀虫剂残留限量

世界各国和地区对高毒、剧毒或代谢物高毒的农药（如甲拌磷、对硫磷、甲胺磷、涕灭威等）一般限制在 0.05mg/kg 或 0.01mg/kg。值得注意的是，对同一种农药的残留限量，各国的规定有的比较相近，如乐果、氯氰菊酯、敌百虫等；但有的却差别较大，譬如马拉硫磷，日本和加拿大为2mg/kg，美国和CAC为8mg/kg，韩国却为0.5mg/kg；再如对硫磷，欧盟、韩国、CAC规定为0.05mg/kg，日本为0.3mg/kg，加拿大为0.7mg/kg；对甲胺磷残留限量的规定更是五花八门，最高和最低限量的差别高达30倍之多。除了表10-9所示杀虫剂外，有机氯农药如DDT、六六六的限量一般均定在0.2mg/kg，所不同的是欧盟限定大豆中的DDT残留为0.05mg/kg。有的国家对某种农药还可能有特别的规定。譬如，澳大利亚对杀虫剂阿维菌素在大豆中的残留限定不得超过0.002mg/kg，这或许是因为该农药系干扰害虫生理机能、阻断神经信号传递，可能危及人畜安全的缘故。再如，韩国将有致癌、致畸作用的二溴乙烷限定在0.001mg/kg；欧盟要求大豆中的甲基毒死蜱含量不得超过0.05mg/kg，其他国家并未作出限量。

表10-9　国外对大豆中杀虫剂残留限量的规定（部分）　单位：mg/kg

农药名称	欧盟	日本	韩国	美国	澳大利亚	加拿大	CAC
敌敌畏	0.1**	0.1	2.0	—	2.0*	—	—
乐果	0.05	—	0.05	0.05	—	1.0**	—
马拉硫磷	3**	2	0.5	8	—	2**	8***
杀螟硫磷	0.5**	0.5	0.1	—	—	—	0.1
倍硫磷	—	—	0.1	—	—	—	—
西维因	—	—	1.0	5	—	5**	1
氯氰菊酯	0.05	5	0.05	—	0.05*	0.5*	0.05
氰戊菊酯	0.05	1	0.05	0.05	—	—	0.1
溴氰菊酯	0.05	0.5	0.1	—	—	—	—
抗蚜威	—	0.5	—	—	—	—	0.1****
氟氰戊菊酯	0.05	2	—	—	—	—	0.05***
灭多威	0.1	—	0.1	0.2	—	—	0.2
溴甲烷	0.1	—	50	200	—	—	—
对硫磷	0.05	0.3*	0.05	—	—	0.7**	0.05*
氯菊酯	0.05	3	0.05	0.05	0.1*	0.5**	0.05
乙酰甲胺磷	0.02	0.5	0.5	1	1*	0.5	0.5
涕灭威	0.05	0.02*	0.02	0.02	—	—	0.02
毒死蜱	0.05	0.1	—	0.3	—	—	—
氟氯氰菊酯	0.02	2	0.5	—	—	—	—
二嗪磷	0.05	0.1*	0.1	—	—	0.5**	—
甲基对硫磷	0.2*	1	0.1	0.1	—	—	0.05***
甲拌磷	0.05	—	0.05	0.1	—	—	0.05*
三唑磷	0.02	N.D.*	0.05	—	—	—	0.05*
敌百虫	0.5**	0.5	0.1	—	0.1	—	—
甲胺磷	0.01	0.05*	0.05	—	0.1*	0.3**	0.05
除虫脲	—	0.1*	0.05	—	—	—	0.1

注：*参照干大豆；**参照豆类；***参照干豆类；****参照去壳豆类。

资料来源：辛绪红，国内外大豆农药残留限量标准分析，农业质量标准，2007年第1期。

二、杀菌剂残留限量

欧盟对杀菌剂残留限量要求比较严格，如将百菌清的限量定为0.01mg/kg，仅为日本（0.2mg/kg）、韩国（0.2mg/kg）和美国（0.2mg/kg）的1/20；欧盟对异菌脲的限量也比日本、美国、澳大利亚严格。多菌灵是我国大豆生产上常用的杀菌剂，欧盟、韩国和CAC均限定在0.2mg/kg。此外，欧盟将大豆中的代森锰锌残留限制在0.1mg/kg，其他国家未作规定；美国将克菌丹残留放宽至30mg/kg，而欧盟和韩国则定为2mg/kg。

三、除草剂残留限量

多数国家把大豆中苯达松的残留限定在0.05mg/kg，欧盟放宽至0.1mg/kg，而澳大利亚则限定为0.01mg/kg；百草枯的限量在0.05mg/kg和0.1mg/kg，仅澳大利亚定为1mg/kg；甲草胺多定为0.2mg/kg；麦草畏限量的差别较大，日本、韩国为0.05mg/kg，美国则为10mg/kg；草甘膦的限量，多数国家定为20mg/kg，日本定为0.2mg/kg，韩国为6mg/kg，最高比最低值高出100倍。除表10-10所示除草剂之外，用于大豆田除草的药剂还有很多，世界各国对其在大豆中残留的限定值也不一致。例如，欧盟对燕麦灵、氯草灵、燕麦敌、哒草特、杀草强的残留限制在0.05mg/kg。日本要求，草净津不得超过0.02mg/kg，甲草苯隆和氟乐灵为0.05mg/kg，吡氟禾草灵为0.1mg/kg，杀草强不得检出。韩国把异恶草酮和恶草酸定在0.05mg/kg，乙草胺和氟乐灵定为0.1mg/kg，而将吡氟禾草灵放宽至1mg/kg。

表10-10　国外大豆中杀菌剂、除草剂和植物生长调节剂残留限量的规定　单位：mg/kg

农药种类	农药名称	欧盟	日本	韩国	美国	澳大利亚	加拿大	CAC
杀菌剂	多菌灵	0.2	—	0.2	—	—	—	0.2
	百菌清	0.01	0.2*	0.2	0.2	7****	5**	0.2***
	五氯硝基苯	0.02	—	0.01**	—	—	—	—
	异菌脲	0.02	5	—	2***	0.05*	0.3**	0.1***
	甲霜灵	0.05	—	0.05	—	—	1	0.05*
除草剂	苯达松	0.1	0.05	0.05	0.05	0.01****	0.05	0.05
	草甘膦	20	0.2	6	20	10*	20	20
	百草枯	0.05	—	0.1	0.05	1****	—	0.1
	稀禾定	—	10	10.0	16	—	5	—
	甲草胺	—	—	0.2	0.2	—	0.2	—
	麦草畏	—	0.05	0.05	10	—	—	—
	异丙甲草胺	—	0.3	0.2	0.2	0.05*	—	—
	嗪草酮	—	0.1*	0.1	0.3	0.05*	—	—
	硝草胺	—	0.2	0.2	0.1	0.05****	—	—
植物生长调节剂	2，4-滴	0.05	0.05	0.1	—	0.05****	—	—
	矮壮素	0.1	—	—	—	—	—	—
	丁酰肼	0.05	N. D.	N. D.	—	—	—	—
	乙烯利	0.05	—	—	—	—	—	—

注：* 参照干大豆；** 参照豆类；*** 参照干豆类；**** 参照豆类种子。

资料来源：辛绪红. 国内外大豆农药残留限量标准分析. 农业质量标准，2007（1）。

四、植物生长调节剂残留限量

欧盟对几种植物生长调节剂在大豆中的残留限量一般限制在0.05mg/kg（矮壮素为0.1mg/kg），而美国、加拿大、CAC则对此还未提出要求。日本和韩国均规定丁酰肼（比久）不得检出。澳大利亚要求2，4-滴限量为0.05mg/kg。

五、比较分析

我国关于大豆的卫生质量标准主要有国家标准GB1352—1986《大豆》、绿色食品标准NY/T 285—2003《绿色食品 豆类》、无公害食品标准NY 5310—2005《无公害食品 大豆》等。GB 1352—1986《大豆》中规定“卫生标准按照国家有关规定执行”，而目前我国粮油产品卫生标准与农药残留限量标准主要有：GB 2715—2005《粮食卫生标准》、GB 2763—2005《食品中最大农药残留限量》。GB 715—2005《粮食卫生标准》适用于供人食用的原粮和成品粮，包括禾谷类、豆类、薯类等，而不适用于加工食用油的原料。该标准规定了13种农药最大残留限量，适用大豆的有10种。其他农药按GB 2763—2005的规定执行。GB 2763—2005《食品中最大农药残留限量》依据农药在食品、农产品中形成残留的情况以及饮食习惯，将食品、农产品进行了分类，大豆属于原粮类中的豆类品种。GB 2763—2005共规定了136种农药在不同类别食品中的残留限量，其中适用于大豆的有39种。NY/T 285—2003《绿色食品 豆类》中只规定了大豆中15种农药的残留限量标准，而其他农药使用方式及其限量须符合NY/T 393—2000《绿色食品 农药使用准则》的规定。NY 5310—2005《无公害食品 大豆》仅规定了大豆中3种农药残留限量标准，附带要求其他有毒有害物质的指标应符合国家有关法律、法规、行政规章和强制性标准的规定。

通过对表10-9、表10-10的简要比较，可以看出，我国关于大豆农药残留限量的国家标准与国际标准或国外先进标准相比有明显的不足：数量较少，不足欧盟的1/3、大约是日本的1/5，而且标准有严有宽。譬如，我国对敌敌畏的残留限量要求（≤0.1mg/kg）比韩国的要求严很多，而对溴氰菊酯的要求（≤0.5mg/kg）却是韩国（0.1mg/kg）的5倍，是欧盟（0.05mg/kg）的10倍。在我国，植物生长调节剂经常用于大豆生产，可是我国的国标对大豆中植物生长调节剂残留限量至今尚未作出规定。绿色食品标准作为我国农业部颁布的农业行业推荐标准，其对检测指标的要求在我国目前的相关标准中是比较严格的。然而NY/T 285—2003《绿色食品 豆类》中虽然对杀虫剂的残留限量作出了些规定，并且指标已经达到或超过了国际标准和发达国家先进标准，但检测项目数量（仅15项）与国外标准相比非常少。此外，国外要求极严的农药，诸如甲拌磷、甲胺磷、毒死蜱、对硫磷等，NY/T 285—2003《绿色食品 豆类》均未作出规定，而对国外普遍限制较松的马拉硫磷（一般为2，3或8mg/kg）我国却定为0.5mg/kg。更值得注意的是，我国对大豆中杀菌剂、除草剂和植物生长调节剂的残留限量所作规定项目极少。

由此可见，与发达国家相比较，技术水平的落后是导致我国农产品出口遭遇国外技术性贸易措施最直接、最主要的原因。技术水平的落后主要表现在技术装备、工艺水平以及由此形成的技术标准上。而标准上的差距又直接导致出口食品安全性的争论或纠纷，对中国的大国形象形成了伤害。一项由USA Today和盖洛普公关公司联合实施的民调表明，超过83%的美国人质疑中国进口的食品安全性。

第四节　进口食品安全性视角：采取适当的技术措施

在我国，进口食品的安全性同样受到严重挑战，备受国人关注。随着对外开放的不断扩大，以及国内产业结构调整的不断深入，我国食品贸易的对外依存度将可能进一步提高，进口食品的数量与品种日趋增多，境外进口食品的安全性问题也将更加突出。

一、进口食品安全性概况

国务院新闻办公室2007年8月发布《中国的食品质量安全状况》（白皮书）的数据显示，中国的进口食品来自世界上143个国家和地区，向中国出口食品货值列前10位的国家分别为：马来西亚、俄罗斯、美国、印度尼西亚、阿根廷、泰国、澳大利亚、新西兰、巴西、法国（见图10－6）。

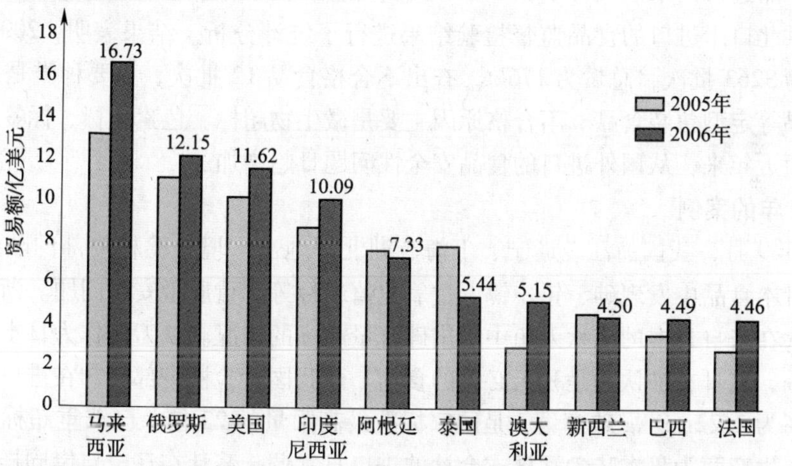

图10－6　2006年中国进口食品贸易额前10位的国家及变化情况

资料来源：国务院新闻办公室：《中国的食品质量安全状况》（白皮书），2007年7月17日

多年来，中国进口食品的质量总体平稳，没有发生过因进口食品质量安全引起的严重质量安全事故。2004年、2005年、2006年和2007年上半年，进口食品口岸检验检疫合格率分别为99.29%、99.46%、99.11%和99.29%。然而，食品安全是全球问题，有问题的食品往往通过食品贸易迅速地传导到世界各地。2008年日本朝日啤酒株式会社发现了被农药污染原料米（使用过大阪市稻米加工商三笠食品公司非法倒卖的残留农药超标及发霉的"非食用米"）的65万瓶萨摩司烧酒，其中在上海部分日本料理店出售了504瓶"问题烧酒"。据不完全统计，2003—2005年，全国质检系统共对50种进口产品实施转基因产品检测，货值约为259亿美元，出具GMOs法定检测报告20000多份，社会委托检验约5000份，共发现801批、涉及货值20亿美元的农产品中混杂有转基因成分或者未经我国许可的转基因品种。最新权威的信息是，国家质检总局于2009年2月2日公布了2008年8月至11月进境的852批不合格食品、化妆品名单。其中，味全食品的三类配方乳粉被检验出含有致病菌阪崎肠杆菌。2008年10月17日，产自台湾省的9.624t配方乳

粉从香港进境时被检验出阪崎肠杆菌超标，进口商为深圳市的一家企业。不合格乳粉包括味全婴儿配方乳粉、味全幼儿成长配方乳粉和味全较大婴儿配方乳粉。阪崎肠杆菌是肠杆菌科的一种，能引起严重的新生儿脑膜炎、小肠结肠炎和菌血症，死亡率高达50%以上，婴儿配方乳粉是目前发现的阪崎肠杆菌主要感染渠道。此外，检验出的不合格婴儿食品还包括产自澳大利亚的宝利氏牛乳菌落总数超标、百乐斯婴儿米粉霉菌超标等。852批不合格食品、化妆品产地涉及美国、日本、西班牙等多个国家和地区，包括葡萄酒、冻鱼冻肉、饮用水、饼干等多种产品。如美国产强维牌氨基酸混合食品原料铅和砷超标。

近年来，种种迹象表明，中国也面临着进口食品不安全性问题，以下问题食品进口的典型性案例有助于深入了解中国面临的威胁。

二、问题食品进口的典型性案例

问题食品进口由来已久。早在2001年初，国家有关部门对从珠海各口岸及由深圳口岸转关至拱北口岸进口的食品监督检验结果进行了统计分析。结果表明，2000年进口食品总批次为3263批次，总量为176kt，查出不合格食品12批次，主要种类是水产品、乳制品及糖果等定型包装食品。不合格原因主要是微生物超标、色素超标、标签及感官检查不合格。而近年来，从国外进口的食品安全性问题日趋增加。

（一）2006年的案例

2006年9月，我国浙江、辽宁、上海、湖北等地出入境检验检疫部门陆续从近十批次的进口日本食品中发现砷、铅、镉、过氧化值超标等严重质量安全问题。浙江检验检疫局连续两次在来自日本的冻秋刀鱼中检出砷含量超标的情况。秋刀鱼作为日本料理中的代表食物之一，在日本被认为是秋天必食的食物。而我国检验检疫部门却在进口冻秋刀鱼中查出了最高为2.22mg/kg砷含量，是国家标准最高限量的22倍，已严重超标。同样是砷含量超标，生产商为日本味の素株式会社的进口日本调味酱汁在辽宁口岸同样被检出。在辽宁，当地检验检疫机构从来自日本压榨株式会社的大豆色拉油中检出了铅含量超标。上海、湖北口岸相继从来自日本不同公司生产的进口冰鲜鱿鱼中查出了镉含量超标的情况，镉在该批货物中最高检出量为0.25mg/kg，是我国允许最高检出量的2.5倍。此外，上海检验检疫局从进口日本鲽鱼中检出了硫丹，还从进口日本花生米果中检出了过氧化值含量超过我国国家标准的情况。

（二）2007年的案例

2007年8月，广东出入境检验检疫局从印尼进口的冻海鳗鱼中检出沙门氏菌，从冻鱼肚中检出单增李斯特菌；宁波出入境检验检疫局从印尼进口的菠萝丁罐头中检出该种罐头禁用的柠檬黄色素。2007年9月，浙江对两种原产地为美国的“特殊膳食用食品”进行了检测。结果显示多种营养素成分均未达到其所承诺的要求。其中，“K. Max牌多种维生素及矿物质片”（批号：20060520，由上海康麦斯保健品有限公司总经销）的不符合项目为锰、维生素A、维生素D、维生素E、锌、烟酸；“新生命牌儿童鱼油胶囊”（批号：20060822，由上海彩辉商贸有限公司总经销）的不符合项目为DHA、EPA（均为鱼油主要成分）。

（三）2008 年的案例

2008 年 5 月 5 日，国家质检总局通报了 2008 年 1、2 月份进境不合格的食品名单。其中，爱芬食品（北京）有限公司从新西兰进口的 50 多吨脱脂奶粉，发现阪崎肠杆菌超标；来自意大利的爱乐士千层酥、爱乐士比萨迷你千层酥，检出过氧化值超标；大溪地诺丽饮料（中国）有限公司进口的美国大溪地诺丽豆蛋白饮品（香草味），检出铜含量超标；北京仙奇异贸易有限公司进口的来自新西兰的“仙奇异牌”百花蜂蜜，细菌总数超标。不合格的食品中不乏国外大品牌。美国宝洁公司的“品客”薯片再次被检出使用了国内禁用的添加剂溴酸钾；东莞雀巢有限公司从越南进口的 15 个批次的咖啡豆均检出咖啡果小蠹（死虫）；维他奶国际集团有限公司生产的“维他奶”原味豆奶饮料，蛋白质低于标签声称值；有 8 个批次的“普思”泡含片或泡腾片均发现糖精钠超范围使用。

由此可见，为防止问题食品大量涌入我国市场，确保进口食品的安全，同时适当、适度地保护我国的农业与食品加工业，借鉴国际经验，采取适当的技术措施限制国外不安全食品的进口，这是我国解决问题食品进口的重要而必然的选择。

三、法律依据与经验案例

采取适当的技术措施有其理论依据，对发展中国家而言也是有经验案例的。

（一）法律依据

从法律角度来分析，实施技术性贸易措施是 WTO 规则授予的权利，这是我国采取适当的技术措施的主要法律依据。作为世界贸易组织的成员，WTO 多边协定是我国对外贸易政策与规则的重要约束工具，在一定程度上这些协定具有上位法的特征，即我国采纳与实施的与贸易有关的立法和行政措施必须符合 WTO 规则。但是应当认识到，WTO 规则是权利和义务的集中体现，它在对成员施加行为限制的同时，对成员采取一定的措施给予授权，或者说在普遍取消贸易限制措施的同时，给予了例外性规则。WTO 规则的例外规定包括一般例外（GATT1994 第 20 条）、安全例外（第 21 条）、国际收支保障例外（第 12 条）、非歧视性原则例外（第 14 条）、外汇安排例外（第 15 条）、紧急措施例外（第 19 条）以及边境贸易、关税同盟和自由贸易区的例外（第 24 条）。其中一般例外和安全例外是最主要的例外规则，只要所采取的措施不在情况相同的成员之间造成武断或不公平的歧视，并且不对国际贸易构成变相限制，就允许为保护国家基本安全利益、维护公共秩序、保护人类和动植物的生命和健康、保护可用竭的自然资源、防止商业欺诈等原因采取必要的贸易保护措施。这些 WTO 例外规则在技术性贸易措施领域则具体体现在《技术性贸易措施协定》（TBT 协定）和《实施卫生与植物卫生措施协定》（SPS 协定）中。如 TBT 协定第 2 条第 2 款罗列了允许成员实施技术性贸易措施的五项主要合法目标。因此，实施技术性贸易措施是 WTO 协定有条件授权成员的一项权利。

从经济学角度来分析，技术性贸易措施是解决市场失灵的重要手段。微观经济学说明，在一系列理想化的条件下，自由竞争的市场经济可导致资源配置达到帕累托最优状态。但理想化的假定条件并不符合现实情况，在不完全竞争、外部效应、信息不对称等情况下，市场会失灵。技术性贸易措施在解决市场失灵问题的方面至少能够发挥三个方面的作用：① 避免因信息不对称而损害消费者利益，有助减缓“格雷欣法则”的作用，帮助消费者区分不同的质量；② 促进技术传播、进步，减少在技术传播过程中由于不完全信息引起的市场失灵的可能性，便利贸易；③ 技术性措施具有提高公共福利的潜力，对市场失灵具有改正功能，能够创造贸易。

(二) 经验案例

发展中国家设置技术性贸易措施早有先例。2004 年 8 月以来，我国约有 2500t 出口到阿尔及利亚的花生被该国的贸易部设在口岸的边境质量控制和反走私部门以黄曲霉毒素超标为由拒绝入境。据了解，这么多的花生同时超标实属罕见。同时阿尔及利亚对从我国进口的花生黄曲霉毒素检测标准提高为欧盟进口的标准，而欧盟对我国农产品设置的一个比较明显的贸易壁垒正是针对花生出口，我国出口欧盟的花生主要问题就是黄曲霉毒素超标。按照国际规定，人类可以直接食用花生黄曲霉毒素总数为 15 个 PPP，而欧盟要求我国出口的花生检测标准仅为 4 个 PPP，标准相当苛刻。阿尔及利亚是发展中国家，据统计，2000 年我国花生对其出口为零，从 2001 年起我国对阿尔及利亚花生出口迅速增长；2003 年阿尔及利亚在 100 多个进口我国花生的国家中列第六位，2004 年则上升到第四位。这次花生被拒绝入境很可能是由于我国迅速增长的花生出口冲击了其国内市场。

目前，我国已有多部法律对采用技术性贸易措施提出要求，通过一系列的法律对技术性贸易措施的采用、实施和法律地位作出详细规定。比如，通过一般法规定了技术规则对投放市场的产品的普遍适用性。如中华人民共和国产品质量法第十三条规定，"可能危及人体健康和人身、财产安全的工业产品，必须符合保障人体健康和人身、财产安全的国家标准、行业标准；未制定国家标准、行业标准的，必须符合保障人体健康和人身、财产安全的要求。"这就为我国合理地设置技术性贸易措施奠定了基础。

四、合理设置的重点

如何设置技术性贸易措施是问题的核心所在。就建立完善的食品进口贸易技术性措施而言，重点是提高进口食品质量安全和卫生检验检疫的门槛，分析和掌握哪些污染物（化学性的和生物性的）在哪些食品中发生的频率最高或问题最严重，掌握其变化趋势，使进口农产品真正达到放心标准。同时对进口食品按类别进行危险性评价，并按危险性大小进行分级，降低外国食品对我国农业与食品加工业、市场和消费者健康安全造成损害的风险；建立进口环节技术性贸易措施预警机制，确定主要污染物和食品的进口贸易预警系统中的阈值，一旦超过此阈值，就可以自动报警形成预警信息的传输网络；加强中国食品进口贸易技术性措施的管理，协调海关、质量检验检疫、环境保护等有关部门的管理，严禁工作疏漏、贪图小利损害生态环境和国民利益等行为。

就面上而言，建立我国技术性贸易措施保护体系应该关注如下四个问题：

(1) 寻找差异，合理实施　技术性贸易措施在大多数情况下是各国技术差距的具体反映，我国难以如发达国家那样设置技术水平较高的限制措施。此外，在国民待遇的原则下，较高的技术措施也会对我国企业构成阻碍。但是，作为一个具有悠久历史、幅员辽阔的发展中国家，我们必然拥有独特工艺和技术的传统产品和具有相对技术优势的产品。因此，我国需要从传统、风俗习惯、客观环境以及我国具有相对优势的产业等角度出发，在合理差异的基础上制定我们的技术法规、标准与合格评定程序。

（2）以点带面，重点推进　我国目前的技术和经济水平相对落后，在技术性贸易措施保护方面也缺乏经验，难以全面推行。此外，对于任何一个国家来说，在经济全球化和开放市场条件下，不可能也没有必要建立起完全独立的产业体系和国民经济体系。因此，我们应当选择重点行业率先实施，从幼稚产业和支柱产业入手采取保护措施。

（3）掌握规则，灵活运用　我国入世时间不长，对于 WTO 规则的掌握和运用还缺乏经验。发达国家和地区在 WTO 规则的运用方面已经积累了成熟的经验，善于灵活运用各类规则，如韩国在 2005 年下半年将冷冻辣椒分类标准与关税税率结合实施，结果大大提高进口冷冻辣椒的成本，直接导致 2005 年 11 月至 2006 年的 1 月间进口量与往年的同期相比减少了 1 万 t。我国应当充分学习和掌握 WTO 各项多边协定中的规则，将技术性贸易措施与其他贸易救济手段融合，灵活运行，有效实施保护。

（4）主动出击，掌握先机　TBT 协定要求一国的技术法规与标准应当以国际标准为基础，然而目前 ISO 和 IEC 等国际标准化组织往往被发达国家所掌控，国际标准的制定被发达国家所主导，有着浓厚的保护其既得利益的色彩，当他们为了保护其利益而变动或是制定新标准时，我们将不得不随之改变我们的生产方式，这必然会导致资源的浪费和市场进入的滞后。我国不应当只是游戏的参与者和规则的遵守者，更应积极扮演制订者的角色。我国政府应当探索和建立以企业为主体，参与国际标准化活动的道路，通过经济、法律、行政等多种手段引导、鼓励和帮助企业自觉、主动地参与国际标准化活动，争取将我国具有优势的技术标准纳入国际标准，掌握国际竞争的主动权。

本 章 小 结

本章重点就发达国家技术性贸易措施对我国食品出口的影响进行了分析，并就中国食品进出口安全现状进行了讨论。得出的主要结论是，我国食品出口贸易遭遇的技术性贸易措施范围广，原因复杂，损失巨大；从安全性角度来分析，国外技术性贸易措施的设置具有一定的合理性，而我国食品质量安全标准与发达国家的差距非常大；正确地分析国外技术性贸易措施，无疑对我国食品对外贸易的长远发展有积极的作用；境外进口食品的安全性问题也将更加突出，采取适当的技术措施限制国外不安全食品的进口，这是我国从根本上解决问题食品进口的一个重要而必然的选择。

思 考 题

1. 就引力模型进行简要的文献综述。
2. 简要分析发达国家技术性贸易壁垒对我国食品出口的综合影响。
3. 研究 1 ~ 2 个发展中国家设置技术性贸易壁垒的具体案例。
4. 从经济学的角度就我国合理设置技术性贸易壁垒的可行性进行简要分析。

参 考 文 献

［1］商务部世贸司. 2005 国外技术性贸易措施对我国对外贸易影响调查报告

［2］徐世文. 2006 年度我国主要贸易伙伴技术壁垒、卫生与植物卫生措施实施情况回顾. 口岸卫生控制，2007（1）

[3] 蒋国瑞等. 日本技术性贸易壁垒现状及发展趋势. 国际贸易，2006（1）

[4] 辛绪红. 国内外大豆农药残留限量标准分析. 农业质量标准，2007（1）

[5] 杨树明. 非关税贸易壁垒法律规制研究. 北京：中国检察出版社，2007

[6] 孙龙中等. 技术性贸易措施对我国农产品出口的影响与对策. 国际贸易问题，2008（2）

[7] 徐孝蕾等. 欧盟技术性贸易壁垒对我国出口的影响及对策. 成都大学学报（自然科学版），2008（6）

[8] 王军强. 我国农产品应对技术性贸易壁垒的对策. 当代经济，2008（8）

[9] 蒋笑萍. 理性看待技术性贸易措施的合法性和合理性. WTO经济导刊，2008（6）

[10] 王汉斌. 技术贸易壁垒对我国农产品出口影响的实证分析. 福建论坛·人文社会科学版，2008（9）

[11] 国家质检总局. 中国技术性贸易措施年度报告（2006）

[12] 国家质检总局. 中国技术性贸易措施年度报告（2007）

[13] 联合国系统驻华协调代表办事处. 推动中国食品安全，2008

[14] 美国《科学》杂志：中国食品安全问题任重道远，http://www.instrument.com.cn，2008年11月30日

[15] 谷克鉴. 国际经济学对引力模型的开发与应用. 世界经济，2001（2）

[16] 史朝兴等. 贸易引力模型研究新进展及其在中国的应用. 财贸研究，2005（3）

[17] 吴秀敏等. 技术性贸易壁垒对中国农产品出口的消极影响分析. 国际贸易问题，2004（12）

[18] 庄无忌. 最新欧盟茶叶中农药最高残留限量. 农药科学与管理，2000（4）

[19] 骆许蓓. 论双边贸易研究中重力模型的距离因素. 世界经济文汇，2003（2）

[20] 盛斌等. 中国的贸易流量与出口潜力：引力模型的研究. 世界经济，2004（2）

[21] Anderson, J. "A Theoretical Foundation of the Gravity Model." American Economic Review 69 (1), 1979.

[22] Bergstrand, J. "The Gravity Equation in International Trade: Some Microeconomic Foundations and Empirical Evidence." The Review of Economics and Statistics 20, 1985

[23] Bergstrand, J. The Generalized Gravity Equation, Monopolistic Competition, and the Factor - Proportions Theory in International Trade. Review of Economics and Statistics, 1989, 71: 143 ~ 153

[24] Chen, M. X., T. Otsuki and J. S. Wilson: Do Standards Matter for Export Decisions? [R], World Bank Policy. Research Working Paper No. 3809. Washington: World Bank

[25] Deardorff, A. "Determinants of Bilateral Trade: Does Gravity Work in a Classical World?" NBER working papers 5377, 1995

[26] Evenett S, W Keller. On Theories Explaining the success of the Gravity Equation. Journal of Political Economy, 2002, 110: 281 ~ 312

[27] Helpman E., Krugman P. R. Market Structure and Foreign Trade, Wheatsheef Boods, Harvester Press, MIT 1985

[28] John S. Wilson and Tsunehiro Otsuki. Standards and Technical Regulations and Firms in Developing Countries: New Evidence from A World Bank Technical Barriers to Trade Survey, http://www.worldbank.org, 2004

[29] Kalbasi, H. The Gravity Model and Global Trade Flows. 2001, http://www.ecomod.net/conference/econmod2001/papers_ web/KALBASI. pdf

[30] Linnemann H. An Econometric Study in International Trade Flow. Amsterdam: North - Holland Publishing Co, 1996

[31] Poyhonen, P. "A Tentative Model for the Flows of Trade between Countries." Weltwirtschatftliches

Archiv90（1），1963

［32］Soloaga，I. and Winters，L. Regionalism in the Nineties：What Effect on Trade? North American Journal of Economics and Finance，Vol. 12，March 2001

［33］Tinbergen，J. Shaping the World Economy：Suggestions for an International Economic Policy. New York：The Twentieth Century Fund，1962

［34］国务院新闻办公室. 中国的食品质量安全状况白皮书，2008 年 7 月 17 日

［35］国务院发展研究中心农村经济研究部. 2007 年中国食品安全绿皮书. 北京：中国社科文献出版社，2007

第十一章　食品国际贸易的政策法规与管理体系

食品国际贸易的政策法规、管理体系等是一个国家促进与发展本国食品产业和贸易的最基本的手段，是一个国家对外经济贸易政策与法规的重要组成部分，也是食品国际贸易理论与实践体系中的重要内容。本书在第三章中介绍了国际贸易政策与措施，在第一章当代中国的对外贸易发展中介绍了新中国成立后，我国对外经济贸易政策的演化发展的历程，而本章则主要介绍目前我国现行的食品国际贸易的政策法规与管理体系。

第一节　对外经济贸易政策

经济政策是一国（地区）政府从一定时期的国情出发，在现行经济制度的基础上，根据客观经济规律的要求，对经济发展目标及实现目标的手段、措施等所做的各种规定的总称，是调整各种经济关系，指导经济活动的基本行为准则。对外经济贸易政策是一个国家经济政策总体系中的重要组成部分。

一、经 济 政 策

经济政策的本质是国家意志和利益的体现。政府通过经济理论的升华而制定并实施的经济政策是能够有意识地解决各种经济问题，以推动整个经济的协调发展。

（一）基本特点

一般而言，一个国家的经济政策具有如下四个基本特点。

1．现实性与效益性

经济政策是国家或政府实现经济发展目标的重要手段，其实施的过程就是把政府所提出的社会经济发展的各项目标转变为客观现实的过程。因此，任何一项经济政策都是指导现实经济活动的行为准则，严格受到时间和空间条件的制约，具有很强的现实性。另一方面，任何一项经济政策的实施都是为了维护国家利益，如不能给国家和社会带来利益，经济政策就会难以延续。效益性是衡量经济政策的成熟性与有效性的主要标准之一。

2．系统性与继承性

经济发展中的问题构成一个既复杂又多变的系统，系统内的政策间相互依存、相互制约，这就决定了国家不可能单独实施某一项经济政策，只有将各项政策有机地结合起来，才能对经济发展起到强有力的调节与支撑作用。经济政策间的协调配套，发挥系统功能是经济政策的内在规定性。此外，经济政策还具有历史的继承性，那些适应经济发展规律的经典政策以及经济政策中有价值的规律性内容，往往会为后人所继承且重复使用。

3．稳定性与可变性

经济政策属于上层建筑的范畴，并为经济基础服务，在一定时期内具有相对稳定的特点。因为经济政策的社会属性将适应社会本身的变化，社会的稳定必然带来经济政策基本内容的稳定。1978年以来，我国坚持改革开放的各项宏观经济政策，虽然在发展中变化，但总体上保持了政策的相对稳定性和连续性便是最好的例证。这种稳定性保证了国家经济的持续发展。另一方面，政策的稳定性也是相对的，没有永恒不变的经济政策，经济政策必须随着客观条件的变化而变化，这种可变性是绝对的。稳定性和可变性的统一是经济政策的明显特征。

4．宏观指导性与强制性

经济政策是为国家经济管理提供宏观性、指导性的原则，而不是针对具体的某项经济活动和经济事件提供个案或特殊的解决办法。经济政策不同于规章制度，其内容既不能也不可能规定得过于具体，又不能太抽象，否则政策不具有普遍性或难以把握与实际操作。另外，经济政策的实施需要国家权力的支持，而国家职能最显著的特征之一就是强制性。国家为了实施某项经济政策，通常采用各种强制措施，如法律手段和行政手段。这种强制性是依靠国家权威来加以实现的，如果放弃强制手段，政策的贯彻执行将毫无保障。

（二）主要作用

经济政策的作用主要表现在以下四个方面。

1．奠定市场经济秩序的基础

经济秩序最终是要通过法律、法规的强制约束力来建立的。经济政策是对经济法规的可行性研究，通过政策的推行、实施、总结经验和检验政策的正确与否来加以不断完善或淘汰，最后把符合客观经济规律的政策上升为法律，从而形成稳定的社会经济秩序。

2．提供目标、内容、方法和步骤

经济政策指导各种经济实际活动，为各种经济关系提供目标、内容、方法和步骤。在一项新的经济政策还没有上升为法律，一些新型的经济关系还没有相应的经济法律来调整时，经济政策实质上就代替法律法规起着调节由此而产生的各种经济关系的作用。大量的经济关系是依据经济政策而产生、调整的。

3．调整经济法与经济实践之间的矛盾

在实际经济生活中，特别是在我国经济体制改革的复杂过程中，往往存在着这样的情况，经济法律法规已经过时或不适于新的发展，但新的法规因受到方法、技术要求等各种条件的制约，立法机关无法及时制定，或者经济实践创造了新的经济关系，又没有相应的经济法规来调整，出现经济法规滞后于经济发展的种种矛盾。而要解决这一矛盾的重要手段是颁布一些临时的、个别的、零散的经济政策，由政府公文或其他方式公布于世，用以调整新的经济关系，推动经济体制改革的深入发展。

4．指导未来的经济活动

经济政策是对未来经济活动规定方向和范围，而经济理论则是对以往经济变化、经济关系及其活动等的总结。经济政策正是在总结过去的基础上对未来的经济进行指导与安排。例如，我国政府在总结了过去经济发展变化的基础上，于2007年末，提出并实施了2008年上半年的从紧货币政策，以防止通货膨胀和经济过热。

（三）基本功能

经济政策功能是指经济政策的功效，它是政策实施的必然过程和结果。一般而言，经济政策具有如下四个基本功能。

1. 制导功能

制导功能是指国家或政府所制定的经济政策对经济生活各方面，乃至受经济约束的其他社会活动都具有目标制约和方法指导的功能。也就是说，在经济政策体系中，有利于经济发展总目标的就鼓励，否则就限制。由于经济政策处于社会经济管理职能的核心地位，对经济生活的各个方面都既有制约作用又有指导功能。

2. 经济管理功能

经济管理是国家或政府根据客观经济规律，对社会经济活动的过程进行规划、组织、协调和监督。管理可以是定性的，即哪些经济行为是允许的，哪些经济行为是不允许的。这种系统的规定是形成正常经济秩序和经济环境的必要前提。经济管理功能还可以表现在定量方面，如经济疲软时，国家采用适度膨胀的经济政策，创造宽松的环境，刺激经济尽快摆脱萧条状态。在社会主义市场经济的条件下，国家对经济的管理功能主要表现为对宏观经济的调控，发挥市场机制的作用，防止“市场失灵”，保证经济资源的最佳配置，激励劳动者的生产积极性和创造性，有效地推动经济发展。

3. 控制功能

经济政策的控制功能主要表现在监督、教育和惩罚三个层面上。一方面，由于经济政策的职能是规范社会经济行为，这必然会产生如何监督经济主体、严格执行经济政策等的一系列问题。有悖经济政策的行为，将受到批评和纠正，以保证经济秩序的稳定和经济的正向发展。而另一方面，经济政策的强制性使它在控制社会行为时具有惩罚性质。任何经济政策都必须维护国家经济利益，违反经济政策也就是触犯国家的利益，理应要受到惩罚。此外，控制功能还反映在教育作用上，因为经济政策是经济秩序的后盾和内容，只有把它的精神和具体要求贯注人心，才能起到教育人们自觉遵守政策、执行政策，继而提高社会经济管理水平的目的。

4. 协调与分配功能

经济政策的协调主要是指各项经济政策直接或间接地调节着社会经济运行中的各种利益关系。协调人与社会、人与事物或事物与事物之间的相互关系，保持经济和社会以及经济系统内部的协调发展；并调整各经济主体的经济利益关系，从而起到分配的作用。

（四）实施与调控

经济政策的实施是一个复杂的过程，一般采用行政方式，即国家依靠行政权威和行政组织来贯彻经济政策。

行政组织是根据行政管理的需要而建立的行政单位系统，实行严格的等级制度。行政组织的上下级关系、领导与被领导的强制关系，为贯彻经济政策创造了最优越的条件。为了贯彻经济政策，国家可以通过决议、决定、命令、指令性计划、规章制度、纪律、工作程序、工作标准和审批手续等各种形式，要求各级行政组织执行政策。

一项经济政策确定后且实践证明这项政策是成熟、有效的，国家如需要长期实施并使之成为全体公民的行为规范，此时仅以行政方式往往难以做到，而通过经济立法等法律手段则是有效的途径。经济立法比行政方式的政策推行范围要广、力度要大。经济法规的特点之一就是具有长期稳定性，即只有经实践证实是正确、成熟的，能够在长时间起作用的政策才有可能用法律形式固定下来。一旦经济政策上升为法规，所有组织与全体公民便有遵守的义务。

如果只有行政手段和法律手段这两种方式，执行者在实践中还有可能处于被动的状态。要使个人和组织都能具有内在的动力，自觉贯彻国家制定的各项政策，就必须重视运用经济手段。经济手段的最大优势就在于它是依靠物质利益的吸引力，而不是政治的强制性。在社会主义市场经济条件下，经济手段是贯彻经济政策的主要手段。经济手段包括价格、信贷、税收、财政支出、工资、利润和成本等各种形式。国家运用经济杠杆调控市场，企业或经营者个人为了自身的经济效益而努力去适应市场的变化，如果经济杠杆调控适度，经济就会朝着国家宏观政策规定的方向发展。由此可见，行政、法律、经济手段是经济政策实施与调控的基本手段。

二、对外经济贸易政策

对外经济贸易政策是一国为国民经济和社会发展战略的顺利实现而制定的对外经济贸易管理的行动准则。经济政策的分类涉及范围广，并具有交叉性的特征，可以采用不同的划分方法，如从范围、最终目标、所属范畴、调节对象和政策手段等进行划分。一般而言，经济政策可以分为宏观与微观经济政策、长期与短期经济政策、行业与部门经济政策、对内与对外经济政策等。对外经济贸易政策是一个国家经济总政策的重要组成部分，通过实施包括关税政策、非关税政策、出口鼓励政策、汇率政策、卫生检疫政策和质量管理政策等在内的对外经济贸易政策，保持内外经济稳定和国际收支平衡是一国对外经济贸易政策的基本目标。有关对外经济贸易政策的目的、主要构成、基本类型与主要措施等已在本书第三章作了介绍，本章节简要阐述影响对外经济贸易政策的主要因素等相关问题。

（一）制定与实施的主体

对外经济贸易政策的制定一般反映本国统治阶级的利益和意志。在资本主义国家占统治地位的资产阶级内部，一般存在着若干不同的利益集团。在一定时期，某一集团在政治上占上风，则该国的对外经济贸易政策就反映这个集团的利益和意志，主要为这个集团服务。因此，在资本主义国家的不同利益集团之间常在对外经济贸易政策上发生争论。

一个国家对外经济贸易政策的制定一般是由该国的立法机构进行。资本主义国家是由其议会直接通过贸易法案，或由议会授权总统或政府制订、颁布有关的法令或规章，如进出口商品关税的提高或降低、进出口商品的限额、是否实行许可证制、商品检验规章以及与外国签订贸易协定等。对外经济贸易政策在制定以前，立法机构一般要征询各大企业集团的意见。大企业主也必然通过各种方式，包括通过其组织　　企业主协会或商会向立法机构提出建议，施加影响。

在对外经济贸易政策的执行和贯彻方面，国家一般设立一系列专门机构，按照对外经济贸易政策的规定对进出口商品进行管理。如在政府中设立外贸部或商务部作为对外贸易的行政管理机构；在对外开放的口岸地点设立海关作为进出口商品的通道，对商品进行监督查验、征收关税、查禁走私；设立进出口银行，从金融上支持商品的进出口，发放出口信贷、办理国际支付结算；设立商品检验局和卫生检验检疫机构，从进出口商品的质量、卫生和技术标准等方面进行把关。

对外经济贸易政策体现了一国的经济总政策，其基本目标是一致的。但在一定情况下有时两者也会出现不一致的情况，使一国的对外经济贸易政策发生变化或出现摇摆。一国政府通常根据世界政治、经济形势的变化，国际政治、经济关系的发展，随时调整或改变本国的对外经济贸易政策。

（二）主要影响因素

不同的对外经济贸易政策在各国经济发展的历史过程中曾起到不同的作用，而同一国家在不同的历史阶段曾选择了不同的对外经济贸易政策。一个国家在一定时期采取何种对外经济贸易政策是一个非常复杂的问题，但主要取决于以下三个根本性因素。

1．经济发展水平及其在世界市场上的地位和力量对比

这一因素包括两个方面的含义：一方面是指一个国家在经济发展的不同阶段，其国内的生产力水平和发展目标不同，制约着对外经济贸易政策。一般来说，处于工业经济发展初期阶段的国家，采取贸易保护政策；而处于工业经济发达阶段的国家，采取贸易自由政策。另一方面是指一个国家在世界市场上的地位和力量对比制约着对外经济贸易政策。一般来说，处于劣势地位，商品竞争力弱的国家，往往采取贸易保护政策；而处于优势地位，商品竞争力强的国家，则主要采取贸易自由政策。上述两个方面互相联系，但不完全一致。第一方面仅从自身发展所处的阶段考察，第二方面强调的是国与国之间的实力对比。由于经济发展不平衡作用，各国的对外经济贸易政策会随着各国的经济实力地位和力量对比的变化而变化。20 世纪 70 年代，美国经济虽然处于发达阶段，为世界头号经济强国，但由于面临日本和欧共体国家的强有力的竞争，转向采取贸易保护政策就是非常有力的例证。

2．国内经济状况和经济政策

从资本主义经济发展的规律来看，资本主义各国的经济发展总是呈周期性变化、波浪式前进的。资本主义经济发展的周期性变化，在不同阶段其国内经济状况不同，总经济政策不同，必然引起对外经济贸易政策的调整。一般来说，在资本主义经济发展的繁荣阶段，各国经济普遍高涨，如 19 世纪中叶和 20 世纪中叶，贸易自由化倾向就占上风；在资本主义经济发展的危机、萧条阶段，如 20 世纪 30 年代和 20 世纪 70 年代，贸易保护倾向就会蔓延和加强。

3．经济利益集团间的博弈

一个国家的对外经济贸易政策反映了代表统治阶级中占上风的利益集团的利益。因此，统治集团内部的矛盾和斗争、政权的更迭也会带来经济政策的变化。一般说来，商品市场主要在国外的一些利益集团主张贸易自由化；相反商品市场主要在国内，并受到进口商品激烈竞争的利益集团，则主张限制进口，实行保护贸易政策。经济利益集团间的博弈影响一个国家对外经济贸易政策。

（三）案例分析：美国农产品贸易政策

通过对美国农产品贸易政策的案例分析，可以进一步了解影响一个国家制定对外经济贸易政策的主要因素。

1．自由贸易是政策的核心

自由贸易是美国对外经济贸易的基本理念，或者说是美国社会的主流意识。美国通过多边贸易体系、区域和双边贸易协定实现贸易自由化战略。在多边贸易体系中，美国积极发起了“多哈议程”的谈判。美国认为通过农产品贸易的谈判，削减或取消农产品贸易

壁垒，扩大美国农产品的海外市场，这符合美国的根本利益。美国认为，如果全球取消各种扭曲农产品贸易的政策措施，将使全球农产品价格上升12%，美国的农产品出口增加12%，美国会继续保持农产品的贸易顺差，农业生产的产量还会增加。因此，美国在谈判中确实作出了许多减少贸易壁垒的承诺，由于以欧盟为代表的发达国家在农产品贸易谈判中的强硬立场，导致与发展中国家的分歧严重，以致“多哈议程”的前景暗淡。但如果“多哈议程”最终达成了协定，就意味着美国在谈判中也肯定作出了削减贸易壁垒的承诺。因此，多边贸易在给美国带来利益的同时，也促进了美国贸易政策的改变。

2．实施“竞争性自由化”战略

“竞争性自由化”战略就是从区域或双边贸易协定中，弥补多边贸易体制进展缓慢的缺陷，获得在多边贸易体制中不能得到的利益。美国除了北美自由贸易区、与以色列和约旦的自由贸易协定外，目前又达成了若干个自由贸易协定。美国通过自由贸易协定获得了新的市场准入条件。2004 年 1 月，美国与智利和新加坡签署的自由贸易协定生效。2005 年 1 月，美国与澳大利亚签署的自由贸易协定生效。新加坡在协定生效后，立即对所有的美国产品取消关税。美国对新加坡的大部分产品取消关税，其余的部分在 3 ~ 10 年内全部取消。智利在协定生效后的 4 年内给予美国 3/4 的农产品免除关税，12 年内分阶段取消对美国农产品的所有关税。美国分阶段取消对智利农产品的关税。两国取消对彼此间农产品贸易的出口补贴。澳大利亚在协定生效后对所有美国农产品的进口立即取消关税。而美国则对来自澳大利亚 20% 的农产品立即取消关税，对牛肉、奶制品和糖产品三个敏感产品仍维持配额。随着与其他国家签署的双边自由贸易协定的增加，美国在农产品贸易自由化领域中的收益还会增加。同样美国在三个贸易协定中也对这三国作出了承诺，如果多边贸易体制谈判进展缓慢，则会更加注重区域或双边自由贸易协定的谈判。

3．促进农业发展是其实施自由化贸易政策的利益所在

美国的农业政策直接影响美国农业生产，而农业生产影响着农产品的对外贸易，因此，美国农产品贸易政策包含着农业政策。农业占美国经济中的比重很低，但农产品出口对美国农民和经济发展意义重大，它不仅支撑了美国农产品的产量，增加了农民的收入，而且还增加了就业。因为美国农产品产量的 1/3 用于出口。具体而言，43.5% 的小麦、53.3% 的大米、43.1% 的大豆、20.1% 的玉米和 45.3% 的棉花用于出口。美国是世界上农产品最大的出口国，25% 的农业总收入来自出口。这就意味着美国农业比工业更依赖国外市场。出口还会产生非农经济活动，按照美国农业部的说法，每 1 美元产生的出口收入，会带来价值 1.48 美元的附加经济活动。美国农产品出口给美国提供了 91 万个工作岗位。这就是说，2005 年，美国农产品出口额为 629 亿美元，而由此产生的附加经济活动的价值达 930 亿美元。1950 年以来，美国的农产品出口数量增加了 8 倍。美国的货物贸易逆差为世界之最，2005 年美国货物贸易出口为 8926 亿美元，进口为 16743 亿美元，逆差为 7817 亿美元，但美国农产品贸易一直处于顺差地位。美国维持着对农业的保护，保护政策扭曲了农业生产，大量的农产品只能通过出口予以消化，引起了发展中国家的不满。但与欧盟和日本比较，美国的保护主义并不严重，保护主义可以通过在多边、区域和双边三个领域的贸易自由化进程予以改变。

第二节 食品国际贸易政策

食品国际贸易政策是一个国家对外经济政策的一个分支，属于对外经济贸易政策体系中的行业（产业）政策。

一、政策目标

一国的食品国际贸易政策主要依据本国的对外经济贸易政策的总体要求和农业、农产品加工业、食品工业的实际情况来制定，主要包括进出口食品政策、国别政策等，并随着世界政治、经济与国际关系的变化和本国食品在世界分工体系中地位的变化而不断调整的。各国的食品国际贸易政策是建立在为国家利益服务基础之上的，代表着国家利益，其主要目的是利用政治和经济手段确保国内食品的供给与安全；降低成本，保护国内的食品市场；扩大本国食品的出口；促进本国农业、农产品加工业、食品工业结构的改善，优化产业结构；维护本国的对外政治关系。

二、特殊地位

包括食品在内的农产品贸易始终是国际贸易中一个重要而又难以解决的问题。长期以来，由于各国农产品贸易关系的不平衡而引起的争端和冲突不断发生，而且它涉及一国的粮食安全、政治因素、生产结构、劳动就业、出口利益等诸多方面，更容易引发国内政治与社会问题。因此或为了促进经济发展，或为了保护国内产业，或为了改善国际收支，或为了全球战略等经济和政治目标，农产品贸易已成为当代国际贸易发展与政策协调中最为突出和棘手的领域。正是由于农产品贸易上述的特殊性，各国都在实施名目繁多的农业政策及其农产品贸易保护措施。发达国家对农产品贸易采取保护政策由来已久。这种保护政策在欧洲可以追溯到20世纪：德国最早于1879年就对其谷物贸易实行保护，法国是从1881年开始，英国则在1932年以后。在北美洲，美国从1933年大萧条后开始对农业进行补贴，加拿大是从第二次世界大战以后。在亚洲，日本是最典型的农产品贸易保护国，其贸易壁垒始筑于1904年。尽管第二次世界大战以来，在关贸总协定的推动下，工业产品保护程度不断下降，但农产品的保护程度却一直居高不下。无论是关贸总协定还是WTO，农产品都被作为例外对待。不但发达国家继续实行保护政策，许多新兴的工业化国家，如韩国等也都对农产品贸易进行保护。到目前为止，日本、瑞士、挪威等农产品产需缺口大的国家，其农产品关税水平和保护度也恰恰是世界最高的，许多农产品关税水平高至数百甚至数千，即使像美国这样极力主张贸易自由化的国家，也对其需要保护的农产品实行高关税，在与澳大利亚的自贸区谈判中，美国将食糖、乳制品和牛肉排除在零关税范围之外。主要国家农产品关税水平见表11-1和表11-2。

表11-1 主要国家农产品关税水平 单位:%

	挪威	瑞士	日本	美国	欧盟	巴西	印度	阿根廷	中国
最高	1062	1909	1706	440	408	55	300	35	65
平均	70.7	85	41.8	11.3	22.8	35.5	114	32	15.1

资料来源：倪洪兴．农业贸易政策选择应注意的六大误区．农业经济问题，2008（6）。

表 11-2 主要国家有关农产品关税水平比较 单位:%

产品	挪威	瑞士	日本	美国	欧盟
食糖	148	100	346	185	218
牛肉	604	523	50	26	146
家禽	665	1019	12	20	94
猪肉	500	369	252	1	66
豆油	126	260	21	19	10
稻米	85	126	778	11	97
乳品	528	900	661	139	264

资料来源：倪洪兴．农业贸易政策选择应注意的六大误区．农业经济问题，2008（6）。

工业化国家农产品贸易保护的模式基本可以分成三种。① 日本模式，主要是限制进口，韩国也属于这一类型；② 美国模式，包括加拿大，主要是补贴出口；③ 欧盟模式，通过价格支持政策使其从原来的农产品进口国变成出口国。另外，一些国家和地区在工业化以前对农产品贸易采用征税挤压的政策，但一旦经济起飞以后，其农产品贸易政策也转向保护。最典型的是韩国和中国台湾地区。在 20 世纪 50 年代，韩国和中国台湾都出口农产品，其农产品价格均低于国际市场价格，中国台湾的稻米价格平均低于国际市场价格 30%。20 世纪 60 年代以后，随着经济的高速发展，韩国和中国台湾的农产品价格迅速上升，相关政策遂作了转变，到 1982 年，韩国和中国台湾的稻米价格为国际市场价格的 270%，农产品价格平均高于国际市场 55%。韩国的农产品保护程度更为严重，1987 年用“生产者补贴等值”来衡量，其保护程度达到 59%，超过欧洲共同体（52%），美国（33%），加拿大（39%），仅次于日本（79%）。

虽然保护主义在国际贸易中屡见不鲜，但农产品贸易保护仍然有其特殊性。这种特殊性表现在三个方面：① 主要发生在工业发达国家，很少在发展中国家。而且当一国经济起飞，实现工业化之后，保护政策也随之而来。显然，农产品贸易保护与一国的发展水平有关。② 农产品贸易保护在工业发达国家非常普遍。不像其他行业，有的国家保护，有的国家不保护，而对农产品几乎所有的发达国家都实行保护，只是方式和程度的不同。因此，农产品有与其他产品不同的特殊地位。③ 农产品贸易保护很难取消。别的行业贸易自由化问题经过国际多边或双边谈判或多或少都有进展，而农产品自由贸易的谈判至今没有什么结果。

三、中国的食品国际贸易政策

中国的食品国际贸易政策是在我国对外经济政策总体框架下，依据国际惯例，从我国的实际出发而发展形成的。同时中国作为农业大国，解决好“三农”问题事关现代化建设的大局，因此，食品与农产品国际贸易更有其特殊性。食品国际贸易政策不仅是国际贸易体系的重要组成部分，而且极为敏感、极其复杂，是中国国际贸易体系中的特殊领域。

（一）入世前的贸易政策

入世前，我国的农产品贸易保护政策基本上是根据计划经济原则建立的，关税和非关税保护水平较高。贸易政策的主要构成是：① 关税。1992 年以来我国多次自主降低农产品进口关税税率，2001 年我国农产品进口平均关税减至 19%。② 非关税措施。主要包括进口许可证、进口配额、法定商品检验、动植物检验、食品卫生检验等，种类极为繁复。与之相关的法规主要有《进口管理条例》、《进口货物许可制度暂行条例》、《出口许可证制度暂行办法》、《商检法》、《进出境动植物检验法》、《食品国境卫生检疫法》等。③ 出口竞争措施。我国最初的出口竞争政策主要包括出口补贴、外汇留存、出口退税及用于出口的进口关税减免。随着贸易体制改革的深化，在 1994 年后出口竞争政策则主要是出口退税、出口加工的进口关税减免及支持出口的金融手段。④ 国内支持政策。我国对农业的支持和补贴主要有如下的三种情形。第一，属于“绿箱政策”的农业支持与补贴；第二，属于发展中国家特殊差别待遇的农业支持与补贴；第三，受 WTO 约束和限制的农业支持与补贴，即“黄箱政策”补贴，主要是对粮食、棉花的政府定价收购及保护价收购、农业生产资料价差补贴。

（二）入世后的贸易政策

入世后，我国的农业政策及农业贸易政策受多边贸易协定的限制，在农产品关税税率、关税配额、出口竞争和国营贸易等问题上，按照《中国加入世界贸易组织法律文件》的相关规定和承诺对原有的措施进行了调整。主要情况是：① 关税。实施期末关税水平与美国主要贸易伙伴（包括发达国家）应用关税水平相当甚至更低，所有关税削减都在 2004 年前分阶段完成，与其他 WTO 发展中成员实施乌拉圭回合《农业协定》时间表一致。削减后的关税水平为约束关税。② 关税配额。对小麦、玉米、大米、豆油、菜籽油、棕榈油、食糖、棉花、羊毛和毛条 10 种农产品进口实行关税配额管理，即每年确定一次上述农产品的进口关税配额数量，配额内实行低关税，配额外实行高关税。③ 国营贸易。实行国营贸易管理的有小麦、大米、玉米、棉花、豆油、食糖、棕榈油、菜籽油和化肥等农产品。对于实行国营贸易管理的农产品，我国承诺在指定国营贸易企业进口的同时，也留出一部分的关税配额量给非国营贸易企业，享有的比例逐步提高。与之相关的法规主要有《货物进出口管理条例》、新《货物进口许可证管理办法》、新《货物出口许可证管理规定》、《农产品进口关税配额管理暂行规定》、《2003 年重要农产品进口关税配额分配实施细则》、新《外贸法》等。由于在 1992 年已经停止对出口产品实行补贴，按照 WTO 出口补贴的冻结禁止规则，我国政府对出口的任何产品不再实行补贴政策。

（三）日前的总体状况

自加入世界贸易组织以来，促进开放，实现承诺，是中国食品国际贸易政策的主要走向与基本特点，由此加快了包括食品在内的中国农产品贸易自由化进程。中国农产品关税从 2002 年 1 月 1 日的 18.8% 逐步降低到 2005 年的 15.8%；2002 年粮、棉、油、糖和羊毛等农产品实行关税配额管理制度；约束了国内农业支持补贴，逐步不再对农产品出口补贴。目前中国是世界上农产品贸易自由化程度较高的国家之一。根据与世界贸易组织达成的协议，我国在入世减让表中所涉及的 977 种农产品的平均关税在 2005 年已降低到 15% 的平均水平。根据中国加入 WTO 时货物贸易关税减让表的规定，关税总水平将由 2001 年的 14% 降到 2005 年的 10.1%，其中工业品将由 13% 降到 9.3%，农产品由 19.9% 降至 15.5%（见表 11-3）。实际上，中国降税速度超出了承诺水平，从 2005 年 1 月 1 日起平均关税降低到 9.9%，而不是承诺的 10.1%。其中工业品关税降至 9.0%（承诺 9.3%），农产品降至15.3%（承诺15.5%）。如果按照农产品实际进口的情况加权平均计算，则中国的实际农产品进口关税水平仅为7.7%。而同期世界农产品关税的平均水平为62%。

表11－3　　中国加入WTO关税减让承诺表　　单位:%

年份	关税总水平	工业品平均关税	农产品平均关税
2000	15.6	14.7	21.3
2001	14.0	13.0	18.5
2002	12.7	11.7	18.5
2003	11.5	10.6	17.4
2004	10.6	9.8	15.8
2005	10.1	9.3	15.5
2006	10.1	9.3	15.5
2007	10.1	9.3	15.5
2008	10.0	9.2	15.1

资料來源：中国入世承诺法律文本。

农产品贸易自由化进程对中国农产品贸易格局产生了重大影响，这也使中国由农产品净出口国转变为净进口国的重要原因。当然，中国农产品贸易政策的调整也基于自身国情的考虑，城镇化和工业化是中国经济社会发展的必然趋势和必然选择，而贸易政策的制定与实施须服从整个国家的发展大局，保证工业品出口的目标驱动着贸易政策的重心由农产品转移到工业产品。尽管2005年中国农产品贸易额达到近560亿美元，但农产品贸易在中国总贸易中的比重已经下降到3.9%。因此，中国的农产品贸易政策在某种程度上是中国货物贸易与世界各国贸易相互博弈的结果，在这个过程中，农业及其相关产业为中国对外贸易大政方针的顺利实施做出了巨大的贡献。

四、食品国际贸易政策与法规

食品国际贸易政策作为对外经济贸易政策的范畴，具有对外经济贸易政策的一般特征，组织和个人必须按照其要求进行食品经济、贸易活动。而食品国际贸易法规有别于食品国际贸易政策，是食品国际贸易政策的升华，是把那些经过实践检验正确的食品国际贸易政策，通过立法程序定型化和规范化。食品国际贸易政策和食品国际贸易法规属于不同范畴而又交叉联系，并相互作用。

（一）共同特征

食品国际贸易政策和食品国际贸易法规两者之间具有如下共同的特征：

（1）食品国际贸易政策和食品国际贸易法规都是国家意志和利益的集中体现，各自具有鲜明的针对性。食品国际贸易政策和食品国际贸易法规都是由国家制定或认可，带有某种强制力的行为规范，都用于为国家或政府的经济目标服务。

（2）食品国际贸易政策和食品国际贸易法规都属于同一经济基础的上层建筑，反映了生产关系和生产方式对上层建筑的要求。在一定的经济基础条件下，食品国际贸易政策和食品国际贸易法规作为上层建筑对于经济活动都有推动作用。

（3）食品国际贸易政策和食品国际贸易法规都是国家规定经济活动的行为准则，是社会经济活动的规范，都具有强制力的社会意志，必须遵循规范加以执行。

（二）相互关系

食品国际贸易政策与食品国际贸易法规的相互关系主要有以下几个方面：

（1）食品国际贸易政策是制定食品国际贸易法规的依据，食品国际贸易法规则是对食品国际贸易政策的补充。由于食品国际贸易政策是经济政策的组成部分，其政策和相应的法规受国家经济总政策的制约。

（2）食品国际贸易法规丰富了食品国际贸易政策的内涵。食品国际贸易法规在方针、目标和具体内容上都反映了食品国际贸易政策的要求，是一部分成熟的食品国际贸易政策。

（3）食品国际贸易法规是食品国际贸易政策的一种表现形式，在贸易领域起到了实现食品国际贸易政策目标的工具作用。

可见，食品国际贸易政策和食品国际贸易法规之间，存在着相互影响的内在联系，食品国际贸易法规按照食品国际贸易政策目标，在食品国际贸易领域体现经济政策的功能和价值取向。

（三）主要区别

食品国际贸易政策和食品国际贸易法规之间的主要区别表现为以下几个方面：

（1）制定的机关不同　食品国际贸易政策主要由国家或政府领导机构制定的，而食品国际贸易法规同其他法律、法规一样是由国家立法机关，即全国人民代表大会及其常务委员会以及国务院等所属的行政管理机关按照一定的法律程序制定的。

（2）表现的形式不同　食品国际贸易政策可以通过决议、报告、声明和文件等形式发表，呈现非条文化特点。而食品国际贸易法规也同其他法规那样，是按法律的要求，以法令、条例、规定和决定以及固定的规范形式颁布的，有明显的条文化特征。

（3）实施的手段与方法不同　食品国际贸易政策的贯彻执行主要靠经济手段、宣传教育和行政纪律等来约束。并且实施时，可随着实际条件的变通而灵活地执行。但是食品国际贸易法规的执行则具有强制性，以政府权威为后盾。执行者对相关法规的条文不能随意夸大或延伸解释，否则就会因违法而受追究。

（4）稳定性不同　食品国际贸易政策通常可以随着客观经济状况的变化与执行情况进行调整或修改，而食品国际贸易相关的法规则相对稳定。法规的修订必须遵循法定程序，需要严格的时效和空间效力规定。

（5）对经济的影响不同　由于食品国际贸易政策是国家或政府决策层所确定的行为准则，因此政府决策机构所制定的政策正确与否，将直接对食品及其相关产业的生产和贸易等产生影响。而食品国际贸易相关法规同其他法规相似，法规的通过要经过严格的民主程序。同时执法时有固定的司法系统。所以不易出现较大的失误，对经济的影响也不显著。

第三节　食品国际贸易法规的基本含义、起源与实施

我国已经初步形成了具有自己特色的食品国际贸易的法规体系。了解我国食品国际贸易法规的基本含义、起源与实施方式是非常有益的。

一、基本含义

食品国际贸易法规是指由国家制定或认可，以调整对外食品贸易关系，加强对食品进出口的监督管理，保障食品安全供给，以满足国内居民和国际市场对食品的需求为目的，通过国家强制力保证实施的法律规范的总和。根据其基本含义，在食品国际贸易法规的理解上需要把握以下四点：

（1）食品国际贸易法规的调整范围主要包括横向和纵向的食品贸易关系。即我国企业、经济组织或个人与外国企业、经济组织或个人等相互间进行的各种形式的食品贸易合作与交往，以及主管对外经贸活动的政府部门或机构对食品国际贸易的监管。

（2）国家制定并实施的食品国际贸易法规主要是针对食品进出口贸易的管理。具体包括：贸易主体、合同、关税、配额与许可证、食品质量、商检和外汇管理等法规制度。

（3）食品国际贸易法规的主要目的是保证食品的安全供给，以满足国内外市场的需求，这就要求食品贸易必须建立食品安全保障体系，食品安全保障体系包括两种含义：一是进出口食品等卫生安全；二是食品自给率安全，即进口食品不能危及我国的农业和食品工业。

（4）食品国际贸易法规属于强制性法律规范，任何人不得随意改变，法规的贯彻执行以国家的强制手段来加以保障。

二、法规起源

我国的食品国际贸易法规源于国家的法、法律和法规制度。法是由国家制定或者认可，并由国家强制力保证其实施的行为规范的总称。法律有广狭两层含义，广义的法律是指法的整体，包括法律、法律效力的解释及行政机关为执行法律而制定的规范性文件，与“法”在外延和内涵上相一致；而狭义的法律则专指拥有立法权的国家机关依照立法程序制定的规范性文件，即特定具体意义上的法律。法规是泛指由国家制定和发布的规范性法律文件的总称，包括行政法规、地方性法规和规章。有时法规专指某国家机关特定的规范性文件，即专指从属于法律范畴的行政法规和地方性法规。根据我国的法、法律和法规制度，食品国际贸易法规的起源如下：

1. 宪法

宪法是国家的根本大法，由全国人民代表大会制定，规定了我国社会制度和国家制度的基本原则，公民的基本权利和义务，国家机构的组成、地位、职权和组织活动原则等。宪法具有最高的效力，其他立法必须在宪法范围内进行，不得违反。我国宪法中与食品贸易相关的规定，主要有三条。其一，序言中的规定：“中国坚持独立自主的对外政策，坚持互相尊重主权和领土完整、互不侵犯、互不干涉内政、平等互利、和平共处的5项原则，发展同各国的对外关系和经济、文化的交流。”其二，第15条的规定：“国家实行社会主义市场经济。”其三，第18条的规定：“允许外国企业和其他经济组织或个人依照中华人民共和国法律的规定在中国投资，同中国企业或其他企业经济组织进行各种形式的经济合作。在中国境内的外国企业和其他外国经济组织以及中外合资经营的企业，都必须遵守中国的法律。它们的合法权利和利益受中华人民共和国法律的保护。”宪法中这些原则性的规定，对我国食品国际贸易法规的制定具有最根本的指导性意义。

2. 法律

法律的效力仅次于宪法。在我国现行法律体系中，与食品国际贸易法规相联系的法律主要包括两个方面：一是专门性的涉外经济法，如《中华人民共和国对外贸易法》、《中华人民共和国进出口商品检验法》等；二是在其他法律中与食品国际贸易有关的法律规定，如《中华人民共和国合同法》、《中华人民共和国民事诉讼法》等。

3. 法规与规章

我国的法规分行政法规和地方性法规。行政法规是国务院根据宪法和法律制定的规范性文件；地方性法规则是省、自治区和较大市的人民代表大会及其常务委员会根据本行政管理区域的具体情况和实际需要，在不与宪法相抵触的前提下，制定的规范性文件。规章可分为国务院部门规章和地方性规章。国务院部门规章是国务院各部、委员会、央行、审计署和其他具有行政管理职能的直属机构，根据法律和国务院的行政法规、决定、命令，在本部门的权限范围内制定的规范性文件；地方政府规章是省、自治区和市的人民政府根据本省、自治区和市的地方性法规制定的规范性文件。食品国际贸易法规就是在上述我国现有法律体制条件下，从食品进出口贸易的实际出发制定产生的。简而言之，我国食品国际贸易法规的渊源在于宪法和法律法规制度的确立。

三、法规的实施

法规实施是指法规在社会实际生活中的具体应用和实现，也就是通过一定的方式使法规的要求和规定在社会生活中得到贯彻和实现的活动。这是法律作用和社会关系的特殊形式，它主要包括两方面：一是国家机关及其公职人员严格执法，运用法律保证法规的实现；第二，一切国家机关、社会团体、法人和个人执行法规。即凡行为受法律调整的个人和组织都要遵守法规。只有通过法规实施才能把法律规范中设定的抽象的权利和义务转化为现实生活中具体的权利和义务，转化为人们的实际的法律活动。

食品国际贸易法规的实施方式分为两种形式：法规遵守和法规适用。法规遵守要求每一个组织和个人（经营者）都必须自觉遵守食品国际贸易法规的规定，规范自我行为。法规适用又有广义和狭义之分：广义的食品国际贸易法规的适用是指食品国际贸易监管部门从事食品国际贸易监管和具体适用法规和规章，处理食品国际贸易行政案件的一切活动。狭义的食品国际贸易法规的适用仅指食品国际贸易监管部门按照食品国际贸易法规的规定做出具体行为的过程。在实践中，食品国际贸易法规的实施是一种职能活动，并以大量具体行为表现出来。

四、作用与意义

（一）作用

改革开放以来，我国社会主义市场经济建设和对外经济贸易发展取得了令世人瞩目的成就，食品国际贸易也同样得到快速发展，而食品国际贸易法规发挥了积极作用，具体表现在以下几个方面：

(1) 丰富、完善了对外贸易法规体系的内容，反映了食品国际贸易的客观要求，保证了我国贸易政策目标的实现和食品国际贸易的稳健发展。

(2) 从我国食品国际贸易的发展出发，科学规定或调整了食品国际贸易的主体和经营权范围，以利于适应不断变化的国内外市场环境，发展食品国际贸易。

（3）以法的形式，促使买卖双方的关系能够成立，确保了食品国际贸易买卖双方的承诺与约定，并使之付诸实施。

（4）以法规为工具与手段，保障了我国对外食品贸易监管体系和税收制度的形成与发展，科学规范了进出口食品的质量标准体系。

（5）保证了进出口食品的安全与卫生。根据食品国际贸易常规，从我国的实际出发，而制定的食品安全与卫生的相关法规，推动了进出口食品安全与卫生保障体系的构建，防止了进出口食品污染和有害因素对城乡居民的危害。

（6）消费者的合法权益得到了法规保障。

（二）意义

加入 WTO 后，我国对外贸易的国内外环境发生了很大变化，在享受 WTO 给予的权利的同时，也要履行相应的义务。对外开放逐步从自主单向开放转变为相互双向开放；从以政策导向开放转变为依照 WTO 规则的开放。在这种背景条件下，与食品国际贸易相关的主要法规的实施与不断完善，其重要性不言而喻。新《对外贸易法》、《中华人民共和国货物进出口管理条例》、《中华人民共和国货物自动进口许可管理办法》、《食品安全法》和《转基因食品卫生管理办法》等法规的颁布和实施主要是为了应对国际贸易竞争和中国加入 WTO 后所面临的挑战与机遇。主要法规形成了我国对外食品贸易及入世后食品国际贸易法规体系的主轴，规定了食品进出口贸易和法治监管的基本方向。这对保障我国居民和国际市场对食品的需求、提高进出口食品安全质量，促进食品国际贸易的发展都具有十分重要的现实意义和积极的指导意义。

第四节　食品国际贸易的主要管理法规

通用性、专业性的对外贸易法规构成了我国食品国际贸易管理法规的主要内容。有关主要法规的内容简介如下。

一、通用性的管理法规

我国食品国际贸易既要遵循通用性的对外贸易管理法规，又要遵循专业性的管理法规。通用性的管理法规主要有如下几种。

（一）对外贸易法

《中华人民共和国对外贸易法》主要是对贸易主体或对外贸易经营权进行规范。中国加入 WTO 后，1994 年颁布实施的《中华人民共和国对外贸易法》已不适应对外贸易发展的需要，因此，中国政府于 2004 年 7 月 1 日起，实施了新的《中华人民共和国对外贸易法》，该法对原有《外贸法》进行了修订。主要包括：

（1）贸易主体范围的扩大。即对外贸易经营者的范围扩大到依法从事对外贸易经营活动的个人，修改了原第 8 条我国的自然人不能够从事对外贸易经营活动的规定。

（2）取消对货物和技术进出口经营权的审批。即进行货物和技术进出口经营，只要求对外贸易经营者进行备案登记，修订了原有第 9 条第 1 款，有关从事货物进出口与技术进出口，必须经国务院主管部门许可的规定。

（3）增加了国家可以对部分货物进出口实行国营贸易管理的内容。根据我国现行法律规定，法人、其他组织或者个人经过设立登记，成为我国法律上的市场主体后，除特定的保留由国营贸易企业进出口的食品份额外，国有企业都有权经营食品进出口贸易。国营贸易的进口食品种类有粮食、植物油、烟草、大米、玉米和大豆等。新《外贸法》第11条第1款后段规定，实行国营贸易管理的货物，国家允许非国营贸易企业从事部分数量的进出口。也就是说，国营贸易企业可以进行直接的食品进出口贸易，其他对外贸易经营者只有经过国家的允许才能进行相关食品的进出口。

（二）合同法

食品国际贸易合同在国际上被视为一种通过货物买卖法来调整的食品买卖关系。我国货物买卖法律在《中华人民共和国民法通则》中有原则性规定。1999年10月1日之前，我国合同立法主要有三项：一是适用于国内货物买卖合同的《中华人民共和国经济合同法》。二是适用于国际货物买卖合同的《中华人民共和国涉外经济合同法》。三是适用于技术开发、转让、咨询和服务合同的《技术合同法》。

1999年3月15日，《中华人民共和国合同法》经第九届全国人民代表大会第二次会议通过后，于同年10月1日实施。《中华人民共和国合同法》颁布后，之前的《中华人民共和国经济合同法》、《中华人民共和国涉外经济合同法》和《技术合同法》被废止。《中华人民共和国合同法》从法律上对货物买卖双方的约定进行了规范，统一了涉内买卖和涉外买卖合同的立法，并对涉外合同的条款进行了规定。如《合同法》第126条规定："涉外合同当事人可以选择处理合同争议所适用的法律。但法律另有规定的除外，涉外合同的当事人没有选择的，适用与合同有最密切联系的国家的法律。在中华人民共和国境内履行的中外合资经营企业的合同、中外合作经营企业的合同、中外合作勘探开发自然资源合同，适用中华人民共和国法律。"第129条规定："因国际货物买卖合同和技术进出口合同争议提起诉讼或者申请仲裁的期限为4年，自当事人知道或者应当知道其权利受到侵害之日起计算。因其他合同争议提起诉讼或者申请仲裁的期限，依照有关法律规定"。因此，从本质上看，《合同法》是我国食品对外贸易中买卖双方法律约定的一种规范。

（三）关税管理法规

关税是一个主权国家独立自主执行国家对外经济贸易政策的重要工具与手段。《中华人民共和国海关法》中有关关税的规定是我国包括食品在内所有进出口关税法的核心。此外，国务院《进出口关税条例》、《海关进出口税则》以及海关总署和财政部根据国务院的决定或授权而制定的《海关征税管理办法》、《海关对出口退税报关单管理办法》等是《海关法》中关税规定的具体化，它们一起构成了我国关税法规的体系。

《中华人民共和国海关进出口税则》是我国海关征收关税的依据和标准，通常包括税号、商品名称和税率3部分的内容。我国《海关进出口税则》是采用国际上通用的《海关合作理事会商品分类目录》的商品分类表，并结合我国进出口货物的实际情况，将所有的国际贸易商品分为21类、99章、2127个子目。其中，1至8章的产品，主要有活动物、动物产品、鲜花、果蔬和植物产品等，共562个税目。加入WTO后，中国政府已实现对进口关税逐年实施减让的承诺。目前，我国关税加权平均水平基本接近世界平均水平，而农产品平均关税远远低于美国、日本和欧盟等发达国家，仅为世界农产品平均关税62%的1/4。

（四）进出口商品检验法规

为促进我国产品质量的提高，保护出口商品在国际市场的信誉和竞争力，防止有害及次劣商品进口，维护国家利益，必须对进口商品实施统一的检验、鉴定和监督管理活动。为规范进出口商品检验工作，国务院于1984年1月26日发布了《中华人民共和国进出口商品检验条例》；1989年2月21日第七届全国人民代表大会常务委员会第六次会议通过了《中华人民共和国进出口商品检验法》。为便于贯彻执行，1992年10月7日经国务院批准，于同年10月23日由国家进出口商品检验局发布了《中华人民共和国进出口商品检验法实施条例》（国家进出口商品检验局令第5号）。该条例第4条规定“国家商检局根据外贸发展的需要，对涉及社会公共利益的进出口商品，制定、调整并公布商检机构实施检验的进出口商品类表”（简称《种类表》）。列入“种类表”的商品均属法定检验商品。法定检验进出口商品涉及的重点是安全和卫生的商品，关系国计民生的重要商品和大宗的传统进出口商品。2005年8月10日国务院第101次常务会议通过了修改后的《中华人民共和国进出口商品检验法实施条例》（国务院令第447号）。

目前根据我国进出口检验法规的规定，其法定检验的范围主要包括：① 列入《商检机构实施检验的商品种类表》内的进出口商品；② 根据国家《进出口动植物检疫条例》规定，由检疫机构实施卫生检验的出口动物产品；③ 根据国家《食品安全法》规定，由商检机构实施卫生检验的出口食品；④ 依照《商检条例》规定，由商检机构实施卫生检验的食品，包括由船舶和集装箱装运的食品、冷冻品等易腐出口商品；⑤ 对有关国际条约的规定须经商检机构检验的进出口商品；⑥ 对其他法律、行政法规规定须经商检机构检验的进出口商品。

（五）出口收汇管理法规

我国对出口收汇管理采取的是外汇核销形式。国家为了防止出口单位将外汇截留境外，提高收汇率，国家外汇管理局先后颁布了《出口收汇核销管理办法》和《出口收汇核销管理办法实施细则》规定了出口外汇核销单管理的方式，对出口包括食品在内的货物实施直接收汇控制。“出口外汇核销单”是跟踪、监督出口单位出口后收汇核销和出口单位办理货物出口手续的重要凭证之一。

二、专业性的管理法规

我国食品国际贸易专业性的管理法规主要有如下几种：

（一）食品配额及进出口许可管理法规

我国现行与食品配额和进出口许可相关的法规、规章主要有：国务院发布的《中华人民共和国货物进出口管理条例》（2002年1月1日起施行）、商务部公布的《中华人民共和国货物自动进口许可管理办法》（2005年1月1日起施行）、《中华人民共和国货物进口许可管理办法》（2005年1月1日起施行）、《中华人民共和国货物出口许可证管理办法》（2005年1月1日起施行）等。

食品配额管理的核心法规是《中华人民共和国货物进出口管理条例》。该《条例》的第2章第11条规定：国家规定有数量限制的进口货物，实行配额管理；其他限制进口货物，实行许可证管理。第3章第36条则规定，国家规定有数量限制的出口货物，实行配额管理，其他限制出口货物，实行许可证管理。实行配额管理的限制出口货物，由国务院商务主管部门和其他有关部门依照国务院规定的职责划分进行管理。

依照配额管理相关法规，我国货物限制出口按照其限制方式，划分为出口配额限制和出口非配额限制。出口配额限制是指在一定时期内，为建立公平竞争机制、增强我国商品在国际市场上的竞争力、保障最大限度收汇及保护我国产品的国际市场利益，国家对部分商品的出口数量直接加以限制的措施。我国出口配额限制有两种管理形式：一是出口配额许可证管理。二是出口配额招标管理。出口配额许可证管理是国家对部分商品的出口，在一定时期内（一般为1年）规定数量的总额，经国家批准获得配额的允许出口，否则不准出口的配额管理措施。出口配额许可证管理是国家通过行政管理手段对一些重要商品以规定绝对数量的方式来实现限制出口的目的。而出口招标管理则是国家对部分商品的出口，在一定时期内（一般是1年）规定数量总额，采取招标分配的原则，经招标获得配额的允许出口，否则不准出口的配额管理措施。

出口配额许可证管理是通过直接分配的方式，由国务院商务主管部门或国务院有关部门在各自的职责范围内根据申请者的需求，并结合其出口实绩、能力等条件，按照效益、公开和公平机制的原则进行分配。国家各配额主管部门对经申请有资格获得配额的申请者发放各类配额证明。申请者取得配额证明后，到国务院商务主管部门及其授权发证机关，凭配额证申领出口许可证。

国家商务部是管理进出口货物许可证的主管部门，可授权省级对外经济贸易管理部门或主要口岸特派员办事处签发本地区或辖区内某些进出口货物许可证。各发证机构必须严格按照商务部发布的年度《进口许可证管理商品目录》和《进口许可证管理商品分级发证目录》、《出口许可证管理商品目录》和《出口许可证管理商品分级发证目录》的规定，签发相关商品的进出口许可证，不得违反规定发证。

食品配额许可证管理商品主要包括：大米、谷物、活禽畜及禽畜肉等。根据商务部发布的《2007年出口许可证管理商品目录》规定，实行出口配额许可证管理的食品是玉米、大米、小麦、活牛（对港澳）、活猪（对港澳）、活鸡（对港澳）；实行出口许可证管理的食品货物有活牛（对港澳以外市场）、活猪（对港澳以外市场）、活鸡（对港澳以外市场）、冰鲜牛肉、冻牛肉、冰鲜猪肉、冻猪肉、冰鲜鸡肉和冻鸡肉等。除对港澳出口的活牛、活猪、活鸡实行全球许可证下的国别（地区）配额许可证管理外，其他《出口许可证管理商品目录》所列出口货物均实行全球出口许可证管理。对玉米、大米和成品油等实行国营贸易管理。

我国加入WTO后，国家取消了大麦、大豆、油菜籽、花生油和玉米油的关税配额，实行单一关税。同时为了保证在透明、可预测、统一、公平和非歧视的基础上管理关税配额，原国家计委于2002年公布了《农产品进口关税配额管理暂行办法》。依照该管理办法，实行进口关税配额管理的农产品、食品种类为：小麦、玉米、大豆、豆油、菜籽油、棕榈油和食糖。另外，根据我国加入WTO的有关承诺，自2006年1月1日起，取消豆油、棕榈油、菜籽油进口关税配额和进口国营贸易管理。为了使许可证管理制度符合世贸组织的《进口许可证程序协定》的规定。我国新《外贸法》增加了国家基于检测进出口情况的需要，对部分自由进出口的货物实行进出口自动许可管理的内容。目前，我国实施自动进口许可的食品涉及肉鸡、烟、酒、豆油、棕榈油（棕榈硬脂除外）、菜籽油等。

（二）食品质量管理法规

我国食品质量管理主要根据《中华人民共和国产品质量法》（1993年9月1日起发布实施）参照实施的。《产品质量法》规定了国家对包括食品在内的产品实施监督管理的具体内容，生产者、销售者的产品质量责任和义务。该法在第2章第8条中，明确规定："可能危及人体健康和人身、财产安全的工业产品必须符合保障人体健康，人身、财产安全的国家标准、行业标准；未制定国家标准、行业标准的，必须符合保障人体健康、人身、财产安全的要求"。同时，在第9条还规定："国家根据国际通用的质量管理标准，推行企业质量体系认证制度"。依照这一规定，我国实施的企业质量体系认证制度采用了国际通用的标准：即ISO 9000质量系列标准。ISO 9000系列标准是国际标准化组织ISO为适应国际贸易发展的需要，于1987年公布，适用于对生产企业质量体系进行评审质量管理和质量保证系列标准。该标准被ISO的合格评定委员会CASCO规定为各国市场商品生产质量体系评审的统一标准。ISO 9000质量系列标准包括：ISO 9000《质量管理和质量保证标准－选择和使用指南》、ISO 9001《质量体系－设计开发、生产、安装和服务质量保证模式》、ISO 9002《质量体系－生产和安装的质量保证模式》、ISO 9003《质量体系－最终检验和试验的质量保证模式》、ISO 9004《质量管理和质量体系要素－指南》等。ISO 9000系列标准在国际贸易中，被广泛采用。我国国家质量技术监督局已将2000年版ISO 9000族标准等同采用为中国的国家标准。标准是对重复性事物和概念所做的统一规定，由国家主管机关批准，以特定的形式发布，作为共同遵守的准则和依据。因此，实施ISO 9000族标准是我国食品国际贸易产品质量管理的一项重要内容。

此外，2006年4月政府颁发了《中华人民共和国农产品质量安全法》，于同年6月11日施行。该法对农产品生产、质量安全标准、包装和标识等进行了统一规范。并在第2章第11条中明确规定：国家建立健全农产品质量安全标准体系，农产品质量安全标准是强制性的技术规范。还有我国《食品生产加工企业质量安全监督管理办法》也对食品生产加工企业的必备条件、生产许可、质量安全标志与检验和质量监督等进行了具体规定。

（三）食品安全与认证管理法规

食品安全越来越受世界各国的关注。从实际出发，强化我国食品安全与认证管理法规建设，是近年来我国食品国际贸易法规建设的重要特点。改革开放后，这方面的法规较多，代表性的主要有以下几种。

1. 食品卫生法

《中华人民共和国食品卫生法》是我国食品卫生包括进口食品卫生工作的重要法规。曾在食品进出口监管过程中，发挥了重要作用。该法于1982年，经第五届全国人民代表大会常务委员会第二十五次会议通过，于1983年7月1日实行，2009年6月1日起被《食品安全法》所取代。

《中华人民共和国食品卫生法》第30条规定：进口的食品、食品添加剂、食品容器、包装材料和食品用工具及设备，必须符合国家卫生标准和卫生管理办法的规定，并由口岸进口食品卫生监督检验机构进行卫生监督、检验。检验合格后，方准进口。进口单位在申报检验时，应当提供输出国（地区）所使用的农药、添加剂、熏蒸剂等有关资料和检验报告。第31条规定：出口食品由国家进出口商品检验部门进行卫生监督、检验，海关凭国家进出口商品出具的证书放行。《食品卫生法》的实施是我国进出口食品卫生监督检验工作走上法制管理轨道的标志。此后，卫生部颁布了一系列食品卫生管理办法、标准和规章。如《出入境口岸食品卫生监督管理规定》、《进口商品安全质量许可制度实施办法》、《散装食品卫生监督管理规定》和《食品添加剂卫生管理办法》等。

2. 食品安全法

2009 年 2 月 28 日，第十一届全国人民代表大会常务委员会第七次会议通过并公布了《中华人民共和国食品安全法》。该法是在《食品卫生法》的基础上，针对我国食品安全监管和食品进出口中的薄弱环节，对食品卫生安全制度作了重要的补充和完善。《食品安全法》在我国食品国际贸易法规体系中具有极其重要的地位。

《食品安全法》涵盖了食品进出口过程中所涉及的包括种植、养殖、加工、包装、流通、销售、消费、食品检验检疫和监督管理等各个环节。该法在制定过程中，结合我国实际，广泛听取社会各阶层的众多意见，总结并吸收了国内外以往食品管理的先进经验，建立了食品安全风险监测与评估、食品安全国家标准、食品添加剂生产的许可、食品可追溯、食品安全信息统一公布、不安全食品召回和企业诚信等制度。该法第 6 章第 62 条规定：“进口的食品、食品添加剂以及食品相关产品应当符合我国食品安全国家标准”。第 63 条规定：“进口尚无食品安全国家标准的食品，或者首次进口的食品添加剂新品种、食品相关产品新品种，进口商应当向国务院卫生行政部门提出申请，并提交相关的安全性评估材料。国务院卫生行政部门依法作出是否准予许可的决定”。第 66 条则规定：“进口的预包装食品应有中文标签、中文说明书。标签、说明书应当符合本法以及我国其他有关法律、行政法规的规定和食品安全国家标准的要求，载明食品的原产地以及境内代理商的名称、地址、联系方式。预包装食品没有中文标签、中文说明书或者标签、说明书不符合要求的，不得进口”。而第 67 条明确规定：“进口商应当建立食品进口和销售记录制度，如实记录食品的名称、规格、数量、生产日期、生产或者进口批号、保质期、出口商和购货者名称及其联系方式、交货期等内容。食品进口和销售记录应当真实保存，期限不得少于 2 年”。发现进口食品不安全的，该食品的进口商或者境外出口商应当依照本法第 53 条的规定召回进口食品。还有第 69 条规定：“国家出入境检验检疫部门应当建立进出口食品的进口商、出口商和出口食品生产企业的信誉记录，并予以公布。对有不良记录的进口商、出口商和出口食品生产企业，应加强对其进出口食品的检验检疫”。此外，《食品安全法》还强化了监督管理和法律责任，国务院依法设立食品安全委员会，使该法成为一部指导我国推进国际食品贸易的核心法规。

3. GMP、HACCP 和 GB/T 22000 法规

自 20 世纪 80 年代中期，我国就开始重视对出口食品加工生产企业卫生安全管理法规的建设，并在食品行业内开始着手实施 GMP 管理。1984 年 7 月，原国家商检局和卫生部共同制定并发布了《关于发布实施〈中华人民共和国出口食品卫生管理办法（试行）〉的联合通知》对全国范围内的出口食品加工生产企业实行卫生注册管理制度。此外，原国家商检局于同年 10 月，制定了类似 GMP 卫生法规《关于公布〈出口食品厂、库最低卫生要求（试行）〉和〈出口食品厂、库注册细则（试行）〉的通知》，规定了出口食品企业注册管理工作的标准和程序。1988 年由卫生部发布了《膨化食品良好生产规范》和《保健食品良好生产规范》，这是我国首次颁布实施的 GMP 管理制度。

20 世纪 90 年代后，随着食品贸易全球化的发展以及国际上对食品安全卫生的要求不

断提高，原来颁布的法规逐渐不能适应形势发展的需要，原国家商检局于1994年又重新修订并发布了《出口食品厂、库卫生要求》和《出口食品厂、库卫生注册细则》两项基本规定；之后又在1995~1996年，陆续发布了《出口畜禽肉及其制品加工企业注册卫生规范》、《出口罐头加工企业注册卫生规范》、《出口水产品加工企业注册卫生规范》、《出口饮料加工企业注册卫生规范》、《出口茶叶加工企业注册卫生规范》、《出口糖类加工企业注册卫生规范》、《出口面糖制品加工企业注册卫生规范》、《出口速冻方便食品加工企业注册卫生规范》和《出口肠衣加工企业注册卫生规范》等9项专业规范。凡是从事出口食品生产、储存的厂、库都必须达到以上要求。2005年4月30日，国家食品药品监督管理局颁布了《保健食品注册管理办法》。

此外，国家认证认可监督管理委员会2002年5月1日发布了《食品生产企业HACCP管理体系认证管理规定》，该规定指出"国家鼓励从事生产、加工出口食品的企业建立并实施HACCP管理体系，列入《出口食品卫生注册需要评审HACCP管理体系的产品目录》的企业，必须建立和实施HACCP管理体系"。国家质检总局于2002年5月20日起施行新的《出口食品生产企业卫生注册登记管理规定》及配套文件，其目的在于与国际通用食品卫生注册管理水平接轨，在全国范围内开始推行HACCP体系。

1988年我国政府颁发了《中华人民共和国标准化法》。这不仅标志着开始创建我国的认证认可制度，而且我国现行认证所用的标准都受到该法的制约。2003年9月3日国务院颁发了认证法规中最为重要的法规，即《中华人民共和国认证认可条例》。该条例规范了认证认可活动，规定了国家实行统一的认证认可监督管理制度。

另一方面，ISO于2005年9月1日正式颁布了ISO 22000：2005《食品安全管理体系-食品链中各类组织的要求》。2006年3月1日，ISO 22000：2005被国家标准化管理委员会正式批准等同转换为我国的国家标准，即GB/T 22000—2006《食品安全管理体系-食品链中各类组织的要求》。2007年1月15日国家认证认可监督管理委员会还颁布了《食品安全管理体系认证实施规则》，该规则规定，GB/T 22000《食品安全管理体系-食品链中各类组织的要求》是食品安全管理体系认证的基本认证依据。

上述这些法规为我国实现食品安全，提高科学管理水平，增强食品企业产品的竞争力等都发挥了积极作用，并使出口食品生产加工企业的管理工作步入法制化管理轨道。

4. 转基因食品卫生管理办法

转基因食品是指利用分子生物学手段，将某些生物（动、植物和微生物）基因转移到其他生物物种上，使其出现原物种不具有的性状（多肽或蛋白质）或产物，以转基因生物为原料加工生产的食品。转基因食品既有产量高、营养丰富和抗病力强的一面，又有可能遭受遗传基因污染，危害人体健康的缺陷。1992年卫生部颁布了《新资源食品卫生管理办法》，规定了转基因食品的生产审批制度和标识化方法。1993年12月原国家科委颁发了《基因工程安全管理办法》，对利用载体系统的重组DNA技术以及利用物理或化学方法反异源DNA直接导入有机体的技术管理做出了具体规定，并制定了安全控制方法和措施。1996年7月农业部颁发了《农业生物基因工程安全管理实施办法》，提出要从保护我国农业遗传资源，农业生物工程和农业生产安全的角度，对转基因食品从试验研究、中间环节和环境释放到最后商品化生产的整个过程进行安全评价。评价包括人体健康、生态环境、农业生产和安全管理等。

2001年5月23日，国务院公布了《农业转基因生物安全管理条例》，并于同年6月6日起施行。该法规的颁布实施，标志着我国政府第一次从国家立法的高度加强了转基因生物的安全管理。为了保障《农业转基因生物安全管理条例》的实施，农业部于2002年1月颁布了《农业转基因生物安全管理条例实施细则》，2002年7月国家卫生部颁布实施了《转基因食品卫生管理办法》，该法规规定了对生产和进口转基因食品实施申报和审批制度，并在食品标签上进行标识，标注为“转基因××食品”或“以转基因××食品为原料”，以保护消费者的健康权和知情权。

（四）动植物检疫法

为了防止动物传染病、寄生虫病和植物危险性病、虫、杂草以及其他有害生物传入或传出国境，保护我国农、林、牧、渔业生产和人民的身体健康，我国政府于1991年10月30日颁布了《中华人民共和国进出境动植物检疫法》，1992年4月1日起实施。该法对动植物的具体内容、禁止进境的动植物、国家政府机构和相关职能部门的监管范围等都作出了明确的规定。

依照《中华人民共和国进出境动植物检疫法》第8章第46条规定：“动物”是指饲养野生的活动物，如畜、禽、兽、蛇、龟、鱼、虾、蟹、贝、蚕、蜂等；“动物产品”则指来源于动物未加工或者虽经加工，但仍有可能传播疫情的产品，如生皮张、毛类、肉类、脏器、油脂、动物水产品、奶制品、蛋类、胚胎、骨、蹄和角等。另外，“植物”是指栽培植物、野生植物及其种子、种苗及其他繁殖材料等。而“植物产品”则指来源于植物未加工或者虽经加工，但仍有可能传播病虫害的产品，如粮食、豆、棉花、油、麻、烟草、干果、鲜果、蔬菜、生药材和饲料等。第1章第5条规定了国家禁止进境的动植物，主要包括：一是动植物病源体（包括菌种、毒种等）、害虫及其他有害生物。二是动植物疫情流行的国家和地区的有关动植物、动植物产品和其他检疫物。三是动物尸体与土壤。

另外，第1章第6条对政府的职能进行了规定：国外发生重大动植物疫情并可能传入中国时，国务院应当采取紧急预防措施，必要时可以下令禁止来自动植物疫区的运输工具进境或者封锁有关口岸；受动植物疫情威胁地区的地方人民政府和有关口岸动植物检疫机关，应当立即采取紧急措施，同时向上级人民政府和国家动植物检疫机关报告。第7条规定：国家动植物检疫机关对进出境动植物、动植物产品的生产、加工和存放过程，实行检疫监督制度。

三、未来建设重点

综上所述，我国食品国际贸易政策与法规建设已取得重大突破，基本建立了一套完整的食品国际贸易的政策与法律法规体系，为保障食品安全、提升食品质量、规范进出口食品贸易秩序等提供了坚实的基础和良好的环境。但是也仍然存在诸多的问题，突出表现在与国际规则有明显差距、滞后性与操作性有待改善、市场准入制度存在明显缺陷等方面。从根本上解决这些问题是我国未来食品国际贸易政策与法规体系建设的重点。

（一）加快与国际规则接轨

在卫生与动植物检疫制度方面。我国目前的立法主要有《进出境动植物检疫法》及其他相关的行政法规。由于农业技术和防疫水平的落后，我国一直采取较为严格的动植物进口检疫管理政策，以避免外来疫害。但一味采取严格的进口检疫措施，不仅会遭到农产品出口国（主要是西方农业大国）的不满和指责，也不利于加入 WTO 后履行有关动植物检疫措施的义务。依据中国目前的《进出境动植物检疫法》及配套检疫法规的规定，我国在国内动植物检疫措施及制度与国际通行标准还存在着一定的差距，主要表现在防疫水平低下，检疫措施呆板且苛刻，缺乏务实性，透明度不够等。这些制度上的缺陷往往被其他国家抓住把柄，大做文章。美国小麦 TCK 病害事件即是一个很好的例子。因此，如何以务实的思想来协调国内的卫生检疫标准与国际通行标准，既能通过动植物检疫措施合理保护我国农业与农产品市场，又不做无谓的管制，是我国动植物检疫制度改革的一个重要问题。

（二）扭转滞后性与提高操作性

以转基因食品安全管理为例。由于近几年来转基因食品迅速发展，使其在解决未来全球粮食危机上的作用备受关注，尤其对我国这样的人口快速刚性增长，人均耕地面积有限的国家，发展转基因食品可能将成为消除粮食不安全隐患的重要手段。但转基因食品具有不安全的风险性。为强化有效的安全管理，国务院有关行政主管部门专门制定了一些关于转基因食品安全管理的行政规章（见表 11 -4）。

表 11 -4　中国转基因产品安全管理机构及相关法规

管理机构	管理职责	相关法规及颁布时间
科技部	全面主管基因工程安全工作	《基因工程安全管理办法》1993 年
环保总局	负责生物环境安全工作	《中国国家生物安全国家框架》，2002 年
农业部	主管全国转基因作物及其产品的中间试验、环境释放和商品化生产的安全性评价等工作	《农业生物基因工程安全管理实施办法》，1996 年；《农业转基因生物安全管理条例》，2001 年；《农业转基因生物加工审批办法》，2006 年
卫生部	负责对新资源食品进行检测、批准工作	《新资源食品卫生管理办法》，2007 年
国家出入境检验检疫局	负责对进口商和加工商品的检验和认证	

资料来源：根据有关法律法规整理形成。

但与发达国家相比较，立法层次不高且内容相对滞后。例如，我国现有转基因食品安全法律规范中，有关转基因食品安全的实验室规范以及技术标准规范的内容几乎没有规定。我国《农业转基因生物安全管理条例》第 11 条规定：“从事农业转基因生物研究与试验的单位，应当具备与安全等级相适应的安全设施和措施，确保农业转基因生物研究与试验的安全，并成立农业转基因生物安全小组，负责本单位农业转基因生物研究与试验的安全工作”，但并没有相应规定或者配套文件说明“相适应的安全设施和措施”的技术参考标准。实验室是转基因食品生产的源头，在实验室控制转基因食品安全是非常必要的，应当有相应的法律规范，比如明确规定只有具备什么硬件设施和软件条件（包括研究人员素质要求）的实验室才能进行转基因食品的开发研究。即使目前的转基因食品标识制度属于“强制标识制度”，其有关规定也不够明确，在现实操作中产生困难。如在《农业转基因生物标识管理办法》中第 6 条中规定：“转基因动植物（含种子、种畜禽、水产苗种）和微生物，转基因动植物、微生物产品，含有转基因动植物、微生物或者其产品成分的种子、畜禽、水产种苗、农药、兽药、肥料和添加剂等产品，直接标注‘转基因 ×

×'"。但该条规定中没有明确"含有转基因成分"的具体数量标准。立法中的缺陷必定会带来管理的混乱，所以有必要制定相关的技术标准规范，如欧盟就规定了转基因成分在0.9%以上的所有产品为转基因产品。因此，借鉴发达国家的经验，并结合我国的具体实际，进一步补充、完善包括转基因食品安全管理在内的食品国际贸易的相关法规与技术标准，提高法规的可操作性是未来建设的重点之一。

（三）有效解决市场准入制度存在的缺陷

在当代国际市场与国内市场逐渐融合的背景下，任何一国的市场准入制度都是市场法律制度最重要的组成部分。作为WTO的成员，我国农产品市场的准入制度必须与WTO的有关制度安排一致，但恰恰此方面我国的制度设计存在诸多的缺陷。比如，在配额制度方面，根据《农业协定》的规定，对现行农产品实施非关税措施管理的成员方可以实行关税配额制度，但目前中国与WTO其他成员方不同，与进口配额相关的制度、法规和政策不够完善，对国际市场和国内最终用户在配额确定和分配方法上都缺乏透明度。另外，中国不仅对农产品而且对农用生产资料中的化肥也实行进口配额制，扩大了配额的使用范围。再如，在进口许可证制度方面，从有关制度安排及实际执行情况来看，当前管理部门是酌情发放进口许可证，带有明显的不确定性和某种程度的歧视性，违背了WTO的非歧视原则。此外，中国农产品领域的国营贸易企业制度、外贸经营权制度也与《农业协定》的要求存在一定差距。我国相关法律的控制与规范明显难以满足实际需要，成为我国农产品市场准入制度明显的薄弱环节。

（四）继续完善生态环境保护的法律体系

农牧渔业的生态自然环境对食品原料的生产安全起决定作用。国务院和地方政府为实施国家环保法律和法规，制定和颁布了各项规章和地方法规660余件。近年来还相继颁布实施了《中华人民共和国畜牧法》、《中华人民共和国水污染防治法》等相关法规，并在此基础上不断加强环境执法检查和行政执法。但农牧渔业生态自然环境的立法问题依然没有得到有效解决。主要表现在两个方面：一是现行环境保护法对自然资源的保护重视不够。我国现行的《环境保护法》颁行于1989年，至今已经有20年的历史。由于时代的发展，环保法的弊病越来越明显。就保护食品原料生产的角度来分析，现行环境保护法偏重于污染防治，导致我国自然资源的滥用、破坏以及整个生态环境的持续恶化。二是国家将城市污染、工业污染防治和重点地区污染治理作为我国环境保护工作的重点，而对农业生产环境污染形势日益复杂的问题没有予以同等程度的关注，关于农村环境保护的法制建设还处于较为滞后的局面。我国现有的环境保护法规虽然关注系统性问题，但在所有的法律体系中，除了最新制定的《固体废物污染环境防治法》中专门提到了农村环境问题之外，其余有关法律法规均没有针对性强的条文。显然，农村的环境受到城市和工业的挤压和损害。因此，国家必须在完善现有的环境保护的法律法规和补充修订现有条例的基础上，针对农业生态自然环境保护的重要性，推出新的具有综合性和前瞻性的法律，重点推进有关土壤污染、生态保护、循环经济和农业环境监测等法律法规的制定；进一步建立和完善化肥、农药和农膜等农业生产资料的生产与使用的技术规范和标准体系，努力使农业生产的环境标准和环保目标相衔接。同时加强农、林、牧和水产业生态自然环境的规划，建立长效管理与协调机制，并理顺生态环保的治理体系，规范和协调政府行为，提高管理效率。

第五节　食品国际贸易的管理体系

我国是世界上食品进出口贸易的重要国家，食品国际贸易涉及农、林、牧、渔业的生产、加工、批发流通和进出口等各个环节。食品出口的前提条件是一国的食品能满足本国居民需要且有剩余。而食品的原料来源于农、林、牧、渔业生产活动过程中所获得的各种物质产品，且相当部分的物质产品本身就是可供直接食用的食品。同时与其他工业品相比，食品生产具有更受土地、水资源等自然条件和环境的制约、生产季节性强、易污染与保质期短、安全与否影响人体健康等特征。因此，食品国际贸易管理是非常复杂的系统。

改革开放后，特别是我国逐步建立起社会主义市场经济体制以来，随着我国政府管理职能的不断健全，作为政府管理的重要方面，食品国际贸易的公共管理体系已初步建立，形成了以国家的法律法规为依据，农业、环保、卫生、质量监督、工商等各职能部门实施条块管理，各司其职，涵盖了包括法律法规、质量标准、检测检验与认证、进出口岸管理和执法监督体系等在内的管理体系。

一、主要部门与基本职责

食品国际贸易管理体系的功能通过政府相关部门和机构的各司其责反映出来。即政府各主管部门和机构根据国家政策法规、通过各自所管辖的下属组织机构，或各省市地方口岸的分支机构对食品的生产过程和进出口实施全面管理。目前，我国食品国际贸易的管理体系主要由农业部、卫生部、商务部、国家质量监督检验检疫总局、海关总署和其他相关政府部门或机构构成，并包括法律法规体系、质量标准体系、检测检验体系、认证体系、进出口岸管理体系和执法监督体系等。我国食品国际贸易管理体系中主要部门的基本职责简单介绍如下。

（一）商务部

商务部的主要职责是：拟定进出口商品管理办法和进出口商品目录以及进出口配额与关税配额管理制度；编报下达进出口商品配额、关税配额年度计划并组织实施；负责供应港澳鲜活冷冻商品的管理；制定进出口许可证管理制度并监督实施；制定进出口配额招标政策、边境贸易政策并组织实施；制定国营贸易和指定公司经营商品目录，并组织实施。拟定外贸管理体制改革方案和进出口贸易发展战略；拟定与进出口公平贸易相关的部门规章和政策，并组织实施；拟定进口反倾销、反补贴、保障措施以及其他与贸易救济措施相关的部门规章，并组织实施等。

（二）海关总署

海关总署依照《中华人民共和国海关法》、《中华人民共和国海关进出口税则》、《中华人民共和国进出口关税条例》等有关法律、法规，主要承担四项基本任务：监管出入境运输工具、货物、物品；征收关税和其他税、费；查缉走私；编制海关统计和办理其他海关业务等。根据这些任务，海关在食品国际贸易领域中的主要职责是：履行通关监管、税收征管、加工贸易和保税监管、海关统计、海关稽查、打击走私和口岸管理等。

（三）国家质量监督检验检疫总局

国家质量监督检验检疫总局在我国食品国际贸易管理体系中具有重要职责。主要有以下几点。

1. 通关管理职责

国家质检总局依法制定《出入境检验检疫机构实施检验检疫的进出境商品目录》，对涉及环境、卫生、动植物健康、人身安全的出入境货物、交通工具和人员实施检验检疫通关管理，在口岸对出入境货物实行“先报检，后报关”的检验检疫货物通关管理模式；负责实施进出口货物法定检验检疫，并签发“入境货物通关单”和“出境货物通关单”，海关凭此放行；签发出境检验检疫证书至100多个国家和地区；依法对出入境检验检疫标志和封识进行管理；负责签发普惠制原产地证、一般原产地证、区域性优惠原产地证和专用原产地证及注册等相关业务。

2. 出入境动植物检疫管理职责

根据《进出境动植物检疫法》及其实施条例，国家质检总局对进出境和旅客携带、邮寄的动植物及其产品和其他检疫物，装载动植物及其产品和其他检疫物的装载容器、包装物、铺垫材料，来自疫区的运输工具，以及法律、法规、国际条约、多双边协议规定或贸易合同约定应当实施检疫的其他货物和物品实施检疫和监管，以防止动物传染病、寄生虫病和植物危险性病、虫、杂草以及其他有害生物传入传出，保护农、林、牧、渔业生产和人体健康，促进对外贸易的发展。检疫的措施主要包括：风险分析与管理措施、检疫审批、国外预检、口岸查验、隔离检疫、实验室检测、检疫除害处理、预警和快速反应、检疫监管等。

3. 进出口商品检疫管理职责

根据《进出口商品检验法》及其实施条例，国家质检总局对进出口商品及其包装和运载工具进行检验和监管。对列入《出入境检验检疫机构实施检验检疫的进出境商品目录》中的商品实施法定检验和监督管理；对《目录》外商品实施抽查；对涉及安全、卫生、健康和环保的重要进出口商品实施注册、登记或备案制度：对符合进口许可制度的民用商品实施入境验证管理；对法定检验商品的免检进行审批；对一般包装、危险品包装实施检验；对运载工具和集装箱实施检验检疫；对进出口商品鉴定和外商投资财产价值鉴定进行监督管理；依法审批并监督管理从事进出口商品检验鉴定业务的机构。

4. 进出口食品安全管理职责

根据《食品安全法》和《进出口商品检验法》及相关规定，国家质检总局对进出口食品的安全、卫生和质量进行检验监督管理，组织实施对进出口食品及其生产单位的日常监督管理。对进口食品、食品添加剂、食品容器、包装材料、食品用工具及设备进行检验检疫和监督管理。建立出入境食品检验检疫风险预警和快速反应系统，对进出口食品中可能存在的风险或潜在危害采取预防性安全保障和处理措施。参与《中华人民共和国动物及动物源食品中残留物质监控计划》、《中华人民共和国动植物源性食品农药残留物质监控计划》等法律法规的制定以及在全国范围内对动物及动物源性食品进行农兽药残留监测。

5. 食品质量与计量管理职责

根据《产品质量法》、《食品安全法》及其实施条例，国家质检总局组织实施食品生产加工环节质量安全卫生监督管理。组织实施食品生产许可、强制检验等食品质量安全准入制度。负责调查处理食品生产加工环节的食品安全重大事故。同时，组织实施包括进出口食品在内的质量低劣产品召回制度。此外，国家质检总局依据《计量法》及其实施条例，对进出口计量器具进行检验和监督管理，主要包括：进口计量器具的型号批准、进口计量器具的审批和进口计量器具的检定等；负责推行法定计量单位和国家计量制度，组织建立、审批和管理国家计量基准和标准物质，制定计量器具的国家检定系统表、检定规程和计量技术规范，组织量值传递；负责规范和监督商品量的计量行为。

6. 国际合作

国家质检总局负责食品管理质量监督检验检疫方面的国际合作与交流。国家质检总局与世界大多数国家和地区的相关主管部门建立了合作和双边磋商协作机制；并参与许多国际组织和区域组织的活动，主要包括：世界贸易组织（WTO）、国际标准化组织（ISO）、国际电工委员会（IEC）、联合国食品法典委员会（CAC）、国际植物保护公约（IPPC）、国际米制公约组织、国际法制计量组织（OIML）、亚太经合组织（APEC）、亚欧会议（ASEM）、上海合作组织（The Shanghai Cooperation Organization）、亚太法制计量论坛（APLMF）等。

（四）国家认证认可监督管理委员会

国家认证认可监督管理委员会是挂靠在质检总局的认证认可管理部门，依据《中华人民共和国认证认可条例》，负责制定、发布和执行国家认证认可、安全质量许可、卫生注册和合格评定方面的法律、法规和规章，协调并指导全国认证认可工作，负责监督管理认证认可机构及其人员注册；负责拟定国家实施强制性认证与安全质量许可制度的产品目录，制定并发布认证标志、合格评定程序和技术规则，组织实施强制性认证与安全质量许可工作；负责进出口食品和化妆品生产、加工单位的卫生注册登记的评审和注册工作，办理注册通报和向境外推荐事宜；依法监督和规范认证市场，监督管理认证有关的中介服务和技术评价行为；负责认证有关机构的资质审核和监督，受理认证认可的投诉并组织查处。负责管理相关校准、检测、检验实验室技术能力的评审和资格认定工作，组织实施实验室评审、计量认证、注册和资格认定工作；负责对承担强制性认证和安全质量许可的认证机构、检验机构和实验室的审批；管理和协调以政府名义参加的认证认可国际合作活动，参加认证认可国际组织的活动，并签署与合格评定有关的协议、协定和议定书。

（五）国家标准化管理委员会

依据《标准化法》及其实施条例，国家标准化管理委员会负责起草、修订国家标准化法律法规的工作，拟定和贯彻执行国家标准化工作的方针和政策，拟定全国标准化管理规章，制定相关制度，组织实施标准化法律法规和规章制度；负责制定国家标准化事业发展规划，并组织、协调和编制国家标准的制定和修订计划以及对国家标准的统一审查、批准、编号和发布；负责协调和管理全国标准化技术委员会的有关工作，协调和指导行业、地方标准化工作，以及行业标准和地方标准的备案工作；参加国际标准化组织（ISO）、国际电工委员会（IEC）和其他国际或区域性标准化组织的活动，负责组织ISO、IEC中国国家委员会的工作；负责管理国内各部门、各地区参与国际或区域性标准化组织活动的工作，负责签定并执行标准化国际合作协议；管理全国组织机构代码和商品条码工作。

（六）农业部和环境保护部

农业部负责组织起草种植业、畜牧业、渔业、乡镇企业等农业各产业的法律、法规草案，承办农业部规章的起草和审查工作，对有关部门起草的法律、法规中涉及农业和农村经济的条款提出审核意见；负责初级农产品生产环节的监督管理，拟订农业各产业技术标准并组织实施，组织实施农业各产业产品及绿色食品的质量监督和认证工作，组织协调种子、农药、兽药等农业投入品质量的监测、鉴定和执法监督管理；组织国内生产及进口种子、农药、兽药和有关肥料等产品的登记和农机安全监管工作，起草动植物防疫和检疫的法律法规草案，制定有关标准等。

环境保护部主要职责是：制定和组织实施各项环境管理制度；按国家规定审定开发建设活动的环境影响报告书；指导城乡环境综合整治；负责农村生态环境保护；指导全国生态示范区建设和生态农业建设；监督对生态环境有影响的自然资源开发利用活动、重要生态环境建设和生态破坏恢复工作；监督检查各种类型自然保护区以及风景名胜区、森林公园的环境保护工作；监督检查生物多样性保护、野生动植物保护、湿地环境保护、荒漠化防治工作；向国务院提出新建的各类国家级自然保护区审批建议；监督管理国家级自然保护区；牵头负责生物物种资源的管理工作；负责外来入侵物种有关管理工作。

（七）卫生部

2008 年 3 月 15 日第十一届全国人民代表大会第一次会议审议通过的《国务院机构改革方案》，明确由卫生部承担食品安全综合协调、组织查处食品安全重大事故的责任，将原国家食品药品监督管理局改由卫生部管理，将卫生部食品卫生许可，餐饮业、食堂等消费环节食品安全监管和保健食品、化妆品监督管理的职责划入国家食品药品监督管理局。

改革后，卫生部所属的国家食品药品监督管理局有关食品管理的主要职责如下：

（1）组织有关部门起草食品等安全管理方面的法律和行政法规；组织有关部门制定食品等的安全管理的综合监督政策和工作规划。

（2）综合协调食品等安全检测和评价工作；会同有关部门制定食品安全监管信息发布办法，综合有关部门的安全信息，并定期向社会公布。

（3）依法行使食品等安全管理的综合监督，组织协调有关部门承担食品安全的监管工作；指导全国食品安全管理的综合监督工作。组织开展对食品重大安全事故的查处；协调开展全国食品安全的专项执法监督活动；组织协调和配合有关部门；开展食品安全重大事故应急救援工作。

（4）开展食品安全管理有关的政府间、国际组织间的交流与合作。

（八）其他相关部门

国家外汇管理局的主要职责包括：设计、推行符合国际惯例的国际收支统计体系，拟定并组织实施国际收支统计申报制度，负责国际收支统计数据的采集，编制国际收支平衡表；分析研究外汇收支和国际收支状况，提出维护国际收支平衡的政策建议，研究人民币在资本项目下的兑换；制定外汇市场的管理办法，监督管理外汇市场的运作秩序，培育和发展外汇市场；分析和预测外汇市场的供需形势，向中国人民银行提供制订汇率政策的建议和依据；制订经常项目汇兑管理办法，依法监督经常项目的汇兑行为；规范境内外外汇账户管理；依法监督管理资本项目下的交易和外汇的汇入、汇出及兑付，并按规定经营管理国家外汇储备。

国家工商行政管理总局的主要职责是：研究拟定食品工商行政管理的方针、政策，组织起草有关法律、法规草案，制定并发布工商行政管理规章；依法组织管理包括食品外商投资企业在内的各类企业和从事食品经营活动的单位、个人以及外国（地区）企业常驻代表机构的注册，核定注册单位名称，审定、批准、颁发有关证照并实行监督管理；依法组织监督食品市场竞争行为，查处垄断和不正当竞争，并依法监管食品流通领域的产品质量，组织查处假冒伪劣等违法行为，保护经营者、消费者合法权益；依法对食品广告进行监督管理，负责食品商标注册和商标管理工作；依法组织监管个体工商户、个人合伙和私营企业的食品生产与经营行为。

二、基本特点

我国食品国际贸易管理体制有以下五个基本特点。

（一）垂直与水平相交叉的管理

我国政府各职能部门对国际贸易的管理都具有相对独立性，通过各自的行政管理渠道，从上至下依照政策法规对食品国际贸易实施监管。这种相对独立的管理模式，构成了食品国际贸易的垂直性管理。另一方面，由于食品的基本特性，食品的生产与进出口过程中牵涉的行业面广，这就形成了国家各管理部门和机构之间的水平交叉管理。例如，进出口食品的卫生与安全的问题就需要卫生部食品药品监督管理局、质检总局、海关等相关部门的共同监控和协调管理。垂直与水平相交叉的管理方式是我国食品国际贸易管理的基本特征。

（二）依法执行管理职能

我国对食品国际贸易的管理是建立在法律法规基础之上的，政府各部门和机构对食品进出口的管理都有明确的法律依据。比如，商务部根据《对外贸易法》实施对外食品贸易的管理，食品药品监督管理局依照《食品安全法》实施对进出口食品安全的监控等。政府职能部门依据法律规范，对食品国际贸易进行管理是我国食品管理体系的鲜明特点。

（三）顺应国内外环境变化

由于我国加入 WTO 和国内经济的持续发展，食品国际贸易的国内外环境发生了很大变化，为了应对这种变化，政府各有关部门修订法律法规，强化相关部门的职能，不断调整食品进出口的管理。例如，商务部设立世界贸易组织司、海关依照法规扩大食品进出口品种，实施进口食品的关税减让等。顺应贸易环境变化的管理不仅是我国食品对外贸易管理体系的特点，也成为今后发展的趋向。

（四）构建国际标准化管理模式

我国在食品国际贸易发展过程中，国家质检总局等有关部门职能部门，引进国际产品质量标准体系和管理体系，如 ISO 9000 系列标准、GMP、HACCP 等，并应用于食品生产，以提高食品质量，推动食品国际贸易的发展。食品的生产标准与质量监控同国际接轨也是我国食品贸易管理体系的重要特点。同时随着科学技术的进步，快速检测技术和设备的出现，通讯技术和计算机信息网络技术的应用和普及，为建立“监控及时、信息共享、反应快速、管理高效”的区域性动态食品安全监管体系提供了技术条件，信息技术用于食品贸易与安全等方面的管理取得明显成效。

（五）机构改革不断深化

2003 年的政府机构改革着重围绕转变职能这一主题，从强化食品安全的角度，在国家药品监督管理局的基础上组建国家食品药品监督管理局，作为国务院直属机构，行使对食品、保健品、化妆品安全管理的综合监督和组织协调，依法组织开展对重大事故查处等主要职责，并实行省级以下垂直管理体制。这一改革在打破地方保护、建立统一市场、加强执法队伍建设、规范行政行为等方面起到了积极作用，但也与地方政府在食品药品安全监管方面负总责的要求不相适应。根据第十一届全国人民代表大会第一次会议审议通过的《国务院机构改革方案》，国务院决定对省级以下食品药品监督管理体制进行调整（国办发〔2008〕123号）。调整的总原则是“按照精简统一效能的原则，理顺权责关系，整合管理职能，落实地方责任，完善体制机制，提高监管水平”。这一改革进一步强化了食品监管部门的监管责任，保证执行权、监督权能够有效地进行统一和协调。

三、主 要 问 题

我国现有的管理体系对食品国际贸易的发展发挥了重要作用，但同发达国家相比，仍存在体系运行不顺畅，监管环节多，政出多门，管理部门职能交叉重叠，未形成统一高效的监管体系等诸多问题，特别是在食品安全监管方面表现尤为突出，尽管国务院已明确了食品安全管理遵照“分段管理为主，品种管理为辅”的原则，但由于涉及众多管理部门，导致职责不清，难以形成合力。我国现行的食品国际贸易管理体系存在的主要问题如下：

（一）监管体制仍有不足

2008年食品监督管理体制的改革调整仍然不能彻底有效地解决监管体制的不足问题。食品链条上的任何一个因素不安全，最终都可能引发食源性疾病或者导致突发食品安全事件的产生。因此现行的“每个监管环节由一个部门”监管不能涵盖整个食品安全链条。按部门分环节的管理体制往往导致行政执法资源的浪费。例如，在“阜阳奶粉”、“苏丹红”、“三鹿问题奶粉”等事件中，工商、卫生、质监部门都对市场上的奶粉、涉红产品进行监督抽查。这些重复抽查行为，既加重了行政管理人员的负担，也浪费了大量的行政执法资源。随着现代流通体系的发展，发生在某一地域和某一环节的“食品事件”往往会迅速波及其他地域和其他环节，造成食品安全问题乘数效应的扩大。因此目前的按照一个部门监管一个环节，地方政府监管本辖区的食品安全的监管体制并不能够很好地解决跨地域食品安全管理职能所存在的缺陷。

（二）对生态环境保护不力

农林畜牧业是我国食品国际贸易的支柱产业。但由于我国对农林畜牧业生态自然环境保护监管体系不健全，导致了农产品生产条件的恶化。2005年全国农用化肥总量达到4766.2万t，约占世界总消费量的30%，全国已有17个省氮肥平均施肥量超过国际公认的225kg/hm^2，农药使用量超过146万t。由于过量施肥，全国很多农村自然环境进一步恶化，土壤有机质出现迅速下降，地表水富营养化和地下水硝酸盐污染令人担忧，而农药的滥用致使其在环境及农副产品中的残留问题已成为农产品、食品对外贸易的障碍。城市和工业污染向农村蔓延，如城市污染企业和工业废水污染以及城市垃圾向农村转移，乡镇工业造成的环境污染逐年增加等，对农业生产环境造成了极大的破坏。保障食品在源头上的安全，考验着政府的执政能力。

另一方面，外资贸易企业在华经营活动也对我国的农林自然资源造成了影响。以一次性筷子为例，我国每年生产450亿双一次性筷子，其中日本每年通过日资企业调集进口的数量为150亿双，这主要集中在东北黑龙江等地。为了生产出口一次性筷子，20世纪90年代末，东北三省地区的森林遭到滥伐，并成为洪水泛滥的原因之一。而造成这些生态自然环境破坏的主要原因在于缺乏法律法规的强制性约束和管理部门强有力的监管。

（三）质量标准体系建设进程仍较为缓慢

为了有效实施对食品安全的监管，我国不断加快食品质量标准体系的建设，但与现实需求相比，建设进程仍然比较缓慢。主要表现在：一是国家安全标准数量少。以农药残留标准为例，2002 年 FAO/WHO 就正式颁布了 155 种、2322 项农药最高残留标准；美国共制定了近 10000 项、农药最高残留标准；德国制定了 200 种、3400 余项农药最高残留标准；日本厚生省对 218 种农药制定出了 9000 多个最高残留限量标准。而我国现有与农业有关的国家标准与行业标准 2000 多项，与农产品、食品安全有关的国家标准和行业标准仅有 1000 多项，其中包括 500 多项食品卫生标准。二是质量认证体系不健全。我国目前的食品标准还处于初级推广阶段，与发达国家相比还不够完善。如以绿色食品的质量认证体系为例，美国已建立了 55 种质量认证体系，日本则有 25 种。三是采用国际标准进程缓慢。美、英、法、德等发达国家采用国际标准的比例已超过 80%，日本新制定的国家标准有 90% 以上是采用国际标准化组织（ISO）的标准。而我国采用国际标准和国外技术标准的仅占 43.5%，而且制定有关标准缺乏主动性，长期以来一般是国外提出某项技术壁垒，国内才开始被动地着手建立相关标准。

（四）食品安全与贸易的全程监控薄弱

我国食品安全与贸易全程监控薄弱，突出地表现在：一是缺乏全面的科学管理模式。利用 HACCP 自动控制软件进行管理的控制模式起步比较晚，应用也较少。同时在对食品安全实施监控时，企业管理者往往只重视 HACCP 体系在食品生产过程中的应用，而对原料的生产和产品的流通缺少关注，将食品生产环节孤立出来，没有形成对食品生产的全程控制，使得 HACCP 体系的运用流于形式。此外，由于我国食品加工企业主要以中小企业为主，同欧美、日本等发达国家食品产业相比较，保证质量安全的产业基础较差。相当一部分企业还没有能力对食品安全实施全面监控。二是监管力量不足与手段落后。我国食品安全检测系统与发达国家相比，组建时间短，食品检测条件差，检测主要沿袭传统的现场检查和抽样检验的方法，而数字化监管的程度则比较低，专业检验和监管人员的配备也不够。三是食品在流通过程中，缺乏有效监控。目前，我国食品物流行业低温保鲜与冷冻、冷藏系统还没有完全建立，因管理水平低、技术条件差等原因，仅靠物流企业自身的监控往往不能确保食品安全。

四、改革取向

我国未来食品贸易管理体系的改革是非常复杂的问题应从中国的实际出发，借鉴国际经验，形成既具有自身特点，又与国际惯例基本接轨，安全有效、保障有力、公开透明、手段先进、体系完备的管理体系。综合本书前述的研究，在未来的改革中要着力关注解决以下问题。

（一）实施确保粮食安全的国际贸易战略

食品安全作为国民经济活动的有机组成部分，不但具有保证人们的基本生存权利的特殊性，而且更具有国家经济安全的经济性，以及社会稳定的政治特性的深刻内涵。一方面，我国是世界第一人口大国，人口总数已超过 13 亿，而且由于我国固有的人口结构，2030 年之前人口仍处于刚性增长时期。同时随着经济的快速增长和城乡居民收入的增加，人们对食品的需求量也日益扩大。这预示着未来食品进口量有进一步扩大的趋势。我国粮食生产虽然总体上呈现上升趋势，部分粮食出现结构性过剩，但这决不意味着粮食供给便可以高枕无忧。必须警惕1994年粮食生产比1993年减少1139万t、减产2.5%，造成粮价高涨和全国性通货膨胀以及2008年由于发达国家生产生物燃料而引发全球性粮价暴涨等类似问题的再次出现。另一方面，我国正面临着由于经济快速发展和城市化扩大而带来的耕地数量减少、水资源紧缺和种植面积减少等制约粮食生产的严峻现实。作为发展中的大国，我国既不能像日本和韩国等国那样依赖大量的食品进口，大幅下降粮食自给率，同时也不能违反WTO原则，拒国际粮食、食品于门外。适度进口部分粮食或食品来弥补国内市场的不足，这有利于缓解我国耕地和人口之间的矛盾和国际贸易摩擦。因此，从食品国际贸易的长期战略视角出发，构建以保障粮食安全为核心的管理体系是未来改革取向的核心问题。

（二）深化食品安全管理机构的改革

由于牵涉相关部门多、监管部门职责交叉、政出多门和职权脱节等原因，我国食品贸易管理体系监管运行仍远未达到最佳状态。因此，不断深化政府管理部门的改革，建立有效的协调机制，完善管理体系，始终是我国食品国际贸易管理体系建设中的重要环节。

第十一届全国人民代表大会第一次会议审议通过的《国务院机构改革方案》，对食品安全管理机构的改革作出了明确的规定，其主要内容是将国家食品药品监督管理局改由卫生部管理，并实施食品药品监督管理机构省级以下由垂直管理改为由地方政府分级管理。这一改革有助于强化地方政府的监管，从管理体制上确保“地方政府对食品药品安全负总责”。但成效有待检验。由于我国的食品产业链太长，地域范围大，生产力发展水平极不平衡，不可能也不必要将食品安全的监管统一在一两个部门。未来改革的取向应始终关注解决食品监管职责过于分散的状况，相对集中食品安全监管的职能，进一步明晰权责，并通过建立有效和权威的协调机制，提高监管效率，降低行政成本。比如，进一步探索多种管理模式，将品种管理和“划段”管理结合起来，对能够集中的管理链条和跨度不太大的品种可由一两个部门管理起来。对于需要“划段”的管理，明确边界和衔接的方式方法，特别是信息的沟通和共享，职能上尽可能避免交叉。省、自治区、直辖市之间也可以建立食品安全问题的协调与合作机制。省际食品安全协调与合作问题可以分为两个层次，一种是省与省之间通过协商能解决的食品安全问题，由两个省或多个省建立区域合作机制；另一种是对省际之间协商不能解决的食品安全问题，由国家食品药品监督管理局直接管理。

（三）完善进出口食品安全标准化体系

我国加入WTO后，国内市场融入国际市场，并成为国际市场的重要组成部分。建立和健全与国际接轨的食品安全认证体系，有利于应对技术贸易壁垒，推动我国食品国际贸易的发展。因此，推动进出口食品安全认证体系建设已成为今后改革取向的重要内容之一。重点是：健全食品安全标准体系。要尽快弥补我国食品安全标准不规范、不够严密的弱点，并参照《国际食品法典》，从食品安全的全程监控着眼，把标准和规程落实在食品产业链的每一个环节上，不断完善食品质量标准体系，及时清理和修订过时的农业标准，抓紧制定急需的食品质量安全标准，积极采用国际标准，加快与国际标准接轨。同时进一步加快认证体系建设，将无公害农产品、绿色食品、有机食品的认证工作纳入法制轨道，明确各类认证的法律地位，理顺相互之间的关系。并在此基础上，积极推行良好农业规范（GAP）、危害分析与关键控制点（HACCP）体系认证。

（四）强化食品安全的全程监管

为了保证我国食品出口的质量安全管理，相关管理部门必须加强对农、林、牧、渔业生产源头的食品安全监管。坚持“预防为主、源头监管、全程控制”的原则，从源头抓起，推行从农田、水产养殖场、畜牧场、茶园等原产地到出口离境的全过程监管。严格规范农药、化肥和兽药的管理使用，明确养殖场中饲料、饲料添加剂的使用规定，并在生产过程中对农药、化肥、兽药污染和残留进行有效监控。同时建立出口农产品和食品原料的可追溯制度，有效查处不安全的产品，及时切断供应源。另外，还必须强化对食品加工、流通和离岸的安全监控，消除各个环节的不安全因素，确保出口食品的质量安全。政府职能部门还应采取各种政策措施，加快推动规模化出口农产品生产基地的建设，积极推广“公司＋基地＋标准化”的生产管理模式。加强监管制度建设，即种植养殖基地的检验检疫备案管理制度、疫情疫病监测制度、农兽药残留监控制度、卫生注册制度、企业分类管理制度、高风险食品大型出口生产企业驻厂检验检疫制度、出口食品的法定检验检疫制度、质量追溯与不合格食品召回制度、风险预警与快速反应制度和对出口食品企业实施红黑名单制度等，从而保证全程监管目标的实现。

（五）健全食品安全检测监督体系

健全食品安全检测监督体系，就是要逐步完善以企业自检、行业自律和政府监管相结合的检验检测监督体系，对食品生产者、市场经营者、进出口商等各类主体以及生产、批发和进出口等各环节实行有效的全程监控。重点是进一步加强对食品加工和流通的安全检测管理，加快建立确保食品贸易安全的行业自律机制，强化食品加工、流通企业法人代表是食品安全第一责任人的意识。有计划、有步骤地推进企业自检体系建设，引导企业配备检测设备和专业人员，积极开展食品安全检测技术的培训，开展日常检测。改善食品安全管理机构的检测装备，针对目前装备简单，缺乏检测检验能力，不利于国际食品贸易的安全管理的现状，要加大资金投入，积极引进和研制先进的检测仪器，改善检测设备，努力缩小与发达国家在检验检疫硬件方面的差距。尽快建立独立的、公正的、权威的食品安全公共检测机构，形成国家食品安全检测中心、区域性食品安全检测中心和专业实验室等合理配置的检测体系，为食品安全管理提供科学的、严谨的技术支撑。提高食品安全领域的科技水平，重点从关键检测技术、危险性评估技术、关键控制技术和食品安全标准等方面组织科技攻关研究。充分发挥新闻监督作用，提高消费者自我保护能力，形成社会监督网络体系。

（六）运用信息技术提升管理水平

重点是建立食品安全信息监测、通报、发布的网络体系。目前，我国的食品安全信息大多是各职能部门自行公布的与其相关的信息，但现实中不仅不同部门对同一内容公布的信息不一样，甚至同一部门对同一内容的信息公布也出现不一致。因此，尽快建立统一协调的食品安全信息监测、通报、发布的网络运行体系是保证我国食品安全工作能有序、顺利进行的必要条件。我国幅员辽阔、人口众多，各地食品安全监管发展水平不均衡，运用高科技的信息技术手段实现对全国食品安全状况的整体监控，有助于协调解决全国性的食品安全问题，也有利于食品安全研究数据的汇总，对食品的多头管理也使信息网络建设成为必要。信息共享不仅可以使各部门随时了解当前食品领域的安全形势，也从整体上节约了监管成本。网络的便捷与及时能够实现国家对食品安全的动态监测，有利于政府部门及时做出决策，把突发的、潜在的食品安全风险降至最小。通过网络运行体系，对食品安全信息进行收集、归纳和汇总，并经过科学的研究分析，由有关部门统一对外发布，可引导公众在对食品的选择中趋利避害，同时也避免了由于发布信息矛盾而造成的政府威信下降和公众选择的困难。

本章小结

本章重点介绍了中国食品国际贸易的政策法规与管理体系的相关问题。中国的食品国际贸易政策与法规起源于我国宪法和法律法规制度，是我国对外贸易政策与法规体系的重要组成部分，基本体现了食品国际贸易的管理要求，为保证我国食品贸易的持续发展起到了重要作用。而我国的食品国际贸易管理体系涵盖了生态自然环境保护、农业、食品加工、食品流通、检疫检验和进出口岸等各个领域，由政府各主管部门和机构组成，具有垂直与水平交叉管理、依法管理、基本顺应国内外环境变化管理等方面的特征。但我国食品国际贸易的政策法规与管理体系仍然存在诸多的问题，改革、建设与发展的任务非常繁重，考验着政府的执政能力。

思考题

1. 简要分析经济政策的基本含义、特点及其主要功能。
2. 分析经济政策与食品国际贸易政策法规之间的联系与区别。
3. 分析我国食品国际贸易的主要法规的基本特征、作用与意义。
4. 分析入世以来我国农产品贸易政策改革调整的主要特点。
5. 分析我国食品国际贸易管理体系中政府管理部门的主要职责。
6. 为什么我国食品管理体系的改革取向要立足于发展农业生产，保障粮食自给率?

参考文献

[1] 朱晓黄．经济政策的制定过程．北京：中国财政经济出版社，1991
[2] 袁国敏．经济政策评价．北京：中国经济出版社，2006
[3] 谢玉梅．食品贸易法规政策解析．北京：化学工业出版社，2007
[4] 陈志成．食品法规与管理．北京：化学工业出版社，2005
[5] 邵继勇．食品安全与国际贸易．北京：化学工业出版社，2006
[6] 安毅．中国农村经济政策：多元目标与综合创新．北京：中国市场出版社，2007
[7] 陈宗道等．食品物流安全的管理与技术．北京：化学工业出版社，2007
[8] 韩永红等．从国际贸易角度论我国食品安全法律体系的构建．国际经贸探索，2006（1）
[9] 李辉尚．我国传统大豆食品工业发展现状及对策措施．中国食物与营养，2008（2）
[10] 杨辉．我国食品质量安全管理体制的现状和改革建议．中国卫生质量管理，2006，13（2）
[11] 林镝等．中美食品安全管理体制比较研究．武汉理工大学学报（信息与管理工程版），2004，26（3）
[12] 杨标斌．食品安全管理概述．江西化工，2006（3）
[13] 赵晓锋等．我国农畜产品质量安全管理体制问题研究．陕西农业科学，2004（1）

[14] 钱玲玲等. 中国食品安全标准的现状、问题与对策. 企业技术开发，2006，25（5）
[15] 王雷等. 我国新资源食品管理的现况及对策探讨. 中国卫生监督杂志，2006，13（4）
[16] 张星联等. 中日功能性食品管理体制的比较研究. 食品科学，2005，26（9）
[17] 段韶芬等. 食品安全信息化管理的现状及展望. 河南农业科学，2004（5）
[18] 罗杰. 我国食品安全监管体制的缺陷与完善. 食品科学，2006，27（7）
[19] 李艳洁. 美国农产品贸易政策的全面审视. 国际贸易问题，2007（6）
[20] 陈文敬. 中国加入 WTO 三年回顾与评析. 中国招标，2005（Z1）
[21] 倪洪兴. 农业贸易政策选择应注意的六大误区. 农业经济问题，2008（6）
[22] 海闻. 发达国家为什么要保护农产品贸易. 国际贸易，2003（4）
[23] 马述忠等. 我国农产品对外经济贸易政策变迁及成长环境研究. 国际经贸探索，2008（1）
[24] 岳彩申等. WTO 体制下我国农产品市场法制的改革与完善. 经济法论坛，2003（1）

中国轻工业出版社食品教材书目

食品酶学	24.00
食品化学与营养学	50.00
食品安全与检测	34.00
食品安全与质量控制	30.00
食品感官评定	18.00
食品保藏学	32.00
粮油检验与分析	35.00
粮油加工概论	30.00
食品化学实验手册	20.00
乳品微生物学实验技术	32.00
天然香料加工工艺学	20.00
乳品工艺学	48.00
食品科学实验技术	18.00
大学生饮食营养与健康	22.00
食品营养与健康	12.80
食品科学导论	50.00
食品加工技术装备（第二版）	60.00
冷库建筑	36.00
果蔬采后生理生化实验指导	22.00
发酵乳制品工艺学	33.00
食品病源微生物学	59.00
合成香料工艺学	45.00
日用香精调配技术	35.00
香料分析	22.00
制冷技术与食品冷冻冷藏设施设计	35.00
食品分析实验教程	30.00
食品微生物学实验指导	25.00
食品物理化学	28.00
食品工艺实验与检验技术	28.00
现代仪器分析技术及其在食品中的应用	42.00
食品工艺学（第二版）	78.00
食品营养学（第二版）	35.00
食品分析	22.00
食品生物技术	45.00
食品质量管理学	21.80
食品加工技术装备	79.00
食品风味化学	26.00
食品化学	44.00
食品卫生学	25.00
食品专业英语文选	30.00
食品微生物学	21.50
食品生物化学	29.80
食品酶学导论	18.00

食品技术原理	50.00
动物性食品加工学（面向21世纪课程教材）	45.00
肉品科学与技术	42.00
肉与肉制品工艺学	38.00
软饮料工艺学	36.00
焙烤食品工艺学	50.00
园艺产品贮藏加工学	49.00
HACCP原理与实施	46.00
食品加工原理	30.00
乳及发酵乳制品工艺学	32.00
生物化学学习指导	32.00
食品工厂机械与设备（含光盘）	58.00
蛋品加工技术	30.00
生物化学实验（工科专业适用）	22.00
食品风味化学	40.00
食品工程高新技术	42.00

高职高专教材

焙烤食品加工技术（普通高等教育“十一五”国家级规划教材）	22.80
食品分析与检验（普通高等教育“十一五”国家级规划教材）	30.00
食品卫生与安全管理（普通高等教育“十一五”国家级规划教材）	28.00
食品营养（普通高等教育“十一五”国家级规划教材）	28.00
食品安全性与质量控制（普通高等教育“十五”国家级规划教材）	21.00
食品工厂设计（普通高等教育“十五”国家级规划教材）	22.00
果蔬加工工艺学（普通高等教育“十五”国家级规划教材）	25.00
食品检验技术（感官评价部分）	20.00
食品检验技术（微生物部分）	22.80
食品检验技术（理化部分）	30.00
食品机械与设备	28.50
食品企业管理体系建立与认证	35.00
食品加工技术概论	24.00
食品生物化学	26.00
肉制品加工技术	18.00
食品工程原理	30.00
软饮料加工技术	22.00
乳与乳制品检测技术	30.00
乳品微生物学	36.00
食品包装技术	26.00
食品分析技术	55.00
软饮料工艺学	28.00
食品添加剂（第二版）	36.00
食品化学	25.00
食品微生物学	26.00
畜禽食品工艺学	30.00

功能食品加工技术	26.00
食品工业企业管理	26.00
果蔬贮运学	22.00
食品生物化学	24.00
食品生物技术	22.00
食品理化与微生物检测实验	22.00
商品检验技术	28.00
食品营养与卫生学	30.00
食品掺伪鉴别检验（第二版）	36.00
西方饮食文化	25.00
药膳食疗学	28.00
面点制作技术	18.00
烹调工艺学（第二版）	29.00
面点工艺学（第二版）	26.00
中国名点（第二版）	30.00
中国名菜（第二版）（含光盘）	44.00
烹饪卫生与安全学（第二版）	45.00
烹饪化学（第二版）	35.00
烹饪营养学（第二版）	28.00
饭店厨房的设计和运作	28.00
中式面点工艺（北京高等教育精品教材立项项目）（含光盘）	38.00
烹饪器具及设备	26.00
烹饪工艺美术	24.00
饮食文化概论	25.00
烹饪原料学	48.00
西餐工艺	20.00
冷菜工艺	19.00
食品雕刻（含光盘）	20.00
饮食消费心理学	24.00
中国饮食保健学	30.00
饮品知识	26.00
餐饮企业管理	24.00
中国名点（含光盘）	38.00
宴会设计	24.00
粤菜烹饪教程	40.00
山东菜烹饪教程	18.00
西餐工艺	18.00
现代仪器分析	18.00

中 职 教 材

乳制品生产技术	25.00
焙烤食品工艺学	25.00
饮料生产技术	25.00

方便与休闲食品生产技术	25.00
罐头生产技术	25.00
食品微生物学	25.00
食品机械与设备	52.00
食品分析（修订版）	27.00
食品生物化学	18.00
食品营养与卫生	18.80
食品烘焙 MES 模块教程	42.00
烹调工艺	14.00
烹饪原料加工工艺	12.00
烹饪化学	14.00
烹饪原料	20.00
西餐烹调技术	16.50
面点工艺（含光盘）	25.00
筵席知识	12.00
饮食营养与卫生	20.00
餐饮企业经营管理	16.00
食疗保健	13.00

国家职业资格培训教程

现代食品营养与安全（食品企业营养师培训教材）	48.00
烘培工——初级（含面包、中式糕点、西式糕点）	22.00
烘培工——中级（含面包、中式糕点、西式糕点）	22.00
烘培工——高级（含面包、中式糕点、西式糕点）	22.00
烘培工——基础知识（含面包、中式糕点、西式糕点）	39.00
烘培工——技师（含面包、中式糕点、西式糕点）	30.00
烘培工——高级技师（含面包、中式糕点、西式糕点）	31.00
食糖制造工——基础知识	36.00
食糖制造工——提汁（初级、中级、高级）	75.00
食糖制造工——澄清（初级、中级、高级）	45.00
食糖制造工——加热蒸发（初级、中级、高级）	28.00
食糖制造工——结晶（初级、中级、高级）	59.00
食糖制造工——分蜜与干燥（初级、中级、高级）	25.00
食糖制造工——分析（初级、中级、高级）	42.00

购书办法：各地新华书店，本社网站（www. chlip. com. cn）、当当网（www. dangdang. com）、卓越网（www. joyo. com）、轻工书店（联系电话：010 - 65128352），我社读者服务部（ 联系电话：010 - 65241695）。